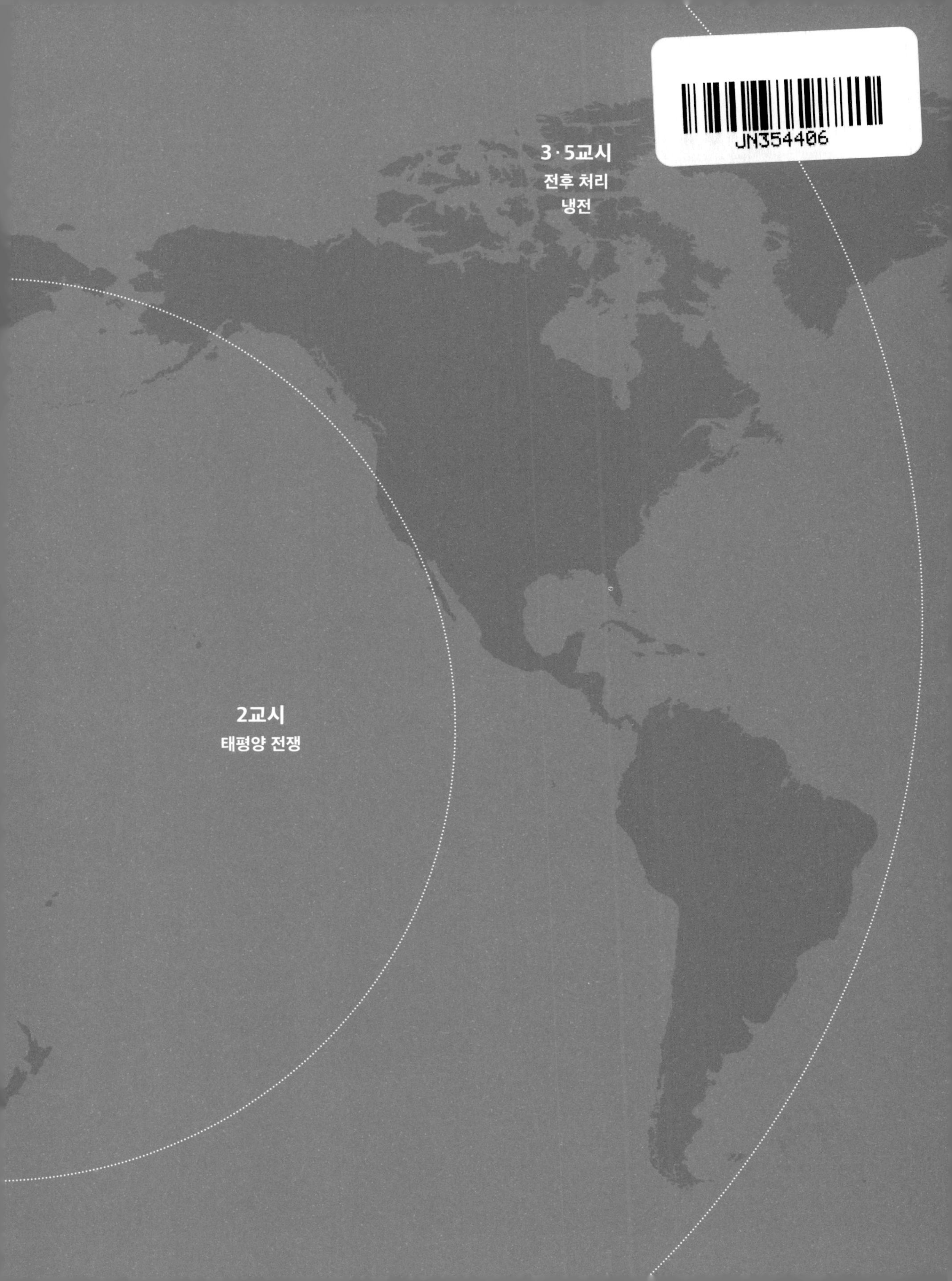

3·5교시
전후 처리
냉전

2교시
태평양 전쟁

책 속의 QR 코드로 용선생의 세계 문화유산 강의를 볼 수 있습니다.
QR 코드를 스캔하여 회원 가입 및 로그인 진행 후
도서 구매 시 제공된 영상 쿠폰 번호를 등록해 주세요.

영상 재생 방법
❶ QR 코드 스캔 ⋯▸ ❷ 회원 가입 / 로그인 ⋯▸ ❸ 영상 쿠폰 번호 등록 ⋯▸ ❹ 영상 재생

회원 가입/로그인 후에 영상 재생을 위해 QR 코드를 다시 스캔해 주세요.
쿠폰 번호는 최초 1회만 등록 가능하며, 변경 또는 양도할 수 없습니다.
로그인 상태라면 즉시 영상을 재생할 수 있습니다.
PC에서는 용선생 클래스(yongclass.com)에서 시청할 수 있습니다.

영상 재생 방법 안내

글 차윤석
서울대학교 독어독문학과를 졸업하고 같은 학교 대학원에서
석·박사 과정을 거친 뒤 독일 뮌헨대학교에서 중세문학 박사 과정을
마쳤습니다.

글 김선빈
고려대학교 국어국문학과를 졸업하고 웹진 〈거울〉 등에서 소설을
썼습니다. 어린이 교육과 관련된 일을 시작하여 국어, 사회,
세계사와 관련된 다양한 교재와 콘텐츠를 개발했습니다.

글 박병익
고려대학교 사학과를 졸업했습니다. 사실의 나열이 아닌 '왜'와
'어떻게'라는 질문을 통해 어린이들이 역사와 친해지는 글을 쓰기
위해 오늘도 고민하고 있습니다.

글 김선혜
고려대학교 사학과를 졸업하고 여러 회사에서 콘텐츠 매니저, 기획
업무를 담당했습니다.

그림 이우일
홍익대학교에서 시각디자인을 공부한 만화가입니다. '노빈손'
시리즈의 모든 일러스트레이션을 그렸으며 지은 책으로는
《우일우화》, 《옥수수빵파랑》, 《좋은 여행》, 《고양이 카프카의 고백》
등이 있습니다.

설명삽화 박기종
단국대학교 동양화과와 홍익대학교 대학원을 나와 지금은 아이들의
신나는 책 읽기를 위해 어린이 책 일러스트 작가로 활동하고
있습니다.

지도 김경진
'매핑'이란 지도 회사에서 일하면서 어린이, 청소년 책에 지도를
그리고 있습니다. 얼마 전까지 중학교 교과서 만드는 일도 했습니다.
참여한 책으로는 《아틀라스 중국사》, 《아틀라스 일본사》, 《아틀라스
중앙유라시아》, 《미래를 여는 한국의 역사》 등이 있습니다.

구성 장유영
서울대학교에서 지리교육과 언론정보학을 공부했습니다. 졸업 후
학교에서 학생들을 가르치다 지금은 어린이책을 만들고 있습니다.

구성 정지윤
서울대학교 국어교육과를 졸업하고 문화예술, 교육 분야 기관에서
기획 업무를 담당했습니다.

자문 및 감수 강영순
아세아연합신학대학교 아세아학과를 졸업하고 한국외국어대학교
대학원 아시아학과에서 석사 학위를, 국립 인도네시아대학교에서
박사 학위를 받았습니다. 현재 한국외국어대학교
말레이·인도네시아어통번역 학과에서 강의를 하고 있습니다.
〈인도네시아 환경정치에 대한 연구: 열대림을 중심으로〉,
〈수까르노와 이승만: 제2차 세계 대전 후 건국 지도자 비교〉,
〈인도네시아 서 파푸아 특별자치제에 관한 연구〉 등의 논문을
지었습니다.

자문 및 감수 김광수
한국외국어대학교를 졸업하고 남아프리카 공화국 노스-
웨스트대학교 역사학과에서 석사·박사 학위를 받았습니다. 현재
한국외국어대학교 아프리카연구소 HK교수로 재직 중입니다. 지은
책으로 《스와힐리어 연구》, 《에티오피아 악숨 문명》 등이 있고, 함께
지은 책으로 《7인 7색 아프리카》, 《남아프리카사》 등이 있으며 《현대
아프리카의 이해》를 우리말로 옮겼습니다.

자문 및 감수 박병규
고려대학교 서어서문학과를 졸업하고 멕시코 국립대학(UNAM)에서 문학
박사 학위를 받았습니다. 현재는 서울대 라틴아메리카연구소 HK교수로
재직 중입니다. 《불의 기억》, 《파블로 네루다 자서전 – 사랑하고 노래하고
투쟁하다》, 《1492년, 타자의 은폐》 등을 우리말로 옮겼습니다.

자문 및 감수 박상수
고려대학교 사학과를 졸업하고 같은 학교 대학원에서 석사학위와 박사과정
수료를, 프랑스 국립 사회과학고등연구원에서 박사 학위를 받았습니다. 현재
고려대학교 사학과 교수로 재직 중입니다. 지은 책으로 《중국혁명과
비밀결사》 등이 있고, 함께 지은 책으로는 《동아시아, 인식과 역사적 실재:
전시기(戰時期)에 대한 조명》 등이 있습니다. 《중국현대사 – 공산당, 국가,
사회의 격동》을 우리말로 옮겼습니다.

자문 및 감수 박수철
서울대학교 역사교육과를 졸업하고 같은 대학 대학원 동양사학과에서
석사를, 일본 교토대에서 박사 학위를 받았습니다. 현재는 서울대학교
역사학부 교수로 재직 중입니다. 지은 책으로는 《오다·도요토미 정권의
사사지배와 천황》이 있으며, 함께 지은 책으로는 《아틀라스 일본사》, 《사료로
보는 아시아사》, 《일본사의 변혁기를 본다》 등이 있습니다.

자문 및 감수 이은정
한국외국어대학교 터키어과를 졸업하고 튀르키예 국립 앙카라 대학교
역사학과에서 석사 학위를, 서울대학교 서양사학과에서 박사 학위를
받았습니다. 현재는 서울대학교 등에서 강의를 하고 있습니다. 〈16–17세기
오스만 황실 여성의 사회적 위상과 공적 역할– 오스만 황태후의 역할을
중심으로〉와 〈'다종교·다민족·다문화'적인 오스만 제국의 통치전략〉 등의
논문을 지었습니다.

자문 및 감수 이지은
이화여대 사학과를 졸업하고 한국외국어대학교와 인도 델리대학교,
네루대학교에서 석사·박사 학위를 받았습니다. 현재 한국외국어대학교
인도연구소 HK연구교수로 일하고 있습니다. 함께 지은 책으로는
《탈서구중심주의는 가능한가》가 있고, 〈인도 식민지 시기와 국가형성기
하층카스트 엘리트의 저항 담론 형성과 역사인식〉, 〈반서구중심주의에서
원리주의까지〉 등의 논문을 지었습니다.

자문 및 감수 최재인
서울대학교 서양사학과를 졸업하고 같은 학교 대학원에서 석사·박사 학위를
받았습니다. 현재 서울대학교 강사로 일하고 있습니다. 함께 지은 책으로
《서양여성들 근대를 달리다》, 《여성의 삶과 문화》, 《다민족 다인종 국가의
역사인식》, 《동서양 역사 속의 다문화적 전개양상》 등이 있고, 《가부장제와
자본주의》, 《유럽의 자본주의》, 《세계사 공부의 기초》 등을 우리말로
옮겼습니다.

교과 과정 감수 박혜정
성균관대학교 역사교육과를 졸업하고 현재는 경기도 용인 신촌중학교에서
근무하고 있습니다. 『나의 첫 세계사』를 집필하였습니다.

교과 과정 감수 한유라
홍익대학교 역사교육과를 졸업하고, 현재는 경기도 광명 충현중학교에서
근무하고 있습니다. 『12.3 사태, 그날 밤의 기록』을 집필하였습니다.

교과 과정 감수 원지혜
동국대학교 역사교육과를 졸업하고, 현재는 경기도 시흥 은계중학교에서
근무하고 있습니다. 『더 늦기 전에 시작하는 생태환경사 수업』의
공저자입니다.

기획자문 세계로
1991년부터 역사 전공자들이 모여 함께 고민하고 연구하며 한국사와
세계사를 가르치고 있습니다. 《용선생의 시끌벅적 한국사》 기획에 참여했고,
지은 책으로는 역사 동화 '이선비' 시리즈가 있습니다.

14 제2차 세계 대전과 냉전의 시작
제2차 세계 대전과 태평양 전쟁, 전후 처리, 냉전

교양으로 읽는
용선생
세계사

글 | 차윤석 김선빈 박병익 김선혜
그림 | 이우일 박기종

차례

2교시 일본의 광기가 아시아에 전쟁을 불러오다

아름다운 자연에서 부를 일군 나라 오스트레일리아 086
발전을 거듭하던 일본에 혼란이 닥치다 092
고삐 풀린 일본군이 폭주하기 시작하다 100
중일 전쟁이 터지다 108
일본의 욕심이 태평양 전쟁을 부르다 116
미군의 거센 반격에 일본이 서서히 무너지다 121
일본이 무릎을 꿇다 130

나선애의 정리노트 137
세계사 퀴즈 달인을 찾아라! 138
용선생 세계사 카페
인류 최초로 원자 폭탄을 만들어 낸 맨해튼 계획 140
아시아 여러 나라에 깊은 상처를 남긴
일본의 전쟁 범죄 144

교과 연계 중학교 역사 ① Ⅵ-1 세계 대전과 국제 질서의 변화

1교시 유럽이 또다시 광기 어린 전쟁에 휘말리다

고난의 역사를 딛고 일어선 폴란드를 가다 014
전운이 감도는 유럽 020
히틀러가 노골적으로 야심을 드러내다 024
나치 독일의 폴란드 침공으로
세계 대전이 시작되다 029
프랑스가 점령당하고
영국이 대규모 공습을 받다 036
전쟁의 불길이 세계로 번지다 043
나치 독일이 소련과 처절한 전쟁을 벌이다 048
나치 독일이 대학살을 저지르다 055
광기 어린 전쟁이 막을 내리다 062

나선애의 정리노트 071
세계사 퀴즈 달인을 찾아라! 072
용선생 세계사 카페
히틀러에게 저항의 목소리를 낸 사람들 074
영화로 보는 제2차 세계 대전 078

교과 연계 중학교 역사 ① Ⅵ-1 세계 대전과 국제 질서의 변화

3교시 전쟁이 끝난 뒤 새로운 국제 질서가 세워지다

강한 국력으로 중립을 지켜 온 스위스 152
전후 처리를 두고 논의가 시작되다 158
최초의 전범 재판이 열리고
세계가 충격에 빠지다 168
일본이 미국의 지배를 받으며
민주주의 국가로 거듭나다 177
시늉만 하다 끝난 일본의 전범 처벌 182
미국과 소련의 대립이 더욱 심해지다 188
세계 평화를 지키기 위한
국제기구가 만들어지다 196

나선애의 정리노트 205
세계사 퀴즈 달인을 찾아라! 206
용선생 세계사 카페
오늘날도 계속되는 나치 청산 208
인간은 자유 의지를 가졌다! 실존주의 210

교과 연계 중학교 역사 ① Ⅵ-2 전쟁 범죄에 맞선 평화 유지 노력

4교시
독립은 찾아왔지만 시련은 깊어만 가고

아프리카의 희망 남아프리카공화국	218
아프리카의 여러 나라가 독립을 이루다	224
알제리와 이집트가 유럽 열강과 싸워 이겨 내다	228
동남아시아의 여러 나라가 독립을 이루다	236
식민 지배가 남긴 상처들	243
인도가 종교 갈등 끝에 분열되다	252
유대인의 나라 이스라엘이 탄생하다	260
서아시아에 반미 감정이 뿌리를 내리다	270
나선애의 정리노트	279
세계사 퀴즈 달인을 찾아라!	280
용선생 세계사 카페	
인도 독립의 아버지 간디	282
끝을 알 수 없는 팔레스타인과 이스라엘의 충돌	286

교과 연계 중학교 역사 ① Ⅶ-1 냉전 체제와 제3 세계의 형성

5교시
세계가 둘로 갈라져 냉전을 벌이다

불굴의 역사를 자랑하는 베트남의 오늘날	294
냉전이 시작되다	300
중국이 사회주의 국가가 되다	305
6·25 전쟁으로 냉전이 급격히 달아오르다	312
전쟁 일보 직전까지 치달은 쿠바 미사일 위기	321
경제 기적을 일군 유럽을 보며 소련이 변화를 꾀하다	328
대실패로 끝난 중국의 대약진 운동	335
소련이 동유럽의 변화를 가로막다	343
중국이 문화 대혁명으로 뒷걸음치다	352
미국이 베트남에서 큰 실패를 맛보다	355
나선애의 정리노트	363
세계사 퀴즈 달인을 찾아라!	364
용선생 세계사 카페	
소련과 미국의 우주 전쟁 '스타워즈'	366
베트남 전쟁이 남긴 것들	370

교과 연계 중학교 역사 ① Ⅶ-1 냉전 체제와 제3 세계의 형성

한눈에 보는 세계사-한국사 연표	374
찾아보기	376
참고문헌	378
사진 제공	386
퀴즈 정답	390

초대하는 글

용선생 역사반, 세계로 출발!

여러분, 안녕! 용선생 역사반에 온 걸 환영해!

용선생 역사반의 명성은 익히 들어 잘 알고 있겠지? 신나고 즐거운 데다 깊이까지 있다고 소문이 쫙 났더라고. 역사반에서 공부한 하다와 선애, 수재, 영심이도 중학교 잘 다니고 있다는 소식을 들었지.

그런데 어느 날 중학생이 된 하다와 선애, 수재, 영심이가 다짜고짜 찾아와서 막 따지는 거야.

"선생님! 왜 역사반에서는 한국사만 가르쳐 주신 거예요?"

"중학교 가자마자 세계사를 배우는데, 이름도 지명도 너무 낯설고 어려워요!"

"역사반 덕분에 초등학교 때는 천재 소리 들었는데, 중학교 가서 완전 바보 되는 거 아니에요?"

한참을 그러더니 마지막에는 세계사도 가르쳐 달라고 조르더라고.

"너희들은 중학생이어서 역사반에 들어올 수 없어~"

그랬더니 선애가 벌써 교장 선생님한테 허락을 받았다는 거야. 아닌 게 아니라 다음날 교장 선생님께서 나를 불러 이러시더군.

"용선생님, 방과 후 시간에 역사반 아이들을 위한 세계사 수업을 해 보면 어떨까요?"

결국 역사반 아이들은 다시 하나로 뭉쳤어.

원래 역사반에서 세계사까지 가르칠 계획은 전혀 없었지만… 피할 수 없다면 즐겨라. 역사반 아이들이 이토록 원하는데 용선생이 어떻게 가만히 있을 수 있겠어? 그래서 중·고등학교 세계사 교과서들은 물론이고, 서점에 나와 있는 세계사 책들, 심지어 미국과 독일을 비롯한 세계사 교과서까지 몽땅 긁어모은 뒤 철저히 조사했어. 뭘 어떻게 가르칠지 결정하기 위해서였지. 그런 뒤 몇 가지 원칙을 정했어.

<mark>첫째, 지도를 최대한 활용하자!</mark> 서점에 나와 있는 책들은 대부분 지도가 부족하더군. 역사란 건 공간에 시간이 쌓인 거야. 그러니 그 공간을 알아야 역사가 이해되지 않겠어? 그래서 지도를 최대한 많이 넣어서 너희들의 지리 감각을 올려주기로 했단다.

<mark>둘째, 사람들이 살아가는 모습을 꼼꼼히 들여다보자!</mark> 세계사 공부를 할 때 중요 사건이 왜 일어났는지도 중요하지만, 그때 사람들이 어떤 모습으로 살았는지도 중요해. 그 모습을 보면, 그들이 왜 그렇게 살았는지, 우리와는 무엇이 같고 다른지 알 수 있게 될 거야.

<mark>셋째, 사진과 그림을 최대한 많이 보여주자!</mark> 사진 한 장이 백 마디 말보다 사건이나 시대 분위기를 훨씬 더 효과적으로 전달할 때가 많아. 특히 세계사를 처음 배울 때는 이런 시각 자료가 큰 도움이 되지. 사진이나 그림은 당시 분위기를 파악하는 데도 아주 좋은 자료란다.

==넷째, 다른 역사책에서 잘 다루지 않는 지역의 역사도 다루자!== 인류 문명은 어떤 특정한 집단이나 나라가 만든 게 아니라, 지구상에 살았던 모든 집단과 나라가 빚어낸 합작품이야. 아프리카, 아메리카 원주민, 유목민도 유럽과 아시아 못지않게 인류 문명의 발전에 기여했다는 말이지. 세계 각지에서 일어난 문명과 역사를 알면 세계사가 더 쉽게 느껴질 거야.

==다섯째, 과거와 현재를 연결하자.== 수업 시작하기 전에 그 시간에 배울 사건들이 일어났던 나라나 도시의 현재 모습을 보게 될 거야. 그 장소가 과거뿐 아니라 지금도 사람들의 삶의 현장이라는 것을 보여주기 위해서지. 예를 들어 메소포타미아 하면 사람들은 메소포타미아 문명이 일어난 곳으로만 알지, 지금 그곳에 이라크라는 나라가 있다는 사실은 모르는 경우가 많아. 지금 이라크 사람들의 모습과 옛날 메소포타미아 문명 사람들의 모습을 비교해 보는 것도 좋은 역사 공부 방법이란다.

이런 원칙으로 재미있게 세계사 공부를 하려는데, 작은 문제가 하나 있어. 세계사는 한국사와 달리, 직접 현장을 방문하기가 쉽지 않다는 점이지. 하지만 용선생이 누구냐. 역사 공부를 위해서라면 물불 가리지 않는 용선생이 이번에는 너희들이 볼 수 있는 영상도 만들었어. ==책 속의 QR코드를 찍으면 세계 곳곳의 문화유산과 흥미로운 사건을 볼 수 있을 거야.==

자, 얘들아. 그럼 이제 슬슬 세계사 여행을 시작해 볼까?

등장인물

'용쓴다 용써' 용선생

어쩌다 맡게 된 역사반에, 한국사에 이어 세계사까지 가르치게 됐다. 맡은바 용선생의 명예를 욕되게 할 수는 없지. 제멋대로 자란 머리카락을 휘날리며 오늘도 용쓴다.

'장하다 장해' 장하다

'튼튼하게만 자라 다오.'라는 아버지의 소원대로 튼튼하게만 자랐다. 세계적인 축구 스타가 꿈! 세계를 다니려면 세계사 지식도 필수라는 생각에 세계사반에 지원했다. 영웅 이야기를 좋아해서 역사 인물들에게 관심이 많다.

'오늘도 나선다' 나선애

역사 마스터를 꿈꾸는 우등생. 공부도 잘하고 아는 게 많아서 잘 나선다. 글로벌 인재가 되려면 기초 교양이 튼튼해야 한다는 생각으로 용선생을 찾아가 세계사반을 만들게 한다. 어려운 역사 용어들을 똑소리 나게 정리해 준다.

'잘난 척 대장' 왕수재

시도 때도 없이 잘난 척을 해서 얄밉지만 천재적인 기억력 하나만큼은 인정. 또 하나 천재적인 데가 있으니 바로 깐족거림이다. 세계를 무대로 한 사업가를 꿈꾸다 보니 지리에 관심이 많다.

'엉뚱 낭만' 허영심

엉뚱 발랄한 매력을 가진 역사반의 분위기 메이커. 남다른 공감 능력이 있어서 사람들이 고통을 겪을 때면 눈물을 참지 못한다. 예술과 문화에 관심이 많고, 그 방면에서는 뛰어난 상식을 자랑한다.

'깍두기 소년' 곽두기

애교가 넘치는 역사반 막내. 훈장 할아버지 덕분에 뛰어난 한자 실력을 갖추고 있으며, 어휘력만큼은 형과 누나들을 뛰어넘을 정도. 그래서 새로운 단어가 등장할 때마다 한자 풀이를 해 주는 것이 곽두기의 몫.

1교시

유럽이 또다시 광기 어린 전쟁에 휘말리다

유럽을 휩쓴 전체주의의 물결은 다시 한번 세계 대전을 불러왔어.
제2차 세계 대전은 인류 역사상 가장 큰 전쟁이었지.
전 세계에서 수천만 명이 희생당했고,
전쟁이 남긴 상처는 오늘날까지 이어지고 있어.
오늘은 제2차 세계 대전의 진행 과정과 그 과정에서
어떤 비극이 일어났는지 알아보자.

1939년 9월	1940년 5월	1941년 6월	1941년 12월	1943년 2월	1944년 6월	1945년 5월
나치 독일, 폴란드 침공	나치 독일, 프랑스 침공	나치 독일, 소련 침공	미국, 제2차 세계 대전에 참전	소련, 스탈린그라드 전투 승리	연합군, 노르망디 상륙 성공	소련, 베를린 점령

<small>역사의 현장 지금은?</small>

고난의 역사를 딛고 일어선 폴란드를 가다

폴란드는 유럽 중부 발트해 연안에 있어. 국토 면적은 한반도의 1.4배, 인구는 약 4천만 명 정도지. 인구 대부분은 가톨릭을 믿는 슬라브계 폴란드인이야. 역사적으로 폴란드는 두 강대국 독일과 러시아 사이에 끼어 오랫동안 어려움을 겪었어. 하지만 폴란드는 잦은 외침과 전쟁에도 불구하고 고유의 언어와 문화를 지켜 냈고 놀라운 경제 발전도 이뤘단다.

➡ **바르샤바 전경** 바르샤바는 비스툴라강 양안에 자리한 도시야. 바르샤바 구시가지는 폴란드의 뛰어난 문화 업적을 보여 주는 '바르샤바 역사 지구'로 유네스코 세계유산에 등재됐단다.

폴란드 전성기를 이끌었던 지그문트 3세 바사 동상.

⬆ **바르샤바 왕궁** 바르샤바 구시가지 잠코비 광장에 있는 왕궁이야. 지금은 박물관으로 사용해.

014

이쪽은 신시가지다.

이쪽이 구시가지야.

잿더미에서 부활한 수도 바르샤바

제2차 세계 대전 당시 폴란드는 매우 큰 피해를 입었어. 특히 수도 바르샤바는 나치 독일에 의해 완전히 파괴되었고 도시 인구 절반이 죽었지. 하지만 폴란드인은 똘똘 뭉쳐 '벽돌 한 장까지'라는 구호 아래 원래와 똑같은 상태로 도시를 재건했단다.

소련 스탈린의 명령으로 지은 문화과학궁전.

◀ 바르샤바 신시가지
전쟁 후 복원된 옛 건축물로, 냉전 시절의 콘크리트 건물 유리로 마감된 현대식 건물이 뒤섞여 있어.

폴란드의 역사를 그대로 간직한 크라쿠프

크라쿠프는 바르샤바 이전에 558년간 폴란드의 수도였던 유서 깊은 도시야. 1978년 도시 전체가 유네스코 세계 유산으로 지정됐단다. 근교에는 소금 예술품으로 유명한 소금 광산, 비극적인 현대사를 엿볼 수 있는 아우슈비츠 강제 수용소도 있어 많은 사람이 찾지.

바벨성 안에는 역대 폴란드 왕의 묘가 있어.

◀ **바벨성** 바르샤바로 수도를 옮긴 뒤에도 국왕의 대관식은 이곳에서 열렸어. 지금은 폴란드 역사 박물관으로 쓰여.

◀ **중앙 시장 광장** 중세 시대에 상업으로 번영했던 광장이야. 주변에는 옛 고급 저택들이 그대로 남아 있어. 나치 독일이 유대인을 단체로 집결시켜 끌고 간 장소이기도 해.

세계 최초의 백화점이라는 직물회관이야.

▲ **비엘리치카 소금 광산** 광부들이 지하 깊은 곳에 소금으로 만든 여러 건축물과 예술품으로 유명해.

▲ **아우슈비츠** 나치 독일이 유대인을 학살한 멸절 수용소야. 크라쿠프 중심지에서 차로 1시간 거리의 작은 도시 오시비엥침에 있어.

혼란의 역사 속에서 학문과 문화를 꽃피운 폴란드인

폴란드는 1795년부터 무려 123년간 러시아, 오스트리아, 독일에 분할 점령당했어. 하지만 이 아픔의 시기 동안 불굴의 폴란드인들은 수많은 업적을 남겼지. 대표적인 인물이 천재 작곡가 쇼팽과 여성 최초로 노벨상을 수상한 과학자 마리 퀴리야.

↑ 쇼팽 국제 피아노 콩쿠르
세계에서 가장 권위 있는 피아노 경연 대회야. 쇼팽을 기념하여 1927년부터 시작됐어.

↑ 프레데리크 쇼팽
수많은 피아노 명곡을 만든 작곡가야. 폴란드 민요의 영향을 크게 받았지.

↑ 마리 퀴리
폴란드 출신 과학자. 노벨 물리학상과 화학상을 모두 받은 유일한 인물이야.

↓ 니콜라우스 코페르니쿠스
지동설을 주장한 폴란드인 천문학자야.

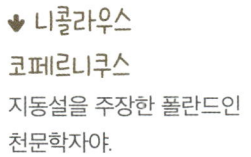

↑ 교황 요한 바오로 2세
제264대 교황이야. 슬라브인 최초로 교황이 된 인물이지.

↑ 야기엘론스키 대학교
1364년에 세워진 폴란드 최초의 대학이야. 코페르니쿠스, 요한 바오로 2세 등 수많은 명사를 배출했지.

동유럽의 신흥 경제 강국

폴란드는 냉전 시절부터 풍부한 석탄을 이용한 각종 공업이 발전했어. 유럽 중심부에 있어서 유럽 어디든 금방 닿기 때문에 발전 잠재력이 크단다. 임금은 다른 서유럽 국가보다 낮아. 그래서 우리나라를 비롯해 수많은 해외 기업들이 앞다퉈 폴란드로 진출했지. 또 폴란드는 유럽에서 손꼽히는 농업국이기도 해.

◀ 베우하투프 화력 발전소
유럽 최대 규모의 석탄 발전소야. 폴란드에는 석탄을 비롯한 각종 천연자원이 풍부해.

◀ 마누팍토라
버려진 공장을 리모델링해서 만든 유명 쇼핑몰이야. 이처럼 폴란드는 버려진 공장 건물을 재개발해 활용하고 있어.

▲ 피아트 자동차 공장 폴란드에서 가장 큰 자동차 생산 공장이야.

▲ 폴란드 남부 곡창 지대 폴란드는 국토 절반이 비옥한 곡창 지대야.

폴란드의 다채로운 음식 문화

폴란드는 국토 대부분이 평야이고 농토가 많아서 각종 농산물이 풍부해. 요리법은 독일과 러시아를 비롯해 주변 국가들의 영향을 많이 받았지.

▲ **골롱카** 폴란드식 족발이야. 벌꿀을 넣어 만드는 게 특징이지.

➡ **피에로기** 폴란드의 전통 만두야. 러시아에서도 즐겨 먹어.

▲ **그르자네 피보** 생강과 정향, 계피 등 향신료를 넣고 천천히 데운 맥주야. 추운 겨울에 마시는 별미지.

➡ **카르프** 크리스마스에 먹는 잉어 요리야.

민주화의 성지가 극우 민족주의의 중심지로

폴란드는 소련의 공산당 독재에 맞서며 동유럽 민주화에 큰 영향을 줬어. 폴란드의 저항은 1989년 동유럽 혁명과 사회주의 진영의 붕괴로 이어졌지. 하지만 극우 정당이 집권하면서 거세게 민족주의를 주장하기도 했어. 현재도 난민 정책 등 유럽 연합의 정책에 찬성하는 입장과 반대하는 입장으로 나뉘어 갈등하고 있는 상태야.

➡ **레흐 바웬사** 폴란드의 민주화 운동가야. 민주화에 기여한 공로로 노벨 평화상을 수상했어. 1990년에 폴란드 제2대 대통령으로 선출됐지.

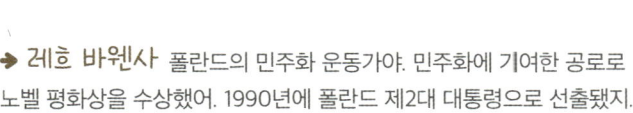

▲ **폴란드 극우 단체의 독립 기념일 집회**
폴란드인은 핍박 받은 역사 때문인지 애국심과 민족주의 성향이 무척 강한 편이야.

▲ **연대 박물관**
그단스크 조선소에서 시작된 민주화 운동을 기리기 위해 그단스크 조선소에 건설한 박물관이야.

전운이 감도는 유럽

"선생님, 독재자들이 나타나서 평화에 큰 위협이 될 수 있다고 하셨잖아요. 전쟁이 터진 건가요?"

"응. 유럽 각국에서 전체주의 세력이 권력을 잡은 이후로 한동안 평화로웠던 유럽에는 서서히 전운이 감돌았어. 독재자들은 경제가 어느 정도 안정되자 곧장 군수 산업을 키우며 전쟁 준비에 들어갔거든. 무솔리니는 에티오피아를 침략했고, 히틀러는 베르사유 조약 무효를 선언하고 군사력을 다시 키웠지."

"그 이야기는 지난 시간에 하셨어요. 그런데 정말 프랑스나 영국은 그걸 보고만 있었나요?"

나선애가 답답하다는 듯 말하자 용선생은 고개를 절레절레 저었다.

곽두기의 국어 사전

전운 싸울 전(戰) 구름 운(雲). 전쟁이나 전투가 벌어지려는 기운.

▲ 마지노선 구조도 기관총 포탑과 지하 통로, 보급 창고를 갖춘 마지노선의 구조도야. 마지노선 완공에는 1927년부터 꼬박 10년이 걸렸고, 막대한 공사비가 들어갔지.

▲ 방어 기지 입구 국경을 따라 이렇게 콘크리트와 강철로 만든 요새가 빼곡히 건설되었어.

▲ 방어 기지 사이의 지하 통로 각 기지는 지하 통로로 오갈 수 있었지.

"가만히 있었던 건 아니야. 바다 건너 영국은 몰라도, 프랑스는 이미 오래전부터 독일의 공격에 대비했지. 프랑스 사람들은 악몽 같았던 제1차 세계 대전을 여전히 생생하게 기억했거든. 그래서 그때 독일이 쳐들어온 벨기에 쪽으로 군대를 집중 배치했어. 그리고 독일과 국경을 직접 맞댄 쪽에는 국경선을 따라서 강력한 방어 기지를 건설했단다. 이걸 '마지노선'이라고 해."

"얼마나 튼튼한 기지였는데요?"

"지상에는 철갑을 두른 기관총 포탑과 콘크리트 요새를 짓고, 지하에는 각종 보급품이

▲ 프랑스의 마지노선

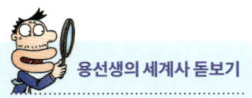

용선생의 세계사 돋보기

방어 기지 건설 계획을 세운 프랑스의 장관 이름이 '마지노'이고, 국경을 따라 선 형태로 건설되었기 때문이 '마지노선'이라고 불러. 흔히 '최후의 방어선'이라는 의미로 쓰여.

왕수재의 지리 사전

라인란트 독일 서부의 라인강 유역 일대를 말해. 독일이 네덜란드, 벨기에, 룩셈부르크, 프랑스와 국경을 맞댄 지역이야.

가득한 창고, 요새를 연결하는 통로까지 갖추었어. 정면으로는 뚫는 게 거의 불가능했지."

"우아, 독일이 쳐들어올까 봐 정말 대비를 철저히 했군요."

"그럼. 프랑스는 마지노선을 건설했을 뿐 아니라 독일 동쪽의 체코슬로바키아, 폴란드와 군사 동맹도 맺었어. 독일의 공격을 받을 경우, 양쪽에서 독일을 공격하겠다는 계획이었지."

"그 정도면 독일도 섣불리 전쟁을 시작하지는 못하겠군요."

"과연 그럴까? 히틀러는 프랑스가 방어 준비만 열심히 할 뿐 직접 행동에 나서지 않는 걸 보고 더욱 대담하게 나섰어. 병사의 수와 무기 생산을 늘릴 뿐 아니라 1936년에는 프랑스와 맞닿은 국경 지역인 라인란트에 독일군까지 주둔시켰지."

"국경 지역에 군대를 두는 건 당연한 일 아닌가요?"

"아니. 심각한 문제였어. 라인란트는 독일 영토이지만, 제1차 세계 대전이 끝난 뒤 평화 조약에 따라 독일군 주둔이 금지됐거든. 독일의 위협으로부터 프랑스를 지키기 위한 조치였지. 그러니까 라인란트에 독일군을 보내는 건 프랑스에 대한 위협이고, 평화 조약을 멋대로 깨 버리는 행동이었단다."

"그럼 프랑스도 가만있을 수는 없었겠군요?"

"그렇다고 독일이 전쟁을 시작한 건 아니잖니? 그래서 프랑스뿐 아니라 다른 동맹

↑ **라인란트로 진군하는 독일군** 라인란트 주민들이 독일군을 환영하는 모습이야. 이 사건으로 나치 독일에서 히틀러의 인기는 더욱 높아졌지.

국도 뾰족한 수가 없었어."

"어휴, 이러다 갑자기 쑥 하고 어디로 쳐들어가는 거 아닌지 몰라."

영심이가 걱정스러운 표정을 지었다.

"어쨌든 제아무리 히틀러라 해도 혼자서 이 이상 막무가내로 나갈 순 없었어. 그래서 자기편을 만들기 시작했지. 히틀러가 찾은 동맹은 바로 이탈리아의 무솔리니였어."

"무솔리니와 히틀러가 손을 잡았다고요?"

"응, 이때 무솔리니는 에티오피아 침략 때문에 영국과 프랑스로부터 거센 비난을 받았어. 히틀러는 이탈리아의 에티으피아 침략을 지지하며 무솔리니와 손을 잡았단다. 이렇게 시작된 동맹을 추축 동맹이라고 해."

"쳇, 독재자끼리 손발이 잘 맞은 거네요."

장하다가 입을 비죽 내밀었다.

"추축 동맹을 맺은 이후 히틀러는 본격적으로 영토 확장에 나섰어. 히틀러는 독일과 국경을 맞댄 지역 중에 전쟁을 치르지 않더라도 삼킬 수 있는 땅을 먼저 노렸지. 첫 번째 타깃은 이웃 나라인 오스트리아였어."

"오스트리아? 왜 하필 오스트리아인가요?"

▲ 히틀러와 무솔리니 1938년, 뮌헨을 방문한 두 독재자의 모습이야. 히틀러는 무솔리니와 손을 잡고 팽창에 본격적으로 시동을 걸었어.

 용선생의 세계사 돋보기

'추축(樞軸, Axis)'은 회전 운동을 하는 기계의 중심을 잡아 주는 막대를 가리켜. 무솔리니는 1936년 연설에서 '유럽의 국제 관계는 이탈리아와 독일을 추축으로 삼아 변화할 것이다.'라고 이야기했어. 이 연설 때문에 두 나라의 동맹을 '추축 동맹'이라고 하는 거야. 추축 동맹에 참여한 국가를 '추축국'이라고 해.

 **용선생의 핵심 정리**

프랑스는 마지노선을 건설하며 독일의 공격에 대비함. 그러나 독일은 라인란트에 독일군을 주둔시키고, 이탈리아와 동맹을 맺음.

히틀러가 노골적으로 야심을 드러내다

"오스트리아는 독일과 같은 뿌리를 가진 나라였거든. 게다가 히틀러 자신의 고향이기도 했고, 나치 독일에 환호를 보내는 사람도 많았지."

"오스트리아 사람이 나치에 환호를 보냈다고요?"

"오스트리아 국민은 제1차 세계 대전 이후 큰 불만과 좌절감에 빠져 있었어. 중부 유럽을 호령하던 제국이 초라한 약소국으로 전락한 사실이 못마땅했기 때문이야. 이웃 독일이 점점 강해지는 걸 보며 부러워하는 사람도 생겼지. 히틀러는 이 틈을 비집고 들어갔어. 히틀러가 오스트리아도 독일과 힘을 합치면 강력한 나라가 될 수 있다고 목소리를 드높이자, 오스트리아에서 나치 팬이 점점 늘어났단다."

"그래서 오스트리아가 먼저 나서서 독일과 합쳤어요?"

"아니, 오스트리아 정부는 히틀러에게 나라를 갖다 바칠 수는 없다며 강력히 반발했어. 그리고 일부 나치 지지자에 맞서 오스트리아의 독립을 확고히 결정하는 국민 투표를 실시하려 했지. 그러자 히틀러는 독일군을 동원해 오스트리아를 점령하고는, 독일과의 합병을 유도하는 국민 투표를 실시했단다. 결과는 97퍼센트가 넘는 압도적인 찬성이었어."

"그럼, 오스트리아 국민은 거의 다 합병에 찬성한 거네요?"

"찬성하는 사람이 다수였던 건 사실일 거야. 하지만 투표 자체는 엉망이었어. 투표소마다 무장한 독일군이 배치돼 있었거든. 그러니 압도적인 찬성이 나온 거지."

↑ 오스트리아 합병 반대 시위
오스트리아 사람들이 독일과 합병 반대 시위를 벌이고 있어.

▲ 오스트리아로 진군하는 독일 경찰 오스트리아 국민이 독일 경찰 부대를 나치식 경례로 환영하고 있어.

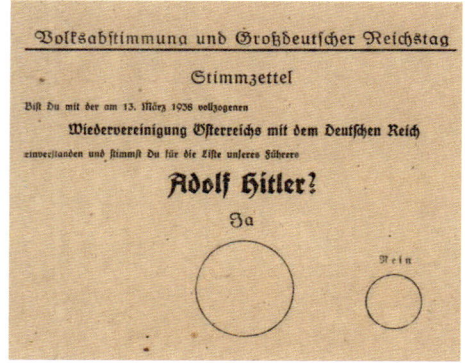
▲ 오스트리아 합병 국민 투표 용지 큰 동그라미가 합병 찬성, 오른쪽 작은 동그라미가 합병 반대를 뜻해. 사실상 통일에 찬성하도록 압박한 거지.

"어쩐지…… 그런데 영국과 프랑스는 가만히 있었어요?"

"응. 독일과 오스트리아는 뿌리가 같은 나라이니, 하나로 합쳐지는 게 이상하지는 않았어. 그래서 가만히 있었단다."

"히틀러가 원하는 대로 착착 진행되네요."

"히틀러의 다음 목표는 체코슬로바키아였어. 체코슬로바키아의 주데텐란트 지역에 독일계 주민이 300만 명 가까이 살았거든. 히틀러는 군대를 국경에 집중시키면서 체코슬로바키아를 압박했단다. 전쟁이 싫으면 땅을 내놔라, 이거지."

"이제는 대놓고 협박이네요? 이쯤 되면 영국이랑 프랑스가 나서야 하는 거 아닌가요?"

"응. 드디어 프랑스가 나섰단다. 프랑스는 체코를 공격하면 가만히 있지 않겠다며 나치 독일에 으름장을 놓았어. 체코슬로바키아는 프랑스와 군사 동맹을 맺은 나라였거든. 하지만 히틀러도 물러서지 않

▲ 오스트리아 합병 기념우표

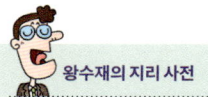
왕수재의 지리 사전

주데텐란트 독일에 맞닿은 체코슬로바키아의 국경 지역이야. 원래는 오스트리아-헝가리 제국의 영토였어. 그래서 독일어를 사용하는 게르만족이 많이 살았지. 오늘날엔 체코의 영토야.

았지. 금방이라도 전쟁이 터질 것 같던 이때, 영국이 나서서 히틀러와 대화를 하자고 프랑스를 말렸어."

"아니, 왜요?"

"어떻게든 전쟁만은 막으려 한 거지. 1938년 9월, 프랑스와 영국, 독일과 이탈리아 정상이 뮌헨에서 만나 체코 문제를 담판 지었단다. 그런데 그 결과가 충격적이었어. 주데텐란트를 독일에 넘겨주는 건 물론이고, 이웃한 헝가리와 폴란드에도 체코슬로바키아의 영토를 넘겨주기로 했거든."

"그게 무슨 소리예요?"

"사실 체코슬로바키아에는 독일 사람뿐만이 아니라 폴란드, 헝가리 사람들도 많이 살았어. 전쟁을 막으려고 독일의 요구를 들어주자니, 폴란드와 헝가리의 반발이 예상된 거야. 그래서 민족 자결주의에 따라 체코슬로바키아를 쪼개서 세 나라가 나누어 갖고, 그 대신 남은

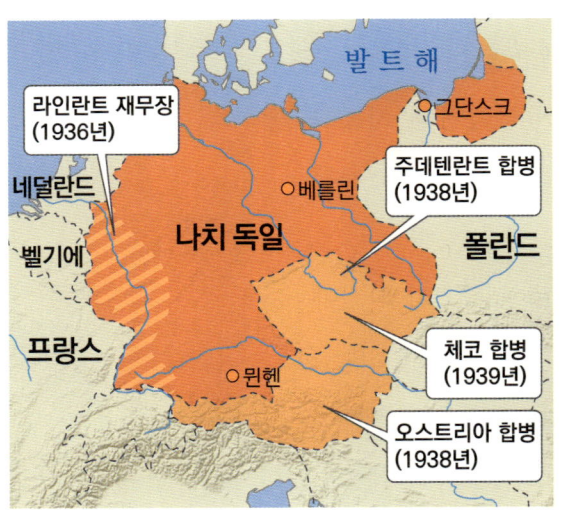

↑ 나치 독일의 영토 확장

↑ 표지판을 바꾸는 관리 주데텐란트 합병 이후 체코어 표지판을 독일어로 바꾸고 있어.

체코슬로바키아 영토는 독립을 보장하기로 한 거지. 영국과 프랑스는 우선 전쟁을 피하는 길을 택한 거야."

"맙소사, 체코슬로바키아 입장에서는 황당했겠어요."

"근데 히틀러는 한술 더 뜨고 나왔어. 6개월 뒤에 뮌헨 협정을 무시하고 체코슬로바키아 전체를 독일 보호령으로 만들었거든. 하지만 이번에도 영국이나 프랑스는 전쟁이 일어날까 봐 꾹 참았단다."

"아니, 언제까지 참고만 있어야 해요?"

장하다가 이해할 수 없다는 듯 말했다.

↑ 아서 네일 체임벌린
(1869년~1940년) 영국의 총리야. 전쟁을 막기 위해 히틀러와 직접 만나 대화를 시도했으나 결국 실패했지.

유럽이 또다시 광기 어린 전쟁에 휘말리다 **027**

↑ **뮌헨 협정 체결 직후 각국 정상의 모습** 왼쪽부터 영국, 프랑스, 독일, 이탈리아 정상이야. 하지만 정작 영토를 잃게 된 체코슬로바키아 대표는 이 회의에 참석하지도 못했어.

"그만큼 제1차 세계 대전의 충격이 컸던 거야. 더구나 젊은 시절 끔찍했던 참호전을 생생히 기억하는 각 나라의 정치인들은 아들과 손자에게는 그런 참혹한 일을 다시 겪게 하고 싶지 않았지."

"이해는 가지만, 그렇다고 히틀러가 저렇게 막 나가는 걸 마냥 내버려 둘 수는 없잖아요."

영심이가 볼멘소리로 투덜대자 용선생이 말을 이었다.

"사실 영국이나 프랑스가 히틀러를 가만둔 데에는 더 큰 이유가 있었어. 영국과 프랑스에는 나치 독일에 못지않게 무서운 적이 있었거든."

"그게 누군데요?"

"소련이야. 영국과 프랑스가 보기에 히틀러는 중부 유럽에서 독일인이 많이 사는 땅만 차지하면 더 이상 전쟁을 벌일 이유가 없어 보였어. 하지만 소련은 달랐지. 소련은 공공연하게 전 세계에 사회주의 혁명을 일으키겠다고 떠들어 댔거든. 더구나 이 무렵 소련은 스탈린의 지도 아래 무서운 기세로 경제 성장을 이루었어. 그러니까 영국이나 프랑스 입장에서는 나치 독일과 적당히 사이좋게 지내며 소련을 견제하는 데 힘쓰는 편이 더 현명할 것 같았지."

"맞다. 그러고 보니 나치당이 사회주의자도 싫어했다고 했죠?"

"맞아. 히틀러는 사회주의자를 정말 싫어했어. 그래서 사회주의 혁명의 근원지인 소련을 원수 보듯 했지. 심지어 소련을 정복해서 동유럽 전체를 독일의 영토로 만들고, 러시아의 슬라브인은 모두 죽이거나 게르만인의 노예로 삼아야 한다고 주장하기도 했단다."

"헉, 슬라브인을 모두 죽인다고요?"

"그래. 그래서 영국이나 프랑스에는 독일이 전쟁을 벌이더라도 자신들이 아닌 소련과 벌일 거라고 생각하는 사람이 많았단다."

잠시 숨을 고른 용선생이 설명을 이어 갔다.

> 나치당은 동유럽과 소련을 정복해 게르만 민족의 제국을 건설해야 한다고 주장했어.

↑ 나치가 꿈꾼 독일 제국

용선생의 핵심 정리

독일은 오스트리아를 합병하고 뒤이어 체코슬로바키아를 침공하며 세력을 확장함. 영국과 프랑스는 전쟁의 공포, 소련을 막으려는 목적 때문에 독일의 세력 확장을 인정함.

나치 독일의 폴란드 침공으로 세계 대전이 시작되다

"히틀러는 체코슬로바키아를 집어삼킨 뒤 곧장 다른 먹잇감을 찾았어. 바로 폴란드였지. 폴란드에도 독일 사람이 많이 살았거든."

"주로 어디에 많이 살았는데요?"

"지도를 한번 볼까? 여기 독일과 동프로이센 지역 사이에 있는 '그

> 용선생의 세계사 돋보기
>
> 동프로이센은 프로이센 공국의 세력 기반으로 독일의 고향과 같은 곳이야.

유럽이 또다시 광기 어린 전쟁에 휘말리다 **029**

↑ 그단스크와 그 주변 지역

단스크' 일대야. 이 지역은 원래 제1차 세계 대전 이전까지 독일 영토였기 때문에 독일인이 많이 살았어. 하지만 베르사유 평화 조약으로 폴란드로 넘어갔지."

"동프로이센만 독일에서 뚝 떨어진 모양이네요?"

"맞아. 그래서 히틀러는 독일이 그단스크와 인근 해안 지역을 점령해서 동프로이센과 영토를 연결해야 한다고 주장했단다. 폴란드는 이 요구를 절대 받아들일 수 없었어. 그단스크 일대의 해안 지역은 폴란드가 바다로 나갈 수 있는 유일한 길목이라, 해외 무역이 대부분 이곳을 통해 이루어졌거든. 그러자 히틀러는 이번에도 전쟁을 벌이겠다며 폴란드를 위협했지. 체코슬로바키아를 보호령으로 삼은 지 한 달도 지나지 않아서 벌어진 일이었어."

"그럼 영국이랑 프랑스는 이번에도 지켜만 봤어요?"

"두 나라는 '이번에야말로 가만히 있지 않겠다.'며 으름장을 놓았어. 그리고 소련에도 사람을 보내서 동맹을 맺으려 했단다."

"네? 아까 영국이나 프랑스한테는 독일보다 소련이 더 무서운 적이라고 하셨잖아요."

"바로 그게 문제였지. 일단 독일이 더 이상 막 나가지 못하도록 막으려고 동맹 협상을 시작하긴 했는데, 양쪽은 도무지 서로를 믿지 않았어. 특히 스탈린은 혹시라도 독일과 진

↑ 그단스크 그단스크는 역사적으로 폴란드와 프로이센의 지배를 번갈아 가며 받았어. 주민 중에도 폴란드인과 독일인이 섞여 있어서 독일이 차지하려고 했던 거야. 독일어 이름인 '단치히'로도 많이 알려져 있어.

짜 전쟁이 터지면 영국과 프랑스가 구경만 하는 사이 소련만 피를 흘려야 하는 건 아닐지 걱정을 많이 했단다. 여태까지 두 나라가 독일에 으름장만 놓고 행동에 나서는 꼴을 보지 못했으니까 말이야. 이렇게 동맹 협상이 지지부진한 사이, 뜻밖에도 히틀러가 스탈린에게 사람을 보내 달콤한 제안을 했어."

"헉, 히틀러가 무슨 제안을 했는데요?"

"나치 독일과 불가침 조약을 맺고 서로 전쟁을 하지 말자고 한 거야. 또 폴란드, 리투아니아, 핀란드 같은 동유럽의 여러 국가를 적당히 나눠 가지자고 은밀하게 제안했지."

▲ 독소 불가침 조약 체결 스탈린이 지켜보는 가운데 소련의 외무 장관 몰로토프가 불가침 조약에 서명을 하고 있어.

"네? 히틀러는 소련을 엄청 싫어했다면서요. 그런데 소련과 땅을 나눠 갖자고 했다고요?"

"소련을 공격하는 건 최종 목표고, 우선 소련이 혹시라도 영국, 프랑스와 손을 잡을까 봐 미리 손을 쓴 거지."

"그럼 스탈린이 히틀러의 제안을 받아들였어요?"

"응. 스탈린이 보기에 소련이 손해 볼 건 하나도 없었거든. 그래서 스탈린은 영국, 프랑스와 손을 잡는 걸 거부하고 히틀러의 제안을 받아들였지. 독일과 소련 사이에 불가침 조약이 체결되면서 히틀러의 야심을 가로막을 장벽은 사라졌어."

"그래도 나치 독일이 전쟁을 시작할까요? 이번에는 영국이랑 프랑스가 진짜로 가만있지 않을 텐데?"

영심이의 말에 용선생은 고개를 가로저었다.

곽두기의 국어 사전

불가침 아니 불(不) 가능할 가(可) 범할 침(侵). 침범할 수 없다는 뜻이야.

유럽이 또다시 광기 어린 전쟁에 휘말리다 **031**

"히틀러는 이제 영국, 프랑스의 경고는 귓등으로도 듣지 않았어. 두 나라가 으름장만 놓고 가만히 있는 게 한두 번도 아니었으니까. 1939년 9월, 마침내 독일군이 폴란드를 침공했고, 비슷한 시기 동쪽에서는 소련군이 폴란드를 공격했지. 양쪽에서 공격을 받은 폴란드는 삽시간에 무너졌어. 이로써 제2차 세계 대전이 시작됐단다."

"그럼 영국이랑 프랑스는요? 설마 이번에도 가만히 있었어요?"

"그건 아냐. 영국과 프랑스는 즉시 나치 독일에 선전 포고를 했어. 하지만 정작 폴란드가 독일과 소련에 몽땅 점령당할 때까지 아무런 행동도 하지 않았지. 막상 전쟁을 치르자니 준비도 부족했고, 또다시 제1차 세계 대전처럼 커다란 전쟁으로 번질까 봐 엄두가 나지 않았

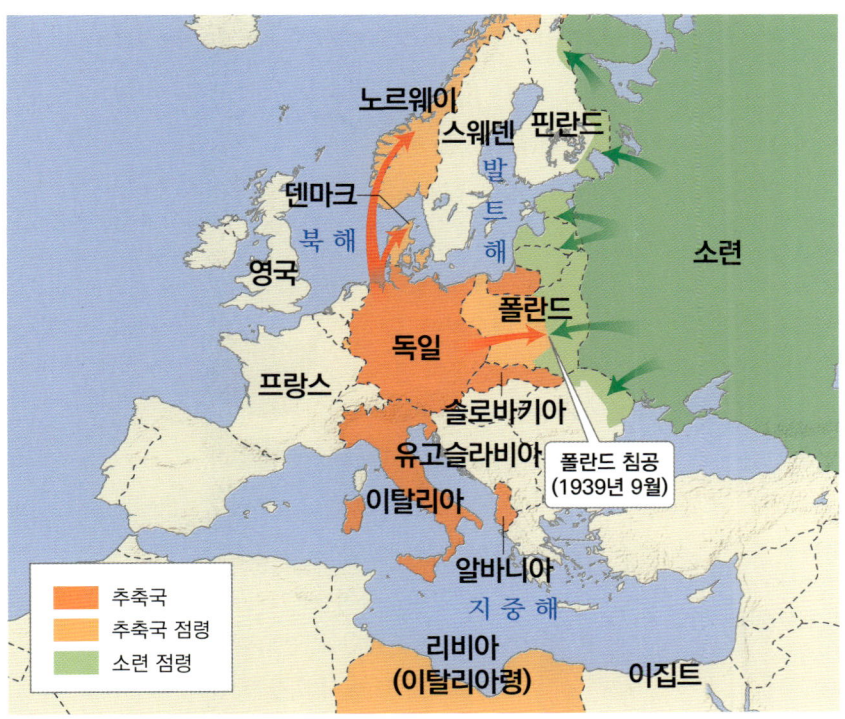

▲ 제2차 세계 대전의 시작

던 거야. 그사이 독일과 소련은 전쟁 계획을 착착 실행에 옮겼어. 소련은 핀란드와 발트해 연안 지역을, 독일은 북유럽의 덴마크와 노르웨이를 공격했단다."

"덴마크랑 노르웨이는 왜요?"

"영국 때문이야. 제1차 세계 대전 당시 독일은 영국의 막강한 해군이 바다를 틀어막아 몹시 곤란했던 경험이 있지. 그러니까 이번에는 영국이 나서기 전에 미리 덴마크와 노르웨이를 점령해서 같은 일을 당하지 않으려 한 거야. 덴마크와 노르웨이는 해안선이 길고 항구가 많은 나라여서 영국 해군이 쉽사리 봉쇄하기 어려웠거든."

작은 고추가 맵다? 핀란드의 겨울 전쟁

핀란드는 러시아 제국이 혁명으로 무너지던 1917년에 독립을 선언했어. 하지만 소련은 언젠가 핀란드를 다시 차지하려고 기회를 노렸지.

독일과 불가침 조약을 맺은 소련은 폴란드 침공 두 달 뒤인 11월에 핀란드를 공격했어. 핀란드의 수도 헬싱키를 비롯한 대도시에 소련 공군의 폭격이 시작됐고, 뒤이어 46만 명에 이르는 소련군이 핀란드 국경을 넘어섰어. 이로써 '겨울 전쟁'이 시작됐단다. 이 전쟁은 누가 봐도 핀란드의 패배가 확실해 보였지. 소련군이 핀란드군의 세 배나 됐거든.

그러나 누구도 예상치 못했던 반전이 시작됐어. 핀란드군이 맹활약하며 몇 달 동안이나 공격을 막아낸 거야. 특히 핀란드군의 스키 부대는 산과 눈이 많은 핀란드를 자유롭게 오가며 소련군을 몹시 괴롭게 했지. 더구나 소련이 핀란드를 공격한 1939년 겨울은 최저 기온이 영하 40도까지 떨어질 정도로 유난히 추웠어. 이 추위 또한 소련군을 더욱 고전하게 했단다.

하지만 스탈린은 엄청난 피해를 보면서도 핀란드를 포기하지 않았어. 약 4개월 동안 겨울 전쟁에 동원된 소련군은 점점 늘어서 140만 명을 넘어섰지. 소련의 끝없는 공격에 핀란드는 결국 무릎을 꿇을 수밖에 없었단다.

하지만 소련은 전쟁이 끝난 후 핀란드를 함부로 대하지 못했어. 핀란드는 영토의 일부를 떼어 주고 막대한 전쟁 배상금을 물어냈지만, 독립만은 지킬 수 있었지.

겨울 전쟁은 소련군에게 큰 충격이자 굴욕이었어. 반면 히틀러는 겨울 전쟁의 진행 과정을 지켜보며 이 정도면 소련을 쉽게 이길 수 있을 거라는 확신을 가졌단다.

← **핀란드군의 화염병** 무기가 열악한 핀란드군은 휘발유를 유리병에 담아 간단히 제작한 화염병을 사용해 소련군에 큰 피해를 주었어.

↑ **핀란드의 스키 부대** 스키 부대는 눈과 산이 많은 핀란드에서 빠른 속도로 움직이며 소련군을 괴롭혔어. 또 하얀 보호색 군복을 입어서 게릴라전에도 효과적이었지.

↑ **소련 폭격의 피해를 입은 헬싱키 대학교**

↑ 폴란드로 진군하는 독일군을 보는 히틀러(왼쪽), 폴란드를 침공한 소련군(오른쪽)

"그런 속셈이면 영국이 가만히 있으면 안 되잖아요?"

"영국도 대응에 나섰지만 안타깝게도 한 발 늦었어. 독일은 두 달 사이에 덴마크와 노르웨이를 발 빠르게 점령하고 영국군의 공격을 막아 냈어. 이로써 독일의 기세는 더욱 강해졌단다."

"결국 영국이랑 프랑스가 팔짱만 끼고 있는 사이에 상황이 이렇게 됐네요. 어휴, 답답해."

장하다가 답답한 듯 눈살을 찌푸리며 말했다.

 **용선생의 핵심 정리**

나치 독일은 폴란드의 그단스크 일대 영토를 요구하고, 소련과 불가침 조약을 맺은 후 폴란드를 침공해 제2차 세계 대전을 일으킴. 전쟁 초기 소련은 핀란드와 발트해 연안을 침공하고, 독일은 덴마크와 노르웨이를 공격해 점령함.

프랑스가 점령당하고 영국이 대규모 공습을 받다

"선생님, 이제 히틀러의 다음 목표는 소련인가요?"

"아직은 아냐. 영국과 프랑스가 뒤에 버티고 있는 이상, 소련을 먼저 공격할 수는 없으니까. 그래서 히틀러는 먼저 바로 옆 프랑스부터 점령할 계획을 세웠단다."

"프랑스는 전쟁 준비를 단단히 하고 있었잖아요?"

나선애의 말에 용선생은 고개를 끄덕였다.

"프랑스군은 독일군이 이번에도 제1차 세계 대전 때처럼 벨기에를 거쳐 올 거라고 판단했어. 난공불락의 마지노선을 정면으로 공격할 리는 없으니까. 그래서 벨기에 쪽에 신경을 곤두세웠어. 영국군 수십만 명도 미리 바다를 건너와서 독일의 침략을 대비했지."

"그럼 독일도 프랑스를 쉽게 공격하지는 못하겠군요."

"독일군은 프랑스의 작전을 거꾸로 이용했

↑ 나치 독일의 프랑스 침공

단다. 우선 벨기에를 공격하는 척하면서 프랑스군을 전부 벨기에 깊숙이 끌어들였어. 그사이 독일군은 번개처럼 아르덴 지방을 지나 프랑스로 쳐들어가 영국을 마주 보는 해안까지 단숨에 치고 올라갔지. 아르덴 지방은 울창한 숲이 많은 지역이라 대군이 빨리 통과하기 힘들었기 때문에, 방비에 소홀했거든."

↑ 아르덴 숲을 지나는 독일군

"프랑스가 완전히 허를 찔린 거네요. 그래서 어떻게 됐나요?"

장하다가 침을 꿀꺽 삼켰다.

"아무도 예상하지 못했던 독일군의 작전은 제대로 먹혀들었어. 전체 150만 명이나 되는 프랑스 대군은 꼼짝없이 포위되었단다. 프랑스군은 공포에 질린 나머지 서둘러 독일군에 항복했지. 이로써 프랑스군의 주력이 무너져 내렸어. 프랑스를 돕던 영국군도 프랑스 북부에 고립되어 덩달아 전멸할 위기에 처했지."

"세상에. 독일이 엄청 크게 이긴 거네요."

"모두의 예상을 뛰어넘는 대승리였지. 단 한 번의 기습으로 사실상 프랑스군과 영국군이 거의 전멸했거든. 더 버틸 힘을 잃은 프랑스는

↓ **아르덴 지방의 뫼즈강** 해발 고도 350~500미터의 삼림 지대야. 아르덴 지방에는 울창한 숲이 많아서 프랑스군은 독일군이 이곳을 지나 쳐들어올 줄은 예상하지 못했어.

전쟁이 시작된 지 겨우 6주 만에 독일에 정식으로 항복했단다."

"프랑스가 그렇게 쉽게 무너질 줄이야……."

"그러게 말이다. 히틀러는 프랑스를 둘로 나눠 다스렸어. 파리와 북부 지역은 나치 독일이 직접 다스리고, 남부 지역과 해외 식민지는 나치 독일의 말을 잘 듣는 꼭두각시 정부를 세워 다스렸지. 이렇게 새로 탄생한 프랑스의 정부는 임시 수도 비시의 이름을 따 '비시 프랑스'라고 해. 비시 프랑스는 제2차 세계 대전 내내 나치 독일에 적극적으로 협력했어. 유대인을 탄압하고, 프랑스인을 군수 물자 생산에 강제로 동원하기도 했지."

"그럼 프랑스 정치인 중에 나치에 협력한 사람이 있다는 말인가요?"

"응. 하지만 끝까지 나치와 맞섰던 사람들도 있어. 그들을 '레지스탕스'라고 불러."

"레지스탕스? 어디선가 들어 본 것도 같은데……."

▲ 비시 프랑스

"레지스탕스는 제2차 세계 대전 당시 프랑스에서 나치 독일과 비시 프랑스에 저항한 민병대를 가리킨단다. 프랑스어로 '저항'이라는 뜻을 가진 말이지. 레지스탕스는 프랑스 곳곳에서 나치 독일의 고위층을 암살하거나 군사 시설을 파괴하며 나치에 맞서 싸웠어. 그래서 오늘날에는 레지스탕스 자체가 '저항 조직'을 일컫는 말로 굳어졌지."

"그러니까 레지스탕스는 우리나라의 독립군 같은 거군요."

"맞아. 샤를 드골이라는 군인도 영국으로 도망가 '자유 프랑스'라는 망명 정부를 세우고 독일에 저항했지. 하지만 레지스탕스 운동도, 자유 프랑스 정부도 전쟁 막바지까지 많은 어려움을 겪었어. 프랑스의 주요 정치인은 물론이고 국민 중에도 비시 프랑스를 지지하는 사람이 많았거든."

"끙, 그럼 다들 나치 편이었다는 건가요?"

"그만큼 전쟁이 무서웠고, 나치 독일의 기세가 압도적이었지. 영국에서도 더 이상 독일과 싸우지 말고 휴전 협상을 해야 한다는 목소리가 커졌단다. 수십만 명의 영국 육군이 프랑스에서 독일군에 포위당한 채 전멸당하기 직전이었거든. 귀중한 생명을 희생하느니, 일단 전쟁을 피하고 살길을 찾는 게 현명하다는 의견이었지."

"선생님, 영국까지 항복하면 독일이 유럽을 완전히 집어삼키는 거 아닌가요?"

왕수재의 말에 용선생은 고개를 끄덕였다.

"맞아. 하지만 영국에는 독일이 쉽게

▲ 샤를 드골 (1890년~1970년)
프랑스가 독일에 항복했을 때 영국 런던으로 망명해 '자유 프랑스'라는 프랑스 망명 정부를 조직해 나치 독일에 저항했어.

용선생의 세계사 돋보기

레지스탕스는 대부분 프랑스의 사회주의자들이었고, 소련의 지시도 받았어. 이들은 전쟁이 끝난 이후 프랑스에 혁명을 일으켜 사회주의 정부를 세울 계획을 세우기도 했단다. 그래서 자유 프랑스와의 협조는 잘 이루어지지 않았어.

▲ 비시 프랑스 정부에 체포된 레지스탕스

용선생의 세계사 돋보기

이 당시 히틀러를 비롯한 독일군 지휘관들은 '영국과 프랑스가 이렇게 쉽게 패배할 리 없다.'고 생각해서 최종 공격을 늦췄대. 뭔가 함정이 있을 거라고 여긴 거지. 그 덕에 영국군은 탈출할 시간을 벌 수 있었단다.

뚫을 수 없는 방어 수단이 있었어. 바로 바다야. 영국은 섬나라라서 바다를 건너야 공격할 수 있는데, 세계 최강의 영국 해군이 그 바다를 지켰거든. 영국의 수상 윈스턴 처칠은 해군의 힘을 믿고 독일과 끝까지 맞서 싸우기로 결정했어. 그리고 영국의 모든 군함과 민간 어선을 긁어모아서 포위당한 영국군을 모두 구출해 왔지."

"영국은 정말 바다가 구해 주네요. 옛날에 나폴레옹도 바다 때문에 골탕 먹었던 거 같은데."

프랑스의 영웅은 왜 나치 독일과 손을 잡았을까?

↑ **앙리 필리프 페탱**
(1856년~1951년)

앙리 필리프 페탱은 제1차 세계 대전에서 프랑스군을 이끌고 독일군의 공격을 막아 낸 전쟁 영웅이야. 당연히 전 국민의 존경과 사랑을 한 몸에 받는 인물이었지. 하지만 나치 독일의 기습으로 프랑스군이 사실상 괴멸당하자 페탱은 독일에 항복했어. 독일군과 죽을 각오로 싸우다가 또다시 수많은 국민을 희생시키느니, 당장 굴욕을 참고 항복하는 게 낫겠다고 생각한 거지. 페탱은 새 프랑스의 총리가 되었고, 프랑스 중부의 도시 비시에 프랑스의 임시 수도를 두었어. 비시 프랑스는 제2차 세계 대전 시기 나치 독일에 점령당하지 않은 프랑스 남부와 프랑스의 해외 식민지를 다스렸지. 비시 프랑스는 공식적으로는 중립국이었어. 독일과도 대등한 외교 관계를 맺었지. 하지만 독일이 요구하는 전쟁 물자와 병사를 제공하고 유대인 탄압에 앞장서는 등 사실상 제2차 세계 대전 내내 히틀러의 영향력 아래에 있었단다. 그렇지만 그 덕에 비시 프랑스는 제2차 세계 대전의 혼란과 비극을 조금이나마 피해 갈 수 있었어. 국내에서도 프랑스 국민과 부르주아 계층의 지지를 두루 받으며 안정을 유지했지.

↑ **히틀러와 만나는 페탱** 비시 프랑스는 나치 독일에 협력하며 국내 안정을 꾀했어.

▲ **프랑스에서 무사히 탈출한 영국군** 영국은 독일군에 밀려 프랑스 해안가 됭케르크에 고립된 영국군과 프랑스군을 모두 구출했어.

▲ **윈스턴 처칠** (1874년 ~1965년) 제2차 세계 대전 시기 영국 수상으로서 전쟁을 승리로 이끈 인물이야. 오른손으로 V자를 그리고 있지. 이후 손가락 V는 승리를 뜻하는 손짓으로 통한단다.

"흐흐. 하지만 세월이 많이 흘렀잖니? 이제는 꼭 배가 아니어도 영국을 공격할 방법이 있었어."

용선생이 손가락으로 머리 위를 가리키자 곽두기가 손바닥을 쳤다.

"비행기! 비행기로 공격하는 건가요?"

"맞아. 히틀러는 공군 폭격기를 총동원해서 영국을 초토화시키기로 했어. 그 결과 영국은 약 3개월 동안 집중 폭격을 받았지. 처음에는 군수 공장이나 군사 기지에 폭격이 집중됐지만, 나중에는 전쟁과는 아무 관계도 없는 도시 한복판에도 폭격이 이뤄졌어. 영국의 수도 런던도 그야말로 쑥대밭이 되었지."

"전쟁과 상관없는 민간인이 사는 도시에 폭탄을 떨어트려요?"

"히틀러는 어차피 폭격만으로 영국을 점령할 수는 없다고 생각했어. 그러니 영국인을 공포에 질리게 만들어서 협상에 나오게 만들 목적이었던 거지. 하지만 영국인들은 독일의 공습을 악착같이 견뎌

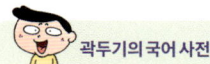

곽두기의 국어 사전

초토화 그을릴 초(焦) 흙 토(土) 될 화(化). 불에 타서 검게 그을린 땅으로 만들어 버린다는 뜻이야.

곽두기의 국어 사전

공습 빌 공(空) 엄습할 습(襲). 적이 비행기를 이용해 하늘에서 공격한다는 뜻의 '공중습격'을 줄인 말이야.

↑ **폭격을 받은 런던** 독일군은 3개월 동안 런던을 집중 폭격했어. 독일군의 폭격으로 런던의 많은 시설과 건물이 무너졌고 수많은 사람이 죽거나 다쳤지.

허영심의 상식 사전

레이더 전파가 물체에 반사되는 것을 이용해 대상과의 거리, 크기 등을 알아내는 장치야.

냈단다. 영국 공군은 레이더를 이용해 독일 공군의 공격을 예측하고 전투기를 출격시켜 반격에 나섰지. 마침내 독일 공군의 피해가 만만치 않게 커지자 독일은 영국 공습을 중단했어."

"결국 영국 공격은 실패한 거군요?"

"그래. 거침없이 성공을 거두던 히틀러의 계획이 처음으로 어긋난 거지. 그런데 이렇게 한 번 좌절을 겪은 후 나치 독일은 계속 예상치 못한 장애물을 만나게 돼."

 **용선생의 핵심 정리**

나치 독일은 프랑스를 공격해 단숨에 프랑스군 주력을 무너트림. 프랑스는 나치 독일에 항복했으나, 레지스탕스와 자유 프랑스의 저항은 이어짐. 영국은 끝까지 저항했고, 나치 독일은 영국에 대규모 공습을 퍼부었으나 결국 실패함.

전쟁의 불길이 세계로 번지다

"또 무슨 일이 있었는데요?"

"동맹국인 이탈리아가 문제였단다. 이탈리아의 무솔리니는 이참에 한몫 잡으려고 나치 독일 편에 서서 전쟁에 뛰어들었어. 그리고 독일군을 상대하느라 정신이 없는 프랑스를 첫 목표로 삼았지. 그런데 이게 웬걸? 프랑스 남부를 공격한 이탈리아군은 프랑스 군의 주력도 아닌, 국경 수비대의 반격에 밀려서 그만 패배했단다."

"헤, 진짜요? 이탈리아군이 그렇게 약한 줄 몰랐어요."

"그나마 동맹국인 나치 독일이 프랑스에 승리해서 큰 피해를 보진 않았어. 심기일전한 이탈리아는 다음으로 영국의 보호령인 이집트를 노렸단다. 영국 역시 독일의 공습에 호되게 당하고 있으니, 이집트는 손쉽게 차지할 수 있을 거라 여겼던 거야."

"어휴, 치사해. 남들 싸우는 틈만 노리고……."

"그런데 이집트를 공격한 이탈리아군은 이번에도 3만 명밖에 안 되는 영국군에 여지없이 패배했단다. 그뿐만 아니라 영국군의 반격에 밀려서 당시 이탈리아 식민지였던 리비아까지 후퇴하고 말았어. 이 와중에 이탈리아 해군도 크게 패배했고, 이탈리아반도의 해군 기지마저 위태로운 지경에 놓였지."

"싸웠다 하면 지기만 하네요."

"이게 다가 아니야. 이탈리아는 이와 비슷한 시기에 그리스도 공격했는데, 역시 그리스의 반격을 이겨 내지 못하고 위태로운 지경에 놓였어. 이쯤 되자 히틀러도 남부 유럽에 신경을 쓸 수밖에 없었지. 만

곽두기의 국어 사전

심기일전 마음 심(心) 기틀 기(機) 한 일(一) 구를 전(轉). 어떤 계기를 통해서 지금까지 지녔던 생각과 자세를 완전히 바꾸는 것을 말해.

▲ 북아프리카에 파견된 독일 탱크 프랑스 침공에서 탱크의 장점을 톡톡히 맛본 나치 독일은 탱크 부대를 북아프리카에서도 활용했어.

 용선생의 세계사 돋보기

이 나라들은 대부분 소련의 침략이 두려워서 독일과 손을 잡는 것을 택했어. 독일은 이들을 그리스 공격에 이용하는 건 물론이고 소련 침공에도 이용하려고 했지.

▲ 에르빈 로멜 (1891년 ~1944년) 독일의 장군이야. 북아프리카 전선에서 탱크 부대를 이끌고 큰 활약을 펼쳐 '사막의 여우'라는 별명을 얻었어.

약 이탈리아가 패배를 거듭하다 영국에 항복하기라도 한다면 전쟁이 몹시 복잡해질 게 뻔했거든."

"독일 입장에서는 이탈리아가 동맹이 아니라 짐이었겠네요."

장하다가 고개를 절레절레 저었다.

"흐흐. 어쨌든 독일군이 나서면서 이탈리아의 패배도 어느 정도 만회하게 되었단다. 나치 독일은 일단 로멜 장군이 이끄는 탱크 부대를 북아프리카로 파견해 영국군을 다시 이집트까지 밀어냈지. 그리고 발칸반도에서는 헝가리, 루마니아, 불가리아를 잇달아 동맹국으로 끌어들인 다음 그리스까지 원정군을 보내서 약 한 달 만에 그리스를 점령했어."

"독일군이 정말 강력했군요!"

"하지만 영국만은 어떻게 할 수 없었단다. 독일은 폭격을 그만두고 제1차 세계 대전 때처럼 잠수함을 동원해 영국을 고립시켜 보려고 했지만 생각처럼 쉽지는 않았어. 영국 해군이 여전히 버티고 있었거든. 게다가 이렇게 악착같이 버티는 영국에 미국이 도움의 손길을 내밀었어."

"드디어 미국이 전쟁에 뛰어든 거군요?"

"전쟁에 완전히 끼어든 건 아니야. 대서양 건너 멀리 있는 미국이 굳이 유럽까지 와서 독일과 전쟁을 벌일 이유가 없었거든. 그 대신 미국은 영국에 무기와 전쟁 자금을 빌려주는 식으로 영국을 도우며

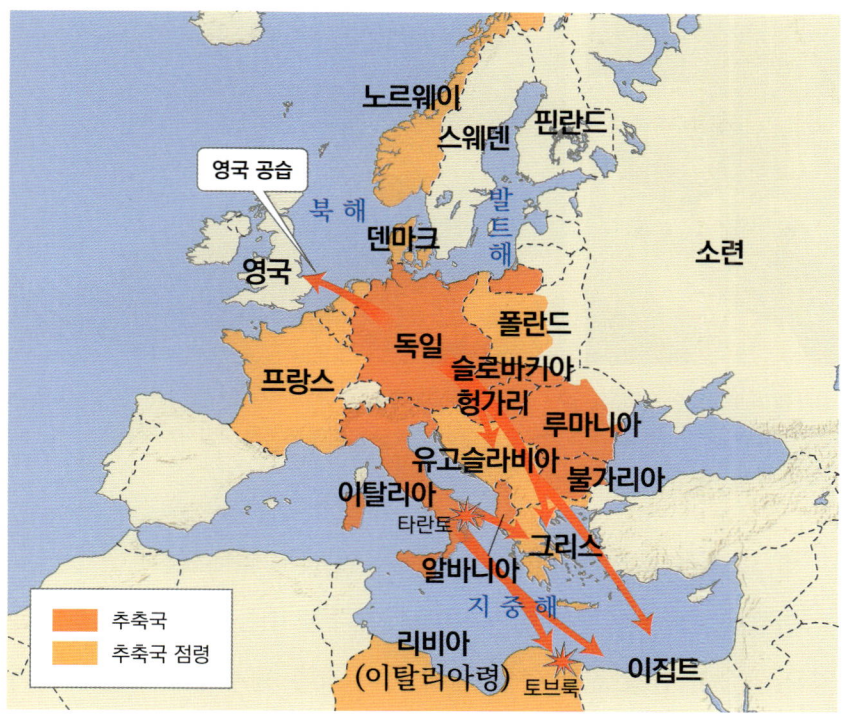

↑ 제2차 세계 대전의 확대

이득을 챙겼지. 히틀러는 점점 초조해졌어. 영국이 항복할 기미는 보이지 않는데, 아까운 시간만 흘러갔으니까."

"시간이 왜 아까워요? 어차피 영국만 항복하면 이제 유럽을 다 정복하게 생겼는데."

곽두기가 이해할 수 없다는 듯 고개를 갸웃거렸다.

"여러 번 이야기했지만, 히틀러가 노리는 건 영국이나 프랑스가 아니었어. 히틀러의 최종 목표는 어디까지나 소련이었지! 그러니까 하루빨리 영국을 무릎 꿇린 다음 소련 공격을 준비해야 하는데…… 전쟁이 자꾸만 커지기만 하고 뜻대로 풀리지 않았던 거야."

↑ **독일 잠수함** 영국에 비해 전함 수가 많이 모자랐던 독일은 연합국 해군을 상대하기 위해 잠수함을 많이 만들었어. 독일 잠수함은 연합국 해군에게 공포의 대상이 됐지.

↑ **독일 잠수함에 공격당해 침몰하는 상선** 독일 잠수함은 영국으로 향하는 배를 공격해 영국을 고립시키려 했어.

↑ **추축 동맹 체결 기념엽서**
세 나라 정상의 사진 아래 각 나라의 국기를 든 어린이가 그려져 있어.

"쯧, 이 와중에 소련이라니, 정말 욕심이 끝도 없네요."

"어쨌든, 영국이 항복하기를 마냥 기다릴 수는 없었어. 히틀러는 영국 공습이 한창 진행 중일 때에 이미 각종 물자와 무기를 모으며 소련 공격을 준비했단다. 또 동아시아의 일본을 끌어들여 새롭게 동맹국으로 삼았지."

"갑자기 일본을요? 전쟁은 유럽에서 하고 있는데요."

"히틀러는 일본이 동아시아에서 소련을 공격해 주기를 바랐어. 일본도 나치 독일의 동맹 요구를 흔쾌히 받아들였지. 이때 일본은 중국을 침략해 한창 전쟁 중이었는데, 유럽을 거의 모두 점령하다시피 한 나치 독일과 동맹을 맺으면 틀림없이 도움이 될 거라고 생각했어. 이로써 나치 독일, 이탈리아, 일본은 모두 추축 동맹으로 힘을 합치게 되었단다. 상황이 이렇게 돌아가자 지금껏 국익만 챙기며 방관하던 미국에서도 본격적으로 전쟁에 뛰어들어야 한다는 목소리가 높아졌어."

"이번에도 유럽에서 시작된 전쟁의 불씨가 전 세계로 번졌네요."
아이들이 침을 꿀꺽 삼켰다.

 **용선생의 핵심 정리**

이탈리아는 이집트와 그리스를 공격하다가 위기에 놓이지만, 독일군의 개입으로 안정을 되찾음. 영국이 막강한 해군력과 미국의 원조를 바탕으로 끝까지 버티자, 히틀러는 일단 최종 목표인 소련 공격을 준비함. 이때 일본과 추축 동맹을 맺음.

나치 독일이 소련과 처절한 전쟁을 벌이다

"그런데 소련은 히틀러가 그렇게 소련을 노리는 걸 몰랐어요?"

"알긴 했지. 하지만 스탈린은 나치 독일이 당장 쳐들어올 거라곤 상상도 하지 않았어. 불가침 조약을 맺은 데다가, 아직 영국이 항복하지 않은 상태에서 히틀러가 또 다른 전쟁을 벌일 리 없다고 생각했거든. 그러던 1941년 6월, 300만에 이르는 독일군과 탱크 3,000여 대가 갑작스레 소련 국경을 넘었어. 수천 대의 독일 폭격기가 소련의 주요 도시를 폐허로 만들었지. 드디어 독일이 소련을 공격한 거야."

"그야말로 마른하늘에 날벼락이었겠어요."

"그래. 소련은 독일의 기습에 이렇다 할 방어도 제대로 못 한 채 후퇴를 거듭했어. 전쟁 초반에 이미 주요 곡창 지대이자 공업 지대인 우크라이나를 빼앗겼고, 소련 최대 도시였던 레닌그라드와 수도 모스크바까지 내줄 위기에 처했지."

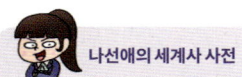

나선애의 세계사 사전

레닌그라드 러시아 제국의 수도였던 상트페테르부르크의 다른 이름이야. 러시아 혁명의 영웅인 레닌을 기념하는 의미에서 붙인 이름이지.

↑ **소련으로 진군하는 독일군** 히틀러는 스탈린과 맺은 불가침 조약을 깨고 소련을 기습 공격했어.

↑ **독일군의 공격으로 불타는 소련 마을** 독일군은 소련의 마을에 불을 지르고, 민간인을 상대로 약탈과 학살을 일삼았어.

"와, 이러다가 소련까지 정복당하는 거 아녜요?"

"슬라브인을 혐오했던 히틀러는 닥치는 대로 마을에 불을 지르고, 군인과 민간인을 가리지 않고 모두 죽이라고 명령했어. 서유럽을 공격할 때는 없었던 일이었지. 이 소식에 머리 끝까지 화가 난 스탈린은 소련의 모든 힘을 동원해 독일에 죽기 살기로 맞서 싸웠단다. 이미 독일 손아귀에 넘어가 버린 공장 대신 새롭게 공장을 세워 무기를 생산하고, 젊은이들을 닥치는 대로 전쟁터로 내보냈지."

▲ 독일의 소련 침공

독일은 군대를 나눠, 레닌그라드, 모스크바, 스탈린그라드 세 방향으로 쳐들어갔어.

"그야말로 목숨을 걸고 싸웠군요."

"소련 곳곳은 점점 지옥 같은 전쟁터로 변해 갔어. 특히 레닌그라드 일대에서 벌어진 전투는 매우 참혹했지. 독일군은 1941년 9월부터 2년 반 가까이 레닌그라드를 꽁꽁 포위하고 공격을 퍼부었어. 독일군이 도시로 통하는 모든 물자를 막아 버린 탓에 이 도시에서만 450만 명이 넘게 죽거나 다쳤지. 독일군에게 목숨을 잃은 소련군도 많았지만 굶어 죽거나 얼어 죽은 민간인이 정말 많았어."

"어머나, 한 도시에서 그렇게 많은 사람들이 죽었어요?"

▲ **레닌그라드의 시민들** 독일군의 오랜 포위에 도시의 물자는 극도로 부족해졌어. 레닌그라드의 시민들은 마실 물을 구하기 위해 비가 오면 거리로 나와 빗물을 받거나 우물을 파야 했지.

유럽이 또다시 광기 어린 전쟁에 휘말리다 **049**

영심이의 두 눈이 커졌다.

"그래. 소련의 수도인 모스크바에서도 큰 전투가 벌어져서 엄청나게 많은 사람이 죽었지. 이 외에도 소련 곳곳에서 그야말로 목숨을 건 대결이 펼쳐졌어. 독일과 소련 사이의 전쟁은 인류 역사상 가장 많은 사람이 희생된 전쟁이기도 해. 총 4년 동안 목숨을 잃은 사람이 거의 4천만 명에 이르거든. 어지간한 나라 하나의 인구가 사라져 버린 거지. 이 중에 독일의 무차별 학살로 희생된 소련의 민간인만 2천만 명 가까이 돼."

"세상에……."

아이들이 할 말을 잃은 듯 입을 딱 벌렸다.

"소련은 왜 이렇게 일방적으로 당한 거예요?"

"소련군은 독일군보다 훨씬 약했어. 그동안 산업 발전에 집중했던 소련은 독일보다 전쟁 준비가 부족했거든. 군대 훈련도 덜 되었

▲ 진흙탕을 헤쳐 나가는 독일군 겨울이 지나고 봄이 오자 땅이 진창으로 변해 버려서 독일군의 기동력이 크게 떨어졌어.

고, 무장도 허술했지. 하지만 전쟁이 길어지자 독일군이 점점 불리해졌어. 소련군이 끝도 없이 쏟아져 나와서 죽을 각오로 싸우니 독일군도 감당이 안 됐던 거야."

"나치 독일에 앉아서 당할 바에야 싸우다 죽는 게 낫다고 생각했던 거군요."

"봄이 되자 독일군에 더 큰 문제가 생겼어. 겨울 동안 얼었다가 녹은 땅이 진창이 되어 버려서 차량이 쉽게 오갈 수 없었거든. 멀고 먼 독일에서 보급품을 받아야 하는 독일군 입장은 몹시 난처해졌지. 더구나 독일군이 자랑하는 탱크 부대도 빠르게 움직일 수 없었단다."

"그럼 소련군에도 기회가 생기는 거예요?"

"그래. 전세가 뒤바뀐 결정적인 계기는 1942년부터 벌어진 스탈린그라드 전투였어. 독일군은 스탈린그라드를 점령한 후 남쪽의 캅카스산맥으로 향할 생각이었단다. 캅카스산맥 인근 지역은 석유가 풍부했거든. 하지만 소련은 스탈린그라드를 절대로 포기할 수 없었지. 스탈린그라드는 매우 발달한 산업 도시였고…… 무엇보다 스탈린의

왕수재의 지리 사전

스탈린그라드 모스크바 남쪽, 캅카스산맥 북쪽에 위치한 공업 도시야. 스탈린이 권력을 잡은 이후 자신의 이름을 따서 건설했지. 오늘날의 이름은 볼고그라드.

천왕성 작전 :
제2차 세계 대전의
흐름을 바꾸다!

↑ **스탈린그라드를 지키는 소련군(왼쪽)과 폐허가 된 시내 풍경(오른쪽)** 독일과 소련의 격렬한 전투로 스탈린그라드에는 제 모습을 간직한 건물이 거의 없어. 스탈린그라드에서만 단 6개월 동안 200만 명이 죽었단다.

이름이 붙은 도시였으니까."

"아니, 전쟁에서 그런 게 중요하단 말이에요?"

영심이가 어이없다는 듯 콧방귀를 뀌었다.

"소련이 스탈린 중심의 나라였던 걸 어쩌겠니. 어쨌든 독일군과 소련군은 약 6개월 동안 스탈린그라드에서 그야말로 대혈전을 벌였단다. 독일군의 무차별 폭격으로 스탈린그라드는 폐허가 됐지만, 소련군은 폐허 곳곳에 숨어서 악착같이 독일군을 상대했지. 독일은 아무리 죽여도 끊임없이 나타나는 소련군에 그만 질려 버렸어. 그리하여 독일은 1943년 2월에 항복을 선언했지."

"이야, 소련군이 이긴 거네요?"

"응. 스탈린그라드 전투에서 패배한 이후 독일군은 소련군의 맹렬한 반격에 밀려 점차 후퇴했어. 그동안 무참히 당했던 소련군은 그야말로 눈에 불을 켜고 독일군을 소련 영토에서 몰아냈지. 그리고 이보다 앞서 영국과 미국도 행동에 나섰어. 미국은 참전을 정식 결정한 뒤 북아프리카로 군대를 파견했고, 1942년 1월에는 영국, 미국, 소련이 동맹을 맺고 독일을 물리치기로 했단다."

▲ 항복한 독일군 병사들 독일군이 스탈린그라드 전투에서 패배하면서 전세가 뒤바뀌었어.

"그렇게 싫어하던 사회주의 국가 소련이랑 손을 잡다니!"

"그만큼 급했던 거지. 게다가 영국이나 미국은 모두 바다 건너에 있는 나라라 독일을 상대하기엔 아무래도 한계가 있었고, 소련의 도움이 필요했어. 소련 입장에서도 미국과 동맹을 맺은 이후로는 한층 숨통이 트였어. 미국이 소련에 각종 무기와 식량을 아낌없이 지원해 주었거든."

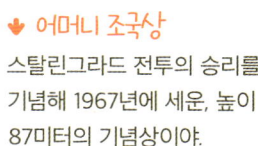
↓ 어머니 조국상 스탈린그라드 전투의 승리를 기념해 1967년에 세운, 높이 87미터의 기념상이야.

"선생님, 그런데 독일도 동맹국이 있잖아요. 이탈리아랑 일본! 이 나라들은 독일이 소련이랑 그렇게 치열하게 싸울 때 대체 뭘 하고 있었나요?"

왕수재의 질문에 용선생은 빙긋 미소를 지었다.

"둘 다 별 도움이 안 됐어. 일단 일본은 엄청난 사고를 쳤지. 독일이 소련을 공격하는 내내 중국 침략에 매달려 있더니,

▲ 미국이 지원한 식단
보통 바닐라 캐러멜과 비스킷 등을 통조림에 넣어 지원했어.

▲ 미국의 지원 물자 미국은 제2차 세계 대전이 끝날 때까지 영국과 소련 등 연합국에 막대한 전쟁 물자를 공급했어. 각종 무기 지원도 많았지만, 특히 식량을 많이 지원해 주었지.

느닷없이 태평양 건너 미국을 공격했거든. 사실 미국이 참전하게 되는 직접적인 계기는 독일이 아니라 일본이 만들었단다."

"그럼 이탈리아는요?"

"이탈리아는 북아프리카에서 계속 싸웠지. 하지만 사실상 로멜 장군이 이끄는 독일군의 지원 없이는 아무것도 하지 못하는 처지였고, 그나마 점점 궁지에 몰렸어. 소련과의 전쟁이 치열해지자 독일은 북아프리카에 지원을 줄였거든."

"그러니 밀릴 수밖에 없었군요."

"응. 하지만 전쟁이 불리하게 진행될수록 독일은 점점 더 악랄해졌어. 수많은 민간인을 강제로 공장으로 끌고 가 군수 물자를 생산하며 악착같이 싸웠지. 그래서 전쟁이 끝날 때까지 천만 명이 넘는 사람들이 강제 노동으로 고통을 받았단다."

"한국사에서도 일본이 전쟁 물자를 생산하려고 우리나라 사람들을 강제로 끌고 갔다고 하셨어요. 그거랑 비슷한 건가요?"

곽두기의 질문에 용선생은 고개를 끄덕였다.

"맞아. 일본이나 독일이나 마찬가지였지. 그런데 어쩌면 강제로 끌려가거나 재산만 빼앗긴 사람은 그나마 다행이었어. 히틀러와 나치 독일이 벌인 짓은 그야말로 상상을 초월했거든."

용선생의 핵심 정리

나치 독일이 소련을 기습하자, 소련이 강력하게 맞서며 엄청나게 많은 사람이 희생됨. 그러나 스탈린그라드 전투 이후 나치 독일의 기세가 한풀 꺾임. 비슷한 시기 미국이 참전을 결정하며 독일은 궁지에 몰림.

나치 독일이 대학살을 저지르다

"네? 무슨 일이 있었는데요?"

"지난 시간에 히틀러가 위대한 독일을 만들기 위해 독일을 순수한 게르만인의 국가로 만들어야 한다는 생각을 가지고 있었다고 했지? 그래서 히틀러는 유럽 정복에 어느 정도 성공한 1941년 여름부터 '민족 청소'에 돌입했어."

"민족 청소요?"

"말 그대로, 순수한 게르만인을 제외한 모든 민족을 독일에서 몰아내는 거야. 히틀러의 첫 번째 제거 대상은 유대인이었어. 히틀러는 유대인이야말로 유럽의 모든 민족 중에 가장 악질이고, 반드시 사

▲ 유럽 전역에 세워진 강제 수용소

▲ 유럽의 유대인 인구 변화

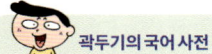

곽두기의 국어 사전

멸절 멸할 멸(滅) 끊을 절(絕). 멸망하여 아예 없어지는 걸 가리켜.

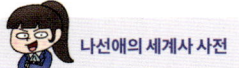

나선애의 세계사 사전

집시 북인도에서 기원한 민족이야. 나라 없이 세계 곳곳을 떠돌면서 생활했지. 유럽에서는 음악적인 재능과 점성술로 유명해서 가수나 점쟁이로 잘 알려져 있었어. 떠돌아다니는 사람들을 비하하는 뜻으로 쓰여서 요즘에는 쓰임이 줄어들고 있어.

라져야 하는 민족이라고 생각했거든. 그래서 유럽 전역에 강제 수용소를 만들고 유대인을 닥치는 대로 잡아들였지. 잡혀 온 유대인들은 강제 노동에 시달리다가 곧 살해당했단다. 4년 동안 총 600만 명에 가까운 유대인이 이렇게 목숨을 잃었어. 학살을 목적으로 한 강제 수용소는 따로 멸절 수용소라고 불렀는데, 알려진 멸절 수용소가 7개나 됐지."

"세상에, 그럼 히틀러는 유대인을 전부 죽일 생각이었나요?"

영심이가 소름 끼친다는 표정을 지었다.

"사실 유대인만 죽이려 한 게 아니야. 히틀러 생각에 위대한 독일을 만드는 데 방해가 될 사람은 모두 죽이려 했지. 떠돌이 생활을 하는 민족인 집시, 흑인, 장애인, 동성애자, 그리고 사회주의자들도 수용소에 잡혀 와 강제 노동에 시달리다 죽었어. 전쟁터에서 잡혀 온 소련군 포로도 수용소에 갇힌 채 굶어 죽거나 얼어 죽었지."

"세상에……."

"그냥 죽이는 게 아니라, 심지어 잔인한 생체 실험도 했단다. 수용소에서 쌍둥이나, 신체적으로 혹은 정신적으로 특이한 증상을 가진 사람을 대상으로 의사가 약을 주입하며 실험을 했지. 실험 대상은 대부분 실험 과정에서 죽었고, 살아남은 사람도 실험 결과를 분석하는 도중 목숨을 잃었단다."

"그러고 보니 일본도 우리나라 사람을 대상으로 그런 잔혹한 실험을 했어요!"

"그래. 독일에서도 똑같은 일이 벌어졌던 거야. 이렇게 잔인한 일이 벌어졌던 강제 수용소 중에서도 가장 규모가 크고 잘 알려진 곳이 폴란드의 아우슈비츠 수용소지."

용선생은 사진 한 장을 아이들에게 보여 줬다.

> **허영심의 상식 사전**
>
> **생체 실험** 살아 있는 사람을 대상으로 한 실험을 가리켜.

> **왕수재의 지리 사전**
>
> **아우슈비츠** 폴란드 남부 체코와의 국경 근처에 있는 작은 마을이야. 아우슈비츠는 제2차 세계 대전 당시 쓰던 독일식 이름이고, 폴란드 어로는 '오시비엥침'이지.

← 아우슈비츠 수용소에 도착한 유대인
건강한 사람은 노동자로 뽑혀 강제 노동에 시달리고, 허약한 사람이나 어린이들은 가스실에서 목숨을 잃었어.

"이 사람들이 누구예요?"

"기차를 타고 수용소에 도착한 유대인들이야. 유대인들은 이렇게 수용소에 도착하자마자 신체검사를 받았어. 건강한 사람은 작업장으로 끌려갔고, 그렇지 않은 사람은 곧장 살해당했지. 노동자로 선택받은 사람도 강제 노동에 시달리다가 몸이 약해지면 살해당하기 일쑤였어. 처음에는 총을 이용하다가, 나중에는 총알이 아깝다는 이유로 독가스를 이용해 한 번에 수백 명에서 수천 명씩 죽였단다. 이렇게 목숨을 잃은 사람이 아우슈비츠에서만 모두 200만 명에 이르러."

"결국 모두 죽이겠다는 거잖아요! 다 같은 사람인데 어떻게 그렇게 잔인한 짓을 할 수 있죠!"

나선애가 화난 목소리로 말했다.

"놀라운 건, 강제 수용소에서 이렇게 많은 사람이 죽어 나가는 동안 수용소를 운영하는 독일 사람들은 아주 평범한 생활을 했다는 점이야. 이들은 가스실에서 유대인 수천 명을 죽이고 나서도 가정으로

↑ **강제 노동에 시달리는 유대인** 가혹한 노동에 시달리다 몸이 약해져 일을 할 수 없게 되면 가스실로 끌려가 목숨을 잃었지.

↑ **가스실로 끌려가는 유대인들** 나치 독일은 '목욕을 시켜 준다'며 이들을 가스실에 가두고 집단 학살했어.

↑ **아우슈비츠 수용소의 화장 시설** 가스실에서 살해당한 유대인은 모두 수용소 안에 있는 화장 시설에서 잿가루가 되었어. 학살의 흔적을 지우기 위해서였지.

돌아가면 자기 가족과 행복한 여가를 즐겼지."

"그런 잔인한 짓을 하고도 마음 편히 살았다고요?"

"자신이 한 일이 나쁜 짓이라고 생각하지 않았기 때문이야. 그저 위에서 내린 명령에 따랐을 뿐이라는 거지. 자신의 행동이 옳은지 그른지를 스스로 생각하지 않고 행동한 결과가 이런 끔찍한 결과로 나타난 거란다."

아이들이 한숨을 내쉬자 용선생이 설명을 이어 갔다.

"전쟁이 불리하게 흘러가자, 나치 독일은 자신들이 강제 수용소에서 벌인 일을 비밀에 부치려고 했어. 그래서 수용소를 부수고 유대인을 학살한 흔적도 지웠지. 가스실에서 죽은 유대인의 시신은 모두 화장한 뒤 땅에 묻고, 아직 죽이지 않은 유대인은 다른 수용소로 이동시켰어."

"그렇게 수많은 사람을 죽여 놓고 흔적이 남지 않길 바라다니!"

"맞아. 손바닥으로 하늘을 가리는 행위나 다름없었어. 전쟁이 끝난

↑ **아돌프 아이히만** (1906년~1962년) 나치 독일에서 유대인 학살 업무를 맡아서 진행했던 인물이야. 전쟁 이후 체포되었지만 자신은 '주어진 임무를 실행했을 뿐이다.'라고 태연하게 주장했지.

유럽이 또다시 광기 어린 전쟁에 휘말리다

또 다른 강제 수용소 유대인 게토

유대인은 중세 시대에 유럽 곳곳에서 고유 문화와 종교를 지키며 살았어. 그래서 유럽의 대도시에는 유대인이 모여 살아가는 구역인 '게토'가 있었어. 비록 강제로 머물러야 했지만, 유대인은 게토에서만큼은 마음껏 자신들의 문화와 종교 행사를 즐길 수 있었지. 이후 유럽 곳곳의 게토는 시민 혁명과 함께 자유주의의 물결이 전 유럽을 휩쓸며 조금씩 자취를 감추었단다. 유대인도 다른 국민과 마찬가지로 시민의 권리를 보장받으며 살아가게 되었거든.

하지만 반유대주의를 내세운 히틀러와 나치당은 다시 게토를 만들었어. 그리고 유대인은 반드시 게토에서 살아야 한다는 법을 만들었지. 또한 게토의 유대인은 반드시 가슴에 노란 별을 착용하고 다니도록 했단다. 1944년까지 동유럽에만 1,000개가 넘는 게토가 생겨났어. 유럽의 유대인은 사실상 감옥에 갇혀 있었던 셈이야.

▲ **다윗의 별** 유대교와 유대인의 상징이야. 나치 독일은 언제 어디서든 유대인을 구별할 수 있도록 유대인에게 노란 다윗의 별을 가슴에 달게 했어.

게토는 특히 폴란드에 많았어. 중세 폴란드 국왕이 상공업을 키우기 위해 유대인에게 많은 특권을 주었는데, 이때 수많은 유대인이 폴란드로 이주해 왔거든. 제2차 세계 대전 직전까지 폴란드에는 300만 명이 넘는 유대인이 살고 있었대. 나치 독일이 폴란드를 점령한 이후 이들은 게토에 갇힌 채 비참한 생활을 해야 했어. 바깥 세상과 연락조차 할 수 없었고, 식량 사정도 변변치 못해서 감자 껍질과 물만 간신히 먹을 수 있었지. 게토의 유대인은 대부분 영양실조와 전염병으로 죽음을 맞았어. 살아남더라도 강제 수용소로 끌려가 목숨을 잃기 십상이었지. 1943년, 폴란드의 수도 바르샤바 게토의 유대인이 저항에 나섰어. 이들은 잠시 독일군을 내쫓았지만, 독일군이 곧 본격적인 진압을 시작했단다. 독일군은 게토를 향해 대포를 퍼붓고 전기와 물을 모두 끊어 버렸지. 결국 바르샤바 게토 반란은 한 달도 채 안 되어 진압됐어. 그 사이 5만여 명의 유대인이 목숨을 잃었단다.

▲ **바르샤바 게토 진압** 봉기 진압 과정에서 유대인이 살던 건물에 불이 나 많은 사람이 목숨을 잃었어.

▲ 바르샤바 게토 봉기가 끝나고 항복하는 유대인

네덜란드의 유대인 소녀가 남긴 슬픈 일기장

《안네의 일기》는 제2차 세계 대전 시기 네덜란드에 숨어 살던 안네 프랑크라는 유대인 소녀가 쓴 일기야. 안네 프랑크는 독일 프랑크푸르트에서 태어나 풍족한 어린 시절을 보냈지만, 히틀러가 권력을 잡은 이후 반유대주의 정책을 펼치자 목숨을 위협받는 처지에 놓였지. 이때 수많은 유대인이 영국과 미국 등 해외로 도망갔어. 안네가 열살 되던 해 안네의 가족도 네덜란드로 떠났단다.

하지만 1940년에 전쟁이 터지고, 나치 독일이 네덜란드를 점령했어. 독일은 유럽 곳곳에 강제 수용소를 만들어 유대인을 잡아 가두기 시작했지. 그래서 안네의 가족은 네덜란드에 발이 묶인 채 움직일 수 없게 되었단다.

안네의 가족은 아버지가 운영하던 회사 사무실 창고에 숨어 지내기로 결정했어. 어디서든 나치 독일의 경찰이 눈에 불을 켜고 있어서 낮에는 은신처에 꼼짝 않고 있어야 했고, 굴뚝에 연기 나는 걸 들킬까 봐 요리나 난방조차 할 수 없는 비참한 처지였지.

열세 살 소녀 안네는 이때부터 매일 일기를 썼단다. 자신의 일기장에 '키티'라는 이름을 붙이고는 매일 있었던 일을 이야기해 주듯 꼼꼼하게 기록했지. 이 일기에는 평범한 사춘기 소녀의 다양한 감정 변화는 물론이고, 무시무시한 전쟁 한복판에서도 꿋꿋이 간직한 희망이 고스란히 담겨 있어. 하지만 안네의 일기는 안타깝게도 1944년 8월에 끝이 났어. 나치 독일의 경찰에게 가족 전원이 발각돼 강제 수용소로 끌려갔거든.

안네의 가족은 뿔뿔이 흩어졌어. 안네와 언니 마르고트는 같은 수용소에서 지내게 됐지만, 언니 마르고트는 1945년 초에 영양실조와 병으로 죽고 말았지. 언니의 죽음으로 슬픔에 빠진 안네도 한 달 뒤 세상을 떠났대. 전쟁이 끝나기 불과 두 달 전이었어. 전쟁이 끝난 후, 살아남은 건 안네의 아버지뿐이었어. 안네의 아버지는 네덜란드의 은신처로 돌아와 짐을 챙기다가 안네의 일기를 발견했지. 그리고 '다시는 이런 일이 없어야 한다.'는 일념으로 딸의 일기를 책으로 펴냈단다. 그 덕분에 우리는 지금 《안네의 일기》를 책으로 만나 볼 수 있지.

↑ 안네 프랑크의 일기

↑ **네덜란드 암스테르담의 안네 프랑크 기념관** 이 기념관에는 안네의 가족이 숨어 지냈던 비밀 공간으로 통하는 책장이 복원되어 있어.

이후 강제 수용소에서 목숨을 건진 사람들이 숱하게 자신의 경험을 증언했고, 그 결과 나치 독일이 저지른 끔찍한 짓이 세상에 적나라하게 드러났단다."

용선생의 핵심 정리

히틀러와 나치 독일은 전 유럽에 강제 수용소를 세우고 유대인을 비롯한 수많은 사람들을 잡아들여 잔인하게 학살함.

광기 어린 전쟁이 막을 내리다

"선생님, 이제 빨리 전쟁이 끝났으면 좋겠어요."

영심이의 말에 용선생은 고개를 끄덕였다.

"그래. 그 당시 사람들도 똑같은 생각을 했어. 미국과 영국, 소련은 독일을 하루라도 빨리 무너트리고 전쟁을 마무리하기 위해 각지에서 최선을 다해 싸웠지. 연합국은 1943년, 북아프리카에서 독일과 이탈리아군을 완전히 쫓아냈어. 그러자 이탈리아에서 무솔리니의 인기가 바닥에 떨어졌단다. 제아무리 무솔리니라도, 계속 패배만 거듭하는 독재자를 좋아할 국민은 없었던 거지."

↑ **버나드 로 몽고메리** (1887년~1976년) 북아프리카에 파견돼 독일의 로멜을 상대한 영국 장군이야. 엘 알라메인 전투에서 독일군을 무찔러 북아프리카 전투를 승리로 이끌었지.

↑ **영국군의 탱크** 북아프리카에서 활약하던 영국군 탱크 '발렌타인'의 모습이야.

062

"전쟁에서 지니 독재자도 어쩔 수 없군요?"

"응. 결국 무솔리니는 국가파시스트당에서 권력을 잃은 채 쫓겨나 감옥에 갇힌 신세가 됐어. 새로 들어선 이탈리아 정부는 연합국에 항복했지."

"그럼 추축 동맹국 중 하나가 사라진 거네요?"

"맞아. 이제 나치 독일은 더욱 궁지에 몰렸어. 동쪽에서는 복수심에 불타는 소련군이 맹렬한 기세로 달려왔고, 남쪽에서는 미군과 영국군이 밀고 올라왔어. 히틀러는 급히 특수 부대를 보내 무솔리니를 구출하고 이탈리아 북부에서 새로운 정부를 세워 방패막이로 삼았지만 연합군을 막기에는 역부족이었지. 이때 연합국은 서쪽에서도 공격을 시도해 독일에 확실하게 결정타를 날렸단다."

"독일 서쪽은 프랑스잖아요. 그럼 프랑스를 공격하는 건가요?"

"맞아. 연합국은 프랑스의 노르망디 해안에 군대를 대규모로 상륙시켜서 프랑스를 되찾고, 그 기세 그대로 독일을 향해 진군하려고 했어. 그리하여 1944년 6월 6일 새벽, 연합국 공군과 해군은 노르망디 해안에 일제히 폭탄을 떨궜단다. 마침내 노르망디 상륙 작전이 시작된 거야."

아이들이 긴장된 눈빛으로 용선생의 다음 말을 기다렸다.

"독일은 연합국의 상륙 작전을 예상하지 못해 당황했지만, 이내 곧바로 거센 저항에 나섰어. 연합군이 상륙함에서 내려 차가운 바닷물에 발을 내딛자마자 독일군의 기관총 세례가 쏟아졌고, 그 자리에서

↑ 독일 특수 부대의 도움으로 탈출한 무솔리니
무솔리니는 이탈리아 북부에 나치 독일의 꼭두각시인 망명 정부를 세워 연합군에 계속 맞섰어. 그러나 전쟁이 끝나기 직전 이탈리아 유격대에 체포돼 처형당했지.

용선생의 세계사 돋보기

이탈리아 정부는 무솔리니를 몰아내긴 했지만 연합군에 항복하며 새 수상과 국왕, 왕족까지 모두 해외로 도피했기 때문에 이탈리아 전체를 장악하지 못했어. 그래서 나치 독일의 도움을 받은 무솔리니가 또다시 이탈리아 북부를 장악할 수 있었단다.

왕수재의 지리 사전

노르망디 프랑스 북서쪽에 위치한 반도야. 중세 시대 바이킹들이 대규모로 상륙해 살아서 '노르만족이 사는 땅'이란 뜻으로 이런 이름이 붙었지.

▲ 연합국의 반격

▲ 노르망디 해안에 설치된 독일군 해안 방어 기지
독일군은 연합군의 상륙을 막기 위해 노르망디 해안을 따라 튼튼한 방어 기지를 잔뜩 건설했어.

▲ 노르망디 해안에 상륙하는 미군 이 사진은 상륙 작전 당시 직접 상륙함에 탑승한 사진 기자가 찍은 사진이야.

목숨을 잃은 사람만 수천 명이나 됐단다."

"그러다가 또 실패하는 거 아녜요?"

"아니야. 숱한 희생이 있긴 했지만, 연합군은 노르망디 상륙에 성공했어. 총 15만 명의 상륙 부대가 독일군 방어를 뚫었고, 이후 노르망디 해안에 3주 동안 160만 명의 연합군 부대가 속속 도착했지. 얼마 뒤 독일군이 연합군에 밀려나며 마침내 프랑스가 나치 독일의 지배에서 벗어나게 됐단다."

"그럼 이제 독일이 더욱 궁지에 몰리겠군요!"

장하다가 눈을 반짝이며 물었다.

"응. 프랑스에서 밀려난 독일군은 후퇴를 거듭했어. 하지만 그 와중에도 히틀러는 마지막까지 국민을 전쟁터로 내몰았고, 유대인 학살도 더욱 몰아붙였어. 항복 따위는 안중에도 없었지. 독일군이 사력을 다해 맞선 탓에 연합군은 마지막까지 큰 피해를 봤단다. 다만 이제 독일이 무너지는 건 시간문제였어. 서쪽에서는 연합군이, 동쪽에서는 소련군이 빠르게 진격하며 독일을 궁지에 몰아넣었지."

"어휴! 독일도 엄청 끈질기네요!"

"독일군의 저항이 예상 외로 길어지자, 연합국은 독일의 주요 도시에 폭격을 퍼붓기 시작했어. 이때 숱한 도시가 폐허로 변하고 수많은 독일인이 목숨을 잃었지. 산업 도시였던 드레스덴 같은 곳은 완전히 잿더미가 됐어. 인명 피해도 무려 3만 명이 넘었지."

왕수재의 지리 사전

드레스덴 독일 동남쪽 엘베 강 변에 위치한 도시. 독일 동부의 정치, 문화, 상공업의 중심지야.

연합군은 왜 노르망디에 상륙했을까?

↓ **노르망디 해안에 상륙한 연합군** 상륙 작전이 성공한 뒤 160만 명의 연합군 부대와 장비가 속속 도착해 독일군을 밀어 냈어.

↑ 드레스덴을 폭격하는 연합군 공군

↑ 연합군의 폭격에 폐허가 된 드레스덴 전경
연합군은 1945년 2월 13일부터 사흘 동안 드레스덴에 어마어마한 폭격을 퍼부었어.

"민간인에게 폭격이라니…… 아무리 독일하고 싸우는 연합군이라도 너무한 거 아닌가요?"

영심이가 씩씩대며 말하자 다른 아이들도 울상을 지었다.

"전쟁은 막바지에 다다랐어. 독일군이 무너지기 시작하자 동유럽에서는 나치 독일에 저항하는 봉기가 잇따라 일어났지. 대표적으로 폴란드에서는 폴란드군이 봉기를 일으켰단다. 폴란드군은 스스로 독일군을 몰아내 독일이 물러난 이후 자주독립을 인정받을 생각이었어. 그래서 폴란드의 수도 바르샤바를 비롯해 여러 도시에서 독일군을 몰아내며 기세를 올렸지."

"그래서 성공했어요?"

"아니, 독일군이 대대적인 진압에 나섰거든. 바르샤바는 무자비한 진압 때문에 완전히 쑥대밭이 되었지. 근데 놀라운 건 이때 소련군이 바르샤바 코앞까지 진출해 있었는데도, 독일군의 무자비한 진압을 그저 구경만 했다는 거야."

"폴란드가 독일과 싸우고 있으니 같은 편 아녜요? 대체 왜 그런 거

↑ 드와이트 아이젠하워
(1890년~1969년) 제2차 세계 대전 당시 연합군 최고 사령관을 맡아 여러 작전을 총 지휘했어. 전쟁 이후 1953년, 미국의 제34대 대통령이 되었지.

죠?"

"스탈린은 전쟁 이후 동유럽 각국에 자신의 말을 잘 듣는 사회주의 정부를 세울 생각이었어. 사회주의 세력을 확장하고, 옛 러시아 제국의 세력도 회복하겠다는 거지. 그런데 폴란드 봉기군은 대부분 사회주의자가 아니었고 소련보다 영국이나 미국과 더 가까운 편이라 스탈린의 계획에 방해가 될 게 분명했단다. 소련은 독일군의 진압이 모두 끝난 이후에야 바르샤바를 공격해 독일군을 몰아냈어. 게다가 살아남은 폴란드 봉기군까지 모두 수용소로 보내거나 처형했지."

"영국이나 미국은 그걸 보고만 있었어요?"

"물론 영국과 미국은 전쟁을 기회로 사회주의 세력을 넓히는 소련이 몹시 못마땅했어. 하지만 제대로 항의조차 하지 못했단다. 지금까지 독일과 가장 치열하게 싸운 게 소련이고, 당장 소련군의 도움이 있어야 독일을 상대할 수 있으니까 말이야."

"독일이 지고 전쟁이 끝난다고 모든 일이 잘 풀리는 건 아니었네요……."

용선생의 말에 아이들이 시무룩한 표정을 지었다.

↑ **바르샤바 봉기** 폴란드군은 전쟁 막바지에 독일에 저항했지만 무참히 짓밟혔고, 뒤이어 소련의 탄압으로 대부분 수용소에 갇히거나 처형당했어.

용선생의 세계사 돋보기

당시 영국 런던에 폴란드 망명 정부가 들어섰고, 폴란드 군인도 영국과 함께 싸웠어. 바르샤바의 시민들은 영국의 도움을 받아 독립을 인정받을 계획이었지만, 소련의 방해로 물거품이 되어 버렸지.

↓ **바르샤바 봉기 기념비** 바르샤바 봉기 45주년을 기념해 세운 기념비야.

"1945년 4월 16일, 드디어 소련군이 독일의 수도 베를린에 도착했어. 이때 히틀러는 거의 제정신이 아니었대. 음식도 제대로 못 먹고 수면제와 마약이 없으면 잠조차 잘 수 없을 지경이었지. 결국 베를린 시내에서 전투가 한창이던 4월 30일, 히틀러는 베를린 지하 벙커에서 권총으로 자살했어. 그리고 약 일주일이 지난 5월 8일에는 나치 독일이 정식으로 항복했단다. 이로써 나치 독일이 일으킨 전쟁은 모두 끝났어."

"만세! 드디어 전쟁 끝!"

장하다가 두 손을 번쩍 들고 외쳤다.

"하지만 아직 제2차 세계 대전이 모두 끝난 건 아니야. 아직 동아시아에서는 독일의 동맹인 일본이 미국과 싸우며 계속 버텼거든. 일본은 석 달 뒤인 8월 15일에 무조건 항복을 선언했어. 이로써 세계를 휩쓸었던 제2차 세계 대전은 모두 막을 내렸지."

그 말에도 곽두기의 표정은 여전히 어두웠다.

"선생님, 전쟁은 끝났지만 사람이 너무 많이 죽은 것 같아요."

"맞아. 제1차 세계 대전도 무시무시한 전쟁이었지만 제2차 세계 대

↑ **베를린을 점령한 소련군** 소련군이 독일의 국회 의사당 꼭대기에 소련 깃발을 게양하고 있어. 소련이 베를린을 점령하고 히틀러가 자살하며 나치 독일은 완전히 패배했지.

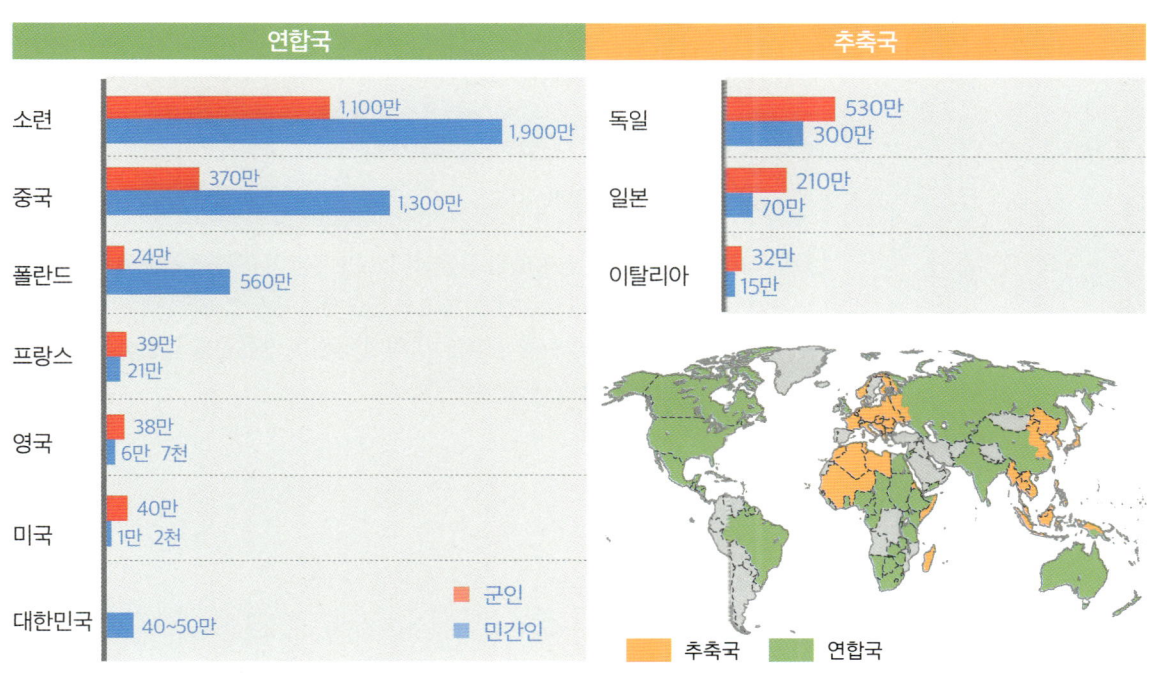

↑ 제2차 세계 대전 참전국과 주요 국가의 인명 피해

유럽이 또다시 광기 어린 전쟁에 휘말리다 **069**

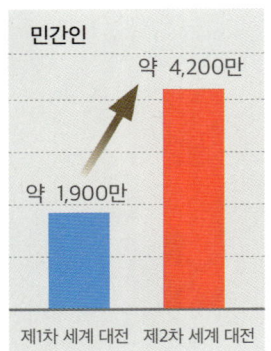
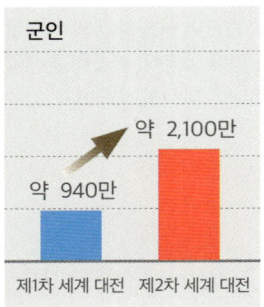

↑ 제1·2차 세계 대전 사망자 수 비교

전은 그보다 더 참혹했어. 전쟁 통에 희생된 사람이 모두 합쳐 6천만 명을 넘었지. 여기 그래프를 한번 볼까? 제1차 세계 대전 때보다 민간인 피해가 어마어마하게 늘어났지? 특히 소련과 폴란드의 인명 피해가 컸단다. 나치 독일은 소련에서 대대적으로 민간인 학살을 벌였고, 폴란드는 특히 유대인이 많은 나라라 유대인 학살의 피해를 정면으로 맞닥뜨렸기 때문이야."

"어, 중국 사람도 엄청 많이 죽었네요?"

왕수재의 말에 용선생은 고개를 끄덕였다.

"바로 일본 때문이야. 독일의 동맹국이었던 일본이 이때 중국과 동남아시아를 침략해서 민간인을 천만 명 넘게 학살했거든. 그 이야기에는 우리도 밀접한 관계가 있으니 다음 시간에 자세히 하자꾸나. 오늘은 여기까지! 모두들 고생 많았어!"

 **용선생의 핵심 정리**

연합국은 북아프리카에서 추축국을 몰아내고, 노르망디 상륙에 성공해 독일을 서쪽에서 밀어붙임. 이때 소련은 동쪽에서 진군하며 동유럽 여러 국가에 사회주의 정부를 세우고, 베를린을 공격함. 마침내 소련이 베를린을 점령하며 독일의 항복으로 유럽에서의 전쟁이 마무리됨.

나선애의 정리노트

1. **나치 독일의 세력 확장**
   - 나치 독일은 이탈리아와 추축 동맹을 맺고 주변 국가를 침공하며 세력을 넓힘.
     → 프랑스는 마지노선을 만들어 독일의 침략에 대비함.
   - 영국과 프랑스는 전쟁을 막으려고 나치 독일의 세력 확장을 내버려 둠.

2. **폴란드 침공으로 시작된 제2차 세계 대전**
   - 독일은 소련과 불가침 조약을 맺은 후 폴란드를 침공하여 제2차 세계 대전을 일으킴.
     → 독일은 프랑스를 점령하고 꼭두각시 정부인 '비시 프랑스'를 세움.
   - 독일은 이탈리아가 벌인 여러 전쟁을 수습하며 북아프리카와 발칸반도까지 세력을 넓힘.
     → 히틀러는 소련 공격을 준비하며 일본과도 추축 동맹을 맺음.

3. **역사상 가장 끔찍한 전쟁으로 남은 제2차 세계 대전**
   - 독일이 소련을 기습해 전쟁을 일으키고 소련은 엄청난 피해를 입음.
   - 독일은 스탈린그라드 전투에서 패배하고, 미국이 연합국으로 참전하자 더욱 궁지에 몰림.
   - 히틀러는 전 유럽에 강제 수용소를 세워 유대인을 비롯해 수많은 사람을 학살함.

4. **독일의 패배로 끝난 제2차 세계 대전**
   - 연합국은 노르망디 상륙 작전에 성공하며 서쪽에서 독일을 압박함.
   - 소련은 동쪽에서 독일을 압박함.
     → 소련이 베를린을 점령하자 독일이 항복하고, 세 달 뒤 일본도 항복하며 전쟁이 끝남.

세계사 퀴즈 달인을 찾아라!

1~3 다음 지도를 보고 물음에 답해 보세요.

1 전체주의 세력이 권력을 잡은 국가를 <u>모두</u> 고르시오. (,)

① Ⓐ ② Ⓑ ③ Ⓒ ④ Ⓓ

2 제2차 세계 대전이 일어날 무렵 Ⓒ나라의 상황으로 옳지 <u>않은</u> 것은?
( )

① 소련과 불가침 조약을 체결했어.
② 마지노선을 만들어 침략에 대비했어.
③ 이탈리아와 추축 동맹을 맺고 전쟁 준비를 했어.
④ 오스트리아를 합병하고 체코슬로바키아를 침공했어.

3 Ⓑ나라의 당시 상황에 대해 잘못 설명한 친구는? ( )

 ① 비시 프랑스는 영국의 지지를 받았어.

 ② 프랑스 북부는 나치 독일이 직접 다스렸어.

 ③ 비시 프랑스는 나치 독일에 협조하는 독립 정부였어.

④ 샤를 드골은 자유 프랑스를 조직해 나치 독일에 저항했어.

4 제2차 세계 대전에 대한 설명으로 옳은 것은? ( )

① 미국은 독일을 도왔어.
② 독일과 일본이 추축 동맹을 맺었어.
③ 나치 독일이 벨기에를 침공하며 시작되었어.
④ 독·소 불가침 조약은 전쟁이 끝날 때까지 유지되었어.

5 다음 사건들을 일어난 순서대로 써 보자.

㉠ 노르망디 상륙 작전 개시
㉡ 독일의 스탈린그라드 전투 패배
㉢ 독일과 소련의 불가침 조약 체결
㉣ 소련의 베를린 점령과 독일의 항복

(-   -   -   )

6 나치 독일의 민족 청소에 대한 설명으로 옳지 <u>않은</u> 것은? ( )

<아우슈비츠 수용소 입구>

① 강제 수용소에는 유대인만 갇혔어.
② 나치 독일은 잔인한 생체 실험도 했어.
③ 폴란드에서 죽은 유대인이 가장 많았어.
④ 나치 독일은 강제 수용소에서 벌인 일을 숨기려 했어.

정답은 390쪽에서 확인하세요!

용선생 세계사 카페

히틀러에게 저항의 목소리를 낸 사람들

히틀러가 권력을 잡은 이후 나치 독일은 히틀러의 한마디에 모든 일이 이루어지는 나라가 된 것처럼 보였어. 성인은 나치당에 가입해 히틀러와 나치 독일의 통제에 따라 살아야 했고, 어린이와 청소년은 나치당의 청소년 단체에 무조건 소속되어 전체주의 교육을 받아야 했거든. 하지만 히틀러가 전 국민을 자신의 통제 아래 두려 할수록 자유를 원하는 이들의 저항 역시 활발해졌지. 나치 독일에서 인권과 자유를 위해 히틀러에 맞선 이들의 이야기를 살펴보자.

히틀러에 저항한 학생 조직 '백장미'

히틀러의 독재에 저항한 가장 대표적인 단체는 독일 뮌헨 대학교의 학생들과 교수가 만든 '백장미'야. 백장미는 뮌헨 대학교 학생인 한스 숄과 소피 숄 남매가 만든 비밀 조직이었어.

1941년, 평범한 대학생이었던 숄 남매는 교회에서 한 신부의 강론을 듣고 깜짝 놀랐지. 나치 독일이 신체적, 정신적 장애를 가지고 있다는 이유로 장애인에게 아이를 갖지 못하게 만드는 수술을 하거나 목숨을 빼앗고 있다는 거야.

숄 남매는 장애인, 혹은 유대인이라는 이유로 수많은 사람을 죽이는 나치 독일의 정책에 반대하는 전단지를 학교 곳곳에 뿌렸어. 그리고 학교 건물 벽에 '자유!', '히틀러는 지옥으로!'라는 낙서를 남겼지. 이후 숄 남매의 친구들과 이들을 가르치던 뮌헨 대학교의 교수 쿠르트 후버도 학생들의 용감한 행동에 감명 받아 백장미에 가담해 활동했단다. 백장미의 전단지는 주로 뮌헨 등 독일 남부와 오스트리아의 지식인 사이에 널리 퍼졌어. 전단지를 읽은 많은 대학생이 나치에 저항하는 움직임을 보였지.

↑ 소피 숄 오빠 한스 숄과 함께 나치 독일에 저항하는 비밀 조직 백장미를 만들었어.

↑ 쿠르트 후버 뮌헨 대학교의 교수로 숄 남매의 스승이었어. 백장미의 일원으로 활동했지.

➜ **본관 앞마당의 기념물** 본관 앞마당에는 그때 뿌린 전단지와 백장미 회원의 얼굴이 새겨져 있어.

▲ **뮌헨 대학교 숄 남매 광장** 숄 남매는 저기 보이는 대학 본관 2층에서 히틀러를 비판하는 전단지를 뿌렸어. 본관 안에는 백장미를 추모하는 기념관도 있지.

조직의 이름인 '백장미'는 원래 숄 남매가 학교에 뿌리던 전단지 제목이었어. 그런데 전단지가 유명해지자 숄 남매의 나치 저항 조직의 이름이 백장미로 알려진 거야. 백장미는 순결, 비밀, 결백을 의미하는 꽃이니 히틀러와 나치 독일이라는 거대한 악과 싸우는 조직의 이름으로 어울렸어.

1943년 2월, 한스와 소피는 교내에서 히틀러를 비판하는 전단지를 나눠 주다 백장미 조직원과 함께 체포됐어. 그리고 나흘 뒤에 열린 재판에서 사형 판결을 받자마자 처형됐지. 처형당하기 직전 한스는 "자유여, 영원하라!"라고, 소피는 "태양은 아직도 빛난다!"라고 외쳤단다. 나치 독일은 백장미의 활동을 직접 도운 사람뿐만 아니라 조직원의 가족과 친구까지 잡아들이며 백장미를 철저하게 탄압했어.

▲ **나치 저항 기념우표** 나치에 저항하다 희생한 이들을 추모한 독일 기념우표야. 가운데 백장미가 그려져 있어.

오직 신만을 믿고 따르라, '고백교회'

히틀러는 자신의 권력을 다지기 위해 교회까지 이용했어. 심지어는 예수가 인류를 구원하기 위해 온 것처럼, 히틀러는 독일을 구하기 위해 온 구원자라며 독일인을 현혹했지. 나치 독일은 교회를 이용해 유대인 박해를 정당화했어. 그리고 지시에 따르지 않는 목사를 교회에서 쫓아내거나 수용소로 보내 버리기도 했어.

하지만 히틀러와 나치 독일에 저항한 목사들도 있었어. 이들은 '고백교회'라는 조직을 만들어 저항에 나섰지. 대표적인 인물이 디트리히 본회퍼와 마르틴 니묄러라는 목사야.

↑ **디트리히 본회퍼**
(1906년~1945년) 독일 루터교회의 목사이자, 유명 신학자야. 히틀러 암살 계획에 참여하기도 했어.

↑ **마르틴 니묄러 목사**
(1892년~1984년) 독일 루터교회 목사로 독일에서 반 나치 투쟁을 이끌었어.

본회퍼 목사는 나치 치하의 독일 라디오 방송에서 히틀러가 가짜 구원자 행세를 하며 독일인을 속이고 있다고 비판했어. 나치 독일은 본회퍼의 라디오 방송을 중단시켰지만 본회퍼는 이에 굴하지 않고 끊임없이 히틀러와 나치당을 비판하는 글을 신문에 발표했지. 결국 본회퍼는 나치의 강제 수용소로 보내져 처형당하고 말았단다.

니묄러 목사는 히틀러와 나치당이 권력을 잡던 초기엔 이들을 옹호하는 편에 섰어. 하지만 히틀러가 인종 차별주의와 반유대주의를 공공연히 내세우며 스스로를 독일의 구원자로 치켜세우자 입장을 바꿨지. 이후 니묄러는 전국을 돌며 히틀러와 나치 독일을 비판하는 연설을 했어. 그래서 강제 수용소에 갇히는 신세가 됐단다. 나치 독일이 패망한 뒤, 니묄러 목사는 정치에 무관심한 이들을 비판하는 시를 쓴 것으로도 유명해. 니묄러의 시를 한번 볼까?

나치가 그들을 덮쳤을 때

나치가 사회주의자를 덮쳤을 때,
나는 침묵했다.
나는 사회주의자가 아니었기에.
이어서 그들이 노동조합원을 덮쳤을 때,
나는 침묵했다.
나는 노동조합원이 아니었기에.
이어서 그들이 유대인을 덮쳤을 때,
나는 침묵했다.
나는 유대인이 아니었기에.
이어서 그들이 나를 덮쳤을 때,
나를 위해 말해 줄 이는
아무도 남아 있지 않았다.

↑ **고백교회의 청년회 기념물** 나치당의 박해에 굴하지 않고 신념을 지킨 청년 신자들을 추모하는 기념물이야.

악의 근원을 처단하라! 히틀러 암살 작전

독일이 스탈린그라드 전투에서 패배하고 제2차 세계 대전이 중반을 넘어설 무렵, 독일군 내부에서는 히틀러를 향한 불만이 점차 커져 갔어. 이대로 가면 독일이 패배할 게 뻔했거든. 1944년에는 독일군 장교 몇 명이 히틀러를 암살한 뒤 쿠데타를 일으켜 독일을 장악하려 했지.

이들은 히틀러와 함께 작전 회의를 하는 동안 폭탄이 든 가방을 회의실에 놓고 나와 폭파시키기로 했어. 히틀러가 죽으면, 그 틈을 타서 정부를 장악하고 연합국과 휴전 협상에 나설 계획이었지.

마침내 실행일이 되자 암살 계획을 세운 슈타우펜베르크 백작이 히틀러 옆에 폭탄이 든 서류 가방을 놓고 건물 밖으로 나왔어. 이내 건물이 무너질 정도로 커다란 폭발음이 들렸고, 슈타우펜베르크는 성공을 확신했지. 하지만 히틀러는 작은 화상을 입고 고막만 다쳤을 뿐 무사했어. 회의실 가운데에 있던 육중한 테이블이 넘어져 히틀러를 폭파 속에서 지켜 준 거야.

히틀러 암살 계획에 가담했던 사람들은 모두 반역죄로 체포되어 처형당했어. 그뿐만 아니라 평소 이들과 친하게 지냈거나 관련되었다고 의심되는 이들조차 모두 체포되었지. 북아프리카에서 크게 활약한 로멜 장군도 이때 암살 계획에 관련이 있다는 의심을 사 자살했단다.

히틀러 암살 작전은 독일 내부에서 히틀러의 절대 권력이 흔들리고 독일 군부가 독일의 패배를 직감했던 당시 상황을 상징적으로 보여 준 사건이야. 이 사건은 할리우드에서 영화 〈작전명 발키리〉로 만들어져 인기를 끌기도 했단다.

↑ 클라우스 폰 슈타우펜베르크
(1907년~1944년) 히틀러 암살 계획을 실행에 옮긴 인물이야.

히틀러는 로멜이 독일의 영웅이니만큼 체포하거나 처형하기보다는 사람을 보내서 자살하도록 권유했어.

↑ 폭탄이 터진 직후의 회의실 회의실은 아수라장이 되었지만 히틀러는 목숨을 건졌어.

077

용선생 세계사 카페

영화로 보는 제2차 세계 대전

제2차 세계 대전은 전 인류가 휘말린 비극이자, 숱한 이야깃거리를 남긴 사건이었어. 그래서 제2차 세계 대전을 다룬 영화도 매우 많지. 이번엔 제2차 세계 대전을 다양한 시각에서 다룬 영화들을 알아보자.

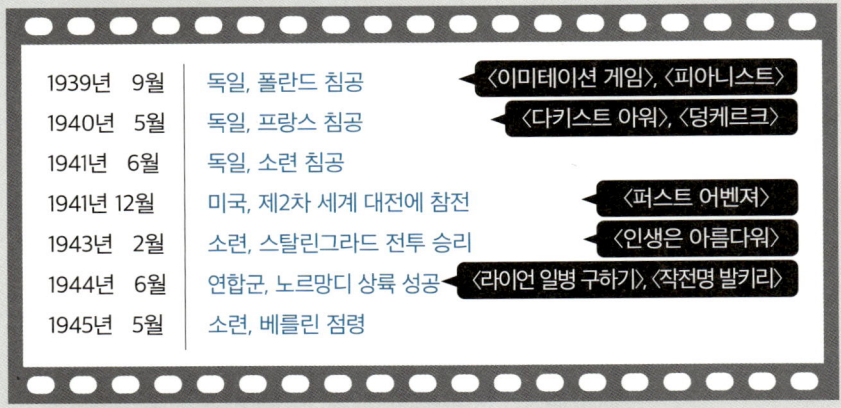

1939년 9월	독일, 폴란드 침공	〈이미테이션 게임〉, 〈피아니스트〉
1940년 5월	독일, 프랑스 침공	〈다키스트 아워〉, 〈덩케르크〉
1941년 6월	독일, 소련 침공	
1941년 12월	미국, 제2차 세계 대전에 참전	〈퍼스트 어벤져〉
1943년 2월	소련, 스탈린그라드 전투 승리	〈인생은 아름다워〉
1944년 6월	연합군, 노르망디 상륙 성공	〈라이언 일병 구하기〉, 〈작전명 발키리〉
1945년 5월	소련, 베를린 점령	

전장이 아닌 곳에서 열심히 싸운 이들을 그린 작품

〈이미테이션 게임〉

나치 독일이 폴란드를 침공해 전쟁을 시작했을 때, 영국 수학자 앨런 튜링이 독일군의 암호 생성 기계 '에니그마'를 해독하는 과정을 그린 영화야. 실제로 앨런 튜링은 당시까지 누구도 풀지 못한 독일군 암호를 해독해 제2차 세계 대전 승리에 막대한 공헌을 한 인물이란다. 튜링의 성과는 훗날 컴퓨터의 발명으로 이어지기도 했지. 그러나 전쟁이 끝난 이후 앨런 튜링은 동성애자라는 이유로 국가의 박해를 받은 끝에 비극적인 최후를 맞이했다고 해.

〈다키스트 아워〉

제2차 세계 대전 초기, 영국의 수상 윈스턴 처칠이 나치 독일과의 전쟁을 결심하기에 앞서 고민하는 내용을 다룬 영화야. 당시 프랑스는 나치 독일에 항복하고 유럽 대륙 전역이 히틀러의 손아귀에 들어가 있었지. 그래서 영국 국내에서는 전쟁에 반대하고 나치와 협상을 진행하자는 목소리가 점점 커져 갔어. 처칠 역을 맡은 배우 게리 올드만은 국민과 의회를 설득해야 하는 정치인의 고뇌를 잘 표현했단다.

세계 대전인데 전투가 빠질 수 없지!

〈덩케르크〉

나치 독일의 프랑스 침공이 성공을 거둔 직후, 프랑스의 덩케르크 해안에 포위된 영국군 34만 명의 구출 작전을 다루는 영화야. 간절하게 구출을 기다리는 해안의 병사들, 독일 전투기와 치열한 공중전을 펼치는 영국 공군의 전투기 조종사, 영국군 구출을 위해 자신의 배와 함께 바다를 건너는 한 어선 선장의 시선에서 영국군 구출 작전을 긴박감 있게 다뤘어.

▼ 〈덩케르크〉 촬영에 사용된 전투기
촬영에는 실제 70년 전 제2차 세계 대전에서 활약했던 것과 같은 기종의 전투기를 사용했어. 감독과 배우, 카메라 감독이 직접 탑승해 현실감을 끌어올렸지.

<캡틴 아메리카: 퍼스트 어벤져>

제2차 세계 대전을 배경으로 상상력을 가미한 판타지 영화야. 미국은 나치 독일에 대항하기 위해 인간의 능력을 뛰어넘는 병사를 만드는 '슈퍼 솔저' 실험을 실시해. 주인공 스티브 로저스는 슈퍼 솔저 '캡틴 아메리카'가 되어 나치 독일과 맞서 싸우지. 세계적으로 인기를 끄는 영웅 캐릭터 '캡틴 아메리카'의 탄생을 다룬 영화이기도 하단다.

<라이언 일병 구하기>

노르망디 상륙 성공과 함께 전쟁이 막바지로 접어든 1944년, 유럽에 파병된 라이언 일병은 형제가 모두 전쟁에서 목숨을 잃자 제대 명령을 받게 돼. 그리고 전쟁터의 라이언 일병을 구하기 위해 미국에서 8명으로 이뤄진 특수 부대가 파견되지. 이 영화는 특히 노르망디 상륙 작전을 매우 현실감 있게 그려 낸 것으로 유명해.

<작전명 발키리>

제2차 세계 대전 말 독일 군부에서 벌인 히틀러 암살 미수 사건을 다룬 영화야. 폭탄을 터뜨려 암살을 시도했던 슈타우펜베르크 백작이 주인공이지. 전쟁 말기 어수선했던 독일의 분위기를 고스란히 옮긴 데다가, 히틀러 암살을 계획하고 실행에 옮기기까지 손에 땀을 쥐게 만드는 긴장감이 돋보이는 영화란다.

유대인의 비극을 다룬 이야기

〈피아니스트〉

↑ 브와디스와프 슈필만
(1911년~2000년) 이 영화의 실제 주인공이야.

유대인 피아니스트 브와디스와프 슈필만의 일생을 담은 소설을 영화로 만든 작품이야. 폴란드에 살던 슈필만은 히틀러의 폴란드 침공 이후 바르샤바 게토에 살다 아우슈비츠 수용소로 끌려가게 돼. 수용소로 가는 도중 도망쳐 나온 주인공은 수많은 사람을 만나며 많은 일을 겪지. 이 영화는 유대인은 피해자, 독일인은 가해자라는 시각에서 벗어나 나치에 협력한 유대인, 유대인을 돕는 독일인 등 다양한 인간의 모습을 보여 준단다.

〈인생은 아름다워〉

제2차 세계 대전이 막바지에 이르렀을 때, 나치 독일의 유대인 탄압은 더욱 심해졌어. 이탈리아에 사는 유대인 귀도와 가족들도 모두 유대인 수용소로 끌려갔지. 하지만 귀도는 어린 아들이 수용소의 비참한 현실을 모르도록 '지금 우리는 게임을 하는 중'이라며 아들을 속인단다. 유대인 수용소라는 가혹한 환경에서도 아들을 위해 최선을 다하는 귀도의 유쾌한 행동을 보며 더욱 큰 슬픔을 느끼게 하는 작품이야.

일본의 광기가 아시아에 전쟁을 불러오다

제2차 세계 대전의 포성은 아시아에서도 울려 퍼졌어.
전쟁을 일으킨 일본은 많은 사람을 강제 노동에 동원하고 학살하며
잔인한 전쟁 범죄를 일삼았지.
일본은 왜 전쟁을 일으켰을까?
그리고 이 전쟁은 어떤 결과를 가져왔을까?

1931년	1934년	1937년	1941년	1942년	1945년
만주 사변	중국 공산당, 대장정 시작	중일 전쟁 발발, 제2차 국공합작	진주만 공습, 태평양 전쟁 발발	미드웨이 해전	일본 항복

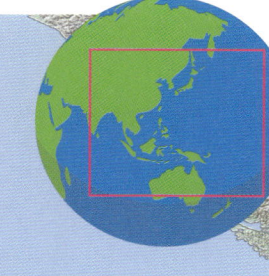

베이징
일본군과 중국군은 1937년 베이징 근교 루거우차오에서 정면충돌했어. 이 사건으로 중일 전쟁이 시작됐지.

히로시마
일본이 궁지에 몰렸는데도 항복하지 않자, 미군은 이곳과 나가사키에 원자 폭탄을 떨어뜨렸어.

난징
중화민국의 수도. 중국을 침략한 일본은 이곳을 정복하고 6주간 끔찍한 대학살을 벌였어.

미드웨이 제도(미국령)

하와이 제도(미국령)

태 평 양

솔로몬 제도

진주만
하와이의 미 해군 기지가 있는 곳. 일본이 이곳을 기습 공격하면서 태평양 전쟁이 시작됐어.

미드웨이 제도
미군은 미드웨이 해전에서 승리한 이후 태평양 전쟁에서 승기를 잡았어.

역사의 현장 지금은?

아름다운 자연에서 부를 일군 나라 오스트레일리아

오스트레일리아는 남반구의 태평양과 인도양 사이에 있는 나라야. 오스트레일리아 대륙과 여러 섬으로 이뤄져 있지. 총면적은 한반도의 39배로 세계에서 여섯 번째로 큰 나라지만, 인구는 약 2,600만 명으로 적은 편이야. 인구 대부분은 영국 출신 이민자의 후손이지. 국토의 절반 이상이 건조 기후 지역이라 인구 대부분은 기후가 온화한 동남부 해안 도시에 집중적으로 모여 살아.

영국 연방인 오스트레일리아는 일본이 태평양에서 전쟁을 일으키자 연합국으로 참전해 활약했어. 역사가 짧아 문화유산은 적지만 독특하고 아름다운 대자연 덕분에 관광 산업이 발달했단다.

▼ 제1 도시 시드니
오스트레일리아에서 가장 큰 항만을 갖춘 항구 도시이자 경제 중심지야. 항구가 아름답기로 유명해.

시드니 오페라 하우스. 콘서트홀, 극장 등의 문화 시설을 갖추고 있어.

오스트레일리아의 중심 시드니

오스트레일리아의 수도는 캔버라지만 가장 많은 인구가 거주하는 최대 도시는 시드니야. 인구가 510만 명이나 되지. 1770년 제임스 쿡 선장이 이곳에 발을 디디며 오스트레일리아의 역사가 시작됐어.

↑ **더 록스** 시드니에서 영국인들이 최초로 정착한 곳이야. 하버 브리지와 오페라 하우스 사이의 도로를 따라 고풍스러운 옛 건물이 가득해.

↑ **캔버라의 국회 의사당** 수도 자리를 놓고 시드니와 멜버른이 경쟁하자 두 도시 사이에 캔버라를 만들고 수도로 삼았어.

시드니 하버 브리지. 다리 정상의 전망대가 유명해.

과거와 현재가 함께 숨 쉬는 멜버른

멜버른은 1901년부터 27년간 임시 수도로 한때 오스트레일리아 최대 도시였어. 이때 지어진 영국식 건축물이 잘 보존돼 있어 마치 유럽에 온 것 같은 착각이 들지. 오늘날에는 시드니에 이은 제2의 도시이고, 세계에서 가장 살기 좋은 도시로 손꼽혀.

▲ 플린더스 기차역 멜버른의 상징이 된, 오스트레일리아 최초의 기차역이야.

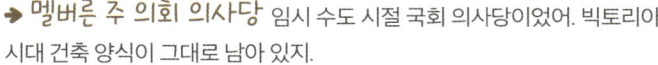

▲ 멜버른 '정원의 도시'라는 명성에 걸맞게 공원이 드넓게 펼쳐져 있어.

▶ 멜버른 주 의회 의사당 임시 수도 시절 국회 의사당이었어. 빅토리아 시대 건축 양식이 그대로 남아 있지.

영국의 영향을 받은 오스트레일리아의 문화

오스트레일리아는 독립국이지만 영국 연방의 일원으로서 영국 국왕이 국가 원수이고, 영국 문화의 영향이 짙게 남아 있어. 그래서 크리켓과 럭비가 오스트레일리아 최고의 인기 스포츠야.

▲ 크리켓 야구와 비슷한 운동이야. 오스트레일리아에서 가장 인기 있는 운동 종목이란다.

▲ 럭비 타원형의 럭비공을 상대방 골에 넣는 운동이야. 영국과 영국 문화에 영향을 받은 여러 나라에서 인기가 많지.

◀ 오스트레일리아의 5달러 지폐 지폐의 모델로 영국의 왕을 쓰기도 해.

자원이 풍부한 선진국

오스트레일리아는 농·목축업이 주산업이야. 북반구와 계절이 반대라서 생산 시기가 달라 수출에 매우 유리하거든. 오스트레일리아는 세계 1위 양모 생산국이자, 밀과 소고기 등 여러 식량 자원의 주요 수출국이야. 또 천연자원이 전체 수출의 20퍼센트를 차지할 정도로 철광석, 천연가스 등 각종 자원도 매우 풍부해.

◀ **세계적인 밀 수출국** 북반구가 한겨울일 때 오스트레일리아에서는 밀을 비롯한 주요 농산물을 수확해. 그래서 높은 값을 받을 수 있지.

▲ 오스트레일리아의 석탄 광산

▲ **대규모 양 목장** 오늘날에는 지하수 개발 기술의 발달로 매우 건조한 내륙 지역에서도 양을 많이 길러.

휴양과 관광의 천국

오스트레일리아에서는 때 묻지 않은 다양한 대자연과 세련된 도시 문화를 동시에 즐길 수 있어. 인간의 발걸음이 닿은 지 얼마 되지 않았기 때문에 이곳에서만 볼 수 있는 독특한 생태계가 잘 보존돼 있거든. 또, 원주민의 전통문화도 즐길 수 있지.

◀ **캥거루 아일랜드** 오직 오스트레일리아에만 서식하는 캥거루, 코알라, 유칼립투스 등 다양한 동·식물을 볼 수 있어.

▼ **울루루** 대륙 한복판에 자리한 높이 388미터, 둘레 9.4킬로미터의 붉은 사암 바위야. 세상에서 가장 큰 바위래. 원주민이 '지구의 배꼽'이라며 신성하게 여기는 곳이지.

➜ **그레이트배리어리프**
세계 최대 산호초 지대야. 멸종 위기에 처한 다양한 생명체의 터전이자 스노클링 명소지.

↑ **뭄바 페스티벌** '뭄바'는 원주민 언어로 '함께 즐기자'는 뜻이야. 전 세계에서 모인 이민자들이 펼치는 다채로운 전통 공연을 즐길 수 있지.

↑ **부메랑을 배우는 관광객** 목표물을 맞히면 되돌아오는 부메랑은 원주민의 전통 사냥 도구야.

↑ **골드코스트** 오스트레일리아 동부에 있는, 길이 약 70킬로미터의 해변이야. 적당한 높이의 파도 덕분에 서퍼들의 천국이라 불리지. 주변에 호텔과 레스토랑, 쇼핑몰이 즐비해 1년 내내 관광객들로 붐벼.

↓ **누사 서핑 페스티벌** 매년 이곳에서 세계 최대 서핑 축제가 열려.

오스트레일리아의 독특한 먹거리

오스트레일리아는 소고기와 양고기가 주식이지만, 이 외에도 독특한 식재료로 만든 특색 있는 요리들이 많아.

▲ **캥거루 스테이크** 캥거루는 원래 원주민의 전통 음식이었어. 1993년에 정식 식품으로 승인됐지. 소고기보다 질기지만 담백한 맛이야.

▲ **바로사 밸리와 쉬라즈 와인** 오스트레일리아는 세계 10대 와인 생산국으로, 쉬라즈 품종으로 만든 와인이 유명해.

◀ **베지마이트** 야채즙과 효모로 만든 짭짤한 잼이야. 오스트레일리아의 국민 음식이지.

▲ **댐퍼** 이스트 없이 밀가루와 물만으로 만드는 전통 빵이야. 오지를 개척하던 시기에 간단히 만들어 먹던 거래.

▲ **미트 파이** 다진 고기를 넣어 만든 파이야. 원래 영국 음식이지만 오스트레일리아의 대표 음식으로 자리 잡았어.

인종 차별의 상징이었던 오스트레일리아

영국은 오스트레일리아를 정복하며 수많은 원주민을 학살했어. 원주민 문화를 없애려고 수만 명의 원주민 아이들을 강제로 빼앗아 백인 가정에 보내기도 했지. 이 아이들을 '도둑맞은 세대'라고 해. 오늘날도 오스트레일리아는 여전히 인종 차별 국가라는 오명을 벗지 못하고 있단다.

▲ **원주민 아이들에게 사과하는 총리** 오스트레일리아는 2008년이 되어서야 '도둑맞은 세대' 사건에 대해 정식으로 사과했어.

▲ **인종 차별 반대 시위** 여전히 오스트레일리아에 남아 있는 인종 차별 문제에 항의하고 있어.

발전을 거듭하던 일본에 혼란이 닥치다

▲ **나리킨(成金)** 제1차 세계 대전 때 일본 경제는 엄청난 호황을 누렸어. 자연스레 큰돈을 번 사람이 여럿 나타났지. 이 사람들을 '나리킨'이라고 해.

"드디어 일본이 일으킨 전쟁을 배우는군요!"

장하다가 주먹을 불끈 쥐며 말하자 용선생은 고개를 끄덕였다.

"그래. 한국사 공부할 때에도 이 부분을 잠깐 배운 적이 있지? 하지만 기억나지 않는 친구들도 있을 테니까 다시 짚고 넘어가자. 일본이 전쟁을 일으킨 이유에 대해 알아보려면 제1차 세계 대전이 끝나고 일본에 어떤 일이 일어났는지부터 살펴봐야 해."

"제1차 세계 대전 때 일본은 영국 편에 붙어서 독일을 공격했다고 하셨잖아요?"

"또 그 핑계로 중국을 침략했다고 하셨어요."

나선애와 왕수재가 한마디씩 보탰다.

"오, 잘 기억하고 있구나. 일본은 독일을 공격한다는 핑계로 중국 침략에 시동을 걸었어. 중화민국의 위안스카이에게 21개조 요구를 강요해서 많은 이득을 챙겼고, 전쟁이 끝난 뒤에는 평화 회담을 통해 옛 독일의 조차지였던 산둥반도를 손아귀에 넣었지."

"그래서 중국 사람들이 엄청나게 반발했다고 하셨어요. 5.4 운동도 일어났다고 하셨고요!"

"맞아. 일본은 제1차 세계 대전을 거치며 경제적으로도 많은 이득을 본 나라 중 하나야. 세계에서 가장 많은 공장이 몰려 있던 유럽이 쑥대밭이 되는 바람에, 전쟁 피해가 거의 없던 일본에서 만든 상품이 날개 돋친 듯 팔려 나갔거든. 특히 일본은 거대한 무역 시장인 중국을 사실상 독점하며 막대한 이득을 봤어. 그 결과 러일 전쟁 때 영국과 미국에 진 빚을 다 갚았을 뿐 아니라, 공업도 눈부신 발전을 이룩해 아시아 제1의 공업 국가로 거듭났지. 도쿄나 오사카 같은 주요 도시도 급속도로 성장했단다."

"유럽에서 전쟁이 난 덕에 이득을 왕창 봤네요."

영심이가 눈을 가늘게 떴다.

"그런데 이렇게 경제 호황이 이어지자 일본의 정치에도 서서히 변화의

곽두기의 국어 사전

시동 처음 시(始) 움직일 동(動). 자동차의 엔진이나 발전기 따위의 모터를 처음 움직인다는 뜻으로 어떤 일을 시작할 때 쓰는 말이야.

용선생의 세계사 돋보기

일본은 러일 전쟁 자금의 약 60퍼센트를 영국과 미국에서 빌려서 막대한 빚을 지고 있었어.

↑ **도쿄 풍경** 일본의 수도 도쿄는 1918년 인구 235만 명의 대도시가 되었어. 고층 건물이 들어섰고 가스, 수도, 전기, 전화 시설이 마련되었으며, 거리에는 전차와 자동차가 오가는 현대식 도시였지.

▲ 잡지 《킹》
1925년에 창간된 대중 잡지야. 1928년 최대 150만 부의 발행 부수를 기록하며 일본에서 잡지 대중화를 선도했어. 대중문화의 발달을 보여주는 대표적인 사례야.

물결이 일어났어. 주머니가 넉넉해진 도시 노동자들이 정치에 관심을 가지기 시작했거든. 이들은 신문과 잡지에서 정보를 수집하며 나라를 어떻게 다스릴지, 자신들의 미래를 어떻게 그려 나가야 할지 고민했어. 특히 중국의 신해혁명과 러시아 혁명의 영향을 많이 받았지."

"음, 그럼 일본에서도 혁명이 일어나나요?"

"혁명까지는 아니었어. 일본 사람들이 요구한 건 '제대로 된 민주주의'였지. 일본의 지식인들은 국민의 뜻을 반영하는 다양한 정당과 정치인이 나와야 한다고 주장했어. 이 당시 일본 정치는 메이지 유신을 이끌어 냈던 사쓰마와 조슈 번 출신의 극소수 정치인이 주도했는데, 이들은 대지주, 재벌과 손잡고 사실상 권력 나눠 먹기에만 열중했거든."

"왜 다른 정치인은 나오지 못했나요?"

"여러 가지 문제가 있지만, 선거 제도가 가장 큰 문제였지. 이 당시 일본에서는 일정 수준 이상의 재산을 가진 성인 남자만 투표권을 갖고 있었어. 그래서 국민의 뜻을 반영하는 새로운 정치인이 진출하기 힘들었지."

"그럼 선거 제도를 바꿔야 하잖아요."

"일본 정부는 꿈쩍도 안 했어. 그러던 중 1918년, 쌀값 폭등으로 전국적으로 커다란 시위가 일어났지."

"갑자기 쌀값이 왜 올랐는데요?"

"제1차 세계 대전 이후 일본군이 만주와 시베리아를 침략한 게 발단이었어. 일부 쌀 도매업자들이 일본군의 군량미 수요가 늘어나면

쌀값이 오를 거라고 생각하고, 쌀을 독점한 뒤 비싸게 팔기로 말을 맞췄거든. 실제로 쌀값이 치솟자, 전국에서 수백 차례에 가까운 시위가 벌어졌어. 이 사건을 '쌀 소동'이라고 해."

"모든 국민이 먹는 쌀을 가지고 장난을 치니 당연한 결과네요."

"하지만 시위는 단순히 쌀 가격 인상에 항의하는 데에서 그치지 않았어. 도시 노동자와 지식인은 정부가 지주와 재벌의 이익만 챙긴다고 비판하며, 선거 제도를 바꾸라고 시위를 벌였어. 생활이 어려운 사람들은 부자들의 집을 습격하거나 쌀을 독점한 회사의 상점을 불태우기도 했지. 쌀 소동은 10만 명이 넘는 군사가 동원된 끝에 가까스로 진압됐단다."

"국민의 분노가 어마어마했군요."

"결국 일본 정치에도 변화의 바람이 불었어. 처음으로 서민 출신 총리가 등장했고, 선거 제도가 바뀌면서 보다 많은 시민의 의견이 정치에 반영됐지. 물론 선거 때마다 돈을 뿌려 당선되는 일이 흔했고, 뼈대 있는 가문 출신이 아니면 정치인이 되는 것도 여전히 힘들었어. 하지만 예전보다는 정치에

↑ 보통 선거를 요구하는 시위대
1921년 1월 도쿄에서 수많은 사람이 보통 선거를 요구하며 시위를 벌였어.

개정 연도	유권자의 자격		유권자의 비율
	세금 납부	연령·성별	
1889년	15엔 이상	25세 이상 남자	1.1%
1900년	10엔 이상	25세 이상 남자	2.2%
1919년	3엔 이상	25세 이상 남자	5.5%
1925년	제한 없음	25세 이상 남자	20.8%
1945년	제한 없음	20세 이상 남자	50.4%

↑ 일본 유권자 비율의 변화 1945년 12월 여성까지 참정권을 부여받으며 대부분의 성인 국민이 유권자가 될 수 있었어.

참여할 기회가 늘어났지."

"예전보다는 나아졌다는 거네요."

"응, 새로운 정당도 많이 생겨났단다. 1922년에는 소련의 영향으로 일본 공산당이 등장해 활발히 활동하기도 했지. 1925년에 드디어 보통 선거가 도입되어 재산과 상관없이 25세 이상의 모든 성인 남성에게 투표권이 주어졌어. 이렇게 일본 정치가 조금씩 발전해 가던 시대를 '다이쇼 데모크라시' 시대라고 해."

"우아, 그럼 일본에도 민주주의가 자리 잡는 건가요?"

"안타깝게도 잠시뿐이었어. 일본 정부가 대중의 요구 때문에 어쩔

> **나선애의 세계사 사전**
>
> **다이쇼 데모크라시**
> 1910~20년대 일본에서 민주주의가 자리 잡아 가던 과정을 뜻해. 당시 천황이던 다이쇼 천황의 호칭과 '민주주의'를 뜻하는 영어 단어인 데모크라시(Democracy)를 합친 말이지.

↑ 출판물을 검열하는 일본 경시청 직원들
치안유지법으로 일본의 모든 출판물은 사전에 검열을 받아야 했어.

↑ 치안유지법 위반으로 잡혀가는 독립운동가
치안유지법은 우리나라의 독립운동 탄압에도 이용됐어. 박열과 윤동주, 안창호 등 많은 독립운동가들이 이 법에 의해 체포당했지.

수 없이 민주주의를 확대하긴 했지만, 모든 권리를 준 건 아니었거든. 예를 들어, 여전히 여성에게는 투표권이 주어지지 않았어. 또 일본은 치안유지법을 만들어 활기를 띤 정치 운동에 찬물을 들이부었지."

"치안유지법이 뭔데요?"

"치안유지법은 천황의 절대 권력을 부정하거나, 사유 재산 제도를 부정하는 사람을 체포하고 처벌하는 법이야. 점차 세력을 넓히던 사회주의 세력을 막고 사회를 안정시키기 위해 만들었지. 하지만 시간이 흐르자 정부를 비판하는 사람 모두를 탄압하기 위한 법이 되어 버렸어. 1945년에 일본 제국이 무너질 때까지 이 법으로 일본에서 처벌받은 피해자 수만 7만 명이 넘는단다."

"아니, 그런 법까지 만들어야 해요?"

"1920년대 들어 일본 경제가 나빠지면서 사람들의 불만이 점점 커졌거든. 일본 정부는 치안유지법을 통해 사회의 고삐를 꽉 죄려 했어."

"어, 일본 경제는 잘나갔다면서요."

"유럽 국가들이 제1차 세계 대전 때 입은 피해를 빠르게 복구하자 일본이 누리던 이득이 사라졌거든. 게다가 중국에서는 5.4 운동을 계기로 반일 감정이 극에 달해 일본 상품 불매 운동이 한창이었어. 일본은 수출 길이 모두 막혔지. 엎친 데 덮친 격으로 1923년 간토 대지진이 터지는 바람에 일본 경제는 크게 휘청일 수밖에 없었어. 수많은 공장이 문을 닫았고 실업자도 급격히 늘었지."

"몇 년 만에 상황이 그렇게 바뀔 줄이야……."

"여기에 1929년 말 미국에서 시작된 경제 대공황은 이미 불황을 겪던 일본에 치명타를 입혔어. 미국과 영국을 비롯한 유럽의 주요 나라들이 관세를 대폭 올리는 바람에 그렇잖아도 어려웠던 수출이 더욱 어려워졌거든. 모든 회사가 폭삭 주저앉으며 실업자가 급증했고, 국민들은 못 살겠다며 아우성을 쳤지."

"음, 그럼 일본도 미국의 뉴딜 정책 같은 정책을 펴야 하겠네요."

왕수재가 진지한 얼굴로 말했지만 용선생은 고개를 가로저었다.

"그랬다면 좋았겠지만, 일본 정부는 좀처럼 위기를 수습할 대책을 내놓지 못했어. 그 와중에 일부 정치인은 뇌물이나 받으며 자기 배만 불렸지. 당연히 국민의 불만은 하늘을 찔렀어."

"한마디로 정치인이 모두 무능했다는 말씀이시네요."

"그래. 일본 정치가 이렇게 혼란을 반복하자, 차츰 정치인 대신 국민의 인기를 차지하게 된 사람들이 있었지. 바로 군인이었어."

> **용선생의 핵심 정리**
>
> 제1차 세계 대전 중 일본은 경제 호황을 누리고 대중문화가 발전함. 뒤이어 대중의 정치 참여 요구가 커지며 다이쇼 데모크라시 시대가 열림. 하지만 전쟁이 끝나고 불황이 시작되며 정치적인 혼란이 커짐.

간토 대지진과 조선인 대학살

▲ **간토 대지진으로 잿더미가 된 도쿄** 간토 지방에서 일어난 대지진으로 도쿄를 비롯한 인근의 요코하마, 가나가와현, 시즈오카현 등에서 큰 피해가 발생했어.

제1차 세계 대전이 끝나고 일본이 불황을 겪고 있던 1923년, 일본 동부의 간토 지역에 진도 7.9의 대지진이 일어났어. 간토 지역은 평야가 많고 도쿄와 요코하마 등 일본의 주요 대도시가 밀집해서 많은 사람이 살았지. 이 지진으로 약 14만 명이 목숨을 잃었고, 도쿄와 요코하마에 있는 건물의 반 이상이 무너졌어. 이재민 수는 약 340만 명에 이르렀지. 또 전기와 수도가 끊기는 바람에 도쿄 등 여러 대도시가 사실상 마비됐단다. 간토 대지진의 피해로 수많은 기업이 줄줄이 무너졌고, 일본 경제는 깊은 수렁에 빠지고 말았어.

그런데 이때 헛소문이 돌았어. 일본에 사는 조선인이 혼란을 틈타 도둑질을 일삼고, 마을에 불을 지르며 죄 없는 일본 사람을 살해한다는 소문이었지. 심지어 조선인이 우물에 독을 풀었고, 일본에 저주를 퍼부은 탓에 지진이 일어났다는 괴담까지 신문에 버젓이 실렸단다. 모두 지진이 가져온 절망과 분노를 조선 사람에게 돌리려는 헛소문이었어.

일본인들은 헛소문에 현혹되어 조선 사람들을 무자비하게 학살했어. 조선 복장을 한 사람은 물론, 억양이 일본인 같지 않은 사람을 싸잡아 조선 사람이라며 죽였지. 경찰서로 몸을 피한 사람도 있었지만 소용이 없었어. 심지어 경찰이 학살에 앞장선 경우도 있었거든. 이렇게 살해당한 사람이 최소 6000명이 넘어. 최근에는 2만 명을 넘는다는 주장도 나왔단다.

혼란이 지나간 뒤 일본 정부는 조선인 학살을 숨기려 했어. 억울하게 살해당한 사람은 극소수에 불과하고 대부분 지진으로 죽은 걸 오해한 거라고 주장했단다. 그리고 증거가 없다며 살인을 저지른 일본 사람을 풀어 주기까지 했지. 일본 정부는 요즘도 간토 대지진 때 일어난 조선인 학살을 부인해 비판을 받는단다.

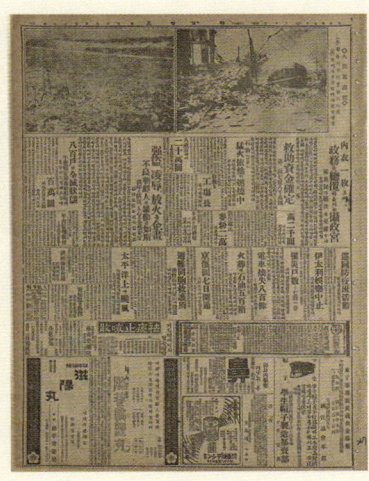

▲ **〈매일신보〉 기사** 간토 대지진 당시 '조선인이 폭동을 일으키고 있다'는 기사를 전면에 보도했어.

고삐 풀린 일본군이 폭주하기 시작하다

"너무 엉뚱한데요? 갑자기 웬 군인이에요?"

장하다가 이해가 가지 않는다는 듯 뒷머리를 긁적였다.

"메이지 유신 이후 일본이 언제 가장 잘나갔는지 생각해 보렴. 청일 전쟁, 러일 전쟁, 제1차 세계 대전…… 전부 다 전쟁에서 승리했을 때야."

"어휴, 그런 이유 때문에 군인이 인기를 얻었단 말이에요?"

나선애가 기가 막힌다는 듯 용선생을 바라보았다.

"밤낮 말싸움이나 하는 정치인보다는 전쟁에서 용감히 싸우는 군인이 훨씬 믿음직해 보였던 거지. 군대의 인기가 올라가면서 일본군은 국민의 인기를 등에 업고 멋대로 행동하기 시작했어. 심지어 중국에 발을 내디딘 일본군은 정부의 지시도 없이 중국 침략에 나섰단다. 지난 시간에 중국 만주의 군벌이었던 장쭤린을 일본이 암살했다고

↑ **창춘의 관동군 사령부** 만주에 주둔한 관동군은 일본의 최정예 부대였어. 중국 침략에 앞장서며 한편으로는 만주에서 진행 중인 조선의 독립운동을 탄압했고, 중국인과 조선인을 대상으로 인체 실험을 하는 등 숱한 전쟁 범죄를 저질렀지.

↑ **오늘날의 창춘** 창춘은 중국 동북부 지린성의 성도야. 일본의 관동군 사령부와 남만주철도주식회사가 있던 곳으로, 만주 사변 이후 만주국의 수도가 되었지.

↑ **남만주철도주식회사** 1906년에 설립된 일본 국가 기업이야. 만주를 식민지로 만드는 데 앞장섰어. 철도 사업을 중심으로 광업, 제조업 등 여러 분야에서 사업을 벌였지.

↑ **남만주철도회사가 운영하던 푸순 탄광** 품질이 좋은 역청탄이 풍부한 노천 광산이었어.

했지? 그 사건도 일본 정부가 지시한 게 아니라 중국 만주에 주둔한 일본군인 '관동군'이 저지른 일이었어."

"맙소사! 정부의 명령 없이 움직이는 군대라니!"

"근데 선생님, 일본군이 언제 만주까지 진출했어요?"

나선애가 손을 들고 물었다.

"러일 전쟁 이후부터야. 일본은 전쟁 배상금으로 러시아로부터 넘겨받은 만주의 철도 건설권을 지키고, 철도를 보호한다는 핑계로 만주에 관동군을 주둔시켰어. 물론 관동군을 이용해 만주를 집어삼킬 속셈이었지."

"아하, 그렇군요. 근데 일본은 왜 만주를 노렸어요?"

"가장 중요한 목적은 자원이야. 일본은 지하자원이 몹시 부족한 나라야. 특히 산업화에 꼭 필요한 석탄이나 철광석이 부족해서 대부분 수입해야 했지. 그뿐만 아니라, 산이 많고 평야가 적다 보니 식량도 부족할 때가 많았어. 그래서 일본은 만주에서 부족한 지하자원과 식량을 보충하려고 만주 곳곳에 철도를 건설했지."

↑ **남만주철도주식회사 홍보물**
일본과 만주의 어린아이가 나란히 손을 잡고 있어. 일본이 남만주에 건설한 철도가 만주에도 도움이 될 거라고 홍보하고 있어.

"그러고 보니 일본이 우리나라에서도 자원을 쉽게 빼앗아 가려고 철도와 도로를 건설했다고 했어요."

곽두기가 주먹을 불끈 쥐며 말했다.

"또 다른 목적은 소련을 견제하는 거야. 소련도 러시아 혁명과 내전의 혼란을 어느 정도 수습하고 만주를 호시탐탐 노렸거든. 시베리아 횡단 열차가 지나는 만주 북부의 하얼빈 같은 도시는 이미 소련의 영향력이 매우 강했지."

"근데 장제스가 북벌에 성공해서 중국을 다시 통일했으니까, 일본이나 소련이나 낭패를 본 거잖아요."

나선애의 말에 용선생은 고개를 끄덕였다.

"하지만 관동군에게 곧 좋은 기회가 찾아왔지. 중국이 다시 내분에

 왕수재의 지리 사전

하얼빈 오늘날 헤이룽장성의 성도이자 중심 도시야. 중국 동북부 지역의 핵심 공업 도시이기도 하지.

← 하얼빈의 성 소피아 성당
북만주의 대표 도시 하얼빈은 러시아의 영향을 많이 받았어. 그래서 이렇게 거대한 정교회 성당도 남아 있지.

▲ 만주의 시가지를 확보하는 관동군 관동군은 중국군으로부터 철도를 지키겠다는 구실로 만주를 점령했어.

▲ 사고 현장을 살펴보는 리튼 조사단 국제 연맹에서 파견한 조사단이 만주 철도 폭파 사고 현장을 살펴보고 있어.

휩싸인 거야. 북벌이 끝난 뒤 장제스에 일단 고개를 숙였던 군벌들이 반란을 일으켰고, 뒤이어 국민당과 사이가 틀어진 공산당이 중국 남부를 근거지 삼아 저항을 시작했거든. 관동군은 국민당 정부가 내전에 정신이 없는 틈을 타 마침내 행동을 개시했단다."

"이번에는 일본 정부의 명령을 받았나요?"

"아니. 관동군은 이번에도 자기 멋대로 움직였어. 1931년, 만주의 철도 일부를 일부러 폭파하고는, 범인이 중국군이라고 누명을 씌웠지. 그리고 중국군으로부터 만주 철도를 지키겠다며 조선에 있는 일본 군대까지 불러들여 만주 일대를 순식간에 점령했어. 이 사건을 '만주 사변'이라고 해."

"진짜 뻔뻔하네요."

장하다가 고개를 절레절레 흔들었다.

"근데 중국이나 소련이 그냥 지켜만 봤어요?"

"장제스는 내전으로 정신이 없었어. 그래서 직접 대응에 나서는 대신 국제 연맹에 호소해 일본을 만주에서 내몰려고 했지. 국제 연맹

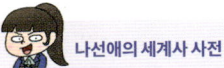
나선애의 세계사 사전

국제 연맹 제1차 세계 대전이 끝난 이후 만들어진 국제단체. 세계 평화를 지키는 게 목적이었지만 제 역할을 하지 못했어.

일본의 광기가 아시아에 전쟁을 불러오다

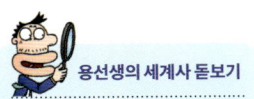

푸이는 신해혁명으로 황제 자리에서 물러났는데, 1924년부터 톈진에 있는 일본 공사관에서 생활했어. 그래서 푸이는 일본에 굉장히 우호적이었단다.

↑ 만주국 황제 푸이
청나라의 마지막 황제 푸이는 만주국 황제로 즉위했어.

일본은 지하자원을 수탈하기 위해 만주 곳곳을 철도로 연결했어.

→ 일본이 세운 만주국

은 만주로 조사관을 파견했어. 그 소식을 들은 일본은 꼼수로 대응했단다."

"또 어떤 쩨쩨한 수를 들고 나왔죠?"

"일본은 청나라의 마지막 황제 푸이를 끌어들여 '만주국'의 통치자로 앉혔어. 일본의 통제를 받는 꼭두각시 국가를 만든 거야. 그래 놓고는 일본이 만주를 점령한 게 아니라 '청나라가 부활'한 거고, '만주족의 독립 국가'가 세워진 거라고 우겼단다."

"완전 눈 가리고 아웅 한 거네. 그게 통할까요?"

나선애가 기가 막힌 듯 한숨을 깊게 쉬었다.

"물론 통하지 않았어. 국제 연맹은 일본의 침략이 불법 행위이고, 일본군은 만주에서 철수해야 한다는 결론을 내렸단다. 그러자 일본

↑ 만주로 향하는 병사들을 환송하는 일본인들 만주로 파병되는 병사들이 출발하는 날이면 기차역은 응원하는 인파로 가득 찼어.

정부는 이 결정에 반발해 국제 연맹을 탈퇴해 버렸지."

"아이참, 적반하장도 정도가 있지……."

"근데 선생님, 만주 사변은 일본 정부가 아니라 관동군이 벌인 일이라고 하셨잖아요. 그럼 일본 정부는 군대가 일을 저지르면 그냥 따라가기만 했나요?"

나선애가 인상을 찌푸리며 말했다.

"일본 정부도 별수가 없었어. 만주 사변이 일어났다는 소식에 오랜 불황에 시달리던 온 일본 국민이 열광했거든. 국민들은 너도나도 관동군에 지원하겠다고 구름처럼 달려들었어. 분위기가 이러니 정부는 질질 끌려갈 수밖에 없었지."

"정부가 군대한테 꼼짝을 못 하다니 정말 의외네요."

"만주 사변을 계기로 일본은 차츰 군인이 나라를 좌지우지하는 국가로 변했어. 기존 정치인을 깡그리 몰아내고 군인이 직접 정치를 해야 한다는 목소리가 커졌지. 군의 앞길을 가로막는 정치인은 우파든

→ **총리 암살 사건 기사**
1932년 5월 15일 해군 장교들이 일본 총리를 암살했어. 이 사건을 계기로 일본의 민주주의는 사실상 멈췄지.

→ **경시청을 점거한 일본 육군**
1936년 2월 26일 일어난 육군 장교들의 반란은 실패했어. 하지만 군인의 영향력은 이후로도 급증했고, 결국 일본은 군인이 다스리는 국가가 되고 말았지.

나선애의 세계사 사전

군국주의 국가의 가장 중요한 목적을 군사력에 두고, 전쟁 준비를 가장 중요시하는 정치 사상이야. 일본의 군국주의는 국가의 이익을 위해 국민의 희생을 강요한다는 면에서 전체주의의 일종으로 취급돼.

좌파든 가리지 않고 내쫓기기 시작했단다."

"군인에게 힘이 완전히 쏠렸군요."

"급기야 1932년에는 해군 청년 장교들이 현직 일본 총리 저택을 습격해 총리를 총으로 쏘아 죽이는 사건이 일어났고, 1936년에는 육군 급진파 장교들이 도쿄 한복판에서 쿠데타를 시도하기도 했어. 이 두 가지 사건 이후 일본은 군인이 정치에 깊숙이 관여하는 나라가 되었어. 즉, 군국주의 국가로 거듭난 거야."

"군인이 권력을 잡았으니 이제 맘대로 전쟁을 벌이려 하겠네요?"

"맞아. 일본군은 고삐가 풀린 맹수처럼 날뛰기 시작했단다. 본격적으로 아시아를 집어삼키기 위해 중국 침략에 나선 거야."

용선생의 핵심 정리

일본의 정치 혼란이 심해질수록 군인의 인기가 점점 올라가고, 일본군은 점차 정부의 통제를 벗어남. 만주에 주둔한 관동군은 만주 사변을 일으킨 뒤 만주국을 세움. 일본 국민은 이에 열광했고, 이 분위기를 틈타 군인이 일본 정치를 장악함.

중국 공산당을 부활시킨 대장정

관동군이 만주 침략 계획을 실행에 옮기는 동안, 중국은 좀처럼 혼란에서 벗어나지 못했어. 국민당과 각 지역 군벌과의 전쟁이 이어지며 약 6개월 동안 수십만 명이 희생당했고, 이 내전이 국민당의 승리로 끝나자 이번에는 국민당과 중국 공산당 사이의 해묵은 갈등이 고개를 들었지.

국민당을 떠난 사회주의자들은 중국 곳곳의 농민과 노동자들을 상대로 사회주의를 전파하고 여러 차례 혁명을 시도했어. 시도는 국민당 정부의 강경한 진압으로 대부분 실패로 돌아갔지만, 혼란을 틈타 성공을 거둔 사람도 있었지. 특히 마오쩌둥은 중국 남부를 무대로 무장 투쟁에 나서서 많은 성과를 거두었어. 이 외에도 양쯔강 유역을 따라 크고 작은 공산당 세력권이 생겨났어.

▲ **젊은 시절의 마오쩌둥** 마오쩌둥은 대장정을 통해 중국 공산당의 지도자로 발돋움했고, 훗날 중국을 통치하게 돼.

공산당 세력이 점점 커지자 국민당의 장제스는 나라를 위협하는 공산당을 제거하겠다며 전쟁을 시작했어. 이렇게 시작된 전쟁을 국민당과 공산당 사이의 내전, 즉 '국공내전'이라고 해. 하지만 공산당을 제거하는 일은 생각코다 쉽지 않았단다. 중국 공산당은 이미 노동자와 농민들 사이에 깊숙이 침투해 지지 기반을 넓혔거든. 하지만 장제스는 무려 다섯 차례에 걸쳐 토벌군을 보냈고, 결국 1934년에 중국 공산당은 거의 무너지고 말았지.

그러자 마오쩌둥은 남은 공산당을 이끌고 새로운 근거지를 마련하기 위해 모험에 나섰어. 이들은 국민당 정부의 추격을 피해 약 1만 킬로미터(약 2만 5천 리)에 이르는 험한 산길과 황무지를 헤쳐 나갔지. 이 사건을 '이만 오천 리 장정' 또는 '대장정'이라고 해.

총 1년 동안 이어진 대장정은 몹시 혹독했어. 수만 명이 추위와 굶주림을 이기지 못하고 목숨을 잃었지. 하지만 중국 공산당은 대장정을 성공시키고 국민당의 추격을 피해 중국 북서부의 산시성에 새로운 근거지를 마련했단다. 그리고 대장정을 성공으로 이끈 마오쩌둥은 중국 공산당의 독보적인 지도자로 발돋움했어.

▲ 대장정 경로

107

중일 전쟁이 터지다

"선생님, 만주 사변 이후 중국은 직접 나서서 일본 침략을 막으려고 했나요?"

"장제스는 만주 사변이 일어난 뒤에도 일본보다는 공산당의 세력 확장을 막는 게 먼저라고 생각했어. 이 무렵 중국 공산당은 국민당의 세력에 밀려 조금만 더 압박하면 무너질 것 같았거든."

"그래도 일본부터 막는 게 우선 아니에요?"

장하다가 의아해하며 고개를 갸웃거렸다.

"대부분의 중국 사람들은 그렇게 생각했어. 여론에 떠밀린 장제스는 내전을 중단하고 공산당과 힘을 합치기 위한 논의를 시작했지. 하지만 협상은 뜨뜻미지근했어. 그러던 1937년, 베이징 근교 루거우차오에서 중국군과 일본군이 크게 충돌했단다."

"어쩌다 충돌이 생긴 거죠?"

"의화단 운동 이후 베이징에는 자국민을 보호한다는 핑계로 외국 군대가 주둔했어. 그중에는 일본군도 있었지. 루거우차오는 베이징 근교에 위치한 다리인데, 일본군과 중국군 주둔지를 가르는 경계라서 늘 긴장감이 맴돌았단다. 그런데 1937년 7월 7일, 훈련 중이던 일본군 병사 1명이 루거우차오 근처에서 실종됐어. 일본군은 중국군이 일본 병사를 살해했을지 모른다고 주장했단다."

"진짜 중국군이 그런 거예요?"

"사실 핑계였어. 사라졌던 일본 병사는 얼마 되지 않아 다시 돌아왔거든. 하지만 일본은 다리를 건너 중국군을 공격했어. 중국군이 거

▶ 루거우차오
마르코 폴로의 《동방견문록》에 언급되어 있어 '마르코 폴로 다리'라고도 불러. 1937년 이곳에서 중국군과 일본군이 충돌하며 중일 전쟁이 시작됐어.

세게 반발하며 반격에 나서자, 일본군은 기다렸다는 듯 군대를 총동원해 대대적인 공격을 퍼부었지. 이렇게 중일 전쟁이 시작됐단다."

"어휴, 그런 핑계로 전쟁을 시작하다니!"

"일본의 침략을 계기로 국민당과 공산당의 관계는 새 국면을 맞이했어. 이들은 싸움을 중지하고 함께 일본에 맞서기로 했지. 또 한 번 국공합작이 이뤄진 거야."

"중국이 하나로 뭉친 건가요? 그럼 일본도 쉽지 않겠는걸요?"

"하지만 오랫동안 중국 침략을 준비해 온 일본은 막강했어. 반면 중국은 긴 내전의 충격 때문에 여전히 혼란스러웠지. 게다가 여러 군벌끼리 제대로 명령이나 연락을 주고받을 체계를 갖추지 못한 탓에 일사불란하게 일본군에 맞서 싸울 수도 없었어."

"어휴, 서로 힘을 합쳐 싸워도 이길까 말까 할 텐데."

"일본은 전쟁 초반부터 무서운 기세로 중국을 밀어붙였어. 일본군은 전쟁이 시작된 7월이 다 지나가기도 전에 베이징과 톈진을 정복

용선생의 세계사 돋보기

중일 전쟁의 시작을 제2차 세계 대전의 시작으로 보기도 해. 일본과 독일이 동맹을 맺으면서 중일 전쟁도 제2차 세계 대전의 일부로 보기 때문이야.

일본의 광기가 아시아에 전쟁을 불러오다

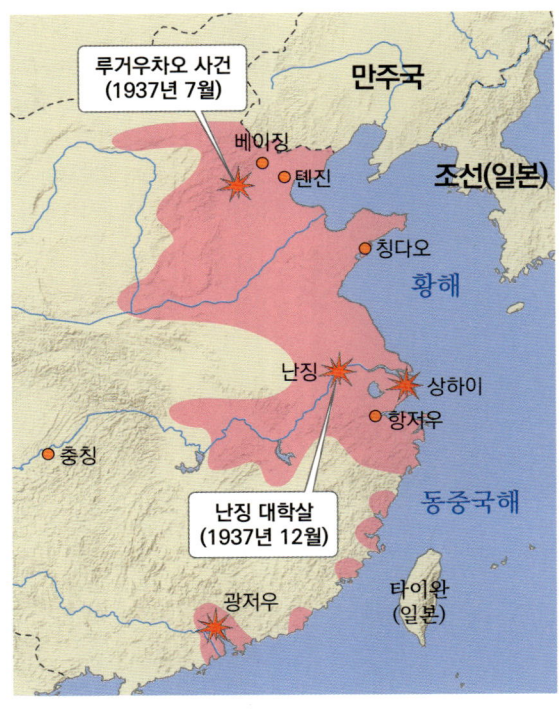

▲ 중일 전쟁 초기 일본이 점령한 중국 영토

왕수재의 지리 사전

충칭 중국 남서부 창장강변에 있는 도시로 수상 교통과 철도 교통이 발달해 물류 산업의 중심지야. 1940년대 대한민국 임시 정부가 자리 잡은 곳이기도 해.

했고, 뒤이어 8월에는 상하이와 항저우를 공격해 중국군을 물리쳤단다. 12월에는 중화민국의 수도인 난징마저 일본의 손아귀에 들어갔고, 뒤이어 중국 해안의 주요 항구도 차례차례 일본에 점령당했지."

"중국이 일방적으로 지는 건가요?"

지도를 본 아이들이 깜짝 놀란 듯 말했다.

"그런데 중국의 저항은 애초에 일본이 예상했던 것보다 매우 거셌어. 처음 전쟁을 시작할 때 일본군은 길어야 5개월이면 중국의 항복을 받아 낼 수 있다며 자신만만해했거든. 하지만 장제스가 이끄는 국민당 정부는 상하이에서 석 달 넘게 버티며 일본군을 오랫동안 막아 냈고, 수도 난징을 빼앗긴 뒤에는 충칭을 임시 수도로 삼고 끈질기게 저항을 이어 나갔단다. 여기에 이미 오랫동안 일본의 침략에 시달려 온 중국인들이 중국 곳곳에서 똘똘 뭉쳐 일본에 맞서 싸웠어. 일본군의 피해는 점점 커졌지."

"역시 중국 사람들이 쉽게 물러나지는 않았군요."

"그러자 일본군은 매우 악랄하게 대응했어. 중국 민간인을 공격 대상으로 삼은 거야. 난징을 점령했을 때 일본군은 아무런 이유도 없이 수십만 명에 이르는 민간인을 학살했어. 충칭에서는 민간인이 모여 사는 지역만 골라 대규모 폭격을 가했단다."

"아니, 왜 그런 짓을 저지른 거죠?"

▲ 상하이를 공격하는 일본군

▲ 난징에 입성하는 일본군

영심이가 발끈했다.

"일본은 중국인에게 전쟁의 공포를 심어 아예 저항조차 못 하게 만들 생각이었던 거야."

"어휴. 정말 너무하네요! 죄 없는 사람을 그렇게 마구 죽이다니……"

"하지만 일본의 예상과 달리 중국인의 저항은 더욱 거세졌고, 일본군의 피해도 점점 커졌어. 얼마 되지 않아 일본은 석유나 석탄, 철강 같은 전쟁 물자 부족에 시달렸단다."

"결국은 전쟁을 중단할 수밖에 없겠네요?"

"그렇게 쉽게 포기할 리가 있나! 일본은 전쟁에 집중하기 위해 1938년에 '국가총동원법'을 만들어 일본의 모든 공장을 전쟁에 필요한 군수 물자를 생산하는 데 동원했어. 그리고 이 법에 따르면, 전쟁에 필요한 경우 국민을 마음대로 군대로 끌고 갈 수 있었고, 전쟁에 방해되는 주

서양인이 기록한 난징 대학살의 비극

➤ 난징 대학살 기념관 난징 대학살 당시 희생된 사람들의 넋을 기리기 위해 지었어.

용선생의 세계사 돋보기

1940년 우리나라의 <조선일보>와 <동아일보>가 폐간된 것도 이 법 때문이야.

장을 하는 언론이나 사람을 가차 없이 엄벌에 처할 수도 있었지. 지난 시간에 나치 독일의 히틀러도 비슷한 방법으로 전쟁을 치렀다고 했잖니?"

"우아. 정말 너무하네요."

곽두기가 씩씩대며 말했다.

"국가총동원법은 일본 국내뿐만이 아니라 우리나라나 타이완 같은 식민지에도 적용됐어. 그래서 수많은 식민지 사람들도 강제로 광산이나 공장에 끌려갔고, 나중에는 전쟁터까지 내몰렸지."

"일본 때문에 아시아 전체가 전쟁에 휘말렸네요."

"응. 그런데 사태가 이렇게 커지자 그때까지 지켜만 보고 있던 서양 열강이 나서서 일본을 견제했어."

▲ 국민 총궐기 포스터
모든 일본 국민이 전쟁터에 나가 싸우도록 부추기는 포스터야.

▲ 국가총동원법 실시 신문 기사
국가총동원법이 공포되면서 일본은 완전히 전시 체제로 들어갔어.

"서양 열강이 왜 중일 전쟁에 끼어든 거죠?"

"일본이 마구잡이로 전쟁을 벌이는 통에 서양 열강의 피해가 이만 저만이 아니었거든. 상하이나 난징 같은 대도시가 모조리 쑥대밭이 되어 버렸으니 중국에 수출도 어려워졌고, 유럽인이 열심히 투자해 지어 놓은 건물이나 공장이 잿더미가 되어 버리는 일도 숱하게 벌어졌지. 더구나 난징 대학살 등 민간인 학살 사건이 알려지면서 일본에 대한 미국과 유럽의 여론도 매우 나빠졌어. 열강은 일본이 전쟁을 멈추도록 은근히 압박했단다."

"어떻게 압박을 했는데요?"

"일본과 맞서는 중화민국을 간단히 돕기만 해도 일본에는 큰 압박이야. 프랑스는 중화민국에 무기 수출을 늘렸고, 일본의 오랜 동맹인 영국조차 중화민국을 지원한다는 소문이 파다했지. 그리고 미국은 잔혹한 민간인 학살을 중단하라며 일본과 맺었던 통상 조약을 깨 버렸어."

"일본은 지금까지 서양 열강이라면 꼼짝 못 했으니까 이번에도 물러섰겠죠?"

"그런데 때마침 유럽에서 터진 전쟁 때문에 일본의 숨통이 트였어. 1939년, 히틀러가 이끄는 나치 독일이 폴란드를 공격하며 제2차 세계 대전을 일으킨 거야. 지난 시간에 배운 대로, 독일은 전쟁 초반에 프랑스를 굴복시키고 승승장구했지. 전쟁에 휘말린 서양 열강은 정신이 없어 중일 전쟁에는 더 이상 적극적으로 끼어들 수가 없었단다."

↑ 일본 대사관에 걸린 추축국 국기 일본은 나치 독일, 이탈리아 왕국과 손을 잡고 제2차 세계 대전에 뛰어들었어.

"와, 주변 상황이 일본을 돕네요."

장하다가 혀를 내둘렀다.

"더 나아가 일본은 독일, 이탈리아와 손을 잡고 추축국 편이 되었어. 그리고 프랑스의 식민지였던 베트남을 공격해 점령하고, 뒤이어 동남아시아로 눈을 돌려 네덜

↑ **베트남 북부로 쳐들어가는 일본군** 1940년 9월, 일본은 프랑스의 식민지였던 베트남을 공격했어. 중국의 대외 무역로를 막는 한편 동남아시아로 진출하기 위한 발판을 마련하려는 조치였지.

란드의 식민지였던 인도네시아를 호시탐탐 노렸단다. 프랑스와 네덜란드가 독일에 점령당한 틈을 노린 거지."

 **용선생의 핵심 정리**

일본은 루거우차오 사건을 핑계로 중일 전쟁을 일으킴. 전쟁 초반에는 승승장구했으나 중국인의 저항이 거세지자 민간인을 대량 학살함. 또한 국가총동원법을 만들며 온 나라가 전쟁에 돌입함. 서양 열강의 압박이 시작되자 일본은 추축국 편에 가담함.

일본의 욕심이 태평양 전쟁을 부르다

"중일 전쟁도 안 끝났는데 동남아시아를 노린다고요?"
곽두기가 인상을 찌푸렸다.
"당시 일본이 처한 상황 때문이야. 아까 일본이 전쟁 물자 부족에 시달렸다고 했지? 동남아시아를 장악하면 일본에 부족한 각종 자원을 확보할 수 있거든. 하지만 영국이나 미국이 아무리 정신이 없어도 일본이 동남아시아까지 삼키도록 내버려 둘 리는 없었지."
"그럼 전쟁이라도 시작했나요?"
"서양 열강은 무역으로 더욱 강하게 압박을 가했어. 미국은 일본에 고철과 가솔린 수출을 금지했고, 영국과 네덜란드도 일본과 무역을 완전히 중단했지. 그러자 일본은 매우 곤란해졌어. 일본은 전쟁에 필요한 석유를 대부분 수입했는데, 이 당시 일본이 주로 석유를 수입하는 나라는 다름 아닌 미국이었거든. 가뜩이나 모자란 자원이 더욱 부족해진 거지."
"그럼 당장 전쟁을 그만둬야 하는 거 아니에요?"
"일본은 일단 미국과 협상에 나섰어. 하지만 미국은 동아시아를 만주 사변 이전으로 돌려놓고 전쟁을 그만두라고 요구하며 협상에 응하지 않았지."
"꼴좋다~. 이제 전쟁을 하고 싶어도 못 하게 됐네."
"일본은 협상이 깨지자 아무도 예상하지 못한 결정을 내렸단다. 아예 전쟁을 벌여 동남아시아를 단숨에 손에 넣기로 한 거야."
"네? 뭐라고요?"

허영심의 상식 사전
가솔린 원유를 증류하였을 때, 30~200도 범위에서 끓는 액체로 흔히 휘발유를 말해. 자동차의 주요 연료로 사용하지.

용선생의 세계사 돋보기
일본은 미국(America), 영국(Britain), 중국(China), 네덜란드(Dutch), 네 나라가 일본을 포위했다고 해서 이걸 'ABCD 포위망'이라고 불렀어.

"이때 영국이나 네덜란드가 멀쩡했다면 아마 일본도 동남아시아를 모두 점령하겠다는 생각까지는 하지 않았겠지. 하지만 이 무렵엔 이미 독일이 유럽 대륙을 장악했고, 영국은 독일의 무자비한 공습에 시달렸어. 네덜란드는 런던에 임시 정부를 마련해 간신히 명맥만 유지하는 형편이었고."

↑ **욱일기** 당시 일본군의 깃발이야. 일본 제국주의와 군국주의의 상징이지만, 일본 해군에서 여전히 사용해.

↑ **쇼와 천황** (1901년 ~1989년) 일본의 아시아 침략이 절정에 이르렀을 당시 천황이었어. 본명은 히로히토.

"그래서 일본은 영국과 네덜란드를 힘으로 몰아낼 만하다고 생각했다는 거예요?"

"바로 그거야. 동남아시아에는 영국이 개발한 유전이 있어서 미국의 무역 압박 때문에 부족해진 석유도 곧바로 확보할 수 있었거든. 일본은 동남아시아 사람들을 자기편으로 만들고, 동남아시아 침략을 정당화하기 위해 나름대로의 논리도 만들었어."

"어떤 논리인데요?"

"서양 제국주의 국가의 침략으로 고통받는 아시아의 여러 나라를 일본이 해방시켜 주겠다고 했어. 또 모든 아시아인이 일본을 중심으로 똘똘 뭉치기만 하면 모두가 평화롭게 잘 살 수 있다고 주장했지. 일본의 이런 주장을 '대동아 공영권'이라고 불러."

"에이, 그 말을 누가 믿겠어요?"

"동남아시아의 일부 지식인은 일본의 주장을 진지하게 받아들였단다. 왜냐하면 일본이 이 당시 아시아 제1의 강국이라는 건 누구나 인정하는 사실이었거든. 1900년대 초부터 동남아시아에서는 일본을

곽두기의 국어 사전

명맥 목숨 명(命) 맥 맥(脈). 어떤 일이 계속되기 위해 필요한 최소한의 중요한 부분을 가리켜.

▲ **대동아 공영권 홍보 포스터** 일본, 타이, 타이완, 인도, 만주국 등 아시아의 다양한 민족이 한데 어울려 즐겁게 지내는 모습을 표현했어. 하지만 대동아 공영권은 일본의 침략을 정당화하기 위한 허울 좋은 포장이었지.

따라 배우자는 붐도 일었잖니?"

"어휴, 그런 말에 넘어가다니."

"한 가지 문제가 있다면 미국이었어. 미국은 아직 독일과 전쟁을 시작하지 않아서 전쟁 피해를 입지도 않았고, 군사력도 몹시 강력해서 도저히 일본이 상대할 수 있는 나라가 아니었거든."

"그럼 미국과는 어떻게 전쟁을 치를 계획이었죠?"

"당시 미국은 태평양의 하와이섬에 해군 기지를 두었어. 일본은 우선 이 해군 기지를 기습해서 미국 해군에 막대한 타격을 입힌 뒤, 동남아시아 전체를 장악하고 유리한 입장에서 미국과 다시 협상에 돌입하겠다는 계획을 세웠지."

"너무 무모한 작전 아니에요?"

"맞아요. 미국이 협상을 거부하고 전쟁에 나서면 어쩌려고?"

아이들이 번갈아 가며 말하자 용선생도 고개를 끄덕였다.

"상식적으로는 그렇게 생각하는 게 맞지. 하지만 이 당시 미국은 좀처럼 전쟁에 나서기를 원하지 않는 나라처럼 보였어. 독일이 유럽을 정복하고 소련까지 공격하며 세계를 정복할 기세로 승승장구하는데도 미국은 전쟁 물자만 지원할 뿐 침묵을 지켰으니까 말이야."

"그거야 미국은 바다 건너에 있는 나라라 그런 거 아닌가요?"

↑ **오늘날 진주만 미 해군 기지** 하와이에 위치한 미국의 해군 기지는 태평양에서 군사적으로 매우 중요한 역할을 해. 그래서 일본군의 첫 공격 대상이 되었지.

일본의 광기가 아시아에 전쟁을 불러오다

▲ 일본의 진주만 기습

"그런 식으로 치면 동남아시아도 마찬가지 잖니? 어차피 태평양 건너에서 벌어지는 일이잖아. 그래서 일본은 미국 해군을 기습해 큰 피해를 주면, 미국이 적당히 협상에 나설 거라고 예상한 거지."

"그 말에도 일리가 있는 것 같네요."

왕수재가 고개를 끄덕거리며 말했다.

"일본은 침략 계획을 꽁꽁 숨긴 채 겉으로는 계속 미국과 대화를 시도하는 척했어. 그러다 1941년 12월 7일, 전투기 수백 대와 전함을 동원해 하와이의 진주만을 기습했지. 진주만 해군 기지에는 수많은 미군 전함과 병사가 주둔해 있었지만, 일본군의 느닷없는 공격에 제대로 반격 한 번 못 해 보고 엄청난 피해를 입었어."

"그래서 일본의 계획대로 미국이 협상에 나섰나요?"

▲ 기습 공격으로 불타는 미군 함선 일본군의 기습으로 미 해군은 큰 피해를 입었어. 파괴된 함선만 수십 척에 전투기 300여 대가 손상을 입었지.

▲ 참전을 선언하는 루스벨트 대통령 루스벨트 대통령은 진주만 공습 다음 날, 라디오 방송을 통해 미국의 참전을 공식 선언했어.

"천만에. 일본의 기습 소식을 접한 수많은 미국인은 분노에 휩싸였어. 모두들 복수를 외쳤지. 미국의 루스벨트 대통령은 진주만 공습일을 '치욕의 날'로 선언하고 참전을 공식 결정했단다. 이로써 미국은 드넓은 태평양을 무대로 일본과 태평양 전쟁을 벌이게 됐어. 또 유럽에서는 일본의 동맹인 독일과의 전쟁에도 정식으로 끼어들었지. 일본이 잠자는 사자의 코털을 뽑은 거야."

> 용선생의 세계사 돋보기
>
> 태평양 전쟁은 일본과 미국의 전쟁이지만, 중일 전쟁처럼 제2차 세계 대전의 일부로 본단다.

용선생의 핵심 정리

일본은 부족한 자원을 동남아시아에서 확보할 계획을 세움. 걸림돌인 미국의 전쟁 의지를 꺾기 위해 하와이의 진주만 기지를 기습 공격함. 하지만 일본의 예상과 달리 미국은 복수를 외치며 전쟁에 참여함.

미군의 거센 반격에 일본이 서서히 무너지다

"그래도 일단 미국이 큰 피해를 입은 건 맞죠?"

"맞아. 미국 해군이 워낙 큰 피해를 입은 탓에 일본군은 시간을 제법 벌 수 있었지. 일본군은 진주만 공습과 거의 동시에 동남아시아를 공격했고, 불과 3개월 사이에 필리핀, 인도네시아, 미얀마 등 동남아시아와 태평양의 여러 지역을 장악하는 성과를 거두었어. 동남아시아의 독립 운동가들도 일본의 도움을 받았단다. 인도네시아의 수카르노는 네덜란드를 몰아내기 위해 일본의 도움을 받았지."

"우아, 그럼 미국도 당황했겠는걸요?"

"아무래도 긴장할 수밖에 없었지. 게다가 미국은 유럽에서 일어나는 전쟁에도 신경을 써야 했어. 제아무리 세계 제일의 산업 국가라도 유럽과 아시아에서 동시에 전쟁을 치르자니 형편이 빠듯했지."

"휴, 역시 쉬운 일이 하나도 없군요."

용선생의 말에 영심이가 한숨을 내쉬었다.

"그리고 태평양 전쟁의 주 무대가 된 동남아시아와 태평양 곳곳의 섬들은 전쟁을 하기에는 여건이 너무나도 나빴어. 적도 근처라 엄청나게 덥고 시시때때로 비가 쏟아져서 축축한 데다가, 정글이 우거진 곳이 많아 온갖 독충이 들끓고 전염병이 쉽게 돌았거든. 게다가 작은 섬이 워낙 많아서 사소한 보급품 하나도 전부 다 배로 실어 날라야 했기에, 병사들은 항상 보급품 부족에 시달렸지. 미군은 온갖 악조건

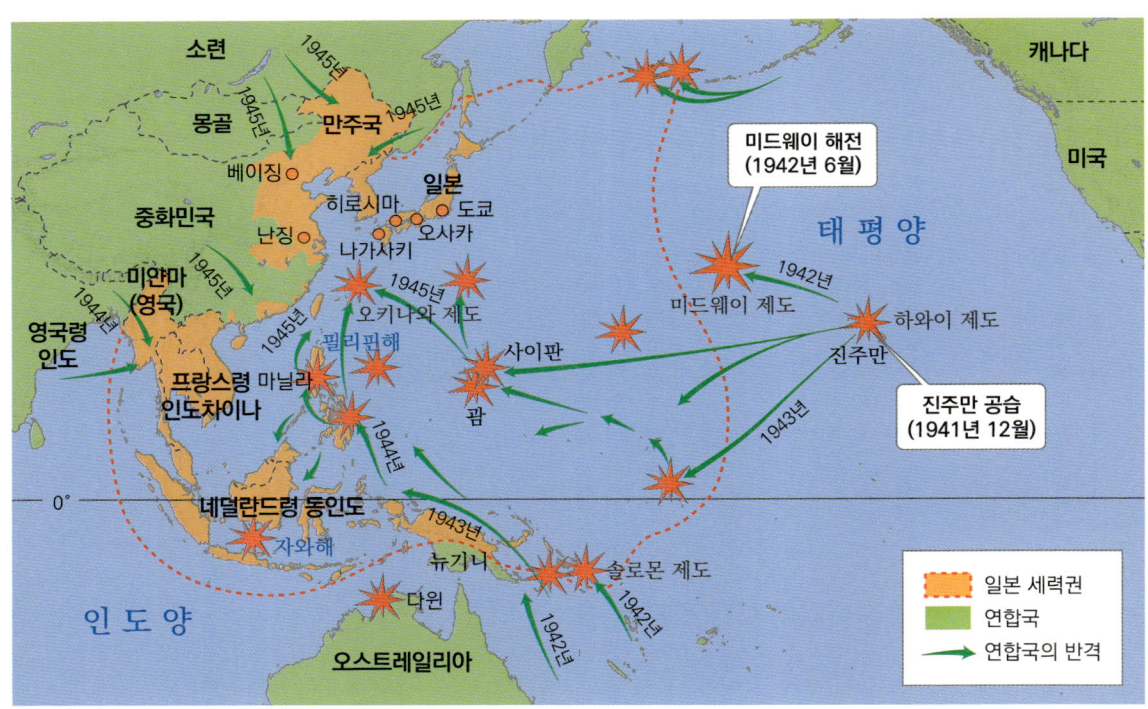

↑ 태평양 전쟁의 전개 과정

을 뚫고 일본군과 싸워야 했단다."

"말씀하신 대로라면 일본도 해 볼 만하겠는데요?"

"그런데 이 모든 조건을 감안해도, 미국은 너무나도 막강한 나라였단다. 이 그래프를 보렴. 태평양 전쟁에 동원된 일본군과 미국군의 각종 장비 수를 비교한 거야."

"우아, 미국이 완전히 압도적이네요?"

"그래. 이미 가지고 있는 장비 수만 해도 이렇게 차이가 나는 데다,

↑ **미국의 항공 모함** 항공 모함은 전투기 같은 군용기를 싣고 바다 위를 떠다니는 배야. 태평양 전쟁에서 크게 활약했고, 오늘날까지도 미국을 비롯한 세계 주요 국가 해군의 주력 함선으로 자리 잡고 있지.

미국의 무기 생산력은 최소 일본의 10배에서 최대 20배나 됐어. 그러니 미국이 제아무리 싸우기 힘든 조건이라 해도 여전히 일본이 굉장히 불리했지. 더구나 일본은 장제스가 이끄는 중국과도 여전히 치

일본			미국
18척	항공 모함		141척
약 1만 5천 대	폭격기		약 9만 7천 대
약 7만 6천 대	전투기		약 10만 대
약 16만 5천 대	트럭		약 238만 대
약 3만 8천 정	기관총		약 260만 정

↑ 미국과 일본의 주요 장비 수량

열하게 전쟁을 하고 있었으니까."

"아, 맞다. 아직 중일 전쟁이 끝난 게 아니죠?"

나선애가 기억이 났다는 듯 큰 소리로 말했다.

"응. 태평양 전쟁이 터지자 미국은 본격적으로 중국을 지원하고 나섰단다. 국민당은 저항을 이어 갔고, 마오쩌둥이 이끄는 중국 공산당도 끈질기게 저항 운동을 벌여 일본군을 괴롭혔어. 이 상황에서 일본은 미국을 상대하기 위해 많은 물자와 군인을 동남아시아에 투입해야 했지. 전쟁은 나날이 일본에 불리해지기만 했어."

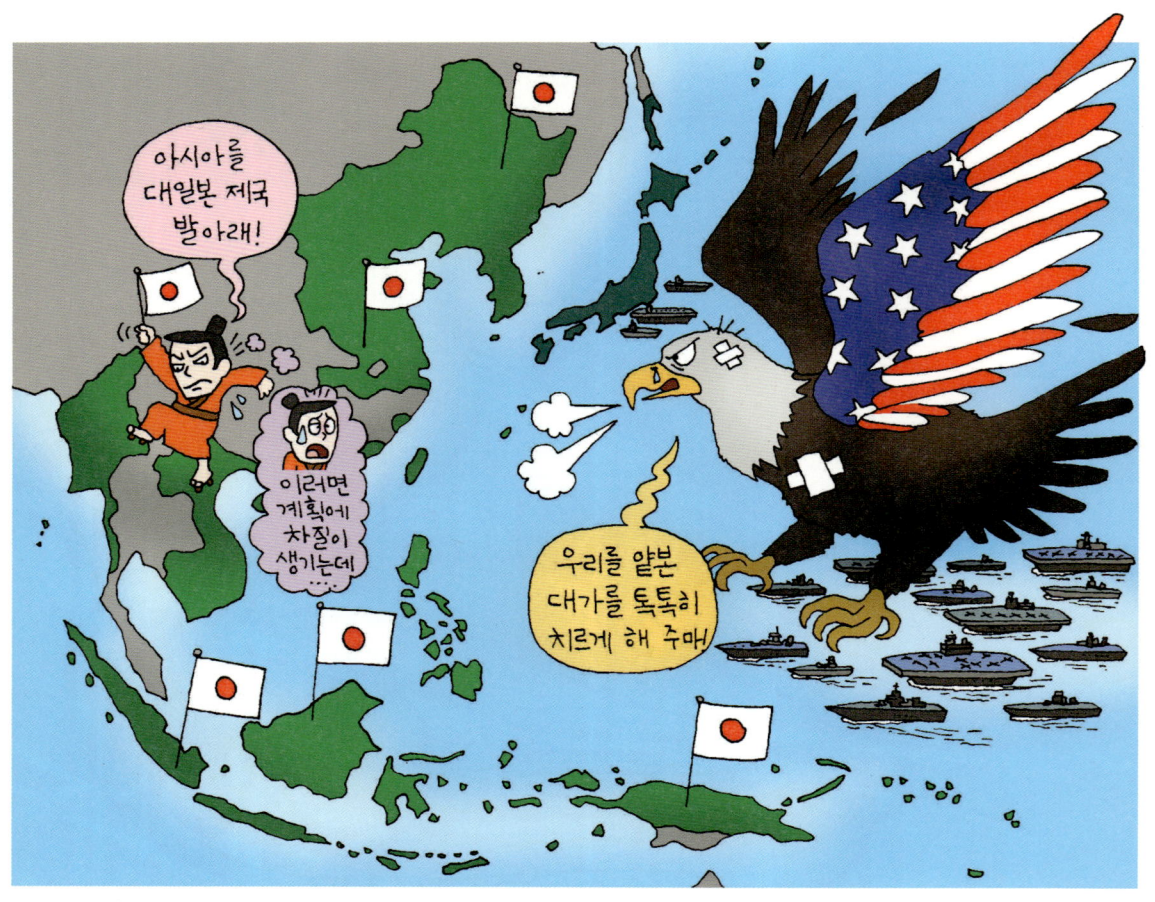

"괜히 전쟁을 벌였다가 궁지에 몰린 거군요."

"전쟁의 승부는 하와이 북서쪽의 미드웨이 제도에서 벌어진 해전에서 갈렸어. 미드웨이 제도는 미국 영토로, 지리적으로 꽤 중요한 곳이야. 만일 이 섬이 일본에 넘어가면 미군의 해군 기지가 있는 하와이가 위험해지고, 하와이를 빼앗기면 뒤이어 태평양 너머 미국의 서부 해안도 위험해질 수 있거든."

"일본은 반드시 거길 차지하려 할 테고, 반대로 미국은 무조건 지켜야 하는군요."

"그렇지. 1942년 6월, 그러니까 진주만 공습을 당한 지 꼭 6개월 만이었지. 미 해군은 일본군이 미드웨이 제도로 향하고 있다는 정보를 미리 입수했어. 암호를 해독해 일본군의 목적지를 알아낸 거지. 미국은 미드웨이를 방어하기 위해 대규모 병력을 파견했단다."

"일본은 작전이 들통 난 걸 몰랐나요?"

"응. 연이은 승리에 흠뻑 취한 탓인지, 중간에 기밀이 다 새어 나간 것도 몰랐어. 심지어 정찰도 소홀히 해서 미군이 만반의 준비를 한 채 기다린다는 사실도 알지 못했지. 마침내 미군 정찰기가 일본 함대를 발견했고, 미군 항공 모함에서 출격한 전투기가 일제히 일본 함대

▲ **미드웨이 제도의 샌드섬** 하와이섬 인근, 태평양 가운데에 자리 잡은 산호초 섬이야. 태평양 전쟁 당시 미 공군 기지였어.

▲ 체스터 니미츠
(1885년~1966년) 미국 해군 제독이야. 미드웨이 제도에서 일본군을 맞아 대승을 거두었어.

를 향해 폭격을 가했어. 일본군은 미군의 폭격에 손 하나 쓰지 못하고 당했단다."

"우아, 미군이 대승을 거두었군요."

"물론 미군의 피해도 컸어. 미군은 미드웨이 해전으로 한 척의 항공 모함과 100대가 넘는 전투기를 잃었거든. 하지만 일본은 네 척의 항공 모함을 비롯해 200대가 넘는 전투기를 잃었어. 단순히 비교해도 일본의 피해가 훨씬 큰데, 아까도 봤다시피 일본의 해군력은 미군에 비해 훨씬 부족했잖니? 미드웨이 해전 하나로 일본 해군의 절반이 날아간 셈이야."

"그럼 이제 결판이 난 거나 마찬가지네요."

"그래. 미드웨이 해전 이후 일본은 사실상 미국을 막아 낼 힘을 잃었어. 일본군은 몇 달 뒤 남태평양 끝 솔로몬 제도의 과달카날섬을 미군에게 내어 준 것을 시작으로 서서히 밀려났지. 하지만 전쟁은 좀

▲ 침몰하는 일본 함정
일본은 태평양 전쟁 초반에 승승장구했지만 곧 미국의 반격에 맥을 못 췄지.

▲ 과달카날섬에 상륙하는 미군
미군은 과달카날섬 탈환을 시작으로 일본이 점령한 태평양과 동남아시아 일대를 서서히 빼앗았어.

암호 해독이 연합군 승리에 크게 기여했다고?

제1차 세계 대전부터 각 나라의 외교관이나 군대는 통신문을 암호화해서 연락을 주고받았어. 행여나 적이 몰래 엿들어도 무슨 내용인지 모르게 하기 위해서였지. 그래서 전쟁이 벌어지면 각 나라는 암호 해독에 열을 올렸어.

태평양 전쟁이 일어나기 전부터 미국은 일본의 작전을 대략 알고 있었어. 일본이 독일에서 도입한 암호 기계를 미국 암호학자들이 해독해 냈거든. 미드웨이 해전이 벌어지기 전에도 마찬가지였지. 미군 정보 부대는 일본군이 조만간에 'AF'라고 부르는 어떤 곳을 공격한다는 사실을 알아냈어. 하지만 줄인 말로 된 AF가 미드웨이 제도일 거라고 확신할 수는 없었어. 미드웨이가 아닌 하와이를 가리킬 수도 있었거든.

그래서 미군 암호 해독반은 꾀를 냈어. 일부러 일본군이 쉽게 엿들을 수 있도록 '미드웨이 기지에 식수가 부족하다'는 통신을 암호 없이 날린 거야. 이런 줄도 모르고 일본군은 이틀 뒤 'AF에 식수가 부족하다'는 내용을 위에다 보고했어. 이것으로 다음 공격 목표는 미드웨이라는 사실이 드러났고, 추가로 공격 날짜와 규모도 알아냈어. 미군은 암호 해독에 성공한 덕분에 일본에 대승을 거둘 수 있었지.

유럽에서도 연합국과 추축국이 암호 해독을 두고 치열한 싸움을 벌였어. 독일은 '에니그마'라는 암호 생성기를 사용했는데, 해독하기가 몹시 힘들었거든. 제2차 세계 대전이 터지기 직전 폴란드 수학자들이 해독에 성공했지만, 독일이 기계를 개량해 버리는 바람에 헛수고가 되었지. 그 뒤로는 폴란드의 연구 결과를 건네받은 영국이 수십 명의 수학자와 암호학자를 모아 놓고 연구를 거듭했어. 마침내 영국의 수학자인 앨런 튜링이 에니그마의 해독기를 개발하는 데 성공하며 연합군의 승리를 앞당길 수 있었단다. 하지만 연합국은 자신들이 에니그마 해독에 성공했다는 사실을 극비에 붙였어. 혹시라도 독일이 기계를 개량해 버리면 또다시 헛수고가 될 테니까 말이야. 그래서 독일은 전쟁이 끝날 때까지 에니그마가 해독됐다는 사실을 까맣게 모르고 있었대.

↑ **일본군이 사용한 암호 장치 '퍼플'** 독일군이 사용한 '에니그마'와 같은 원리를 사용한 암호 장치야.

↑ **암호 해독기 '봄브'** 앨런 튜링이 설계한 전자기계식 암호 해독기를 복원한 거야. 빠른 시간 안에 독일군의 암호문을 해독할 수 있었어.

처럼 끝나지 않았어. 일본은 궁지에 몰리면서도 3년이나 끈질기게 버텼거든."

용선생의 핵심 정리

일본군은 전쟁 초반 동남아시아를 빠르게 점령하고, 미군은 동남아시아의 기후와 지리적 여건 때문에 전쟁에 어려움을 겪음. 그러나 일본과 미국 간에는 압도적인 군사력 차이가 있었으며, 미국은 미드웨이 해전 승리로 반격을 시작함.

일본이 무릎을 꿇다

"우아, 3년이나 더 버텼어요?"

"미국은 일본이 머지않아 항복할 거라고 생각했는데, 뜻밖이었지. 게다가 일본이 특별한 승리를 거둔 것도 아니야. 일본은 1944년 필리핀 주변 바다에서 또다시 항공 모함 세 척과 전투기 400대를 잃는 엄청난 피해를 입었거든."

"미드웨이 해전에서도 치명타를 입었는데, 또 크게 졌네요."

"일본 해군은 필리핀 해전 이후 사실상 무너졌지. 설상가상으로 동맹국인 독일도 궁지에 몰려 패배를 눈앞에 두었어. 영국은 식민지 인도에서 미얀마를 향해 공격을 시작했고, 동남아시아 각지에서도 일본에 반발해 저항이 뒤따랐지. 임시 정부의 한국광복군도 연합군 편에 서서 일본을 상대로 싸운 거 기억하지?"

"일본이 이길 가망이 점점 사라지고 있네요."

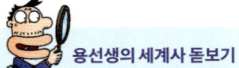

용선생의 세계사 돋보기

전쟁이 막바지에 치달으면서 '국가총동원법'에 따라 일본의 수탈이 심해지자 일본에 우호적이었던 동남아시아의 분위기가 급변했어. 인도네시아에서도 공산당과 화교, 이슬람 단체들이 힘을 합쳐 일본군에 맞섰고, 베트남의 호찌민은 공산당을 이끌고 일본군과 맞서 싸웠어. 미얀마의 아웅 산도 영국군이 들어오자 힘을 합쳐 일본군과 싸웠단다.

"하지만 일본은 끝까지 맞서 싸우려고 했어. 일본 본토는 물론이고, 점령지 곳곳에서도 물자를 닥치는 대로 긁어모으고 청년들을 전쟁터로 내몰거나 강제 징용으로 끌고 갔지. 이때 우리나라에서도 거의 90만 명 가까운 사람들이 끌려가서 희생당했고, 중국과 동남아시아 곳곳에서 피해자가 속출했어. 여성들도 군대로 끌려가 '위안부'란 이름으로 성폭력을 당했단다."

"위안부 할머니들 문제는 텔레비전에서 많이 봤어요. 그게 이때 생긴 일이었군요."

"그래. 나치 독일의 전쟁 범죄도 악랄했지만, 궁지에 몰린 일본은 이해하기 어려울 정도로 잔인한 짓을 일삼았어. 1944년 사이판섬이 미국에 점령당했을 때 일본은 약 2만 명에 이르는 일본 민간인에게 자살을 강요했단다. 천황이 직접 명령을 내렸다면서 '미군에 붙잡혀 비참한 포로 신세가 되느니, 명예롭게 목숨을 바쳐라.'라고 한 거야. 1년 뒤 벌어진 오키나와 전투에서도 10만 명이 넘는 사람들이 천황의 명령에 따른다며 수류탄을 터뜨리고, 가족끼리 죽고 죽이는 끔찍한 비극이 벌어졌지."

"믿을 수 없어요. 어떻게 그런 말도 안 되는 명령을 내릴 수가 있어요? 그 명령을 듣는 사람들은 또 뭐고요?"

용선생의 설명에 아이들의 눈동자가 크게 흔들렸다.

"신으로 떠받드는 천황이 내린 명령이

나선애의 세계사 사전
징용 일본이 침략 전쟁을 지원하기 위해 수많은 사람들을 끌고 가 특정한 노동을 하도록 강요한 일을 가리켜. 젊은이들을 군인으로 끌고 간 일은 징병이라고 부르지.

왕수재의 지리 사전
사이판섬 태평양 서쪽에 있는 작은 섬이야. 오늘날 미국 영토로, 세계적으로 손꼽히는 휴양지지.

▲ 민간인에게 무기 사용법을 지도하는 일본군
민간인들도 전쟁에 동원했고, 죽음을 강요하기도 했어.

▲ 미군 함대로 돌격하는 일본 전투기
폭탄을 실은 일본 전투기가 미군 함대로 자살 공격을 시도하고 있어.

라니 그대로 따른 거지. 자기의 희생이 일본의 승리에 도움이 된다면 기꺼이 죽으려고 한 거야."

"전 아무리 이해하려고 해도 이해가 안 돼요."

곽두기가 고개를 절레절레 저었다.

"그런 생각 때문에 자살 폭탄 작전도 가능했어. 일본은 전투기에 쓸 연료와 탄약이 부족해지자 조종사에게 자살 폭탄 공격을 부추겼어. 전투기에 돌아올 때 필요한 기름을 싣는 대신 폭탄을 잔뜩 싣고 미군 함선에 그대로 충돌하도록 했지. 이걸 '가미카제'라고 해. 하지만 미군은 가미카제 공격에 별 피해를 보지 않았어. 미군 함선들은 육중한 철갑으로 무장했거든."

"에휴, 그야말로 헛된 죽음을 당한 거네요."

"이건 새 발의 피란다. 패색이 짙어지면서 일본군이 저지른 일들은 하나하나 입에 담지도 못할 만큼 끔찍해. 미얀마에서는 식량을 확보한답시고 마을을 약탈하다가 죄 없는 민간인을 수없이 생매장하고, 붙잡아 산 채로 불태우는 등 잔인한 학살을 일삼았어. 필리핀의 수도 마닐라에서도 대학살을 벌여 10만 명 가까운 시민을 학살했지. 일본군은 노인과 아이들도 거리낌 없이 죽이고 그걸 자랑스레 이야기하기도 했단다."

◀ 이오지마 고지에 미국기를 꽂는 병사들 미군이 일본 본토를 공격하면서 전쟁은 더욱 치열해졌어. 일본의 작은 섬 이오지마에서 벌어진 전투에서는 여러 번 공격을 주고받은 끝에 미군이 승리를 거뒀지.

"너무 끔찍해요! 아무리 전쟁 중이라고 해도 사람이 어떻게 그런 짓을 할 수가 있죠?"

영심이가 붉으락푸르락한 얼굴로 말했다.

"그래, 언제 들어도 몸서리 처지는 얘기지. 어쨌든 일본이 이렇게 계속 버티자 미국은 일본 본토를 쑥대밭으로 만들기로 했어. 미국이 일본과 가까운 사이판과 괌을 점령한 뒤로는 미군 폭격기가 일본까지 시도 때도 없이 날아갈 수 있게 됐거든."

"이제 일본 본토도 전혀 안전하지 않게 된 거군요."

"일본이 이렇게 버티는 와중에도 패배는 점점 눈앞으로 다가왔어.

↑ 오사카를 폭격하는 미군 폭격기 태평양 전쟁 말기 미공군은 일본의 주요 도시에 맹렬하게 폭격을 퍼부었어.

↑ 폭격으로 폐허가 된 도쿄 미군의 폭격을 받은 도쿄는 도시 전체가 잿더미가 되는 피해를 입었어. 오늘날도 도쿄에는 유서 깊은 건물은 거의 남아 있지 않지.

"1945년 5월, 히틀러가 자살하고 독일이 연합군에 무조건 항복했지. 그러자 미국과 영국, 소련과 중국은 일본에 무조건 항복하라고 요구했어. 저항을 계속한다면 아주 무시무시한 결과가 있을 거라는 경고도 덧붙였지."

"그쯤 되면 일본도 무조건 항복해야 하는 거 아닌가요?"

"일본에서도 항복해야 한다는 목소리가 커졌지만 그건 곤란했어. 연합국은 전쟁을 저지른 책임자를 모두 재판정에 세워 죄를 묻겠다고 했거든. 만일 일본이 항복한다면, 일본에서는 맨 먼저 천황부터 재판을 받아야 했어. 천황을 신으로 모시는 일본에서는 이런 조건을 도저히 받아들일 수 없었지."

"겨우 그거 때문에 항복을 안 했다니, 어이가 없네요."

↑ 오키나와 전투 일본 영토에서 벌어진 최초의 전투로, 미군이 태평양 전쟁에서 가장 큰 피해를 입은 전투야. 죽거나 다친 미군만 10만 명이 넘었어.

나선애가 눈살을 찌푸렸다.

"일본이 이렇게 끈질기게 버티니 미군도 난감하기는 마찬가지였어. 남은 방법은 일본 본토에 육군을 상륙시키고 도쿄를 점령해 천황을 잡는 것뿐인데, 그러려면 인명 피해가 클 게 분명했거든. 일본의 저항이 워낙 격렬해서 작은 오키나와섬 하나 점령하는 데도 수만 명이 목숨을 잃었으니까. 그래서 미군은 아군의 피해 없이 손쉽게 일본을 무릎 꿇릴 방법을 택했단다. 바로 핵폭탄, 또는 원자 폭탄이라고 하는 신무기를 사용한 거야."

"결국 원자 폭탄이 등장하는군요."

"응. 원자 폭탄은 지금까지 인류가 사용한 무기와는 차원이 다를 만큼 강력한 폭탄이야. 단 한 발만 터트리면 도시 하나를 순식간에 사라지게 만들 수 있거든. 미국은 사흘 간격으로 히로시마와 나가사키에 각각 한 발씩 원자 폭탄을 떨어트렸어. 인류 역사상 처음으로 원자 폭탄이 사용되는 순간이었지. 폭탄을 맞은 일본은 물론이고, 미국 사람들조차도 원자 폭탄의 위력에 깜짝 놀라 할 말을 잃었대."

↑ 오늘날의 히로시마
왼쪽은 원자 폭탄을 맞고 폐허가 된 건물이야. 오늘날에는 원자 폭탄의 위험성을 알리는 기념관으로 쓰이지.

↑ 나가사키에 원자 폭탄이 떨어진 뒤 생겨난 버섯구름

▲ **소련군의 평양 입성** 소련군은 일본이 항복한 뒤 한반도 북부 지역을 순식간에 점령했고, 1945년 8월 24일에는 평양에 입성했어.

"폭탄 하나로 도시가 순식간에 사라지다니……."

"엎친 데 덮친 격으로, 지금까지 독일과의 전쟁에 전념하던 소련이 연합군의 요청에 따라 일본에 전쟁을 선포했어. 소련군은 만주를 공격해 일본의 관동군을 삽시간에 무너뜨리고 한반도를 향해 빠르게 내려왔지. 제아무리 일본이라도 더 이상은 버틸 재간이 없었어. 결국 1945년 8월 15일, 일본은 무조건 항복을 선언했단다. 이로써 지긋지긋한 전쟁이 끝났어. 중일 전쟁도, 태평양 전쟁도, 길고 길었던 제2차 세계 대전이 모두 끝난 거야."

"휴, 정말 다행이에요."

영심이가 가슴을 쓸어내리며 말했다.

▲ **더글러스 맥아더**
(1880년~1964년)
1942년부터 태평양 지역 연합군 총사령관을 맡아 미군을 지휘한 인물이야.

"일본이 항복한 직후, 미군이 일본에 상륙했어. 그리고 도쿄에서 일본의 총리를 비롯해 전쟁에 관여한 관료들, 군 관계자들이 전쟁 범죄자로서 재판을 받았단다. 그 재판 결과가 어땠는지는 다음에 알아보기로 하자꾸나. 오늘도 고생 많았어!"

 **용선생의 핵심 정리**

일본은 궁지에 몰렸지만 끈질기게 저항함. 이 와중에 민간인을 전쟁터에 내몰며 강제 노동에 동원하고, 이유 없이 학살하는 등 여러 전쟁 범죄를 저지름. 결국 원자 폭탄 투하와 소련의 참전으로 연합군에 항복을 선언함.

나선애의 **정리노트**

1. 전운이 감도는 동아시아
- 일본은 제1차 세계 대전 중 경제가 크게 성장하고 민주주의가 조금씩 발전함 (다이쇼 데모크라시).
  - → 전쟁 후 불황이 극심해지자, 국민은 무능한 정부 대신 군인 세력을 지지함.
- 일본은 관동군의 주도 아래 만주 사변을 일으켜 만주국을 세움.
  - → 국민의 열광 아래 군인이 정치를 장악하며 일본은 군국주의로 들어섬.

2. 일본의 침략 야욕으로 시작된 중일 전쟁
- 일본은 루거우차오 사건을 핑계로 중일 전쟁을 벌임.
  - → 중국의 강한 저항으로 피해가 커지자 국가총동원법을 통해 전쟁에 매진함.
- 서양 열강이 중국 편에서 압박하자, 일본은 주축국에 가담함.

3. 태평양 전쟁의 발발과 전개
- 일본은 중일 전쟁 중 유럽의 혼란을 틈타 빠르게 동남아시아를 침략함.
  - → 미국의 전쟁 의지를 꺾으려던 진주만 공습은 오히려 미국의 참전 계기가 됨.
- 미국은 태평양 전쟁 초반 여러 지리적 난관 때문에 어려움을 겪음.
  - → 미드웨이 해전 승리를 시작으로 압도적인 국력을 내세워 반격함.

4. 일본의 항복으로 막을 내린 제2차 세계 대전
- 궁지에 몰린 일본은 온갖 전쟁 범죄를 저지르며 끝까지 버팀.
  - → 미국의 원자 폭탄 투하와 소련의 참전으로 결국 연합군에 항복함.

세계사 퀴즈 달인을 찾아라!

1 Ⓐ 시기에 일본에서 있었던 일로 옳지 <u>않은</u> 것은?　(　　)

1914년	1929년	1939년
제1차 세계 대전	Ⓐ 경제 대공황	제2차 세계 대전

① 경제 호황을 누리고 대중문화가 발전했어.
② 시민들이 정치에 참여할 기회가 늘어났어.
③ 루거오차오 사건을 핑계로 중일 전쟁을 일으켰어.
④ 치안유지법을 통해 정부를 비판하는 세력을 탄압했어.

3 중일 전쟁에 대해 <u>잘못</u> 설명한 친구는?　(　　)

 ① 일본은 중국의 저항이 커지자, 난징 대학살을 벌였어.

 ② 중국은 내전의 여파로 전쟁 초반에 제대로 싸우지 못했어.

 ③ 서양 열강이 전쟁에 간섭하자, 일본은 독일과 손잡고 추축국이 됐어.

 ④ 중국은 국가총동원법을 통해 식민지의 모든 자원을 전쟁에 동원했어.

2 빈칸에 공통으로 들어갈 알맞은 말을 써 보자.

1931년 일본 관동군은 경제·군사적 요충지인 ○○를 점령했다. 이 사건을 '○○ 사변'이라고 하며, 일본은 이곳에 ○○국을 세우고 청나라의 마지막 황제 푸이를 황제로 내세웠다.

(　　　　　　　)

4 다음 사건의 결과로 가장 알맞은 것은? ( )

① 만주 사변이 발생했다.
② 중일 전쟁이 시작되었다.
③ 군인이 일본 정치를 장악했다.
④ 미국이 참전을 공식 선포했다.

5 다음 사건들을 일어난 순서대로 써 보자.

㉠ 만주 사변
㉡ 진주만 공습
㉢ 난징 대학살
㉣ 미드웨이 해전

(- - -)

6 빈칸에 들어갈 알맞은 말을 써 보자.

제2차 세계 대전이 끝날 무렵, 독일이 항복해도 일본은 끝까지 버텼어. 그러자 미국은 아군의 피해 없이 일본을 굴복시키기 위해 인류 역사상 최초로 ○○ 폭탄을 히로시마와 나가사키에 투하했지.

( )

정답은 390쪽에서 확인하세요!

용선생 세계사 카페

인류 최초로 원자 폭탄을 만들어 낸 맨해튼 계획

히로시마와 나가사키 두 곳에 떨어진 원자 폭탄은 지금껏 인류가 사용한 무기 중 가장 강력하고 끔찍한 무기였어. 그래서 원자 폭탄은 히로시마와 나가사키를 폐허로 만든 것을 마지막으로 지금까지 전쟁에 사용된 적이 없지만, 인류의 평화를 위협하는 공포의 상징으로 자리 잡았지. 과연 이렇게 무시무시한 원자 폭탄은 왜, 어떻게 만들어졌을까?

독일에 맞서 맨해튼 계획이 시작되다

어떤 물질을 이루는 가장 기본적인 단위를 '원자'라고 해. 원자의 성질을 연구하던 과학자들은 원자가 쪼개질 때에 몹시 강력한 에너지가 발생한다는 걸 알아냈지. 쉽게 쪼갤 수 있는 우라늄 1그램을 쪼갤 때 순간적으로 발생하는 에너지가 석탄 3톤을 태웠을 때 발생하는 에너지와 맞먹을 정도였어. 이 에너지를 이용한 폭탄이 바로 원자 폭탄이야.

원래 원자 폭탄 연구가 가장 많이 이루어진 나라는 독일이었어. 나치가 독일의 권력을 잡고 거침없이 세력을 키워 나가던 1939년, 독일에서 원자 폭탄 개발에 돌입했다는 첩보가 전해졌지. 영국과 미국의 과학자들은 만일 나치 독일이 원자 폭탄까지 가지게 된다면 세계에 돌이킬 수 없는 재앙이 닥칠 거라고 생각했단다. 그래서 미국 정부에 독일보다 앞서 원자 폭탄을 개발해야 한다고 호소했어.

미국 정부는 과학자들의 요청을 받아들여 비밀리에 세계 각지의 유명 과학자를 불러들였단다. 그리고 비용은 얼마든지 댈 테니 하루빨리 원자 폭탄을 개발해 달라고 부탁했어. 원자 폭탄을 개발하기 위한 대장정은 이렇게 시작됐어. 미국은

↑ 로스앨러모스 미국 뉴멕시코주에 위치한 작은 도시야. 맨해튼 계획의 중심으로, 이곳의 연구소에서 원자 폭탄 개발이 이루어졌어.

이 연구 계획에 '맨해튼 계획'이라는 이름을 붙였지.

> 맨해튼은 단순한 암호였어. 뉴욕의 중심가에 위치한 맨해튼섬과 맨해튼 계획은 아무 관계가 없단다.

숱한 시도 끝에 원자 폭탄이 만들어지다

맨해튼 계획에 참여한 과학자들은 모두 각자의 분야에서 최고의 전문성을 자랑하는 천재였어. 하지만 이렇게 우수한 과학자들이 머리를 맞대어도 원자 폭탄을 개발하는 일은 쉽지 않았지. 우선 실험에 필요한 장비와 시설이 부족했고, 폭탄에 들어갈 우라늄과 플루토늄을 안전하게 분리하는 일도 쉽지 않았거든. 특히나 원자 폭탄이 얼마만큼의 파괴력을 가질지 가늠할 수 없었기에, 폭탄에 들어갈 우라늄과 플루토늄의 양을 맞추는 것도 어려웠어. 그러나 과학자들은 차근차근 문제를 해결해 가며 원자 폭탄 개발에 매달렸지.

> 우라늄과 플루토늄은 방사능을 내뿜는 원소로, 원자력에서 절대 빠질 수 없는 재료야. 우라늄은 광석에서 얻을 수 있는 자연 원소인 반면, 플루토늄은 임의로 만들어 낸 인공 원소지.

제2차 세계 대전이 막바지에 다다른 1945년 초, 마침내 원자 폭탄이 만들어졌어. '가젯(Gadget)'이란 이름이 붙은 이 폭탄은 연구소에서 가장 가까운 사막으로 실려 가 시험대에 올랐지.

첫 원자 폭탄 실험은 무사히 성공했어. 폭탄이 터지자마자 주변 지역

▲ 줄리어스 로버트 오펜하이머
(1904년~1967년) 미국의 물리학자로, 맨해튼 계획을 주도한 인물이야. '원자 폭탄의 아버지'라고 부르지.

▲ 최초로 폭탄 실험이 이루어진 '트리니티 사이트' 폭파 이후 텅 빈 공터로 남아 있는 이 실험 현장은 오늘날까지도 방사능 문제로 출입이 통제되어 있대.

▲ 원자 폭탄 첫 실험 장면
과학자들은 실험 성공에 열광하기보다는 오히려 큰 충격을 받았어.

↑ 엔리코 페르미
(1901년~1954년) 이탈리아 출신 물리학자로, 아내가 유대인이라는 이유로 탄압에 시달리자 미국으로 망명해 맨해튼 계획에 참여했어. 오펜하이머와 더불어 큰 역할을 했지.

을 순식간에 초토화시켰거든. 하지만 폭파를 지켜본 과학자들은 자신들의 예상을 뛰어넘는 원자 폭탄의 위력에 만족감보다는 큰 충격을 받았어. 원자 폭탄이 얼마나 많은 사람을 죽일 수 있는 무기인지 그제야 깨달은 거지.

일본에 떨어진 원자 폭탄의 위력에 세계가 깜짝 놀라다

궁지에 몰린 일본이 끝까지 항복하지 않자 미국은 원자 폭탄을 사용하기로 결정했어. 1945년 8월 6일, 원자 폭탄을 실은 폭격기가 일본 남서부의 대도시 히로시마 상공에 나타났지. 일본 사람들은 이 비행기가 으레 오는 정찰기라고 생각해서 별 반응을 하지 않았어. 하지만 비행기에서 폭탄이 떨어져 폭발한 순간, 눈이 멀어 버릴 정도로 하얀 빛과 함께 무서운 열기가 온 도시를 가득 채웠단다.

폭탄에서 순간적으로 발생한 열은 섭씨 3,000도가 넘었어. 어마어마한 열기에 강물이 끓어오르고, 바깥에 있던 사람들은 피부가 녹아내려 목숨을 잃기도 했지.

↑ 히로시마와 나가사키에 떨어진 원자 폭탄
각각 리틀 보이(Little boy), 팻 맨(Fat man)이라는 이름이 붙었어.

뒤이어 폭발로 발생한 충격파와 폭풍이 온 도시를 덮쳤어. 충격파의 속도는 초속 340미터에 이르렀는데, 철근과 콘크리트로 지은 튼튼한 건물도 이 폭풍을 견디지 못하고 모래성처럼 무너져 버렸어. 무시무시한 폭풍 때문에 폭발 중심지에서 반경 1.5킬로미터 안에 있던 건물은 모조리 폐허가 되었지.

열과 폭풍이 지나가고, 간신히 살아남은 사람들의 신음으로 도시는 아비규환이 되었어. 이렇게 몇 시간이 지난 뒤에는 하늘에서 비가 내리기 시작했단다. 엄청난 열기 때문에 증발한 수분이 비로 변해 쏟아져 내린 거야.

그런데 이 빗물은 방사능으로 오염되어 있었고, 공기 중의 잿가루를 머금은 탓에 색깔도 검은색이었어. 목마름에 검은 빗물을 받아 마신 사람들은 머지않아 모두 목숨을 잃었지. 단 한 발의 폭탄으로 목숨을 잃은 사람이 20만 명에 이르렀는데, 이때 히로시마에 거주하던 한국인도 2만 명 가까이 희생됐단다.

미국은 이틀 뒤 나가사키에도 원자 폭탄을 떨어트렸고, 이곳에서도 약 7만 명 가까운 사람들이 목숨을 잃었어. 세계인은 원자 폭탄의 위력에 말 그대로 경악했단다. 맨해튼 계획을 주도했던 오펜하이머 박사조차 고개를 내저었어. 승리를 거두기 위해 이렇게 잔인한 방법을 써야 한다는 현실과, 전쟁을 주도한 일본 전범이 아닌 무고한 시민 수십만 명이 희생당한 데 죄책감을 느낀 거야.

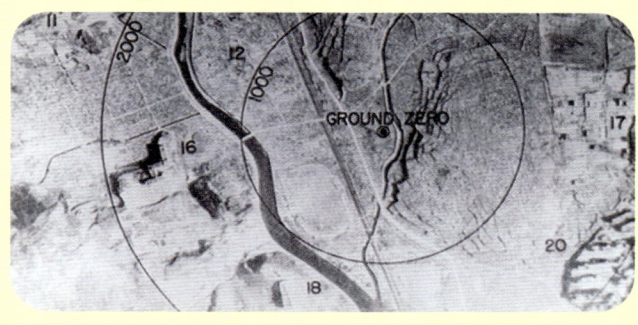

↑ **원폭을 맞은 나가사키** 위쪽은 원자 폭탄이 폭발하기 이전, 아래쪽은 폭발한 이후의 사진이야. 도시의 모든 건물이 폭격으로 흔적도 없이 사라져 버렸지.

아무튼 원자 폭탄의 위력을 맛본 일본은 완전히 백기를 들었고, 지긋지긋한 전쟁도 막을 내렸어. 하지만 세계는 새로운 고민을 안게 되었지. 만일 원자 폭탄을 이용한 전쟁이 터진다면 이번에는 인류가 멸망할 수도 있을 거라는 생각이 들었기 때문이야. 4년 뒤, 미국의 라이벌인 소련이 원자 폭탄 개발에 성공하자 이 고민은 현실로 다가왔단다.

용선생 세계사 카페

아시아 여러 나라에 깊은 상처를 남긴 일본의 전쟁 범죄

태평양 전쟁 동안 일본은 국가총동원령을 내려 본토와 식민지, 일본군 점령지의 자원을 있는 대로 긁어모으고 사람들을 전쟁터로 끌고 가거나 강제로 노동을 시켰어. 때로는 아무 이유도 없이 민간인을 학살하기도 했지. 일본의 전쟁 범죄로 한국과 중국을 비롯한 아시아의 여러 나라는 상상도 못 할 엄청난 고통을 겪었단다.

끔찍한 생체 실험을 벌인 731 부대

만주에 주둔한 관동군은 1932년부터 중국 하얼빈에 연구소를 두고 비밀리에 생체 실험을 해 왔어. 흔히 '731 부대'로 부르는 이 연구소는 연구를 한다면서 한국인과 중국인을 대상으로 끔찍한 고문을 가했지. 산 채로 사람을 해부하고, 질병을 일으키는 세균을 주사해 어떤 반응을 보이는지 관찰하고, 피가 얼마나 나면 사람이 죽는지 알아본다며 팔과 다리를 자르기도 했다는구나. 731 부대의 끔찍한 생체 실험에서 살아남은 사람은 단 한 사람도 없었어. 731 부대의 만행이 밝혀지기 전까지 이곳에서 목숨을 잃은 사람만 1만 명이 넘는다고 해.

▼ 하얼빈에 있는 731 부대 기념관

'위안부'로 끌려간 여성들

일본은 전쟁을 치르는 동안 군인들의 성적 욕구를 채워 준다는 핑계로 각지에 군대 위안소를 만들었어. 그리고 식민지와 점령지 여성들을 상대로 '일자리를 소개해 준다'며 속여서 끌고 갔지. 이들을 '위안부'라고 해.

태평양 전쟁이 끝날 무렵이면 일본은 아시아

각지에서 불법적인 방법을 동원해 위안부로 끌고 갔어. 아직 어린 10대 소녀들도 예외는 아니었지. 위안부로 끌려간 여성들은 일본 군인에게 성폭력은 물론, 심각한 고문과 폭행을 당했단다. 군인들의 학대를 이기지 못하고 목숨을 잃은 사람도 많았지. 살아남은 여성들은 태평양 전쟁이 끝난 뒤 고향으로 돌아왔지만, 전쟁 도중 받은 육체적, 정신적 고통에 평생토록 시달려야 했어.

↑ 위안부로 끌려온 여성들
우리나라뿐 아니라 중국과 동남아시아 곳곳의 여성들이 일본군의 조직적인 성범죄에 희생당했어.

강제로 끌려가 노예처럼 일한 사람들

일본은 전쟁 도중 아시아 곳곳 사람들을 닥치는 대로 강제 노동에 동원했어. 우리나라에서만 70만 명이 넘는 사람이 끌려갔고, 중국의 만주에서도 100만 명 넘는 사람들이 강제 노동에 시달렸어.

강제 노동의 피해자들은 주로 광산이나 군수 공장에 끌려갔고, 때로는 군사 기지 건설이나 철도 공사에 동원되기도 했어. 이들은 임금 한 푼 받지 못하고 과도한 노동에 노예처럼 혹사당하다가 목숨을 잃거나 불구가 되기 일쑤였지. 최근에는 '군함도'란 별명으로 유명한 일본 하시마섬의 이야기가 알려져서 화제를 모으기도 했어.

더 비극적인 건 전쟁이 끝난 이후 이들이 대부분 고향으로 돌아오지 못했다는 거야. 일본의 전쟁에 협조했다는 이유로 범죄자로 취급되는 경우가 많았고, 일본도 이들 대부분이 자발적으로 일을 했을 뿐 강제로 동원한 증거는 없다고 우겼거든.

↓ 하시마섬
일본 나가사키 바로 옆에 위치한 작은 섬이야. 석탄이 풍부하게 생산됐기 때문에 수많은 노동자가 강제 노동에 시달렸던 곳이지. 모습이 마치 군함처럼 보인다고 해서 '군함도'란 별명으로 부르기도 해.

수십만의 민간인을 희생시킨 난징 대학살

1937년 12월, 일본군은 중일 전쟁이 시작된 지 5개월 만에 중화민국의 수도 난징을 점령했어. 일본군은 난징 시내에서 중국군을 잡아들인다는 구실로 학살을 시작했지.

이때 일본군이 저지른 학살은 차마 입에 담기 어려울 정도로 잔인했어. 성인 남성은 눈에 보이는 족족 기관총으로 쏘아 죽인 다음 강물에 빠트렸고, 총알이 다 떨어지면 칼로 난도질하거나 목을 베었지. 살아 있는 사람에게 기름을 부은 뒤 불을 붙이거나, 한겨울의 꽁꽁 얼어붙은 연못에 사람을 빠트리고 얼어 죽는 모습을 구경하기도 했어. 더 충격적인 일은, 일본군이 심심풀이라도 하듯 서로 얼마나 많은 사람을 죽였는가를 내기 거리로 삼았다는 거야.

광기 어린 대학살은 무려 6주나 지속됐어. 이때 난징에서 목숨을 잃은 사람만 최소 10만 명이 넘고, 난징 인근에서 목숨을 잃은 사람을 모두 합치면 거의 30만 명에 이른다고 하는구나. 난징 대학살은 중국 사람들에게 씻을 수 없는 상처를 안겨 주었지.

↓ 난징 대학살 기념관
난징 대학살 당시의 사진 자료와 영상, 희생자들의 추모비가 있는 곳이야.

시민을 방패막이로 삼았던 마닐라 대학살

태평양 전쟁이 막바지에 이른 1945년 1월, 미국은 필리핀에 상륙해서 필리핀의 수도 마닐라를 공격했어. 마닐라에 남은 일본군은 시민들을 인질로 삼고 미국의 공격에 맞서 시가전으로 대응했지. 시민을 방패막이로 삼은 거야. 전투가 점점 치열해지며 결국 수천 명이 넘는 인질이 목숨을 잃었어.

하지만 시간이 흐르며 점점 일본군의 패배가 확실해지자, 일본군은 마구잡이로 필리핀 사람들을 죽이기 시작했어.

↑ 전투를 피해 도망가는 마닐라 시민들
일본은 필리핀의 수도 마닐라를 파괴하고 민간인 10만여 명을 잔인하게 학살했어.

마닐라 시민들이 미국에 협조한다고 생각했기 때문이지. 시민들을 학살하는 과정도 잔인하기 짝이 없었는데, 여자와 아이들을 건물에 가둔 뒤 건물에 불을 지르고, 창문으로 탈출하는 시민들은 기관총으로 쏘아 죽이기도 했대. 무자비한 학살로 10만 명이 넘는 필리핀 시민이 목숨을 잃고 마닐라는 쑥대밭이 되었어.

전쟁 범죄를 대하는 일본 정부의 태도

하지만 일본 정부는 태평양 전쟁 당시 전쟁 범죄에 대해 어느 것 하나 시원하게 인정하고 사죄와 보상을 한 적이 없어. 일본군 위안부 문제와 강제 노동 문제만 해도, 일본은 피해자들이 '자발적으로 한 일'이라거나, 이들이 강제로 동원된 증거가 없다며 책임을 부인하기 일쑤야. 여기에 한 술 더 떠서 자신들도 미국이 떨어트린 원자 폭탄 때문에 많은 시민이 목숨을 잃었으니 전쟁의 피해자라고 주장하기도 해.

그래서 우리나라뿐 아니라 아시아 각국에서 일본 정부를 향한 사과와 배상을 요청하는 목소리가 계속 나오고 있지. 하지만 일본의 태도가 좀처럼 변하지 않아서, 오늘날 각국의 외교 관계와 국민 감정에 악영향을 미치기도 해.

물론 정부의 진정성 있는 사과를 촉구하는 일본의 지식인도 많아. 전 일본 총리인 하토야마 유키오는 '사과는 사과 받을 사람이 필요 없다고 할 때까지 계속돼야 한다.'며 한국을 방문해 사죄의 뜻을 여러 번 보이기도 했지. 이런 노력이 차근차근 쌓이면 언젠가 일본과 아시아가 진정한 화해를 이룰 날도 올 거야.

↑ '위안부' 문제 해결을 촉구하는 수요 집회
우리나라의 '위안부' 피해자 할머니들은 1992년부터 매주 수요일 일본 대사관 앞에서 집회를 갖고 있어.

↑ 무릎을 꿇은 하토야마 유키오 전 일본 총리
2015년 한국을 방문해 서대문 형무소 앞에서 무릎을 꿇은 전 일본 총리의 모습이야.

3교시

전쟁이 끝난 뒤 새로운 국제 질서가 세워지다

전쟁에서 승리를 거둔 연합국은
전쟁 뒤처리에 돌입했지.
하지만 이 과정에서 미국과 소련을 중심으로 한
새로운 갈등이 고개를 들었어.
오늘은 제2차 세계 대전의 뒤처리 과정과
국제 질서의 변화에 대해 알아보자.

1941년	1943년	1945년~1948년	1947년	1949년	1955년
대서양 헌장 발표	카이로 회담	전범 재판 진행	마셜 플랜 발표	북대서양 조약 기구 결성	바르샤바 조약 기구 결성

뉴욕
제2차 세계 대전 이후 평화를 지키고자 국제기구인 국제 연합(UN)을 만들고 이곳에 본부를 두었어.

브뤼셀
벨기에의 수도. 미국은 서유럽 각국과 '북대서양 조약 기구'라는 군사 동맹을 만들고 이곳에 본부를 설치했어.

캐나다

뉴펀들랜드섬

미국
· 샌프란시스코
· 뉴욕
· 워싱턴 D.C.

대서양

태평양

뉘른베르크
제2차 세계 대전을 일으킨 나치 당과 나치 추종자 전범 재판이 이곳에서 열렸어.

카이로
연합국이 승기를 잡은 1943년, 미국, 영국, 중국의 정상이 만나 아시아의 전후 처리를 결정했어.

베를린

나치 독일이 무너지자 연합국 4개국은 독일 전역과 베를린을 분리 점령했어.

바르샤바

폴란드의 수도. 소련은 동유럽 각국에 사회주의 정부를 세우고 '바르샤바 조약 기구'라는 군사 동맹을 결성했어.

얄타

전쟁이 막바지에 이른 1945년, 미국, 영국, 소련 정상이 다시 모였어. 독일 분할과 한반도 신탁통치, 전범 재판 등을 결정했지.

38도선

일본이 무너지자 소련과 미국은 북위 38도선을 경계로 한반도의 북쪽과 남쪽을 분리 점령했어.

도쿄

미군은 이곳에 주둔해 7년간 일본을 다스렸어.

역사의 현장 지금은?

강한 국력으로 중립을 지켜 온 스위스

스위스는 알프스산맥 북부에 자리한 작은 나라로 프랑스, 독일, 이탈리아에 둘러싸여 있어. 면적은 한반도의 5분의 1 정도이고 인구는 약 900만 명이지. 크기는 작을지 몰라도, 스위스는 전 유럽이 전쟁에 휩쓸렸던 제1·2차 세계 대전 때에도 굳건히 중립을 지켜 낸 강한 나라야. 오늘날 스위스는 금융업과 관광업 그리고 각종 정밀 기계 공업으로 유명해. 또 세계에서 손꼽히는 부유한 나라이기도 하지.

▲ **각 주를 상징하는 깃발** 26개 주는 저마다 독자적인 행정부, 의회, 사법 기관을 갖추고 있어.

▲ **여러 언어로 된 교통 표지판** 스위스의 공용어는 독일어, 프랑스어, 이탈리아어, 로만슈어로 4개나 돼. 로만슈어는 소수 언어라 공식 표기에는 잘 쓰지 않아.

↑ **스위스 연방의 중심 도시 베른** 연방 정부와 연방 의회가 자리해 스위스의 수도 역할을 하는 도시야. 스위스에는 헌법에 명시된 공식적인 수도가 없어. 어느 한 도시를 수도로 만들면 그 지역에 더 큰 힘이 실려 각 주의 평등을 해친다고 생각해서야.

국민이 직접 다스리는 스위스 연방

스위스는 연방 국가야. 주변 강국에게서 영토를 지키기 위해 26개 주가 동맹을 맺으며 오늘날의 스위스가 됐지. 국토 대부분이 산지라 지역 간 교류가 어려웠기 때문에 각 주는 저마다 법과 문화가 조금씩 달라. 외교나 국방 같은 공동 문제는 연방 정부가 맡지만, 각 지역의 문제는 주민들이 투표로 직접 결정해.

↑ **국민 투표** 인구가 적은 주에서는 주민들이 광장에 모여 손을 들어 찬반 투표로 중요한 일을 결정해.

수많은 국제기구가 둥지를 튼 중립국

스위스는 1815년부터 국제적으로 인정받는 중립국이야. 평화 수호 목적 외에는 그 어떤 분쟁에도 끼지 않기에 수많은 국제기구들이 본부를 스위스에 두고 있어. 이처럼 스위스가 오랜 기간 중립을 지킬 수 있었던 비결은 국방력이야. 스위스 곳곳에는 튼튼한 방어 시설이 있어서 그 어느 나라도 스위스를 함부로 넘볼 수 없었지.

↑ **국제기구의 도시 제네바** 스위스에서 두 번째로 큰 도시야. 국제 연합(UN)의 유럽 본부를 비롯해 각종 국제기구가 들어섰지.

↑ **국제 연합(UN) 유럽 본부** 스위스 제네바에 있어.

↑ **국제 축구 연맹(FIFA)** 스위스 취리히에 있어.

↑ **국제 올림픽 위원회(IOC)** 스위스 로잔에 있어.

↑ **스위스 군대** 18세부터 34세의 모든 스위스 남성은 약 245일간 의무적으로 군대에 가야 해.

↑ **소넨베르크 방공호** 2만 명이 2주간 버틸 수 있는 세계 최대 방공호야. 스위스는 전국 곳곳에 수십만 개 방공호 시설을 갖추고 있어.

철저한 비밀 보호로 유명한 스위스 은행

스위스는 개인의 계좌 정보를 철저하게 보호하기로 소문난 나라야. 그래서 세계 각지의 기업과 개인이 스위스 은행에 돈을 맡기지. 하지만 이러한 비밀주의가 탈세를 돕는다는 미국과 유럽 연합의 거센 비판으로 최근 이 원칙이 흔들리고 있단다.

↑ 취리히 스위스에서 인구가 가장 많은 도시이자 경제 중심지야. 특히 금융업이 발달했지. 스위스 연방 은행 본사 등 수백 개의 금융 기관이 이곳에 있어.

정밀 기계 제조업 강국

원래 스위스는 자원과 농토가 부족해 가난한 나라였어. 하지만 종교 박해를 피해 스위스로 도망쳐 온 위그노가 시계 제조 기술을 전해 주며 시계, 공구 등 정밀 기계 공업이 발전했지. 겨울이면 쏟아져 내리는 눈 때문에 집 안에 갇혀 할 일이 없었던 농부들은 열심히 기술을 갈고닦아 세계 최고의 기술자가 됐단다.

◀ 스위스 시계장인 현미경으로 봐야 할 정도로 작은 부품 수백 개를 조립하는 모습이야.

◀ 바젤 월드 세계 최대 시계 보석 박람회가 스위스 바젤에서 열려.

↑ 라쇼드퐁 스위스 시계 산업의 중심지야. 유네스코 세계유산에 등재됐지.

▼ 스위스의 유명 시계 브랜드 세계에서 손꼽히는 유명 시계는 거의 스위스 브랜드이거나, 스위스산 부품을 사용하지.

155

아름다운 자연과 문화를 간직한 관광 대국

스위스는 알프스의 아름다운 자연환경 덕분에 세계적인 관광 국가가 됐어. 전쟁에 파괴되지 않은 여러 유적도 관광객의 발걸음을 모으지.

➡ **융프라우 산악 열차** 열차를 타고 해발 고도 3,454미터에 자리한 유럽의 가장 높은 기차역까지 오르며 멋진 알프스 풍경을 감상할 수 있어.

⬇ **주체른 호수** 알프스 계곡에서 흘러내린 빙하수가 만든 호수야. 스위스에는 빙하가 녹아서 생긴 아름다운 호수가 많아.

⬆ **체르마트** 마테호른을 비롯해 해발 고도 4,000미터가 넘는 봉우리가 에워싼 마을이야. 주변에 쌓인 만년설 덕에 여름에도 스키를 즐길 수 있는 관광 명소지.

↑ 그로뮌스터 대성당
1500년대 종교 개혁가 츠빙글리가 설교한 곳으로 유명해.

↑ 스위스 요들 페스티벌 2년마다 스위스 전 지역을 순회하며 열리는 인기 축제야. 요들은 스위스 목동들이 부르던 노래인데 오늘날에는 전 세계에 퍼졌지.

→ 알펜호른 목동이 가축을 불러 모으거나, 군인이 전쟁을 알리기 위한 신호용 악기였어.

유제품이 많은 스위스의 음식 문화

낙농업이 발달한 스위스에는 유제품을 이용한 음식이 많아. 특히 150가지의 다양한 치즈는 그 자체로 훌륭한 요리지. 여름에도 선선한 스위스에서 잘 자라는 밀, 보리, 감자도 음식에 많이 쓰여.

↓ 밀크 초콜릿
초콜릿에 우유를 넣은 밀크 초콜릿은 스위스에서 처음 탄생했어.

↑ 테트 드 무안 지롤이라는 기구를 돌려 아름다운 물결 모양으로 잘라 먹는 치즈야.

↓ 에멘탈 스위스 치즈를 대표하는 구멍이 송송 뚫린 치즈야.

↑ 라클렛 삶은 감자에 녹인 치즈를 얹어 버무린 요리야.

↑ 퐁듀 따뜻하게 녹인 치즈에 빵, 고기 등을 적셔 먹는 요리야.

전후 처리를 두고 논의가 시작되다

"전쟁이 길고 끔찍했으니, 전쟁 뒤처리도 엄청 복잡했겠죠?"

"사람도 많이 죽고 도시도 다 파괴됐으니까 연합국은 배상금을 엄청 받아 내서 복수를 하려고 했을 거 같아요."

장하다와 왕수재가 번갈아 가며 말했다.

"복수도 복수인데, 그보다 두 차례나 세계 대전을 일으킨 독일을 겁내는 사람들이 많았어. 그래서 독일 산업 시설을 모조리 무너뜨리고, 오로지 농사만으로 먹고사는 농업 국가로 만들자는 주장까지 나왔단다. 산업 시설이 없다면 세계 대전을 또 치를 만큼 강한 나라가 될 수 없을 테니까."

"선생님, 그럼 안 되는 거 아닌가요? 제1차 세계 대전이 끝났을 때

↑ **미국을 방문한 영국 전함** 미국의 맥두갈함(왼쪽)과 영국의 프린스오브웨일스함(오른쪽)은 저마다 정상을 태우고 뉴펀들랜드섬 앞바다에서 만났어.

↑ **대서양 회담** 왼쪽은 미국 대통령 루스벨트, 오른쪽은 영국 수상 처칠이야. 두 사람은 프린스오브웨일스함에서 만나 전쟁 이후 세계 평화를 지킬 방법에 관해 논의했어.

도 독일한테 무리한 요구를 했다가 결국 복수심만 키웠잖아요."

나선애가 걱정스러운 듯 끼어들었다. 용선생은 히죽 미소를 지으며 고개를 끄덕였다.

"맞아. 연합국은 독일에 복수를 하거나 독일을 무너뜨리는 방식으로는 세계 평화를 지킬 수 없다고 생각했어. 그래서 새로운 방법을 찾으려 했지."

"어휴, 말이야 쉽죠. 세계 평화를 어떻게 지켜요?"

"그야, 당장은 어렵더라도 대화를 통해 차근차근 뜻을 모아 가야 하는 거 아니겠니? 사실 영국과 미국은 전쟁이 시작된 지 얼마 안 되었을 때부터 전쟁 이후에 세계 평화를 지킬 방법에 대해 논의해 왔단다. 1941년에는 미국의 뉴펀들랜드섬 앞바다에서 정상 회담을 열고, '대서양 헌장'이라는 이름의 평화 원칙을 발표했지."

▲ 연합국 공동 선언 포스터
대서양 헌장에 따라 연합국은 추축국과 끝까지 싸우기로 선언했어.

〈대서양 헌장의 주요 내용〉

- 우리는 영토 확장을 비롯한 그 어떤 세력 확장도 추구하지 않는다.
- 우리는 세계 모든 국민이 스스로 정부 형태를 선택할 권리를 존중한다. 또 강제로 빼앗긴 주권과 정부를 다시 찾기를 원한다.
- 우리는 세계 모든 국가들이 자유롭게 무역하고, 경제적으로 적극 협력하길 원한다.
- 우리는 나치 독일이 완전히 멸망한 후, 세계 모든 국가가 주권을 지키고 공포와 가난에서 벗어나 자유롭게 살 수 있도록 평화가 찾아오기를 원한다.

"요약하자면 '이제 영토를 넓히겠다며 싸우지 말자, 세계 모든 국가는 각국 국민이 원하는 대로 독립하여 자유롭게 무역하며 서로 평화롭게 돕고 살자'는 거야."

"흠, 좋은 말이긴 한데, 어쩐지 제1차 세계 대전이 끝났을 때도 비슷한 이야기를 들은 거 같은걸요?"

영심이가 눈을 가늘게 뜨고 말하자 용선생은 고개를 끄덕였다.

"예리한데? 제1차 세계 대전 막바지에도 미국의 윌슨 대통령이 14개조 평화 원칙을 내세운 적이 있지. 하지만 그때와는 달라. 14개조 평화 원칙이 윌슨 대통령 한 사람의 희망에 가깝다면, 대서양 헌장은 미국과 영국의 정상이 공식적으로 합의한 선언이었거든. 더구나 대서양 헌장이 발표될 때에 세계의 운명은 오리무중이었어. 나치

> **곽두기의 국어 사전**
>
> **오리무중** 다섯 오(五) 길 리(里) 안개 무(霧) 가운데 중(中). 짙은 안개가 5리나 낀 곳에 있다는 뜻으로 무슨 일이 어떻게 될지 도저히 알 길이 없음을 말해.

독일은 소련군을 격파하며 거침없이 진격했고, 일본은 중화민국 수도 난징까지 점령한 뒤였지."

"그럼 연합국이 한창 불리할 때 대서양 헌장이 나온 거네요?"

"응. 그래서인지 대서양 헌장은 14개조 평화 원칙과는 달리 국제 사회에서 전폭적인 지지를 얻었어. 궁지에 몰려 있던 소련과 중국도 대서양 헌장을 기꺼이 받아들였지. 그 결과 대서양 헌장의 기본 정신은 전쟁 이후 가장 기본적인 국제 질서가 되었단다. 세계 각국의 주권과 독립을 존중하고, 영토 확장을 중단하기로 약속한 거야."

"당연히 그래야 하는데, 이제야 세계가 그런 약속을 한 거네요."

"그래. 연합국은 힘을 모아 차근차근 반격을 해 나갔어. 스탈린그

↑ **카이로 회담** 1943년 11월, 연합국의 정상들이 카이로에서 만나 일본에 어떻게 맞서 싸울지, 일본이 패전한 뒤 아시아의 전후 처리를 어떻게 할지를 논의했어.

라드 전투와 미드웨이 해전이 끝난 1943년이면 연합국이 거의 승기를 잡았지. 그러자 연합국의 정상들은 전후 문제를 좀 더 구체적으로 논의하기 위해 정상 회담을 열기로 했단다. 첫 정상 회담은 이집트의 카이로에서 열렸어. 영국 수상 처칠, 미국 대통령 루스벨트, 중국의 장제스가 이 회담에 참여했지."

"중국? 중국도 연합국이에요?"

"당연하지. 중국은 중일 전쟁에서 추축국인 일본과 치열하게 맞서 싸웠잖니. 중국이 참여했기 때문에 카이로 회담에서는 주로 아시아의 전후 처리 문제를 구체적으로 논의했어. 그 결과, 전쟁이 끝나면 일본이 침략으로 얻은 모든 영토를 빼앗기로 결정했단다. 우리나라의 독립도 이 회의에서 처음으로 결정됐지."

"와! 그거 다행이네요."

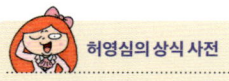

허영심의 상식 사전

정상 회담 대통령, 총리, 국왕 등 국가를 대표하는 최고 지도자가 만나서 하는 회담을 가리켜. 국가 간의 문제를 해결하거나 조약을 맺을 때 정상 회담이 자주 이루어져.

"선생님, 그런데 일본 얘기만 하고 독일을 어떻게 할지는 얘기하지 않았어요?"

곽두기의 말에 용선생은 어깨를 으쓱했다.

"소련이 없었기 때문에 논의해 봤자 소용없었어. 독일과 어떻게 싸워 이길지 논의를 하려면 반드시 소련이 있어야 했지. 이 당시 나치 독일과 가장 치열하게 싸우는 나라는 누가 뭐래도 소련이었으니까."

"소련도 카이로로 부르면 되잖아요."

"불렀는데 오지 않았어. 소련의 스탈린은 독일과 전쟁이 한창이라 자리를 비운 채로 멀리 카이로까지 갈 수 없다고 했거든. 게다가 장제스는 중국 공산당과 사이가 여전히 좋지 않아서 스탈린과 정상 회담을 갖기 싫어했단다."

"같은 편인데도 만나기가 쉽지 않았네요."

"그래서 스탈린은 카이로 회담이 끝난 뒤, 소련과 가까운 이란의 테헤란에서 영국, 미국 정상과 따로 정상 회담을 가졌어. 이 자리에서 소련은 독일에 승리를 거두려면 미국과 영국이 유럽에 상륙 작전을 벌여 서쪽에서 독일을 공격해야 한다고 강력하게 주장했어. 독일을 동, 서로 포위해서 공격하자는 거였지."

"아하, 그래서 노르망디 상륙 작전이 시작된 거군요?"

"맞아. 스탈린의 요구대로 노르망디 상륙 작전이 실시됐고, 그 결과 독일은 더욱 궁지에 몰렸어. 1945년이 되자 연합국의 승리는 그야

왕수재의 지리 사전

테헤란 이란고원 북부에 위치한 도시. 오늘날 이란의 수도야.

🔺 **테헤란 회담** 소련의 스탈린, 미국의 루스벨트, 영국의 처칠이 테헤란데 모였어. 이 자리에서는 소련의 요청에 따라 유럽에서 상륙 작전을 벌이기로 결정했지.

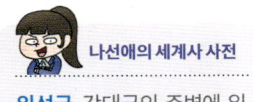

▲ 정상 회담이 열린 장소

> 정상 회담은 점점 소련과 가까운 곳에서 열렸어.

나선애의 세계사 사전

위성국 강대국의 주변에 위치해서 정치적, 경제적, 군사적으로 지배받거나 강한 영향을 받는 나라를 말해.

▲ 얄타 회담 영국, 미국, 소련 정상이 얄타에서 만나 독일 패전 이후 문제를 논의했어.

말로 눈앞에 다가왔지. 그러자 미국, 영국, 소련은 다시 한번 정상 회담을 갖기로 했단다. 이번에는 나치 독일이 몰락한 이후 유럽을 어떻게 다스릴 건지 집중 논의하기로 했지. 회담이 열린 곳은 소련의 얄타라는 도시였어."

"그럼 정상 회담을 소련에서 연 건가요?"

"그래. 정상 회담이 열린 장소만 봐도 알 수 있지만, 얄타 회담을 주도한 나라는 소련이었어. 소련은 얄타 회담에서 동유럽 일대에서의 세력을 인정받았지. 그 덕에 소련이 전쟁 이후 동유럽 각국에 사회주의 정부를 세우고 위성국으로 삼을 수 있었단다."

"그럼 얄타 회담에서 영국과 미국은 소련에 양보만 한 거예요?"

"그럴 수밖에 없었어. 소련은 지금까지 독일군을 상대로 너무나 큰 희생을 치렀거든. 소련의 희생자가 제2차 세계 대전 전체 희생자의 절반에 달했을 정도였어. 미국, 영국, 프랑스의 희생자를 모두 합쳐도 소련의 10분의 1에도 미치지 못했어. 거의 소련 혼자 독일을 상대한 격이었지."

"어쩐지…… 그럼 소련 목소리가 클 수밖에 없었겠네요."

"그래. 미국과 영국이 이제 와 요구를 들어주지 않으면 소련은 거세게 반발할 게 뻔했어. 그러면 전쟁이 끝나고 지키려 했던 세계 평화는 물 건너가 버리는 거야. 게다가 미국과 영국은 아직 소련에 바라는 게 더 있었단다."

"그게 뭔데요?"

"일본을 공격하는 거야. 이 무렵 일본이 죽기 살기로 맞서 싸우는 바람에 미국은 큰 피해를 입었어. 그래서 미국은 소련이 독일과의 전쟁을 마무리 짓는 대로 일본도 공격해 주길 원했지."

"그럼 소련은 미국이 원하는 대로 해 주기로 했어요?"

"응. 얄타 회담에서 소련은 독일과 전쟁이 끝나는 대로 일본과의 전쟁을 돕기로 합의했단다. 또 독일이 무너지면 미국, 영국, 프랑스, 소련이 독일을 나누어 점령하고, 끔찍한 전쟁을 일으킨 나치 독일과 일본의 주요 책임자는 국제 재판을 열어 처벌하기로 했어."

"그래도 합의를 보긴 했네요."

"응, 서로 합의에 도달하긴 했지. 하지만 미국과 소련의 신경전이 워낙 치열해서 회담 분위기가 화기애애하진 못했어."

▲ **얄타 회담이 열린 크림반도의 리바디아 궁전** 이 건물은 소련의 고위 관리들이 사용하는 휴양지 별장이었어. 얄타 회담 당시 소련은 이 건물 곳곳에 도청 장치까지 설치하며 회담을 유리하게 이끌려고 했대.

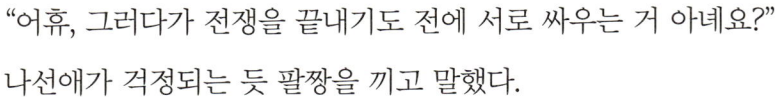

"어휴, 그러다가 전쟁을 끝내기도 전에 서로 싸우는 거 아녜요?"

나선애가 걱정되는 듯 팔짱을 끼고 말했다.

"어느 정도 예상된 일이었지. 독일과의 전쟁 때문에 잠시 묻혀 있었지만, 사실 미국과 영국은 사회주의 국가인 소련과 서로 으르렁대는 사이였으니까. 아무튼 세 나라는 독일이 항복한 다음 포츠담에서 다시 한번 정상 회담을 가졌어. 불과 5개월 만에 열리는 정상 회담이었지만 그사이에 많은 변화가 있었지. 미국의 루스벨트 대통령은 세

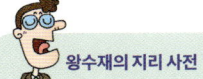

왕수재의 지리 사전

포츠담 독일의 수도 베를린의 서쪽에 있는 도시야. 전쟁으로 폐허가 된 베를린과 달리 심하게 파괴되지 않아 연합국 회담이 열렸어.

상을 떠났고, 영국의 처칠은 선거에서 패배한 뒤 수상 자리에서 물러났거든."

"어머, 그동안 회담의 주역이 다 사라졌네요. 회담이 잘 이뤄질까요?"

"다행히 얄타 회담에서 결정한 내용에서 크게 벗어난 건 없었어. 연합국 정상은 계속해서 독일을 어떻게 나눠 다스릴지, 전쟁 책임자를 어떻게 처리할지 더 구체적으로 논의했지. 또 아직 항복하지 않은 일본을 향해 마지막 경고를 보냈단다. 하지만 포츠담 회담 이후 세 나라 사이의 갈등은 더욱 심해졌어. 특히 미국의 새 대통령인 트루먼은 사회주의 세력의 확장을 매우 경계해 소련과 대립각을 세웠지."

▲ **포츠담 회담** 이 정상 회담에는 영국, 미국, 소련이 참석했어. 중국은 일본과의 전쟁 때문에 참석하지 못했지.

▲ **포츠담 회담이 열렸던 체칠리아궁** 1917년 지은 궁전이야. 1990년 유네스코 세계 유산으로 지정됐어. 요즘도 가끔 외국 정상을 맞이하는 장소로 사용해.

용선생의 핵심 정리

영국과 미국은 1941년 대서양 헌장을 통해 평화 원칙을 발표하고, 연합국은 이 원칙 아래 힘을 모음. 전쟁 진행과 함께 카이로, 테헤란, 얄타, 포츠담에서 전후 처리를 위한 정상 회담이 개최됨. 이 과정에서 전쟁에 공이 많은 소련이 많은 이득을 봄.

최초의 전범 재판이 열리고 세계가 충격에 빠지다

↑ 카를 되니츠
(1891년~1980년) 히틀러가 죽은 뒤 독일 임시 정부의 대통령이었어. 연합국 사이의 갈등을 이용해 보려 했지만 실패하고 전범으로 처벌받았지.

"미국과 소련 사이가 그렇게 안 좋은데, 전쟁 마무리가 잘 됐나요?"
"실제로 나치 독일도 연합국 사이의 갈등을 눈치챘어. 히틀러가 자살한 뒤에 세워진 독일 임시 정부는 미국과 영국에만 항복하고 소련과는 전쟁을 이어 가려 했지. 임시 정부는 만일 미국과 영국이 소련의 세력 확장을 막기 위해 조건부 항복을 받아들인다면, 독일이 생각보다 손해를 덜 보고 전쟁을 끝낼 수도 있다고 생각한 거야."
"우아, 꼼수네요. 그래서 미국과 영국이 조건부 항복을 받아들였어요?"
나선애가 황당한 표정으로 물었다.
"그럴 리가 있겠니? 소련이 제아무리 영국과 미국의 눈엣가시라 해도, 지금까지 수천만 명을 희생시킨 나치 독일과 비교가 될 수는 없었어. 연합국은 임시 정부의 제안을 단칼에 거절하고 무조건 항복을 요구했어. 결국 임시 정부는 무릎을 꿇을 수밖에 없었단다. 소련은 베를린을 점령하자마자 임시 정부가 또 다른 일을 꾸미지 못하도록 임시 정부 대통령인 카를 되니츠를 비롯한 주요 인물을 몽땅 체포해 버렸어. 이로써 독일 임시 정부는 완전히 무너졌지."
"휴, 그래도 아직은 협력이 잘 되고 있군요."
"그럼~. 아직은 공동으로 해야 할 일이 쌓여 있었거든. 미국, 영국, 소련, 프랑스는 얄타 회

↑ 전쟁 직후 분할된 독일

↑ **베를린 시내에 주둔한 소련군** 독일의 수도인 베를린은 소련군이 먼저 점령했어. 하지만 수도라는 상징성 때문에 미국, 영국, 프랑스와 함께 네 구역으로 나누어 관리했지.

↑ **독일 베를린 법원** 연합국 관리 위원회가 있던 건물이야. 미국, 소련, 영국, 프랑스 4개국은 관리 위원회를 통해 독일을 분할하고 공동 관리했어.

담에서 결정한 대로 독일을 분할했어. 또 나치 독일과 나치에 협력한 국민에게 책임을 묻고, 나치 세력을 뿌리 뽑으려 했지."

"아, 히틀러 같은 사람이 다시 권력을 잡을 수 없게 하겠다는 거죠?"

"근데 어떻게 책임을 물어요?"

곽두기가 눈을 동그랗게 뜨고 물었다.

"나라마다 의견이 갈렸어. 영국의 처칠 수상은 나치 지도부를 발견하는 즉시 총살하자고 했어. 스탈린은 나치 지도부는 물론이고, 5만여 명의 독일군 지휘관까지 모조리 죽이자고 강하게 나왔지. 하지만 미국은 그렇게 복수하는 식으로는 독일 사회에서 전체주의를 뿌리 뽑지 못한다며 영국과 소련을 설득했단다."

"그럼 잔혹한 짓을 한 사람들을 그냥 용서하자는 건가요?"

"그건 아냐. 미국은 책임을 따지되, 나치당 지도부와 나치당에 적극 협력한 사람들만 엄격하게 벌을 주자고 했어. 독일 국민에게는

> **용선생의 세계사 돋보기**
> 독일에 합병된 뒤 제2차 세계 대전에 참전한 오스트리아도 이때 4개국이 나누어 통치했어.

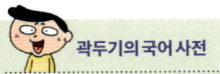

곽두기의 국어 사전

전범 싸울 전(戰) 죄 범(犯). 전쟁 범죄나 전쟁 범죄자를 줄여 이르는 말이야.

<u>전범</u> 재판을 통해서 나치 정부가 그동안 얼마나 잔혹한 일을 벌였는지 알리자고 했지. 그 뒤에 독일에 새 정부를 세우자고 했어."

"새로운 정부를 세워 준다고요?"

"연합국이 독일을 영원히 통치할 수는 없잖니. 독일인의 반발이 거셀 게 불을 보듯 뻔하고, 세계 각국의 자유와 독립을 보장한다는 대서양 헌장의 정신도 정면으로 거스르는 거야. 연합국의 역할은 어디까지나 독일이 하루빨리 과거의 잘못을 반성하고 새로운 정부를 수립하도록 돕는 것이니까."

"근데 재판을 하자는 건 무슨 뜻이에요?"

"막무가내로 처벌부터 할 게 아니라, 재판을 열어서 나치 주요 전범들이 무슨 죄를 지었으며 어떤 벌을 받아야 하는지 세상에 낱낱이 알리는 거야. 그럼 전쟁 도중 얼마나 많은 사람이 죽었는지, 왜 나치 당이나 히틀러 같은 사람이 다시 권력을 잡아선 안 되는 건지 모두들 알게 될 테니까 말이야."

"그런데 전쟁을 하면 사람들이 많이 죽는 건 어쩔 수 없잖아요. 그걸 범죄라고 재판할 수 있는 건가요?"

나선애가 고개를 갸웃거렸.

"제2차 세계 대전은 다른 전쟁과 달라. 전쟁과 상관없는 민간인이 무수히 죽어 나갔거든. 게다가 나치 독일과 일본 제국은 전쟁 포로를 학대하고, 민족 청소나 학살도 서슴없이 저질렀어. 세계인들은 이건 명백한 범죄라고 생각했지. 그래서 전범을 처벌하는 재판이 열리는 건 역사상 처음 있는 일이었지만 세계인의 공감을 샀단다."

"맞아요. 죄 없는 유대인을 수백만 명이나 죽였는데, 당연히 책임을 물어야죠!"

"그래. 그리하여 1945년 11월, 독일의 뉘른베르크에서 역사상 최초의 전범 재판이 열렸지. 나치 독일의 주요 지도자 24명이 재판정에 나왔고, 이들의 전쟁 범죄를 드러내는 각종 증거와 증언, 영상이 적나라하게 공개됐단다. 유대인 학살의 진실도 세세하게 공개됐어. 언론을 통해 재판 과정을 지켜본 전 세계 사람들은 모두 큰 충격을 받았단다."

"그럼 히틀러도 재판을 받았어요?"

"야, 히틀러는 자살했잖아. 죽은 사람을 어떻게 재판정에 세우냐?"

장하다가 신난 듯 말하자 왕수재가 핀잔을 주었다.

"수재 말대로야. 히틀러뿐만 아니라 괴벨스처럼 잘 알려진 나치당의 고위 지도자들은 독일이 항복하기 직전에 자살해서 법정에 세우

▲ 뉘른베르크 전범 재판 모습
뉘른베르크 전범 재판은 역사상 처음으로 전쟁 범죄자를 법으로 처벌한 사례였지. 이 재판으로 나치 독일이 벌인 끔찍한 전쟁 범죄가 전 세계에 알려졌어.

▲ 전범 재판이 열렸던 600호 법정
역사상 최초의 전범 재판이 열렸던 뉘른베르크 법원의 법정이야. 현재는 기념 박물관으로 사용해.

▲ **뉘른베르크 전범 재판 피고석** 앞줄 왼쪽 끝에 앉은 사람은 헤르만 괴링이야. 히틀러가 자신의 후계자로 지목한 인물이지. 괴링은 전범 재판에서 사형 선고를 받았지만 사형 집행 전날 독약을 마시고 스스로 목숨을 끊었단다.

▲ **거리 표지판을 바꾸는 독일인** 히틀러, 나치와 관련된 상징이나 이름은 모두 법으로 금지하고, 새로운 이름으로 바꿨어.

지 못했어. 하지만 나치 독일 각 부서의 장관과 군대의 고위 장교, 거기에 나치 독일의 경제 정책에 협조한 중앙은행장이나 재벌 총수들은 빠짐없이 법정에 세워 법의 심판을 받도록 했단다."

"그런 사람들도 처벌해야 해요?"

"물론 이들은 직접 민간인을 죽인 것도, 전쟁에 나선 것도 아니야. 하지만 나치에 적극 협력하면서 많은 재산과 큰 권력을 얻었어. 그렇기 때문에 전범으로 처벌했지. 그뿐만 아니라 나치와 털끝만큼이라도 관련이 있는 사람들은 모두 자리에서 내쫓았어. 나치 깃발은 물론, 나치식 경례처럼 과거 나치당을 연상시키는 상징들도 모두 법으로 금지했고, 단순히 나치를 찬양하는 사람도 처벌했지."

"나치의 뿌리를 제대로 뽑으려 했군요."

나치에 협력했던 프랑스인은 어떻게 됐을까?

프랑스는 1944년 8월 25일 나치 독일의 손아귀에서 벗어났어. 그동안 나치와 협력해 온 비시 정부가 무너지고, 런던에서 망명 정부 '자유 프랑스'를 이끌던 샤를 드골이 귀국해 임시 정부를 꾸렸지. 드골은 귀국 이후 나치 독일을 위해 일하던 사람들에 대한 처벌에 나섰단다.

프랑스에는 나치에 협력한 인물이 엄청나게 많았어. 비시 정부는 전쟁 초반에 나치와 손을 잡은 이후 줄곧 나치에 협조적이었고, 또 국민의 지지도 받았기 때문이지.

▲ **파리를 걷는 샤를 드골** 1944년 연합군이 파리를 해방한 이후, 프랑스 망명 정부를 이끌던 드골은 프랑스로 돌아와 나치 부역자 처벌에 힘을 쏟았어.

그런 만큼 샤를 드골의 임시 정부는 강력하게 부역자 처벌 작업을 밀어붙였어. 독일이 항복하기도 전에 약 1만여 명이 재판도 없이 즉석에서 처형당했고, 전쟁이 끝난 뒤에도 처벌 작업이 계속됐지. 최종적으로 약 30만여 명이 부역자로 지목돼 그중 6,700여 명이 사형 판결을 받았어. 비시 정부를 이끌었던 페탱 원수는 종신형을 받았고, 피에르 러발 총리는 처형되었단다. 프랑스는 어떤 면에서는 독일보다 훨씬 더 강력하게 나치 청산 작업을 밀어붙인 셈이야.

하지만 나치 부역자로 몰려 처벌받은 인물 중에는 억울한 사람도 적지 않았대. 단순히 생계를 꾸리기 위해 독일인과 물건을 사고판 상인, 독일군과 사랑에 빠졌던 프랑스 여성까지 부역자로 몰렸거든.

그래서 프랑스의 나치 청산 작업은 오늘날까지도 논란거리가 되곤 해. 지나치게 즉흥적으로 많은 사람의 목숨을 빼앗았기 때문이지. 반면 완전한 과거 청산을 이루기 위한 과감한 결단이라며 높이 평가하는 사람도 많단다.

▲ **법정에 선 필리프 페탱**
비시 정부를 이끌었던 필리프 페탱이 재판을 받고 있어. 페탱은 전쟁 영웅이고, 당시 89세의 고령인 관계로 종신형을 선고받았어.

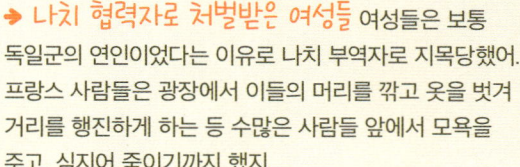

➡ **나치 협력자로 처벌받은 여성들** 여성들은 보통 독일군의 연인이었다는 이유로 나치 부역자로 지목당했어. 프랑스 사람들은 광장에서 이들의 머리를 깎고 옷을 벗겨 거리를 행진하게 하는 등 수많은 사람들 앞에서 모욕을 주고, 심지어 죽이기까지 했지.

> 용선생의 세계사 돋보기
>
> 1946년 미국은 특별법을 만들어 연합국 점령 지역 내 나치 관련자들을 재판에 회부했어. 하지만 처벌할 사람이 너무 많아서 제대로 처벌하기 어려웠어. 반면 소련 점령 지역에서는 나치 시절 공무원과 경찰을 비롯해 주요 인물을 좀 더 확실하게 처벌했지.

"응. 하지만 말처럼 쉬운 일은 아니었어. 나치당이 국민의 지지를 받았으니, 사실상 거의 모든 독일 국민이 나치를 도왔다고 해도 지나친 말이 아니었거든. 그렇다고 모든 국민을 일일이 처벌할 수도 없었지. 게다가 대다수 독일인이 '나는 나치와 무관하다.'라고 생각했단다. 전쟁 책임은 히틀러나 나치 독일의 고위 관료에게 있지, 그저 위에서 시킨 일만 한 자신에게는 아무런 책임이 없다고 생각한 거야."

"쳇. 말도 안 돼. 독일 국민 모두가 나치랑 관련이 없으면 독일은 어떻게 전쟁을 했겠어요?"

"그런데 실제로 나치에 열광하고 독일의 승리를 위해 열심히 일했던 독일인은 대부분 평범하고 성실한 직장인이었어. 그래서 연합국도 무한정 나치 청산을 진행할 수는 없었지. 게다가 시간도 부족했

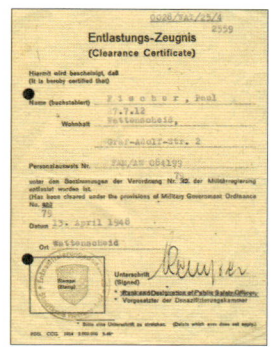

▲ 나치에 협력한 책임을 사면해 준다는 증명서
소련과의 갈등이 커지자, 연합국은 간단한 심사와 교육만 하고 나치 청산 작업을 서둘러 마무리했어.

어. 소련이 독일에서 사회주의 세력을 넓혀 나가고 있어서 하루바삐 독일 사회를 안정시킬 필요가 있었거든. 그래서 모든 독일인을 처벌하기보다 민주 시민으로서 다시 교육을 시키는 쪽으로 방향을 틀었단다."

"어머, 그럼 나치 청산은 이걸로 끝인가요?"

"그건 아니야. 평범한 시민에 대한 청산 작업은 끝났을지 몰라도, 나치와 진짜 관계가 있는 사람을 처벌하려는 노력은 이후로도 오랜 세월 동안 꾸준히 진행됐단다. 독일은 아예 나치 청산을 위한 국가 기구를 만들고 해외로 도망간 전범까지도 끈질기게 추적해서 붙잡았

▲ 나치 관련 여부 조사를 받는 독일인 미국 점령 구역에서 독일인에게 나치와의 관련 여부를 스스로 적게 했어. 많은 독일인이 마지못해 나치에 협조했다며 변명했어.

어. 때로는 10년 넘게 도망 다니다가 붙잡힌 사람도 있을 정도야."

"휴! 그건 참 다행이네요."

용선생의 핵심 정리

독일은 연합국에 분할 점령당하고, 연합국은 철저한 나치 청산 작업을 통해 나치의 뿌리를 뽑음. 뉘른베르크 전범 재판에서는 주요 전범이 처벌받고 나치의 전쟁 범죄가 세상에 널리 알려짐.

수백만을 학살한 악마는 어떤 얼굴을 하고 있을까?

↑ **재판 받는 아이히만**
15년 만에 체포된 아돌프 아이히만이 재판에서 증언을 하고 있어.

↑ **《예루살렘의 아이히만》**
한나 아렌트가 아이히만 재판을 지켜보고 쓴 책이야. 이 책은 세계에 생각할 거리를 안겨 주었지.

1960년, 아르헨티나에 살던 어떤 독일인이 체포됐어. 이 사람은 제2차 세계 대전 때 유대인 학살 계획을 실행에 옮긴 아돌프 아이히만으로, 나치 독일의 주요 전범이었지. 1961년 예루살렘에서 열린 아돌프 아이히만의 전범 재판은 전 세계에 TV로 생중계되며 큰 관심을 받았단다. 막상 법정에 나타난 아이히만은 우리가 생각하던 악마가 아니었어. 주변에서 흔히 볼 수 있는 평범한 사람이었고, 이웃에게 친절하고 선량한 사람이었어. 도저히 600만 명에 이르는 유대인을 학살한 전범이라는 생각이 들지 않았지. 아이히만도 자신은 그저 상관의 명령에 따라 열심히 일을 했을 뿐이라며 자신은 죄가 없다고 변명했단다. 재판을 직접 지켜본 독일 출신의 유대인 철학자 한나 아렌트는 그런 아이히만의 모습을 '악의 평범성'이라고 표현했어. 이 말은, 우리가 일상생활에서 당연하게 여기고 행동에 옮기는 평범한 일이 실제로는 무시무시한 결과를 낳을 수 있다는 뜻이야. 아이히만은 그저 윗사람의 명령에 따라 자신이 맡은 일을 성실하게 처리했을 뿐이지만, 결과적으로 유대인 학살이라는 전쟁 범죄를 저지르게 되었으니까. 아이히만은 결국 사형 판결을 받고 처형됐어. 하지만 사람들은 생각 없이 명령에 따른 적이 없는지 반성하게 됐단다. 만일 우리가 남에게 어떤 영향을 끼칠지 생각하지 않고 행동한다면, 나도 모르는 사이에 아이히만처럼 무시무시한 범죄를 저지를 수도 있을 테니까 말이야.

일본이 미국의 지배를 받으며
민주주의 국가로 거듭나다

"선생님, 전쟁이 끝나고 일본은 어떻게 됐어요? 일본도 독일처럼 연합국이 분할 점령했나요?"

"아냐, 일본은 독일과 상황이 좀 달랐어. 독일은 연합국 4개국이 함께 점령했지만, 일본은 미국 혼자 점령했거든."

"어, 왜 다른 나라와 함께 점령하지 않았어요?"

"제2차 세계 대전에서 일본과 실제로 맞서 싸운 연합국은 중국과 미국 정도였어. 하지만 중국은 제2차 세계 대전이 끝나자마자 공산당과의 내전이 다시 시작된 통에 일본의 전후 처리에 끼어들 정신이 없었지. 뒤늦게 태평양 전쟁에 뛰어든 소련은 너희도 알다시피 한반

↑ DN21 타워 1945년 당시 태평양 연합군 사령부가 자리하고 일본을 다스렸던 곳이야. 도쿄 중심지에 자리 잡고 있어.

↑ 항복 문서에 서명하는 일본 1945년 9월 2일, 맥아더 장군이 지켜보는 가운데 일본 외무대신이 항복 문서에 서명하고 있어. 이로써 제2차 세계 대전은 막을 내렸고, 일본은 미국의 지배를 받게 됐지.

도 이북까지만 내려왔단다. 그래서 일본 본토는 미국 혼자 차지하게 되었어."

"우아, 그럼 미국 혼자 일본을 지배하게 된 거네요."

"맞아. 일본에는 태평양 연합군 사령부가 설치됐고, 군사령관인 미국의 더글러스 맥아더 장군이 사실상 일본의 지배자가 되었지. 맥아더 사령부는 일본이 다시 세계 평화를 위협하지 못하도록 군국주의의 뿌리를 뽑고, 하루빨리 새 정부가 세워지도록 노력했어."

"그건 독일이랑 비슷하네요?"

왕수재의 말에 용선생은 고개를 끄덕였다.

"하지만 일본은 바이마르 공화국 시절 민주주의가 자리 잡았던 독일과는 출발부터가 달랐어. 그래서 미국은 일본이 군국주의 국가가 된 이유는 제대로 된 민주주의 제도가 자리 잡은 적이 없었기 때문이라고 봤단다. 국민의 투표를 통해 만든 의회가 있다고는 하지만, '천황의 명령'이라는 핑계에 무시당하기 일쑤였으니까. 게다가 치안 유지법 때문에 국민의 자유로운 토론과 정치 비판도 어려웠어."

"아하, 미국은 그래서 일본에 군국주의가 뿌리내리기 쉬웠다고 생각한 거네요?"

"맞아, 미국은 일본이 다시 군국주의 국가가 되는 것을 막기 위해서는 제대로 된 민주주의를 실시해야 한다고 판단했어. 그래서 일본의 정치 제도를 강력하게 뜯어고쳤지. 여성에게도 투표권을 주고, 국민을 억압하는 치안유지법과 국가총동원법을 없앴어. 정부에 대한 자유로운 토론과 비판을 보장하는 법도 만들었단다. 또 노동자의 노동조합 결성을 지원하고, 국민을 감시하는 비밀경찰 제도도 폐지해 버렸어. 하지만 한 가지 골치 아픈 문제가 남았지."

"무슨 문제요?"

"바로 천황이야. 미국은 천황을 신으로 섬기는 제도를 그냥 내버려 둔다면 일본에 민주주의를 정착시키기 어렵다고 생각했어. 하지만 섣불리 천황 제도를 없앨 수도 없었어. 여전히 천황을 '살아 있는 신'으로 믿는 사람이 많았기 때문에, 저항이 거셀 게 분명했거든. 심지어 일본 사람들은 천황의 명령이라는 말만 떨어지면 목숨까지 버릴 정도잖니?"

"그럼 그냥 모른 척해요?"

영심이가 눈살을 찌푸렸다.

"맥아더 장군은 천황 제도는 그대로 두는 대신 쇼와 천황에게 특별한 요구를 했지. 1946년 새해를 맞이해 국민들에게 자신이 인간임을 공개적으로 밝히도록 한 거야. 쇼와 천황은 라디오 방송에 등장해 이렇게 말했어."

↑ **맥아더 장군과 일본 천황** 맥아더 장군은 거만하게 손으로 허리를 짚었고, 천황은 차렷 자세로 그 옆에 서 있어. 일본에서 신으로 떠받들던 천황이 초라하게 찍힌 모습이 인상적이지.

> 천황과 국민의 관계는 서로 믿고 존경하는 관계지, **신화와 전설에 따른 것이 아니다.** 천황을 신으로 생각하고, 일본 국민을 다른 민족보다 우월하여 세계를 지배할 운명을 타고났다고 생각하는 건 잘못된 것이다.

"아니, 이게 특별한 내용이에요? 천황도 당연히 인간인데……."

▲ **일본 전역을 다니는 쇼와 천황** 천황은 인간 선언 이후 전국을 돌며 국민을 직접 만났어. 수많은 일본인이 천황을 환영했지만, 생각보다 왜소하고 평범한 천황의 모습에 놀라기도 했대.

나선애가 의아하다는 듯 중얼거렸다.

"이제껏 평범한 일본 사람들은 천황의 얼굴을 직접 보거나 목소리를 듣기 어려웠어. 그래서 맥아더 사령부는 천황이 직접 방송에 나와 인간이라 밝히면 천황에 대한 허황된 믿음이 자연스레 사라지고, 천황 제도를 폐지한 거나 다름없는 효과를 볼 수 있다고 생각했단다. 쇼와 천황은 인간 선언 이후로도 미국의 요청에 따라 일본 전국을 자주 돌면서 국민에게 얼굴을 내보였지."

"쩝, 그 정도로 효과를 볼 수 있을까요?"

"물론 여기서 그치면 곤란하지. 맥아더 사령부는 새 헌법을 만들어 천황이 가지고 있는 모든 정치 권력을 빼앗았어. 또 앞으로 일본이 전쟁을 일으킬 가능성 자체를 없애려 했지. 자, 이건 미국의 관리 아래 만들어진 새 일본 헌법의 일부분이야."

일본국 헌법

제1조 천황은 일본국의 상징이며 국민통합의 상징이다.
제4조 천황은 헌법이 정한 행위만 할 수 있고 국정에 관여할 수 없다.
…
제9조 일본은 군대를 갖지 않고, 영원히 전쟁을 포기한다.

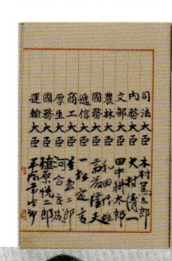
일본 평화 헌법
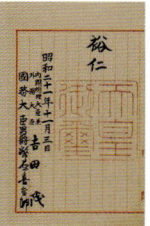

"보다시피 헌법에서 천황은 그냥 상징일 뿐 아무런 권한이 없다고 못 박았어. 또 '영원히 전쟁을 포기한다'고 선언했기에 일본은 헌법을 바꾸지 않는 한 절대로 전쟁을 일으킬 수 없는 나라가 되었지. 이 조항은 오늘날까지도 일본 헌법에 그대로 남아 있단다."

"그럼 일본은 지금도 전쟁을 할 수 없는 나라인 건가요?"

"응. 그래서 일본 헌법을 '평화 헌법'이라고 불러."

용선생의 설명에 아이들은 서로를 바라보며 고개를 끄덕였다.

▲ 평화 헌법에 서명하는 쇼와 천황
1947년, 일본에는 전쟁 포기, 상징 천황제 등의 내용이 포함된 새로운 헌법이 반포됐어.

 용선생의 세계사 돋보기

일본 내에서는 평화 헌법을 개정하자는 목소리도 있어. 중국과의 갈등이 커지면서 이러한 주장이 좀 더 힘을 얻기도 해. 우리나라도 깊은 관련이 있으니 어떻게 될지 계속 지켜보자.

 용선생의 핵심 정리

미국은 일본을 단독 점령함. 맥아더 장군의 주도 아래 일본에 민주주의를 뿌리내리기 위해 여러 개혁을 실시하고, 천황의 인간 선언을 요구함. 또 평화 헌법을 만들어 천황의 모든 정치 권력을 빼앗고 일본이 전쟁을 할 수 없도록 함.

시늉만 하다 끝난 일본의 전범 처벌

"근데 선생님, 일본에서는 전범 재판을 안 했나요?"

"그럴 리가 있니? 미국은 1946년부터 도쿄에서 전범 재판을 열어서 전쟁에 책임이 있는 주요 인물을 재판정에 세웠어. 또 일본이 저지른 끔찍한 전쟁 범죄를 세계에 낱낱이 공개했지. 도쿄 전범 재판에서는 일본이 중국을 침략하기 위해 일부러 만주 사변을 일으켰다는 사실이나, 난징 대학살 같은 끔찍한 범죄가 적나라하게 드러났단다."

"이야, 드디어 정의의 심판이다!"

장하다가 두 팔을 번쩍 들었다. 하지만 용선생은 심각한 표정으로 말을 이어 나갔다.

"하지만 도쿄 전범 재판은 뉘른베르크 전범 재판과는 사뭇 분위기가 달랐어. 도조 히데키처럼 전쟁을 총지휘한 책임을 지고 처형된 인물도 있었지만, 대부분 증거 불충분으로 풀려났거든. 끔찍한 생체 실험을 저지른 관동군 731 부대의 부대장은 재판조차 받지 않았고, 일본군 위안부 문제도 전혀 다뤄지지 않았지. 무엇보다도 일본의 최고 통치자로서 가장 큰 책임을 져야 할 쇼와 천황은 재판은 물론 그 어떤 처벌도 받지 않았단다."

"천황에게 아무런 책임을 묻지 않았다고요?"

"천황을 심판하자는 의견도 있었지. 하지만 미국은 어설프게 재판하다 일본인의 저항이 거세질지도 모른다는 이유로 천황을 법정에 세우지 않았어. 그 대신

↑ **난징 대학살 신문 기사**
일본 장교 두 명이 중국인 100명을 누가 먼저 죽이나 경쟁을 하고 있다는 기사야. 이 기사 속의 두 장교는 도쿄 전범 재판에서 사형 판결을 받았어.

인간 선언을 하고 평화 헌법을 받아들이는 걸로 만족한 거야. 그런데 이때 천황 말고도 처벌을 피해 간 전범이 한두 명이 아니었어. 심지어 처벌을 받아서 감옥에 갇혔던 전범도 몇 년 후 풀려나서 원래 자리로 복귀했단다."

"어휴, 대체 그런 끔찍한 범죄를 저지른 사람을 그렇게 쉽게 봐준 이유가 뭐죠?"

나선애가 못마땅한 표정을 지었다.

"미국은 하루빨리 전후 처리를 끝내고 일본을 민주 국가로 변신시키는 게 우선 과제라고 생각했어. 가뜩이나 미국에게 일본은 낯선 나라인데, 침략 전쟁에 협력한 고위 관리나 사회 지도자를 전부 잡아서 처벌했다가는 일본 사회가 마비될까 봐 걱정한 거지."

"선생님, 그렇게 서두른 이유가 뭐예요? 잘못을 제대로 처벌하고 일본 사회를 천천히 변화시켜도 되잖아요."

"미국이 서두른 이유는 바로 소련 때문이야. 제2차 세계 대전이 끝

일본은 왜 사과하지 않을까?

▲ 전범 재판에 출석한 도조 히데키
도조 히데키 총리는 태평양 전쟁을 총지휘한 책임으로 도쿄 전범 재판에서 사형 선고를 받아 처형됐어.

▲ 극동 국제 군사 재판의 판사들
미국, 영국 등 세계 주요 국가에서 온 재판관 11명이 도조 히데키 외 28명을 재판했어. 이들은 대부분이 서양인이어서 아시아 피해국의 입장을 제대로 살피지 못했다는 비판을 받았어.

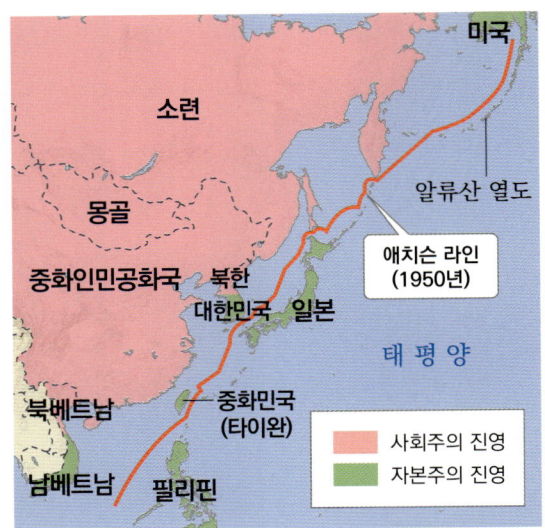

▲ 동아시아에서의 소련과 미국의 대립

▲ 38도선 일본이 무너지자 소련과 미국은 북위 38도선을 경계로 삼아 한반도의 북쪽과 남쪽을 분할 점령했어.

날 무렵 아시아에서 사회주의 세력이 소련의 후원을 받아 무서운 기세로 팽창했거든. 지도를 한번 볼까?"

용선생은 지도를 펼치며 설명을 이어 나갔다.

"태평양 전쟁 말기 소련은 만주를 공격해 관동군을 무찌르고 한반도 북부까지 순식간에 밀고 내려왔어. 미국은 황급히 소련과 협의해 북위 38도선을 기준으로 북쪽은 소련이, 남쪽은 미국이 관리하기로 하고 소련군의 진군을 멈추게 했단다. 그리고 너희도 알다시피, 소련은 김일성을 내세워 38선 이북에 사회주의 정부를 세웠지. 이로써 한반도 북부까지 소련의 영향력이 미치게 된 거야."

"아, 그래서 우리나라가 두 동강이 났죠?"

"맞아, 근데 이때 소련은 내전이 한창인 중국 공산당에도 대규모로 군수 물자를 지원했어. 그 덕에 중국 공산당은 중화민국 정부에 승리를 거두고 온 중국을 장악했단다. 장제스가 이끄는 중화민국 정부는 바다 건너 타이완섬으로 도망가 겨우 맥을 이어 나갔지."

"그럼 중국을 사회주의 세력이 장악한 건가요?"

"응. 게다가 베트남 북부에도 호찌민이 이끄는 사회주의 정부가 세워져서 국민적인 지지를 얻었어. 지도만 놓고 보자면 그야말로 동아시아 전체가 사회주의 세력에 넘어가기 일보 직전으로 보였지."

"상황이 그러다 보니 미국에게는 일본보다 사회주의 확산이 더 큰 문제였겠어요."

"맞아. 유럽에는 영국이나 프랑스처럼 사회주의를 견제해 줄 강력한 동맹이 있지만 아시아 지역은 그렇지 않다는 것도 문제였어. 일본의 전범들은 이런 상황 변화를 눈치채고 재빠르게 미국에 고개를 숙였단다. 미국은 이들의 손을 잡고 과거를 눈감아 주었지. 그 대신 한시바삐 일본을 사회주의의 확장을 막는 방패로 삼았어."

"그런 이유 때문에 일본의 전쟁 범죄에 대해 어물쩍 넘어갔다니 말도 안 돼요!"

영심이가 몹시 못마땅한 듯 책상을 쾅 내리쳤다.

"그래. 영심이의 말이 맞다. 일본은 여전히 일본군 '위안부'나 민간인 학살 같은 전쟁 범죄에 대해 제대로 된 사과를 하지 않고 있고, 일본 사회에서는 전범의 후손들이 여전히 막강한 힘을 발휘하지. 이게 다 제2차 세계 대전 이후 엄격하게 과거사를 처리하지 않았기 때문일 거야."

"쳇, 그렇군요."

용선생의 말에 왕수재가 떨떠름한 표정을 지었다.

"1950년 6.25 전쟁이 터지자, 일본에서 전범들을 뿌리 뽑을 수 있었던 기회는 완전히 사라지고 말았어. 6.25 전쟁이 한창이던 1951년, 일본은 샌프란시스코 강화 조약을 통해 공식적으로 주권을 되찾았거든. 심지어 미국은 일본이 침략을 받을 경우 도와주겠다는 내용의 미일안전보장조약을 맺었단다. 미국은 일본에 미군을 주둔시켰고, 일본

용선생의 세계사 돋보기

1950년 1월 미국의 국무장관 딘 애치슨은 소련과 중국의 영토 확장을 막기 위한 미국의 극동 방위선인 '애치슨라인'을 발표했어. 여기에 한반도가 빠지면서 김일성이 남침하는 계기가 되었지.

▲ 기시 노부스케
(1896년~1987년) 전범 재판에서 A급 전범으로 구속되었지만 증거 불충분으로 풀려났어. 그 뒤 일본 총리를 지냈지. 아베 신조 일본 전 총리의 외할아버지야.

▲ 샌프란시스코 강화 조약
일본 총리를 비롯한 내각 인사가 샌프란시스코 조약에 서명하는 모습이야. 이로써 일본은 미군의 지배에서 벗어나 독립국이 되었지.

의 방위를 책임질 자위대까지 만들었어."

"세상에, 한때 적이었던 일본에 이렇게 잘해 주다니……."

"우리나라와 중국, 베트남 등 숱한 나라가 거세게 반대하며 일본 정부를 인정하지 않았지만 어쩔 수 없었지. 미국은 사회주의 세력의 위협에 맞서기 위해 전쟁 상대였던 일본을 동맹으로 삼고 확실히 힘을 실어 주기로 한 거야."

"근데 선생님, 아까 평화 헌법으로 일본이 군대를 가지지 못하도록 했다면서요? 자위대는 군대 아닌가요?"

"엄밀하게 말하자면 군대는 아니야. 자위대는 경찰에서 출발한 군사 조직이거든. 하지만 미군의 지원을 받은 덕에 지금은 세계에서 손꼽힐 정도로 강력한 군사력을 갖추었지. 그뿐

↑ 일본 자위대 창립 기념 행사

↑ 미일 합동 훈련 기자 회견 미국과 일본의 동맹 관계는 우리나라와 미국과의 관계 못지않게 돈독해.

만 아니라 미국의 지원으로 일본은 전쟁의 피해에서 빠르게 벗어나 놀라운 속도로 발전을 거듭했어. 그 덕에 일본은 오늘날 세계에서 손꼽히는 경제 강국이 되었지."

"사회주의가 무섭긴 무서웠나 봐요. 목숨을 내놓고 싸웠던 일본을 그렇게 도와주다니!"

"그럼. 사실 이 무렵 유럽에서도 소련과 미국의 대립은 점점 심해졌어."

용선생의 핵심 정리

일본에서도 전범 재판이 열렸음. 그러나 쇼와 천황을 비롯한 주요 전범이 처벌을 면하고, 처벌받은 전범들도 곧 주요 자리로 복귀하는 등 반쪽에 그침. 이후 일본은 미국의 동맹국이 됨.

미국과 소련의 대립이 더욱 심해지다

"맞다. 소련이 동유럽도 거의 차지했다고 하셨죠?"

"그래. 동유럽 곳곳에 소련의 말을 잘 듣는 사회주의 정부가 들어서자 영국과 프랑스, 미국은 신경을 곤두세웠어. 특히 영국의 처칠은 수상 자리에서 물러난 뒤에도 소련의 팽창을 거세게 비판했지. 1946년, 처칠은 소련이 장악한 동유럽과 서유럽 사이에는 '철의 장막'이 내려졌다고 경고했단다."

"철의 장막이라고요?"

허영심의 상식 사전
장막 원래는 볕이나 비바람을 피할 수 있도록 둘러치는 커튼 같은 막을 뜻해. 어떤 사실이나 현상을 볼 수 없게 가리는 사물을 가리키기도 하지.

"응. 마치 강철로 만든 장막이 가로막은 것처럼 그 너머에서 무슨 일이 이뤄지고 있는지 도무지 알 수가 없다는 의미야. 소련을 피로 물들였던 대숙청 같은 일이 동유럽에서 벌어질지도 모른다는 뜻이었지. 시간이 흐를수록 처칠의 경고는 점점 사실로 변해 갔어. 온 유럽이 소련의 영향력이 미치는 사회주의 진영과 미국의 영향력이 미치는 자본주의 진영으로 나뉘었거든."

"어휴, 이제 막 전쟁이 끝났는데 또 싸울 힘이나 있었나요?"

곽두기는 진절머리가 나는 듯 고개를 절레절레 흔들었다.

"맞아. 그런 힘이 있을 리가 없지. 그래서 양쪽 모두 직접 맞붙기보다는 하루빨리 전쟁의 피해를 씻어 내고 사회를 재건하는 데 집중했단다. 특히 미국은 유럽의 경제 회복을 정말 중요하게 생각했어. 경제가 하루빨리 회복되지 않으면 서유럽에서도 사회주의 세력이 커질 수밖에 없다고 여겼거든. '노동자와 농민을 위한 나라'라는 사회주의의 구호는 가난한 사람에게 매우 솔깃하게 들리니까 말이야. 그

곽두기의 국어 사전
재건 재차 재(再) 세울 건(建). 무너진 건물이나 조직을 다시 일으켜 세우는 것을 말해.

래서 미국은 전쟁으로 폐허가 된 유럽 경제를 되살릴 특단의 대책을 내놓았단다."

"무슨 대책인데요?"

"유럽판 뉴딜 정책이야. 미국은 1947년부터 유럽 각국에 어마어마한 돈을 쏟아부었어. 4년간 지원된 자금이 당시 돈으로 130억 달러쯤 되는데, 요즘 우리나라 돈으로 바꿔 보면 거의 100조 원에 이른다고 하는구나. 이 계획을 마셜 플랜이라고 해. 마셜은 이 계획을 세운 미국 국무 장관의 이름이지."

"우아, 100조 원이나요?"

아이들이 입을 떡 벌렸다.

"미국이 남의 나라에 그렇게 많은 돈을 퍼부을 만큼 부자 나라였어요?"

"그럼! 미국은 자기 나라 땅에서 전쟁을 치르지 않았기 때문에 유럽보다 피해가 심각하지 않았어. 오히려 전쟁 도중 유럽 각국에 전쟁 물자를 팔아서 막대한 이득을 보았지. 그래서 유럽을 지원할 여유가 있었단다. 마셜 플랜으로 서유럽 각국에 돈이 돌면서 경제가 활기를 띠기 시작했어. 서유럽 각국은 그 덕에 전쟁의 상처를 빠르게 씻어 내고 놀라운 속도로 경제 성장을 이루었지."

"그럼 결국 벌어들인 걸 고스란히 돌려준 셈이네요."

"흐흐. 언뜻 생각하면 미국이 선심 쓴 것처럼 보이지? 그렇지 않아. 하루빨리 유럽 경제가 살아나야 유럽인의 소비가 다시 늘어날 테고, 그래야 미국의 수출 길도 열리니까. 게다가 미국은 돈을 지원해 주는 대가로 유럽 각국이 미국 상품에 관세를 낮추도록 해서 수출을 한결

▲ **마셜 플랜 원조 물자에 붙인 스티커** '유럽 회복을 위한 미국의 원조'라는 문구가 쓰여 있어. 미국은 마셜 플랜을 통해 서유럽 각국과 관계를 다지려 했지.

용선생의 세계사 돋보기

미국은 독일과 싸우느라 막심한 피해를 입은 소련과 사회주의 진영 국가에게도 마셜 플랜과 동일한 원조 계획을 제안했어. 하지만 정치 개혁과 외부 감독을 조건으로 걸었기 때문에 다들 거절했지.

▲ **해리 트루먼** (1884년 ~1972년) 미국의 제33대 대통령이야. 제2차 세계 대전 막바지에 대통령이 되어 전쟁 마무리와 전후 처리를 책임졌어.

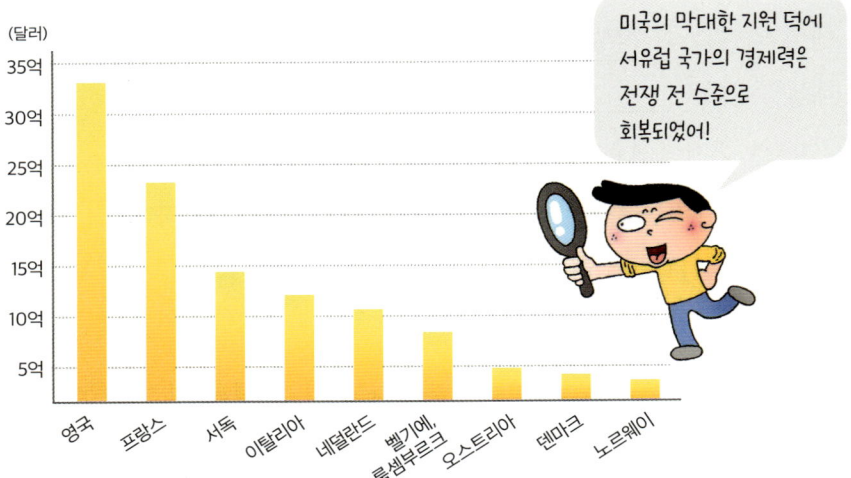

↑ 국가별 마셜 플랜 지원 금액

쉽게 만들었단다."

"다 속셈이 있었던 거군요."

왕수재가 팔짱을 낀 채로 말했다.

"어쨌든 미국의 도움으로 유럽은 전쟁 피해를 빠르게 회복했고, 미국도 이익을 봤으니 서로 윈윈한 거지. 마셜 플랜의 성공으로 미국과 서유럽 각국의 동맹 관계는 더욱 돈독해졌어. 사회주의 세력에 대한 걱정도 자연스레 옅어졌지. 그러자 소련이 큰 위기감을 느꼈어."

"소련이 왜요?"

"소련은 군사력으로는 엄청난 강국이지만, 경제력으로는 미국의 상대가 되지 않았거든. 서유럽과 동유럽의 경제력 차이가 갈수록 크게 벌어지면 동유럽에 세워진 사회주의 정부들이 흔들리지는 않을까 걱정됐던 거야. 특히 독일이 가장 큰 고민이었지."

"왜 그런 거죠?"

"당시 독일은 미국, 영국, 프랑스, 소련이 함께 점령했잖니. 그러다

허영심의 상식 사전

윈윈 원래는 동시에 일어날 수 있는 두 전쟁을 승리할 수 있다는 윈윈 전략(Win-Win)에서 나온 말. 서로 이익이 되었다는 의미로도 많이 쓰여.

↑ 서베를린 공사 현장(왼쪽)과 당나귀에 실린 미국의 원조 물자(오른쪽)
마셜 플랜은 단순히 돈을 지원하는 것뿐 아니라 무너진 건물을 다시 짓거나 부족한 물자를 지원하는 등 다양한 방식으로 진행됐지.

보니 각 지역은 점령한 나라의 영향을 받기 쉽고, 주민들이 서로의 처지를 비교하기도 쉬웠어. 근데 1948년에 미국이 영국, 프랑스가 다스리던 지역까지 하나로 합쳐서 관리하며 마셜 플랜으로 경제 지원을 실시하려 했어. 그냥 내버려 뒀다가는 소련이 다스리는 동쪽 지역까지 영향을 받아 흔들릴 게 분명했지. 그래서 소련은 이 계획을 거세게 반대했어."

"그렇다고 소련에 뾰족한 수가 있나요?"

"스탈린은 동독에 섬처럼 떨어져 있는 서베를린의 지리적 환경을 이용했어. 미국에 항의하는 의미로 서베를린으로 들어가는 모든 길을 막아 버린 거야. 전기와 연료는 물론이고, 식량까지 막아 버렸지. 200만 명에 이르는 서베를린 시민들은 꼼짝없이

↑ 미국 점령 지역의 경계선 네 나라가 함께 점령한 독일은 유럽에서 자본주의 진영과 사회주의 진영이 가장 직접적으로 부딪치는 나라였어.

허영심의 상식 사전

수송기 사람이나 화물을 실어 나르는 데 쓰는 비행기를 가리켜. 민간인을 나르는 수송기는 여객기라고 부르지.

용선생의 세계사 돋보기

1949년 5월에 서독 정부가, 같은 해 10월에 동독 정부가 들어서며 분단이 공식화되었어.

갇혀 굶주릴 위기에 놓였단다."

"너무해. 시민들이 무슨 죄가 있다고!"

영심이가 얼굴을 찌푸렸다.

"하지만 아직 방법은 있었어. 땅으로 가는 길은 모두 막혔지만, 하늘로 가는 길은 열려 있었거든. 문제는 유럽에 수송기가 몇 대 없다는 점이었지. 그래서 미국이 나섰어. 미국은 1,000대가 넘는 수송기를 동원해 각종 식량과 물자를 하루 수천 톤씩 서베를린으로 실어 날랐단다."

"헐, 소련이 막아 봤자 소용이 없었네요."

"맞아. 결국 소련은 아무런 이익도 보지 못한 채 8개월 만에 봉쇄를 중단할 수밖에 없었어. 하지만 이 일을 계기로 미국과 소련은 더욱 등을 돌리게 되었어. 그리고 독일은 사실상 사회주의 진영의 동독과 자본주의 진영의 서독으로 분단되어 교류가 끊기고 말았지."

"미국의 힘이 엄청나네요!"

↑ 베를린 봉쇄에 맞선 미국의 수송 작전

↑ 서베를린에 착륙하는 미국 수송기 서베를린 시민들은 미국의 수송 작전 덕택에 굶주림에서 벗어날 수 있었어.

"응. 베를린 봉쇄를 뚫은 대규모 공수 작전은 그야말로 미국의 힘이 얼마나 대단한지 잘 보여 준 사건이었어. 그래서 이 사건 이후 서유럽 각국은 더더욱 미국에 기대게 된단다. 미국이 있어야 소련의 위협에서 안전할 수 있다는 게 확실해졌으니까. 1949년에는 미국을 중심으로 영국, 프랑스, 벨기에 등 서유럽의 10개국이 모여 군사 동맹을 맺었어.

↑ **나토 회의 장면** 나토 회원국은 오늘날 32개국에 이르러. 소련을 비롯한 사회주의 국가들이 무너진 오늘날도 나토군은 유럽의 방위에 큰 역할을 하지.

↑ 둘로 나뉜 유럽

↑ 동독의 정유 공장 단지
코메콘의 결정에 따라 동유럽에 정유 공장 단지를 세우고, 파이프라인을 통해 원유를 받아 석유를 생산했어.

이 동맹을 '북대서양 조약 기구', 또는 '나토(NATO)'라고 부른단다. 나토 결성을 통해 서유럽과 미국의 동맹 관계는 한층 더 끈끈해졌지."

"소련도 그냥 보고만 있지는 않았겠죠?"

"물론 소련도 동유럽의 사회주의 국가들과 힘을 모아서 미국에 맞서려 했지. 1949년에는 사회주의 국가 사이의 경제 협력 기구인 '경제상호원조회의'를 결성했어. 영문명 앞 글자를 따 '코메콘(COMECON)'이라고도 부르지. 미국이 마셜 플랜을 통해 서유럽 경제를 되살렸듯이, 소련도 코메콘을 통해 동유럽의 경제 회복에 나선 거야."

"소련도 미국처럼 동유럽 국가에 돈을 지원했나요?"

"소련은 미국처럼 경제적 지원을 해 줄 처지는 아니었어. 그 대신 각 나라의 사정에 맞게 생산 계획을 세워 서로 돕도록 했단다. 예를 들면 트랙터는 헝가리, 어선은 동독, 비행기나 기관차는 소련이 전문적으로 생산하는 방식으로 철저히 계획해 경제를 발전시키려 했어. 또 동유럽에 파이프라인을 깔아서 소련의 풍부한 천연가스와 석유를 공급했단다."

"흐음, 그럼 나토 같은 군사 동맹도 만들었나요?"

나선애가 필기를 멈추며 물었다.

미소 간의 대립 속에서 살길을 찾은 오스트리아

나치 독일을 도와 제2차 세계 대전에 참전한 오스트리아는 독일처럼 연합국 4개국에 의해 분할 점령됐어. 하지만 독일과 달리 전범 재판이 열리거나 나치 청산 작업이 이뤄지지는 않았지. 연합국이 오스트리아를 전범 국가라기보다 나치 독일에 맨 먼저 희생당한 나라라고 봤기 때문이야.

심지어 복수심에 불타올라 독일에서 적극적인 나치 청산 작업을 벌였던 소련조차 오스트리아를 우호적으로 대했어. 전후 오스트리아를 이끌던 카를 레너가 사회주의자였거든. 스탈린은 내심 오스트리아를 사회주의 국가로 만들 생각이었어.

소련은 카를 레너를 지원해 오스트리아 임시 정부를 탄생시켰어. 하지만 카를 레너는 임시 정부에 사회주의자뿐 아니라 여러 정치인이 고루 참여하도록 했어. 이로써 자신이 소련의 앞잡이라는 의심을 피했고, 미국의 호감도 샀지.

카를 레너는 미국과 소련의 대립으로 독일이 사실상 갈라지는 모습을 보면서, 자칫하다간 오스트리아도 독일처럼 될 거라고 생각했어. 그래서 오스트리아가 미국과 소련 어느 편도 들지 않는 중립국이 되겠다며 연합국을 끊임없이 설득했지. 카를 레너의 노력은 결국 성공을 거두었어. 1955년 연합국의 분할 통치가 끝나자 오스트리아는 분단을 피하고 하나의 통일된 독립 국가가 되었단다. 그리고 지금까지도 중립국으로서 세계의 어떤 분쟁에도 끼어들지 않고 있지.

↑ 카를 레너
(1870년~1950년) 오스트리아 연방 대통령. 오스트리아-헝가리 제국이 무너진 뒤 오스트리아 공화국의 수상을 맡기도 했고, 오스트리아 사회민주당을 이끈 경험 많은 정치인이었어.

↑ 오스트리아 빈의 소련군
소련군은 1945년부터 10년 동안 오스트리아에 주둔했어.

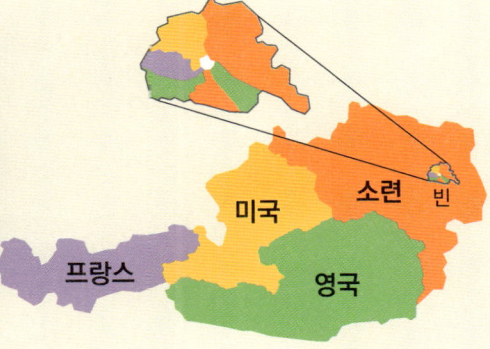

↑ 연합국의 오스트리아 분할 통치

▲ 바르샤바 조약 기구 20주년 기념우표

"물론이야. 소련은 1955년에 나토에 맞서는 '바르샤바 조약 기구'라는 군사 동맹을 만들었어. 동유럽의 폴란드, 체코슬로바키아, 불가리아, 헝가리 등 사회주의 국가 8개국이 가입했지. 이로써 미국을 중심으로 한 자본주의 진영, 소련을 중심으로 한 사회주의 진영은 더욱 날카롭게 대립했단다."

"전쟁이 이제 막 끝났는데 또다시 대결이라니, 대체 평화는 언제 오는 건가요?"

 용선생의 핵심 정리

미국은 소련의 세력 확장을 막기 위해 마셜 플랜을 실시하고, 소련은 이에 반발함. 그 결과 독일은 분단되고 베를린 봉쇄가 실시됨. 이후 미국은 북대서양 조약 기구를 결성하며 서유럽과 관계를 다지고, 소련은 이에 맞서 코메콘과 바르샤바 조약 기구를 결성함.

세계 평화를 지키기 위한 국제기구가 만들어지다

"너무 실망하진 마. 이렇게 늘 대결만 있었던 건 아니거든. 인류는 참혹한 전쟁이 또 일어나는 걸 막기 위해 새로운 국제기구를 만들었어. 바로 오늘날 우리가 '국제 연합' 혹은 '유엔(UN)'이라고 부르는 국제기구란다. 국제 연합에 가입한 국가들은 대서양 헌장의 정신을 기초로 삼아 세계 평화를 지키기로 했지. 기억하지? 세계 각국의 독립을 존중하고, 국경을 넓히지 않는 거."

"그런데 예전에도 국제 연맹이 있었잖아요. 그거랑 다른 건가요?"

▲ 국제 연합 총회 국제 연합에 가입한 모든 국가가 참여하는 회의로 매년 9월 뉴욕의 국제 연합 본부에서 열려.

▲ 국제 연합기 세계를 감싸 안은 올리브 가지는 평화를, 세계 지도는 전 인류를 뜻해. 국제 연합이 세계 평화를 지키기 위한 조직이라는 걸 상징하지.

장하다가 머리를 긁적였다.

"일단 회원국 구성부터 차이가 나. 국제 연맹에는 굵직굵직한 강대국들이 참여하지 않았어. 소련, 독일은 물론이고 심지어 국제 연맹 창설을 제안한 미국조차 가입하지 않았지. 그러니 국제 연맹에서 무슨 결정을 내린다 하더라도 그냥 무시하거나, 일본처럼 아예 연맹을 탈퇴해 버리는 일이 비일비재했단다. 하지만 국제 연합은 달라. 미국과 소련은 물론이고 독일과 일본 같은 추축국도 모두 가입했지. 오늘날엔 우리나라를 포함해 세계 200개에 가까운 나라가 국제 연합의 회원국이란다. 사실상 세계의 거의 모든 나라가 가입한 셈이야."

"그럼 아무래도 더 힘이 셀 수밖에 없겠군요."

"그리고 중요한 차이점이 하나 더 있어. 바로 군사력이야. 세계 평

곽두기의 국어 사전

비일비재 아닐 비(非) 하나 일(一) 아닐 비(非) 거듭 재(再). 한두 번이 아니라 자주 있는 일이라는 뜻이야.

▲ **부산항에 짐을 내리는 국제 연합군** 6.25 전쟁 때 국제 연합은 평화 유지군을 구성해 우리나라를 도왔어.

화를 위협하는 사건이 발생하면, 국제 연합은 '평화 유지군'이라는 이름으로 국제 연합군을 파견할 수 있거든. 6.25 전쟁 때 우리나라를 도와주러 온 군대가 바로 국제 연합의 평화 유지군이야."

"그때 국제 연합이 아니었더라면 큰일 날 뻔했군요."

"맞아, 말로만 경고하던 국제 연맹에 비하면 훨씬 강력해졌지. 사실 지금도 세계 곳곳에 국제 연합의 평화 유지군이 파견돼 있단다. 우리 한국군도 아프리카와 서아시아 등에서 평화 유지군으로서 활발히 활약하고 있어."

"휴, 그 정도면 이제 전쟁은 막을 수 있겠군요."

"하지만 군대를 파견해서 평화를 지키는 건 그야말로 최후의 수단이지. 그보다 중요한 건 모든 세계인이 가난과 굶주림에서 벗어나 경제적인 풍요를 누릴 수 있도록 하는 거야. 사실 독일이나 일본에서 전체주의가 싹튼 것도 경제 위기가 원인이었으니까. 세계 경제를 안정시키는 것도 평화 유지군을 만드는 것 못지않게 중요한 거지."

"세계 경제를 어떻게 안정시켜요? 그건 정말 어려울 것 같은데."

"미국이 중요한 역할을 맡았어. 아까 미국은 전쟁으로 입은 직접적인 피해가 크지 않았고, 무서운 속도로 산업 성장을 이루었다고 했지? 미국은 전쟁 이전에도 이미 세계 제일의 산업 국가였지만, 이제는 그야말로 초강대국이 되었어. 그래서 세계 경제는 미국이 주도하게 되었단다. 일단, 미국의 달러가 국제 화폐가 되었지."

▲ 유엔 평화 유지군 동명 부대
2007년 서아시아의 레바논에 파견돼 치안 유지 업무를 담당하는 한국군 부대야. 푸른 모자는 유엔 평화 유지군의 상징이지.

"미국 달러가 국제 화폐라고요?"

"응. 제2차 세계 대전이 터지기 이전에는 금이 국제 화폐로 쓰였어. 금은 세계 어디서나 가치를 인정받았기 때문에, 금만 있으면 모든 걸 사고팔 수 있었지. 그렇다고 외국과 무역할 때마다 금으로 일일이 계산한 건 아니야. 금은 부피가 크고 무거운 데다가, 나라마다 쓰는 화폐가 있으니까."

"그러면 금은 언제 쓰는 건데요?"

"세계 각국은 중앙은행 금고에 금을 넉넉히 비축해 두고, 그 금의 양에 맞추어서 자기 나라 화폐를 찍어 냈어. 다시 말해 자국 화폐의 가치를 갖고 있는 금으로 보증한 거야. 그런데 전쟁으로 돈이 부족해지자 세계 각국은 화폐를 무분별하게 발행했어. 자연스럽게 금고에는 화폐 가치를 보증할 금이 충분하지 않게 되었지. 그나마 있는 금은 미국산 무기와 전쟁 물자를 사는 데 쓰였어."

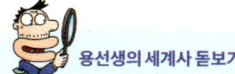

용선생의 세계사 돋보기

이때 각국 은행에 화폐를 가져가면 금으로 바꿀 수 있었어. 금으로 바꾸는 것이 보장돼야 화폐의 가치가 인정됐고, 그래서 금의 양에 맞추어 화폐를 찍어 내야 했어.

"그럼 금이 전부 미국으로 흘러갔겠네요?"

"그래. 전쟁 이후에 미국을 제외한 세계 각국은 금이 고갈되어 화폐의 가치를 보증할 수 없게 됐어. 전 세계 금의 70퍼센트가 미국에 쌓여 있었거든. 그래서 외국과의 교역도 제대로 할 수 없었어. 예를 들어 영국이 독일에서 석탄을 수입하며 영국 화폐인 파운드를 낸다고 해도, 파운드의 가치를 금으로 보증할 수 없으니 독일 입장에서는 파운드를 받아 줄 수가 없는 거야."

"엥, 그럼 무역을 못 하는 건가요?"

"그래서 1944년 7월, 미국의 브레턴우즈라는 곳에서 소련을 포함한 세계 44개국 대표가 모여 회의를 열었어. 열띤 논의 끝에 미국 달러를 새로운 국제 화폐로 삼기로 결정했단다. 이제부터 다른 나라들이 발행한 지폐는 금 대신 미국 달러로 보증하기로 한 거야. 미국은 세계에서 가장 부유하고 강력한 나라이니만큼, 미국 달러의 가치는 세계 누구라도 인정했거든. 그리고 미국 달러는 미국이 가진 금으로 보증했기 때문에 믿을 만했단다."

"그럼 이제 금 대신 달러를 모아야 하는 건가요?"

↑ 마운트 워싱턴 호텔
세계 44개국 대표가 모인 브레턴우즈 회의가 열린 곳이야.

↑ 브레턴우즈 회의 모습
이곳에서 결정된 세계 경제 체제를 '브레턴우즈 체제'라고 해.

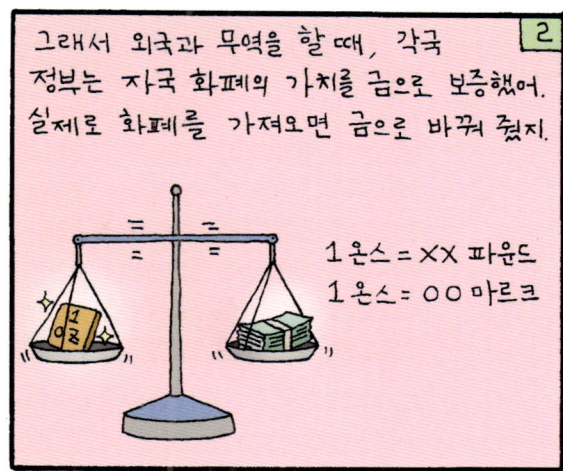
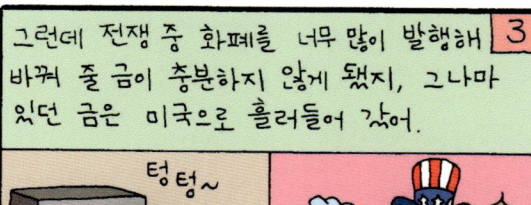

▲ 세계 각국 환율을 보여 주는 상황판 오늘날도 미국 달러는 국제 화폐야. 미국 달러 가치의 상승과 하강에 따라 경제의 흐름을 볼 수 있지.

"그렇지. 게다가 지구에 매장된 금의 양은 한정되어 있지만 달러는 계속 찍어 낼 수 있어. 그러니 국가 간 무역량이 점점 늘어나고 세계 경제의 규모가 더 커지더라도, 국제 화폐가 부족할 일은 걱정하지 않아도 되는 거지. 결국 미국 달러를 새로운 기준으로 삼으면서 세계 경제는 안정을 찾았단다. 미국 달러는 오늘날까지도 국제 화폐 지위를 지키고 있지."

"그래서 항상 미국 달러 환율이 뉴스에 나오는 거였군요?"

왕수재가 눈을 빛내며 고개를 끄덕였다.

"그런데 달러가 국제 화폐가 된다고 해서 문제가 전부 해결된 건 아니잖아요. 금 대신 달러가 부족해 문제가 생길 수도 있을 텐데."

"맞아. 금뿐만 아니라 달러까지 부족한 나라도 굉장히 많았으니, 뭔가 대책이 필요했지. 그래서 미국은 경제적으로 잘사는 나라들이 어려운 나라를 돕는 '국제 통화 기금'이나 '국제 부흥 개발 은행' 같은 국제기구를 앞장서서 만들고, 많은 돈을 투자했단다. 진짜로 돈이 없는 나라는 이런 기구의 힘을 빌릴 수 있었어. 마셜 플랜에 쏟아부은 돈이 전부가 아니었던 거야."

"이야. 진짜 여러 가지 국제기구가 만들어졌군요."

"하지만 이걸로도 부족해. 세계 경제가 진짜로 안정을 찾으려면 국제 무역을 할 때 세계 모든 나라가 공통으로 지켜야 하는 뚜렷한 원칙이 필요했지."

나선애의 세계사 사전

국제 통화 기금(IMF)
국제 무역과 경제 성장을 지원하고, 경제적 어려움을 겪는 국가에는 돈을 빌려주는 국제기구야. 우리나라도 1997년 외환 위기를 겪었을 때 국제통화기금에서 돈을 빌렸어.

국제 부흥 개발 은행
전쟁으로 폐허가 된 나라를 부흥시키고 가난한 나라의 발전을 돕는 국제기구야. 우리나라도 1960년대 한창 경제 개발을 하던 시기에 국제 부흥 개발 은행에서 많은 돈을 빌려 산업 발전에 힘썼어.

↑ 국제 통화 기금(IMF) 회의 1944년 처음 결성된 IMF는 44개 회원국으로 출발했지만 오늘날엔 세계 189개국이 가입해 있어. 하지만 그중에서도 미국의 역할이 가장 크고, 미국이 반대하는 정책은 통과되기 힘들지.

"무역 원칙요?"

"응. 지금까지는 무역을 하는 나라 사이에서 개별적으로 통상 조약을 맺어서 원칙을 정하는 게 보통이었어. 그러다가 어느 한 나라가 조약을 어기면 서로 갈등이 생기기도 쉽고, 무역을 안정적으로 하기도 어려웠지. 심하면 전쟁이 날 수도 있고 말이야. 그래서 1947년, 미국을 중심으로 세계 23개국이 참여해 '관세 무역 일반 협정'을 만들었어."

"아하, 여러 나라가 합의해 원칙을 만들면 어느 한 나라가 멋대로 원칙을 어기기 어렵다 이거죠?"

"바로 그거야. 관세 무역 일반 협정을 주도한 나라는 미국이야. 하지만 결과적으로 이렇게 세계 경제를 살리고, 무역을 활성화한 결

용선생의 세계사 돋보기

제2차 세계 대전 이후 1994년 세계 무역 기구(WTO)가 탄생할 때까지 세계 무역을 주도한 체제야. 영어 약자를 따서 'GATT'라고도 해.

과 가장 크게 이득을 본 나라도 역시 미국이었지. 미국은 이렇게 여러 국제기구 창설을 주도하며 세계 제일의 강대국 자리를 굳건히 했단다."

"미국의 정책이 세계 경제도 살리고, 미국도 번영하게 만드는 결정이었다는 말씀이시네요."

용선생의 말에 아이들은 고개를 끄덕였다.

"자, 그럼 오늘은 여기까지 할까? 다음 시간에는 전쟁 이후 세계 곳곳에서 무슨 일이 일어났는지 알아보자꾸나!"

용선생의 핵심 정리

세계 평화를 유지하기 위한 국제 연합이 결성되고, 미국 달러를 국제 화폐로 쓰기로 결정함. 뒤이어 세계 경제 회복을 위한 국제기구가 만들어지고 미국이 적극적으로 나섬. 미국은 세계 경제의 핵심 국가가 됨.

나선애의 **정리노트**

1. ### 전후 처리를 논의한 정상 회담
   - 미국과 영국이 발표한 대서양 헌장은 전후 국제 질서의 토대가 됨.
   - 연합국 주요 국가의 정상 회담이 네 차례에 걸쳐 이루어짐.
     → 미국과 소련 사이에 긴장이 커짐.

2. ### 패전국의 대조적인 전후 처리 과정
   - 연합국은 독일 분할 통치를 실시하고, 나치 청산 작업에 힘씀.
     → 나치당의 주요 관리는 뉘른베르크 전범 재판으로 처벌받음.
   - 미국은 일본을 단독 점령해 여러 민주화 개혁을 실시함.
     → 천황 인간 선언, 평화 헌법 제정
   - 미국은 아시아에서 사회주의 팽창을 막기 위해 일본과 손잡음.
     → 전범 재판이 제대로 이루어지지 않은 채, 미국은 일본을 동맹국으로 삼고 경제 성장을 지원함.

3. ### 사회주의 진영과 자본주의 진영으로 갈라진 유럽
   - 미국의 마셜 플랜에 반발해 소련이 베를린을 봉쇄하며 독일이 분단됨.
   - 미국이 북대서양 조약 기구를 결성하자, 이에 맞서 소련은 바르샤바 조약 기구를 결성함.

4. ### 국제기구의 결성과 새로운 국제 질서
   - 세계 주요 국가가 모두 모여 국제 연합(UN)을 결성함.
   - 미국 달러가 국제 화폐가 되고, 미국 주도로 여러 국제 경제 기구가 만들어짐.
     → 미국이 세계 경제의 중심이 됨.

세계사 퀴즈 달인을 찾아라!

1 다음 정상 회담들에 대한 설명으로 옳지 <u>않은</u> 것은? (   )

① 일본은 정상 회담에 참여한 적이 없다.
② 세 회담에 모두 참여한 나라는 중국이다.
③ 전쟁에 공이 많은 소련이 많은 이득을 보았다.
④ 제2차 세계 대전의 전후 처리를 위한 정상 회담이다.

2 제2차 세계 대전 이후 독일에 대한 설명으로 옳지 <u>않은</u> 것은? (   )

〈뉘른베르크 전범 재판〉

① 연합국은 독일을 분할 통치했다.
② 독일에서 세계 최초로 전범 재판이 이뤄졌다.
③ 주요 나치 전범들은 대부분 증거 불충분으로 풀려나고 처벌받지 않았다.
④ 전범 재판을 통해 나치의 전쟁 범죄가 세상에 널리 알려지게 되었다.

3 미국의 일본 점령 정책에 대한 설명으로 알맞은 것에 ○표, 알맞지 않은 것에 X표 해 보자.

○ 일본에서 천황제도가 완전히 사라지도록 만들었다. ( )

○ 새로 제정된 일본의 헌법에 강력한 군사력을 보장했다. ( )

○ 천황은 국민들에게 자신이 인간임을 공개적으로 밝혀야 했다. ( )

4 빈칸에 들어갈 말로 가장 알맞은 것은? ( )

도쿄 전범 재판은 주요 전범이 처벌을 면하고, 처벌받은 전범들도 곧 주요 자리로 복귀하는 등 반쪽에 그쳤다. 이것은 미국이 서둘러서 재판을 진행했기 때문인데 그 이유는 _____.

① 일본이 소련의 동맹국이 되었기 때문이다.
② 일본의 군사력이 여전히 너무 강했기 때문이다.
③ 아시아에서 사회주의의 팽창을 막으려고 했기 때문이다.
④ 전쟁에서 저지른 일본군의 범죄가 드러나지 않았기 때문이다.

5 제2차 세계 대전 이후 유럽의 정세에 대한 설명으로 옳은 것은? ( )

① 소련은 동유럽과 군사 동맹인 나토를 결성했다.
② 유럽이 자본주의 진영과 사회주의 진영으로 나뉘었다.
③ 미국은 코메콘을 결성해 서유럽을 경제적으로 지원했다.
④ 미국의 서베를린 봉쇄는 결국 독일의 분단으로 이어졌다.

6 빈칸에 들어갈 알맞은 말을 써 보자.

제2차 세계 대전이 끝난 뒤 미국, 소련을 비롯한 세계 각국이 모여 전쟁이 재발하는 것을 막기 위해 새로운 국제기구 '○○ ○○'을 만들었다. 오늘날 세계 200개 가까운 나라가 가입해 세계 최대 규모를 자랑하는 국제기구가 되었다.

( )

정답은 390쪽에서 확인하세요!

용선생 세계사 카페

오늘날에도 계속되는 나치 청산

1945년, 연합군의 승리와 함께 독일에서는 철저한 나치 청산 작업이 시작됐어. 뉘른베르크 전범 재판을 통해 수많은 전범이 처벌받았고, 뒤이어 주요 관직에서 나치당 출신을 추방하고 나치 상징물을 금지하는 등 여러 조치가 취해졌지. 미국과 소련의 대립이 심해지며 과거사 정리가 주춤했던 시기도 있었지만, 독일인은 오늘날까지도 '과거를 잊지 말자'며 한결같은 자세로 나치 청산에 앞장서고 있단다.

▲ 독일 뮌헨의 나치 기록 센터 과거 나치당의 본부가 있던 곳 건너편에 세워진 박물관이야. 제1차 세계 대전이 끝난 시점부터 오늘날의 신나치주의에 이르기까지 다양한 자료들이 전시되어 있지.

미래를 위해서는 끊임없는 사과와 반성이 필수

폴란드는 나치 독일의 침략으로 끔찍한 피해를 맛본 나라야. 전체 인구의 5분의 1에 해당하는 600만 명이 목숨을 잃었을 정도니까. 희생자 중 절반은 유대인이었어. 대다수 폴란드인에게 독일은 철천지원수나 다름없었지.

1970년, 폴란드를 방문한 빌리 브란트 총리는 폴란드의 유대인 희생자를 추모하는 추모비를 찾아가 그 앞에 무릎을 꿇었어. 이 장면은 독일의 과거사 사죄를 상징하는 명장면이 되었단다. 그 뒤로도 독일 정치인은 기회가 있을 때마다 나치 독일이 피해를 준 나라와 사람에게 사과하고, 다시는 과거와 같은 잘못을 저지르지 않겠다고 반성하고 있지.

▲ 무릎을 꿇은 빌리 브란트 총리 빌리 브란트 총리는 진심 어린 자세로 사과하고 용서를 빌었어.

반인륜 범죄를 저지른 사람은 끝까지 추적한다

전범 재판은 1949년에 공식적으로 끝났어. 하지만 그 뒤에도 독일은 '나치 범죄 수사국'이라는 기관을 설치해 나치 당원과 나치당 동조자를 끝까지 추적해 처벌하고 있어. 나치 범죄 수사국은 전 세계로 도망가거나 숨은 7,000여 명의 나치 범죄자를 찾았고, 지금까지 1,300여 명을 재판에 넘겨 처벌을 받게 했지.

제2차 세계 대전이 끝난 지 70년이 넘었으니, 살아남은 나치 범죄자는 보통 90세가 넘은 노인이야. 하지만 법정에 선 이들은 나이와 지위에 상관없이 철저하게 재판을 받았지. 과거의 일에 언제까지 얽매일 거냐고 생각하는 사람도 있겠지만, 독일 정부는 나치 전범자 추적은 계속되어야 한다고 단호하게 선언했대.

▲ 모스크바 무명 용사의 묘에 꽃을 바치는 메르켈 총리
제2차 세계 대전 종전 기념일에 독일의 메르켈 총리는 최대 전쟁 피해국인 러시아를 찾아 전쟁 희생자에게 용서를 구했어.

▲ 나치 전범 재판 93세의 이 노인은 아우슈비츠 멸절 수용소의 경비원으로 일한 혐의로 70년 만에 법의 심판을 받았어.

피해자에게 사죄와 보상

독일은 과거사 반성뿐 아니라 피해 보상에도 앞장서고 있어. 특히 강제 노동에 동원된 사람들을 끊임없이 찾아 금전적으로 보상한단다.

보상금은 독일 국민의 세금으로 주기도 하지만 나치에 협력해 강제 노동으로 이득을 본 독일 기업이 돈을 모아 주기도 해. 나치에 협력한 기업에는 지금도 우리에게 잘 알려진 대기업이 많은데, 자동차 회사인 벤츠, 철강과 엘리베이터를 만드는 티센크루프 등이 있어. 이들은 한때 나치에 협력했던 과거를 반성하는 의미로 보상금을 내놓고 있단다.

▼ 나치에 협력한 독일의 주요 기업 BMW, 벤츠, 폴크스바겐 등 유명 기업도 한때 나치에 협력해 이득을 많이 봤어.

용선생 세계사 카페

인간은 자유 의지를 가졌다! 실존주의

제2차 세계 대전은 죄 없는 수많은 사람을 비참한 죽음으로 밀어 넣었어. 살아남은 지식인들은 고민에 잠겼지. 내 가족은 왜 전쟁터에 끌려가야 했나? 유대인은 왜 유대인이라는 이유만으로 잔혹하게 죽어야 했나? 세상은 왜 이렇게 부조리한가? 이런 의문을 해결하기 위해 '실존주의'라는 새로운 철학이 탄생했단다.

> 불합리하고 모순적이며 이해할 수 없는 것을 뜻하는 말로 철학에서 자신을 둘러싼 세계에서 의미를 찾을 수 없다는 뜻으로 사용돼.

실존주의 철학자들은 제2차 세계 대전의 비극이 전체주의 때문이라고 생각했어. 국가가 인간 개개인을 국가의 명령에 따르는 기계처럼 다뤘고, 그 결과가 끔찍한 세계 대전이라고 본 거야. 실존주의 철학자들은 인간은 국가를 위해 희생하려고 태어난 게 아니라 스스로 선택하고 책임지는 자유를 가진 존재라고 주장했단다. 실존주의 철학자들은 다양한 작품을 통해 자신의 생각을 펼쳐 나갔어. 대표적인 실존주의 사상가들을 한번 살펴보자.

실존주의의 선구자, 프란츠 카프카

↑ 프란츠 카프카 (1883년~1924년)

프란츠 카프카는 오늘날 실존주의의 선구자로 높이 평가받는 작가야. 카프카는 당시 오스트리아-헝가리 제국의 지배를 받던 체코 프라하에서 태어난 유대인이었어. 민족주의가 기승을 부리던 시기에 유대인이자 체코인이면서 동시에 오스트리아인이기도 했던 카프카는 자신의 정체성에 대한 고민을 가질 수밖에 없었지.

이런 고민을 잘 엿볼 수 있는 작품이 제1차 세계 대전 중 출간된 《변신》이야. 《변신》에서 주인공인 그레고르는 어느 날 갑자기 혐오스러운 큰 벌레로 변해 버렸어. 가족과 이웃은 그 벌레가 그레고르라는 걸 알았지만 아무짝에도 쓸모없는 벌레라며 외면하지. 그레고르는 결국 쓸쓸히 죽음을 맞이하고 쓰레기통에 버려져.

카프카는 겉모습은 벌레지만 본질은 그대로인 그레고르가 버림받는 부조리를 통해 '인간이란 무엇인가?'라는 중요한 질문을 던졌어. 벌레의 껍질처럼 국적과 민족이란 한 개인을 둘러싼 껍데기일 뿐, 본질이 아니란 의미를 담고 있지. 이 점에서 《변신》은 실존주의의 선구자적인 작품이라는 평가를 받는단다.

◀ 《변신》 초판본 (1916년) 카프카의 대표작이야. 인간의 본질에 대한 질문을 담고 있지.

실존은 본질에 앞선다, 장 폴 사르트르

프랑스의 철학자이자 작가인 사르트르는 '인간은 자유라는 형벌을 받고 있다.'라는 말로 유명해. 사람은 자유를 가지고 태어났기에, 국가가 시키는 대로 움직이지 말고 스스로 고민하고 결정해야 하는 고통스러운 과정을 거쳐야 한다는 뜻이야. 자신의 선택이 맞는지 알기 위해선 적극적으로 사회 운동에 참여해야 한다고도 주장했지. 사르트르의 생각은 두 번의 세계 대전을 겪고 국가와 사회, 인간을 혐오하게 된 젊은이들에게 큰 자극이 되었어. 많은 프랑스 젊은이들이 사르트르를 따라 사회 운동에 나섰단다.

↑ 장 폴 사르트르 (1905년~1980년)

《실존주의는 휴머니즘이다》라는 책에는 '실존은 본질에 선행한다'는 사르트르의 핵심 주장이 나와. 이게 무슨 말인지, 컵을 예로 들어 볼까? 컵은 물을 마시기 위한 물건이야. 그래서 컵의 목적은 사람이 물을 마실 수 있도록 물을 받는 것이라고 할 수 있지. 이 목적에 따라 컵의 형태와 크기가 결정되고 그 이후 컵이 만들

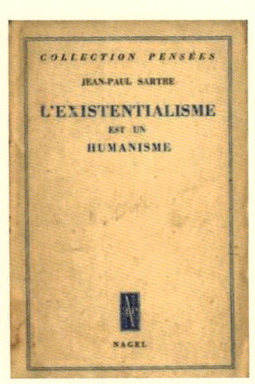

◀ 《실존주의는 휴머니즘이다》 (1946년) 사르트르가 강연과 토론에서 했던 말을 묶은 책이야.

어져. 그러니까 컵은 목적(본질)이 있은 다음에 만들어지는(실존) 거야. 하지만 인간은 달라. 인간은 물건이 아니니까. 인간은 태어난(실존) 다음에 스스로 살아갈 목적(본질)을 정하고 목적에 따라 행동하지. 즉, 사르트르는 '인간은 국가에 의해서가 아니라 스스로 삶의 목적을 정하고 그것에 책임을 져야 한다.'고 주장한 거야.

모든 억압을 거부한다, 알베르 카뮈

↑ 알베르 카뮈
(1913년~1960년)

카뮈는 당시 프랑스 식민지였던 알제리에서 태어난 작가야. 여러 책을 남긴 작가로도 유명하지만, 평생 권위에 맞서며 인생의 부조리를 이야기한 사상가이기도 하지. 카뮈는 1930년대에는 공산당에 가입해 활동했지만, 스탈린의 대숙청에 크게 실망해 공산당 활동을 그만두었어. 그리고 제2차 세계 대전 시기에는 레지스탕스로 활약하면서, 자신의 레지스탕스 조직이 발행하는 신문의 기자로 나치 독일의 만행을 고발했단다.

하지만 카뮈는 그 어떠한 국가의 편도 아니었어. 카뮈는 국가를 비롯해 인간을 얽매는 모든 권위를 거부하는 아나키스트였거든. 그래서 카뮈는 미국이 일본 히로시마에 원자 폭탄을 떨어트린 것을 비판하는 기사를 쓰기도 했어.

> 아나키스트는 국가와 권위, 권력 등 인간의 자유와 평등을 해치는 모든 것을 거부하는 사람을 뜻해.

카뮈의 사상은 그가 쓴 《시시포스 신화》에 잘 담겨 있어. 그리스 신화에 나오는 시시포스라는 인물은 커다란 바위를 산꼭대기로 밀어 올리는 형벌을 받아. 바위가 산 정상에 오르면 다시 바닥으로 굴러떨어지기

↑ 바위를 밀어 올리는 시시포스

때문에 시시포스는 영원히 바위를 굴려야 하지.

카뮈는 인간의 삶이 시시포스가 받은 형벌과 같다고 이야기했어. 우리도 시시포스처럼 국가가 벌이는 전쟁과 같은 부조리한 일을 끝없이 겪게 되겠지만, 그래도 좌절하지 않고 끝까지 맞서야 한다는 뜻이지.

카뮈는 국가나 종교처럼 인간을 얽매는 권위에 끝없이 반항하는 것이 인생의 본질이라고 이야기한 거야. 당시 유럽의 많은 젊은이들은 모든 권위에 도전하는 카뮈를 보며 삶의 희망을 얻었다고 해.

여성이여 자기 삶을 살아라, 보부아르

프랑스의 철학자 겸 작가인 보부아르는 현대 여성 운동의 선구자야. 보부아르는 파리 대학에서 철학을 전공하다가 사르트르를 만나 결혼했지. 보부아르와 사르트르는 부부이긴 하지만 전통적인 결혼 제도에서 벗어나 각자 자유롭게 살기로 했어. 전통적인 결혼 제도를 지키는 것보다 서로 행복하게 잘 사는 관계가 중요하다고 생각했지.

↑ 시몬 드 보부아르
(1908년~1986년)

1900년대 중반까지도 결혼한 여성은 아내로서 집안일과 육아를 전담해야 한다는 분위기가 당연시되었어. 결혼이 여성에게는 족쇄와 같았던 거지. 보부아르는 여성도 결혼 후에 자유로운 사회 활동이 가능하다는 것을 보여 준 거야.

보부아르는 여성을 남성의 조수처럼 여기는 시각을 비판하고 여성이 사회에서 주체적으로 활동할 수 있어야 한다고 주장했어. 특히 대표작 《제2의 성》에서 '여성은 태어나는 것이 아니라 만들어진다.'고 했지. 흔히 말하는 '여자다운 여자'란 남성 중심적인 사회에서 만들어진 거짓이라는 뜻이야. 이에 맞서 보부아르는 여성도 어떻게 살아갈지 스스로 자유롭게 선택하고, 자신의 선택에 책임을 져야 한다고 선언했지. 보부아르의 주장 덕분에 현대 여성 운동이 더욱 활발하게 진행될 수 있었단다.

↑ 보부아르와 사르트르가 함께 묻힌 무덤 두 사람은 지금까지도 프랑스인에게 사랑받는 철학자야.

4교시

독립은 찾아왔지만 시련은 깊어만 가고

제2차 세계 대전이 끝나면서
유럽 열강이 세계를 지배하던 시대도 저물었어.
오랫동안 식민 지배로 고통받던 아시아와
아프리카의 나라들은 드디어 독립에 성공했지.
하지만 이들 앞에는 순탄치 않은 가시밭길이 펼쳐져 있었단다.
오늘은 새로 독립한 나라들이 맞닥뜨린
문제들을 살펴보도록 하자.

1947년	1948년	1946년~1954년	1954년~1962년	1956년	1960년
인도, 파키스탄 독립	이스라엘 건국, 제1차 중동 전쟁 발발	제1차 인도차이나 (베트남) 전쟁	알제리 독립 전쟁	이집트, 수에즈 운하 국유화	아프리카 17개국 독립

이집트
나세르는 쿠데타를 일으켜 친영 정부를 내쫓고 수에즈 운하를 국유화했어.

알제리
알제리는 프랑스로부터 독립하기 위해 1962년까지 치열한 전쟁을 벌였어.

- 알제
- 알제리
- 이집트
- 예루살렘
- 수에즈
- 바그다드
- 이라크
- 이란
- 파:
- 사우디아라비아
- 가나
- 에티오피아
- 짐바브웨
- 남아프리카공화국

대 서 양

가나
1957년, 사하라 이남 아프리카에서 최초로 독립을 이룬 국가야. 가나의 독립을 시작으로 10여 년 사이 아프리카의 각국은 줄줄이 독립을 이루었어.

남아프리카공화국
이 나라에서는 악명 높은 인종 차별 정책인 아파르트헤이트가 실시됐어.

역사의 현장 지금은?

아프리카의 희망 남아프리카공화국

남아프리카공화국은 아프리카 대륙 최남단에 자리한 나라야. 면적은 한반도의 5.5배, 인구는 약 6,200만 명이지. 다민족 국가로 영어를 포함해 12개나 되는 언어를 공용어로 사용해. 역사적으로 영국의 식민 지배와 인종 차별 등 많은 아픔을 겪었어. 하지만 지금은 아프리카 최초로 월드컵을 개최할 정도로 경제가 발전했고, 아프리카에서 유일한 세계 주요 20개국(G20) 회원국이란다.

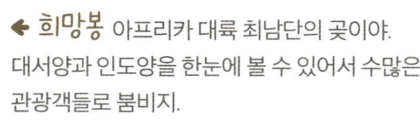

← 희망봉 아프리카 대륙 최남단의 곶이야. 대서양과 인도양을 한눈에 볼 수 있어서 수많은 관광객들로 붐비지.

평평한 산 정상부가 특징인 테이블 마운틴

2010년 월드컵 주경기장인 그린 포인트 스타디움

⬆ **입법 수도 케이프타운** 유럽인이 아프리카 개척의 전진 기지로 삼았던 도시야. 유럽에서 아시아로 가는 항로였던 희망봉 근처에 있어.

수도가 세 개인 나라

남아프리카공화국의 수도는 무려 3개야. 행정 수도는 프리토리아, 입법 수도는 케이프타운, 사법 수도는 블룸폰테인이지. 영국에서 독립해 남아프리카 연방을 결성할 때 이를 주도한 3개국의 수도에 입법·사법·행정 기관을 분산시킨 게 지금까지 이어진 거야.

남아프리카공화국 최초의 흑인 대통령 넬슨 만델라 동상

⬆ **유니온 빌딩** 대통령 집무실과 정부 부처가 자리한 건물이야. 행정 수도 프리토리아에 있어.

아프리카 최고의 공업국

남아프리카공화국은 우라늄, 석탄, 철광석 등 각종 광물 자원이 풍부해. 특히 금과 다이아몬드는 세계에서 손꼽히는 생산량을 자랑하지. 풍부한 자원 덕에 제철, 기계, 화학, 섬유, 자동차 산업 등이 발달해 아프리카 제일의 공업국이 됐어.

▲ **요하네스버그** 경제 수도로 불리는 남아프리카공화국 최대 도시. 1886년 금광이 발견된 후 아프리카에서 가장 번영한 상공업 도시가 되었어.

▲ **다이아몬드 공장** 원석을 다듬는 기술자의 모습이야. 남아프리카공화국은 세계에서 다이아몬드를 가장 많이 생산하지.

▲ **폴크스바겐 남아프리카공화국 공장** 폴크스바겐, BMW, 닛산 등 세계적인 자동차 기업들이 남아프리카공화국에 생산 공장을 두고 있어.

다채로운 자연환경을 지닌 나라

남아프리카공화국은 세계적인 관광 국가야. 사바나 초원의 동물과 펭귄을 한 나라에서 볼 수 있을 정도로 다채로운 자연환경으로 유명하지. 다양한 민족의 삶의 모습과 영국 식민지 시대의 흔적도 찾아볼 수 있어.

▲ **크루거 국립 공원** 사자, 표범, 치타 등 온갖 야생 동물의 천국이지. 크루거 국립 공원의 사파리 투어를 즐기려고 연간 수백만 명이 방문해.

▲ **아프리카 펭귄** 남아프리카공화국 해안가에 살아. 남아프리카공화국의 명물이지.

케이프타운과 프리토리아를 이으며 27시간 동안 달려.

◆ **블루 트레인** 영국 식민지 시절 백인들이 탔던 호화 열차를 관광 상품으로 개발한 거야. 풍경을 즐기며 고급 식사, 연주회 등 각종 서비스를 즐길 수 있어.

◆ **블루 트레인 내부 모습**

◆ **케이프타운 민스트럴 카니발** 매년 1월 2일에 펼쳐지는 거리 축제야. 식민지 시절 흑인 노예가 신년 휴가를 노래와 춤으로 보내던 것에서 유래했지.

◆ **보캅** 이슬람교를 믿는 말레이계 아시아인이 모여 사는 마을이야. 아름다운 빛깔을 뽐내는 집들 덕분에 유명 관광지가 됐어.

축복받은 자연이 빚어낸 남아프리카공화국의 먹거리

남아프리카공화국 사람들은 고기를 무척 좋아해. 특히, 집집마다 바비큐 기구인 '브라이'가 있을 정도로 바비큐를 즐겨 먹어. 건강 차로 유명한 '루이보스' 차도 남아프리카공화국이 원조야.

▲ **루이보스** 카페인이 없고 철분이 풍부해 세계적으로 인기가 높아.

▶ **부부띠** 양념한 다진 고기에 달걀 토핑을 올린 뒤 오븐에 구워 만들어.

▲ **포이키코스** 포이키라는 작은 냄비에 고기와 야채를 넣어 끓인 요리야.

▶ **빌통** 과거 보어인이 고기를 보관하던 방식으로 만든 육포야.

▲ **부르보르스** 브라이에 구워 먹는 남아프리카공화국식 소시지야. 집마다 만드는 요리법이 달라.

남아프리카공화국이 원산지인 피노타주 와인

▲ **케이프타운의 포도밭** 케이프타운은 유럽의 주요 와인 산지와 비슷한 지중해성 기후야. 케이프타운 일대에서 남아프리카공화국 와인의 대부분이 생산돼.

사라지지 않은 인종 차별과 빈부 격차

남아프리카공화국은 1948년 '아파르트헤이트'라는 인종 차별법을 실시했어. 넬슨 만델라를 비롯해 수많은 인권 운동가가 나선 덕에 오늘날 아파르트헤이트는 사라졌지만, 인종 차별은 여전히 심각한 문제란다. 그 때문에 빈부 격차도 심각하고, 치안도 좋지 않은 편이야.

↑ **넬슨 만델라** 남아프리카공화국의 인종 차별 문제 해결을 위해 평생을 바쳤어. 그 공로로 1993년, 당시 대통령이던 드 클레르크와 함께 노벨 평화상을 수상했지.

↑ **인종 차별 반대 시위** 남아프리카공화국의 흑인들이 흑인 차별에 반대하는 시위를 벌이고 있어.

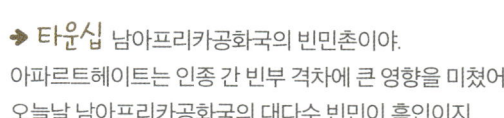

→ **타운십** 남아프리카공화국의 빈민촌이야. 아파르트헤이트는 인종 간 빈부 격차에 큰 영향을 미쳤어. 오늘날 남아프리카공화국의 대다수 빈민이 흑인이지.

↑ **분리된 거주지** 아파르트헤이트가 사라지며 인종 간 거주지 분리 정책도 사라졌지만 그 흔적은 여전히 남아 있어.

아프리카의 여러 나라가 독립을 이루다

"전쟁이 끝났으니, 이제 식민지들도 독립하는 건가요?"

"그래. 사실 식민지 독립은 대서양 헌장의 정신이기도 했어. 지난 시간에 말한 거 기억나지? 세계 각국의 독립을 지원하고, 더 이상의 영토 확장을 추구하지 않는다는 거 말이야. 제2차 세계 대전 이후 영국과 프랑스 같은 열강들이 대서양 헌장에 따라 실제로 식민지를 독립시킨 거야. 그 결과 세계에는 수십 개가 넘는 독립국이 새롭게 탄생했어. 특히 많은 독립국이 탄생한 대륙이 바로 아프리카란다."

"아프리카에서요?"

"그래. 아프리카는 아예 대륙 전체가 유럽 열강의 식민지 신세였으니까 말이야. 우선 1957년 영국의 식민지였던 가나가 독립을 이루었

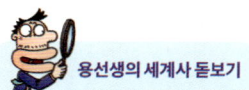
▶ 용선생의 세계사 돋보기

시기로는 1951년에 독립한 리비아와 모로코, 튀니지가 앞서지만 흑인이 국민 다수를 이루는 사하라 이남 아프리카 국가로는 가나가 최초 독립국이야. 그래서 보통 가나의 독립을 중요하게 본단다.

고, 이후 여러 나라가 줄줄이 독립을 얻었지. 1960년에는 무려 17개국이 한꺼번에 독립에 성공했기 때문에, 1960년을 '아프리카의 해'라고 해. 1963년에는 이렇게 독립을 이룬 아프리카의 여러 나라들이 뭉쳐서 '아프리카 통일 기구'라는 국제 조직까지 만들었단다. 이제는 아프리카도 국제 질서에서 어엿이 한 자리를 차지하게 된 거야."

"아무리 대서양 헌장이 중요하다고 해도, 식민지를 그렇게 쉽게 놓아주다니 의외인걸요."

"사실 열강에게는 더 이상 식민지를 지배할 힘이 없었어. 전쟁이 끝나고 유럽은 폐허가 되었거든. 농작물을 기르던 땅은 황무지가 되었고, 공장도 죄다 박살 났지. 게다가 전쟁 도중 막대한 빚을 지는 바람에 미국의 지원이 없으면 나라 살림을 꾸리는

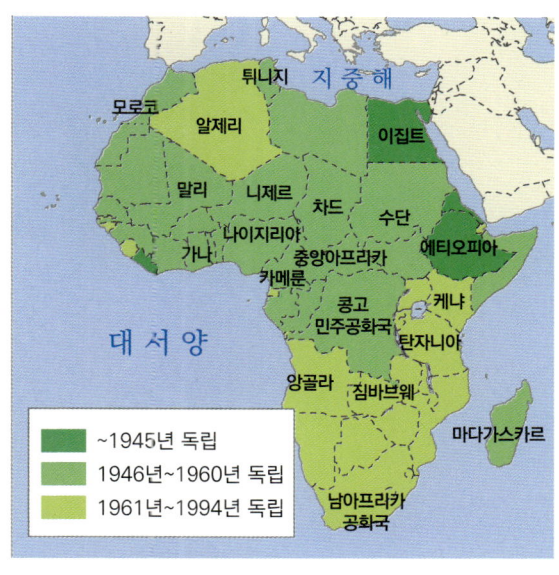

↑ 아프리카 국가의 독립

↑ **가나의 독립 기념문** 문 위의 검은 별은 흑인이 다수를 이루는 '검은 대륙' 아프리카 각국의 독립과 번영을 상징해. 가나 국기에도 같은 상징이 들어가 있어.

↑ **아프리카 통일 기구 창설** 1963년, 아프리카 통일 기구의 창설 기념식 모습이야. 아프리카 통일 기구에 참여한 국가들은 아프리카의 정치적, 경제적 발전을 위해 적극 협력하기로 했지.

것조차 어려운 형편이었단다. 그러니 무슨 수로 머나먼 바다 건너의 식민지를 관리하겠니?"

"자기 앞가림도 하기 힘든 처지였다는 말씀이시군요."

왕수재가 턱을 쓰다듬으며 용선생의 말을 받았다.

"이유가 하나 더 있어. 전쟁 이후 세계를 주도하게 된 미국과 소련이 둘 다 식민지 독립을 강하게 지원했단다."

"미국하고 소련요? 왜요?"

"일단, 소련은 원래 코민테른을 통해 세계 곳곳의 사회주의 혁명을 줄곧 지원해 왔어. 식민지 독립을 도와서 영국이나 프랑스 같은 열강의 힘을 약화시키는 동시에 아시아와 아프리카 곳곳에 사회주의 국가를 만들어서 고립에서 벗어나려는 속셈이었지."

대영 제국은 살아 있다! 영국 연방

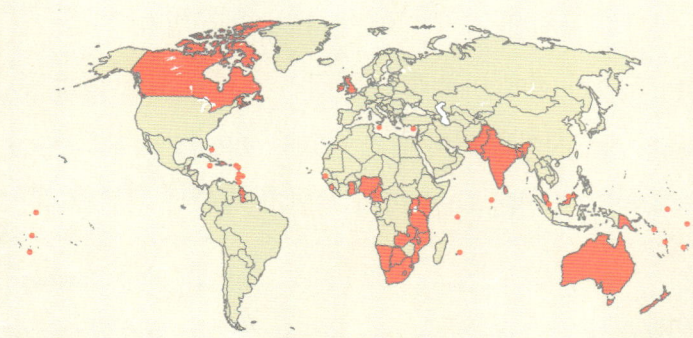

↑ **영국 연방 회원국** 오늘날 영국 연방에는 인도, 호주, 뉴질랜드, 캐나다 등 한때 영국의 지배를 받았던 나라 56개국이 가입되어 있어.

영국은 이미 오래전부터 드넓은 식민지를 직접 다스리는 데 애를 먹었어. 현지인의 저항은 거세고, 식민 지배에 드는 비용은 막대했거든. 그래서 영국은 차례로 식민지에 자치권을 부여했단다. 1867년에 캐나다가 최초로 자치권을 얻었어. 뒤이어 남아프리카 연방(오늘날 남아프리카공화국), 오스트레일리아, 뉴질랜드가 자치권을 얻으며 자체적으로 의회와 정부를 만들었지. 이들은 두 차례의 세계 대전을 거치며 독자적인 외교권과 군사권을 얻었고, 마침내 헌법을 만들며 완전히 독립했어. 제2차 세계 대전 이후 영국으로부터 독립한 국가들은 대부분 이렇게 자치권을 얻어 독립했단다.

하지만 이들은 독립한 이후에도 영국 본국은 물론 영국 식민지였던 다른 국가와 긴밀한 관계를 유지했어. 세계 곳곳에 영국의 식민지였던 나라가 있는 만큼, 서로 협력하는 게 큰 힘이 되었거든. 이런 의도로 영국과 영국의 식민 지배를 받았던 나라가 모여 만든 국제 기구가 '영국 연방'이야.

2025년 기준 영국 연방에는 56개국이 가입되어 있어. 영국 연방 회원국은 정기적으로 종합 스포츠 경기를 가지는 등 문화적 교류를 이어 나가고, 경제적으로나 외교적으로도 협력하지. 한때 세계를 호령했던 대영 제국은 쇠퇴했지만 그 흔적은 남아 있는 셈이야.

→ **남아프리카공화국을 방문한 엘리자베스 2세** 영국 연방 회원국은 영국 국왕을 회원국 모두의 지도자로 여겨. 일부 국가에서는 국왕으로 모시기도 하지.

"아, 맞다. 그래서 아시아 곳곳에 공산당이 생겨났다고 하셨죠?"

"그래. 유럽 열강은 힘이 다 빠진 상태라 더 이상 독립을 막기 어려웠어. 그러니 어차피 독립을 시켜 줘야 한다면, 미국 입장에서는 공산당의 힘이 더 커지기 전에 미국과 손을 잡은 세력에 힘을 실어 주고 정부를 세워서 독립시키는 편이 훨씬 나았던 거야."

"쩝. 결국 미국하고 소련이 나선 덕에 식민지 독립이 이뤄졌다는 말씀이시군요."

"바로 그거야."

용선생의 핵심 정리

제2차 세계 대전 이후 여러 이유로 식민지 독립이 시작됐고, 아프리카에서 수많은 신생국이 독립함.

알제리와 이집트가 유럽 열강과 싸워 이겨 내다

"그래도 큰 전쟁 없이 독립을 이뤄 냈으니 다행인 것 같아요."

"흠. 그런데 사실 모든 나라들이 순조롭게 독립을 이뤄 낸 건 아니란다. 같은 식민지라 하더라도 유럽 열강의 이해관계에 따라 상황이 크게 달랐지. 아프리카에서는 유럽에서 이주한 사람이 별로 없는 식민지는 대체로 순조롭게 독립을 이루었지만, 유럽에서 이주한 사람이 많은 식민지에서는 폭력 사태가 터졌고, 독립 시기도 늦었어. 아예 치열한 전쟁을 거친 끝에 독립을 쟁취한 나라도 있어. 대표적인 나라가 바로 프랑스 식민지인 알제리였지."

↑ **알제리 북서부의 도시 오랑** 알제리는 지중해에 접하고 있어서 프랑스 남부와 기후가 비슷해. 그래서 프랑스 사람들이 많이 건너와 살았단다.

"알제리요? 그럼 알제리는 프랑스와 전쟁을 벌였나요?"

"응. 북아프리카에 위치한 알제리는 프랑스에 여러모로 소중한 식민지였어. 알제리는 프랑스가 아프리카에 처음으로 개척한 식민지였고, 프랑스와 지리적으로도 가까운 데다 기후나 자연환경도 꽤 비슷해서 많은 프랑스인이 알제리에 정착했거든. 물론 유럽 본국과 멀리 떨어진 다른 식민지보다 관리도 더 철저히 이루어졌지. 알제리는 이런 식으로 120년이 넘도록 프랑스의 지배를 받았어. 그러다 보니 알제리가 아예 프랑스의 일부라고 생각하는 프랑스 사람이 많았단다."

"쳇. 아무리 가까워도 그렇지 그런 식으로 생각하다니, 프랑스 사람들 너무한 거 아녜요?"

영심이가 부루퉁한 표정을 지었다.

"게다가 프랑스는 제2차 세계 대전이 끝난 뒤에도 식민지를 독립시키는 대신, 영국 연방을 흉내 내어 '프랑스 연합'을 만들었어. 자치

독립은 찾아왔지만 시련은 깊어만 가고   **229**

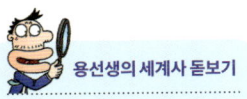

용선생의 세계사 돋보기

제국주의가 한창이던 시기, 프랑스가 알제리를 침략했을 때 알제리와 프랑스 사이에 격렬한 다툼이 있었어.

권을 주는 정도면 몰라도 완전히 독립시킬 생각은 없었던 거지."

"그래서 알제리가 전쟁을 벌였던 거군요?"

"그래. 예전에도 배웠지만 알제리는 결코 프랑스의 식민 지배를 호락호락 받아들인 나라가 아니었잖니. 제2차 세계 대전이 끝나자, 수많은 알제리인이 거리로 쏟아져 나와서 다시 한번 독립 운동을 시작했어. 하지만 프랑스는 군대를 동원해 시위대를 강경하게 짓밟았지. 심지어 전함과 폭격기까지 끌어들여서 알제리인 마을을 폭격해 수천 명이나 되는 희생자가 발생했단다."

"어휴, 사람 사는 마을에 폭탄을 퍼부어요?"

장하다가 기가 찬다는 표정을 지었다.

"분노한 알제리인은 1954년 '알제리민족해방전선'이란 정당을 결성해 프랑스와 독립 전쟁을 시작했단다. 전세는 병력도 많고 잘 무

▲ 알제리에 파견된 프랑스군
프랑스는 알제리 독립 운동을 진압하기 위해 정예 부대를 알제리에 보냈어.

▲ 알제리민족해방전선 민족 해방군
이들은 프랑스군에 비해 무장이 빈약했기 때문에 지형을 이용한 게릴라전을 펼쳤어.

장한 프랑스가 월등히 유리했어. 하지만 알제리민족해방전선은 게릴라전으로 맞서면서 집요하게 프랑스를 괴롭혔단다. 프랑스는 알제리 민간인 수십만 명을 학살하고 악랄하게 고문하면서 한 걸음도 물러서지 않았지. 결국 알제리 독립 전쟁은 수많은 피해를 낳으며 무려 8년이나 계속됐어."

> 용선생의 세계사 돋보기
>
> 정확한 희생자 수는 프랑스와 알제리의 의견이 엇갈리는데, 알제리 주장에 따르면 민간인만 최소 150만 명 이상 사망했다고 해.

"민간인을 마구 죽이다니, 대체 나치 독일이랑 다를 게 뭐예요?"
나선애가 씩씩대며 말했다.

"전쟁이 길어질수록 세계에서 프랑스를 향해 거센 비난을 쏟아 냈어. 미국과 소련도 프랑스를 향해 전쟁을 그만두고 알제리를 독립시키라고 압력을 넣었지. 다른 아랍인 국가도 알제리 편을 들었고."

"프랑스 편이 하나도 없었군요."

"심지어 프랑스 국내에서도 알제리의 독립을 놓고 정부의 식민지 정책에 반대하는 목소리가 거세졌어. 결국 알제리 독립을 막으려던 정부는 무너지고 새 정부가 들어섰지. 새 정부는 1962년, 알제리에서

◀ 폭격으로 무너진 알제리의 건물
알제리민족해방전선의 지도자가 숨어 지내던 건물이야. 1958년, 프랑스군의 폭격으로 무너졌어.

알제리의 프랑스인, 프랑스의 알제리인

120여 년 동안 프랑스의 식민 지배를 받은 알제리에는 프랑스 사람이 꽤 많이 살았어. 또 알제리에서 태어난 프랑스인도 많았지. 이들은 대개 알제리에서 상류 계급으로 대접받으며 지식인으로 성장했단다. 소설《이방인》을 쓴 알베르 카뮈가 바로 알제리 출신의 프랑스인이야.

알제리의 프랑스인은 대개 알제리의 독립에 반대했어. 이들은 프랑스인이지만 알제리를 고향으로 여기며 평생을 살아왔기 때문이지. 프랑스 본토는 낯선 데다가, 재산도 대부분 알제리에 있어서 이들은 만약 알제리에서 쫓겨난다면 빈털터리가 될 처지였단다.

결국 알제리 독립 이후 알제리의 프랑스인들은 많은 재산을 잃고 프랑스 본토로 피신했어. 바다 건너 미국 같은 나라로 이민을 간 사람도 적지 않았지. 이들 중 몇몇 사람들은 알제리 정부가 자신들의 재산을 보상해 줘야 한다고 주장하기도 했어.

▲ **알베르 카뮈** 프랑스의 소설가이자 철학자로, 알제리 출신의 프랑스인이야. 카뮈는 알제리에 자치권을 주는 정도는 몰라도 완전한 독립은 부당하다고 주장했어.

반면 프랑스 편에 서서 싸웠던 알제리인도 있어. 이들을 '하르키'라고 하는데, 알제리 독립 전쟁 중에는 프랑스군을 도와 알제리의 질서 유지 역할을 맡았지. 우리나라로 치면 일제 강점기 순사 노릇을 한 거야. 8~9만 명쯤 되는 하르키는 알제리가 독립한 이후 조국의 배신자로 낙인찍혀 혹독한 고난을 겪었어. 알제리에 남아 있다가 본인은 물론 가족까지 처형당했고, 심지어 광장에서 죽을 때까지 몰매를 맞기도 했대.

프랑스로 도망가 정착한 하르키도 많았어. 이들은 목숨은 건졌지만 고생하기는 마찬가지였단다. 알제리 출신이라는 이유로 인종 차별을 받으며 프랑스 사회에서 어렵고 힘든 일을 도맡아야 했거든. 오늘날 프랑스 사회에서도 하르키에 대한 차별은 여전히 논란거리가 되고 있어.

▲ **하르키** 알제리 독립 전쟁 당시 프랑스 편에서 싸운 알제리인이야. 독립 이후 이들은 매국노로 몰려 숱한 고난을 겪었지.

▲ **지네딘 지단** 프랑스의 최고 축구 영웅인 지네딘 지단은 하르키의 후손이야. 지단의 아버지가 알제리에서 떠나온 하르키였지.

군대를 철수하기로 결정했단다. 전쟁 상황은 프랑스에 유리했을지 몰라도, 국내외 여론이 워낙 나쁘다 보니 알제리의 독립을 인정한 거지."

"알제리는 끈질기게 싸운 끝에 독립을 쟁취한 거군요."

"하지만 치열한 전쟁으로 프랑스와 알제리 사회 모두 큰 상처를 입었어. 그래서인지 오늘날까지도 알제리와 프랑스 두 나라는 사이가 그다지 좋지 않단다."

▲ 수에즈 운하를 지키는 영국군 수에즈 운하는 서아시아에서 유럽으로 원유를 운반하는 핵심 수송로였어.

"근데 선생님, 영국은 어땠어요? 별 갈등 없이 식민지를 놓아줬어요?"

곽두기가 궁금한 듯 물었다.

"음, 영국이 프랑스보다 식민지 독립에 우호적이었던 것은 맞지만, 단 하나 이집트 문제만은 예외였어. 수에즈 운하 때문이었지. 이집트는 제1차 세계 대전 이후 공식적으로는 독립했지만, 영국은 수에즈 운하를 보호한다는 핑계로 이집트에 영국군을 주둔시키며 이집트 정치에 시시콜콜 간섭했거든. 게다가 수에즈 운하의 어마어마한 통행세도 영국이 독차지했지."

"에이, 그러면 독립하나 마나잖아요."

"맞아, 하지만 이집트 국왕과 귀족은 여전히 영국에 기댈 뿐 개혁 의지를 보이지 않았어. 오히려 영국과 손을 잡고 사치만 누릴 뿐이었지. 이러던 도중 때마침 1948년 제1차 중동 전쟁이 터졌고, 이집트는

용선생의 세계사 돋보기

제1차 중동 전쟁은 이스라엘 건국 때문에 시작됐어. 이스라엘의 건국에 주변 아랍인들이 거세게 반발했거든. 결국 전쟁이 일어났는데, 아랍 국가들이 이스라엘에 크게 패배했어.

↑ **이집트 자유청년단** 이들은 1952년 부패한 군대를 개혁하고 국익을 해친 반역자를 몰아내자며 친영 정부에 맞서 쿠데타를 일으켰어.

↑ **폭격을 받은 이집트** 영국 공군의 폭격으로 불타는 이집트의 항구 모습이야.

↑ **가말 압델 나세르**
(1918년~1970년) 쿠데타를 일으켜 친영 정부를 내쫓고 수에즈 운하를 국유화했어. 이후 서양 열강에 맞서는 아랍 민족주의의 상징적 인물이 됐지.

이스라엘에 크게 패배했지. 패배의 굴욕을 겪은 젊은 장교들은 지도층의 부패로 나라꼴이 엉망이 되었다며 분노했어. 결국 참다못한 젊은 장교들은 1952년에 쿠데타를 일으켜 왕을 몰아내고 새로운 정부를 만들었단다. 그리고 쿠데타 지도자였던 나세르가 1956년, 새 대통령이 됐지. 대통령이 된 나세르는 '지금부터 수에즈 운하는 이집트가 소유한다!'고 선언했어. 영국으로부터 수에즈 운하를 되찾으려 한 거야."

"오호라, 용감한데요? 영국이 가만있지 않을 텐데."

"당연하지. 영국은 이집트의 새 정부를 뒤집어 엎으려고 했어. 그래서 프랑스 공군뿐 아니라 이스라엘 육군까지 끌어들여 이집트를 하늘과 땅에서 맹렬히 공격했지."

"세 나라와 맞서 싸워야 하다니……. 결과가 어떻게 됐어요?"

영심이가 깜짝 놀란 듯 말했다.

"전쟁 자체는 누가 봐도 영국의 압승으로 끝날 것 같았어. 근데 소련과 미국이 적극적으로 나서자 결과가 달라졌지."

"아, 그럼 두 나라가 전쟁을 방해했나요?"

"응. 나세르는 영국과 앙숙인 소련과 친하게 지냈어. 하지만 사회주의자가 아니었기 때문에 미국과도 완전히 등을 돌린 사이는 아니었지. 한마디로 이집트는 두 나라 사이에서 아슬아슬 줄타기를 한 셈이야. 전쟁이 시작되자, 소련은 전쟁을 멈추지 않으면 영국과 프랑스를 공격하겠다며 으름장을 놓았어. 미국 역시 소련이 개입하도 돕지 않겠다며 영국과 프랑스를 압박했지."

"미국은 왜 영국 편을 들지 않았나요?"

"수에즈 운하야 영국한테나 중요하지 미국에게는 전혀 중요하지 않았거든. 미국 입장에서는 수에즈 운하 때문에 굳이 소련과 전쟁을 벌일 마음은 없었어. 결국 영국은 완전히 꼬리를 내리고 이집트에서 철수할 수밖에 없었단다."

"영국이 완전히 망신을 당했네요."

왕수재가 혀를 쯧쯧거렸다.

"그래. 이로써 수에즈 운하는 완전히 영국의 손아귀에서 벗어났고, 이집트도 영국의 간섭에서 자유로워졌지. 이로써 세계를 지배하는 건 영국과 프랑스가 아니라 미국과 소련이라는 게 명백히 드러났어. 이와 비슷한 시기에 유럽 열강은 아프리카뿐 아니라 동남아시아에서도 똑같이 낭패를 봤단다."

용선생의 핵심 정리

알제리는 프랑스와 8년에 걸친 치열한 전쟁을 벌여 독립에 성공함. 이집트도 영국과의 전쟁 끝에 수에즈 운하 국유화를 선언했으며, 미국과 소련의 개입을 거쳐 영국의 영향에서 완전히 벗어남.

동남아시아의 여러 나라가 독립을 이루다

"그럼 동남아시아에서도 전쟁이 벌어졌어요?"

"우선 인도네시아부터 보자. 1600년대부터 네덜란드가 인도네시아 일대를 지배했던 거 기억하지? 태평양 전쟁이 시작된 이후에는 일본군이 3년 반 동안 인도네시아를 점령했어. 이때 인도네시아의 독립 운동 지도자인 수카르노는 일본에 협력해 네덜란드를 몰아내려 했단다."

"그럼 독립을 하기 위해 일본 편을 들었다는 건가요?"

"수카르노는 어떻게든 서양 열강의 손아귀에서 벗어나는 게 우선이라고 생각했거든. 물론 태평양 전쟁 막바지에는 일본이 동남아시아에서도 전쟁 물자를 닥치는 대로 긁어 가면서 현지인의 저항이 거세게 일어났지만, 처음에는 일본이 인도네시아의 자치권도 인정해 주고 군대도 갖도록 해 줘 거부감이 크게 없었어. 그러다가 1945년 8월 15일에 일본군이 항복하자, 수카르노는 이틀 뒤인 8월 17일에 인도네시아의 독립을 선언했어. 일본이 물러났다고 해서 또다시 네덜란드의 지배를 받을 생각은 없었기 때문이지."

"그런데 네덜란드가 그걸 인정하지 않은 거군요?"

"맞아. 300년이 넘도록 지배했던 식민지를 하루아침에 순순히 독립시켜 줄 리 없지. 네덜란드는 당장 인도네시아로 쳐들어갔어. 인도네시

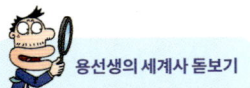
용선생의 세계사 돋보기

인도네시아는 이날을 독립 기념일로 삼았어. 하지만 실질적인 독립은 4년 후인 1949년에 이루었지.

↑ **독립을 선언하는 수카르노**
수카르노는 태평양 전쟁이 끝난 지 이틀 만에 인도네시아 독립을 선언했어. 하지만 네덜란드는 독립을 인정하지 않고 인도네시아를 다시 식민지로 삼으려고 했지.

아도 당연히 격렬하게 저항했지. 4년 넘게 독립 전쟁이 이어졌단다. 이 전쟁에서 자그마치 80만 명이 넘는 희생자가 생겼지."

"어휴, 또 전쟁으로 많은 사람들이 죽다니……. 어차피 다스릴 힘도 없는데 순순히 독립시켜 줬어도 되잖아요."

"맞아요. 네덜란드는 이미 제2차 세계 대전에 온 힘을 쏟았는데 더 싸울 힘이 어디 있겠어요?"

아이들이 저마다 볼멘소리를 내놓았다.

"그래도 전쟁은 군사력이 앞선 네덜란드에 유리하게 흘러갔어. 인도네시아 독립군은 계속 패배하며 궁지에 몰렸지만, 끊임없이 저항하며 국제 사회에 독립을 호소했단다. 결국 네덜란드를 향한 세계의 시선이 따가워졌어. 대서양 헌장을 무시하고 간신히 되찾은 세계 평화를 해친다는 이유 때문이었지. 국제 연합도 전쟁을 막으려 들었고, 네덜란드에는 무엇보다도 미국의 경고가 결정적이었어."

"미국이 또 나섰어요?"

"미국은 만약 네덜란드가 이대로 전쟁을 계속한다면 마셜 플랜에 따른 경제 지원을 중단하겠다고 했어. 결국 1949년, 네덜란드는 인도네시아의 독립을 인정할 수밖에 없었지."

"그러게 진작 포기할 일이지."

장하다가 그럴 줄 알았다는 듯 고개를 끄덕였다.

▲ **인도네시아에 도착한 네덜란드군** 네덜란드는 1947년과 1948년 두 차례에 걸쳐 인도네시아를 공격했어.

▲ **인도네시아 독립을 승인하는 네덜란드** 1949년, 네덜란드는 암스테르담에서 인도네시아의 독립을 승인하는 문서에 서명했어.

용선생의 세계사 돋보기

실제 네덜란드는 마셜 플랜으로 지원받은 자금 중 상당량을 인도네시아 독립 전쟁에 쏟아부었어. 전후 복구에 쓰라고 지원한 돈을 전쟁에 쓴 셈이지.

▲ 프랑스령 인도차이나의 분단

"자, 이번에는 대륙부 동남아시아 지역을 한번 살펴볼까? 인도네시아와 비슷한 시기에 베트남에서도 독립 전쟁이 일어났어. 베트남은 원래 프랑스의 식민지였는데 태평양 전쟁 도중 일본에 점령당했고, 일본이 패전한 후에는 독립 운동 지도자들이 독립을 준비했지."

"인도네시아와 비슷한 상황이네요."

"맞아, 인도네시아와 다른 점이 있다면 전쟁 뒤처리를 위해 북부 지역에는 중국군이, 남부 지역에는 영국군이 들어왔다는 거지. 두 나라는 북위 17도 선을 경계로 프랑스령 인도차이나를 둘로 나누어 점령했어. 우리나라는 38도 선을 경계로 소련과 미국이 나누어 점령했지? 이때 베트남도 비슷한 처지가 된 거야."

"베트남도 우리나라처럼 반으로 나뉘었군요."

"응. 하지만 프랑스는 베트남을 호락호락 양보할 생각이 없었어. 그래서 베트남을 옛 주인인 자신에게 돌려 달라고 계속 요구했지."

"옛 주인은 무슨! 그래서 어떻게 됐어요?"

"결국 프랑스가 넘겨받았어. 이 당시 영국은 인도의 독립 요구에 시달리고 있어서 하루바삐 동남아시아에서 손을 떼려 했거든. 중국도 내부에서 국민당과 공산당 사이의 싸움이 다시 시작되는 바람에 황급히 물러났지."

"어라, 그럼 베트남은 다시 프랑스 차지가 된 거네요?"

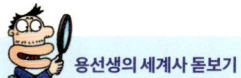

중국은 중국 각지에 있던 프랑스 조차지를 돌려받고, 프랑스령 인도차이나에 있는 화교가 우대 받는 조건으로 1946년 4월부터 차례로 중국군을 철수시켰어.

"아냐, 중국군이 물러나며 북베트남에 신경을 쓰지 못하는 동안, 베트남의 독립 운동 지도자인 호찌민이 북베트남을 장악했어. 호찌민은 1945년 9월 하노이에서 '베트남 민주 공화국'을 세우고 독립을 선언했지. 그러자 프랑스는 더 이상 독립의 기운이 퍼지지 못하도록 황급히 남베트남의 사이공에 프랑스의 꼭두각시 정부를 만들었단다."

↑ 베트남국의 바오다이 황제 제2차 세계 대전 이후 프랑스는 옛 베트남 제국의 바오다이 황제를 내세워 '베트남국'이라는 꼭두각시 국가를 세웠어. 베트남에서 패권을 계속 유지하려는 수작이었지.

"프랑스가 어떤 수를 써서라도 베트남 독립을 막으려 했군요."

"맞아. 프랑스는 호찌민이 장악한 북베트남 역시 포기할 생각이 없었어. 그래서 1946년, 북베트남을 공격했지. 본국과 식민지에서 긁어모은 50만 대군을 동원해 북베트남의 주요 항구와 도시에 무차별 폭격을 퍼부었단다. 수많은 민간인이 목숨을 잃었고, 베트남은 프랑스군에 계속 밀려나며 북부 산악 지역까지 내쫓기고 말았지."

> **왕수재의 지리 사전**
> **사이공** 베트남 남부 도시 호찌민의 옛 이름.

"어휴, 또 전쟁으로 죄 없는 사람들이 많이 죽었군요."

"선생님, 이번에는 미국이 끼어들지 않았어요?"

곽두기가 뭔가 기대하는 듯 말했다.

"아니, 인도네시아 독립 전쟁과 달리 미국은 베트남이 아닌 프랑스 편을 들었어."

↑ 오늘날의 하이퐁 하이퐁은 오늘날 베트남 북부의 중요한 항구 도시야. 1946년 프랑스가 이곳에 함대 포격과 공중 포격을 퍼붓는 바람에 수천 명의 베트남 사람이 목숨을 잃었지.

↑ **베트남에 상륙한 프랑스 해군** 1950년 7월, 프랑스 해병대가 베트남 해안에 상륙했어.

"어머, 태도가 완전히 다르네요."

"호찌민이 세운 베트남 민주 공화국이 아시아 최초의 사회주의 국가였기 때문이야. 미국은 베트남이 독립하는 데는 반대하지 않지만, 베트남에 사회주의 정부가 들어서서 주변 국가에 사회주의가 퍼질까 봐 걱정했거든. 특히 한국 전쟁이 터진 뒤로는 프랑스에 수백 대의 전투기뿐 아니라 막대한 전쟁 자금도 지원했단다."

"미국이 프랑스 편이었으니, 베트남 독립은 물 건너갔겠군요."

왕수재가 고개를 설레설레 저었다.

"그런데 베트남은 생각처럼 쉽게 무릎 꿇지 않았어. 밀림에서 게릴라전을 벌이며 프랑스군을 집요하게 괴롭혔지. 전쟁은 길어졌고, 프랑스군의 피해는 점점 커졌단다. 그러자 프랑스 국내 여론이 많이 나빠졌어. 제2차 세계 대전이 끝난 지 얼마 안 되는 판에 머나먼 베트

남까지 군대를 보내서 또 전쟁을 벌일 게 뭐냐는 거였지. 게다가 이때 알제리에서도 독립 시위가 한창이었기 때문에, 프랑스는 베트남에 집중하기가 어려웠단다."

"베트남보다는 알제리가 중요하다, 이거죠?"

"말하자면 그렇지. 아까 말했던 것처럼 알제리는 프랑스에 의미가 깊은 식민지였으니까. 1949년이 되면 프랑스의 상황이 더욱 나빠졌어. 중국이 내전 끝에 사회주의 국가로 거듭나더니 베트남을 지원하기 시작했거든. 프랑스는 북베트남에서 계속 밀려났고, 결정적으로 1954년 디엔비엔푸 전투에서 참패를 당한 뒤 베트남을 완전히 단념할 수밖에 없었어."

"그럼 남베트남도 포기했어요?"

"이미 프랑스에 대한 베트남 사람의 반감이 거세질 대로 거세진 뒤라 남베트남을 계속 지배하는 것도 불가능했어. 드디어 1955년, 남베트남은 프랑스의 손아귀에서 벗어나 '베트남 공화국'으로 독립했고, 이웃한 캄보디아와 라오스도 함께 독립했단다."

"이야, 프랑스가 제대로 혼쭐이 났군요."

"하지만 막상 프랑스가 베트남에서 완전히 손을 떼려 하자 미국의 고민이 깊어졌어. 이대로라면 북베트남에서 시작된 사회주의의 물결이 남베트남은 물론이고 동남아시아 전체를 삼켜 버릴 게 분명해 보였거든. 미국은 남베트남 정부를 지원해 사회주의 세력에 맞서는 방패로 삼으

▲ **보응우옌잡** (1911년~2013년) 인도차이나 전쟁 당시 베트남 총사령관. 디엔비엔푸에서 프랑스군을 무찔러 인도차이나 전쟁을 승리로 이끌었지.

왕수재의 지리 사전

디엔비엔푸 오늘날 베트남 북서부에 위치한 도시야. 사방이 산지로 둘러싸인 분지래.

▲ **베트남 공화국 응오딘지엠 총리와 미국 아이젠하워 대통령** 미국은 베트남 공화국을 적극 지원해서 사회주의 세력의 확장을 막으려 했어.

작지만 강한 나라 싱가포르의 탄생

영국의 식민지였던 말레이시아에는 중국계 이민자인 화교가 많았어. 일부 지역에서는 중국인 인구 비율이 절반을 넘을 정도였지. 중국인은 특히 유럽인이 많은 도시 위주로 정착해 유럽인의 공장이나 광산에서 노동자로 일했단다. 제2차 세계 대전 이후 말레이시아의 중국인은 영국에 독립을 요구하면서, 말레이시아인과 동등한 권리를 누리겠다고 주장했어. 말레이시아인 입장에서는 '굴러

↑ 싱가포르 센토사섬 오늘날 싱가포르는 동남아시아의 대표적인 자유무역 도시로 1인당 국민소득이 세계 최상위권에 들 만큼 부유한 나라야.

들어온 돌'인 중국인이 자신들의 권리를 빼앗는 것처럼 보였지. 요구가 받아들여지지 않자 중국인이 중심이던 말레이시아 공산당은 말레이시아 전국에서 무장 반란을 일으켰어. 영국은 비상사태를 선포하고 12년 동안이나 공산당과 맞서 싸웠단다. 이때 대다수 말레이시아인도 영국 편에 섰지. 1960년, 말레이시아 공산당은 패배했고 말레이시아에는 말레이시아인이 주도하는 독립 정부가 생겨났어. 중국인은 설 자리를 잃고 말았지. 이 과정에서 말레이시아에서 떨어져 나온 국가가 바로 싱가포르란다. 싱가포르는 영국의 식민 지배를 받으며 성장한 항구 도시로, 인구의 80퍼센트가 중국인이었어. 그래서 말레이시아에서 쫓겨나 독립해야 했던 거야.

막 독립 국가가 된 싱가포르는 말레이시아에 비하면 너무나 조그마한 도시에 불과했어. 이렇다 할 자원도 없고, 마실 물도 없어서 말레이시아에서 끌어 오는 형편이었지. 하지만 싱가포르는 결국 홀로서기에 성공했단다.

싱가포르의 첫 수상 리콴유는 중국인뿐 아니라 인도인과 말레이시아인도 포용하는 정책을 펼쳐 싱가포르를 다민족 국제도시로 만들려 했어. 밖으로는 미국, 소련 등과도 원만한 외교 관계를 유지했고, 안으로는 국가가 강력하게 산업화를 주도해 나갔어. 그 덕분에 싱가포르는 무서운 속도로 경제 성장을 이룩했고, 오늘날엔 동남아시아의 대표적인 대도시이자 경제 강국으로 자리를 굳건히 지키고 있어.

↑ 리콴유 (1923년~2015년) 싱가포르의 첫 수상. 싱가포르의 기반을 다져 경제 성장을 이루는 데 큰 역할을 했지만, 그 과정에서 민주주의를 희생한 독재자로 평가받아.

려 했어. 그래서 남베트남 정부에 경제적 지원을 시작했고, 각종 무기와 전쟁 물자도 지원해 주었지. 이로써 베트남은 완전히 두 나라로 갈라졌단다."

"전쟁 끝에 둘로 갈라지다니 우리나라랑 비슷하네요."

장하다의 말에 용선생은 고개를 끄덕였다.

"맞아. 하지만 동남아시아의 다른 나라들은 대체로 큰 전쟁 없이 독립을 얻어 냈어. 미국의 지배를 받던 필리핀은 1946년에 순조롭게 독립했고, 미얀마는 1948년에 독립을 얻었지. 말레이시아는 영국의 다른 식민지처럼 자치권을 얻었다가 1957년에 정식으로 독립했단다."

▲ 동남아시아 국가의 독립

용선생의 핵심 정리

인도네시아는 네덜란드를 상대로 독립 전쟁을 벌였고, 베트남은 프랑스를 상대로 전쟁을 벌인 끝에 사회주의 정부가 세워진 북베트남과 미국의 지원을 받는 남베트남으로 분단됨. 이외에 동남아시아의 다른 국가들은 대체로 순조롭게 독립함.

식민 지배가 남긴 상처들

"그래도 결국엔 다들 독립을 얻어 냈으니 다행이네요."

"사실, 독립은 시작일 뿐이었어. 독립 이후에도 해야 할 일이 산더

미였거든. 일단 먹고살아야 하니 산업화를 통해 경제 발전을 이루어 내야 했고, 그 과정에서 모든 국민의 권리를 잘 보호할 수 있도록 민주주의 제도도 갖추어 나가야 했지. 그런데 이게 만만한 일이 아니었단다."

"그럴 거 같아요. 하루아침에 이루어질 일은 아니겠네요."

장하다가 뒷머리를 긁적이며 말했다.

"막 독립을 이룬 아프리카나 아시아에는 다행히 유럽 열강이 남겨 놓고 간 각종 시설이 있었어. 유럽 열강은 커피, 목재나 고무 같은 천연 자원을 생산해서 내다 팔기 위해 여러 시설을 건설했거든. 또 자원과 상품을 쉽게 실어 나르려고 만든 철도나 도로, 항구 같은 시설도 고스란히 남아 있었어."

"그거 다행이네요. 그럼 그냥 유럽 사람들이 하던 그대로 사용하면 되잖아요?"

↑ **인도네시아의 담배 농장** 유럽인은 동남아시아와 아프리카 곳곳에 농장을 만들어 운영했어. 이 농장은 식민 지배가 끝난 뒤에도 여전히 운영되었지.

"응. 근데 막상 시작해 보니 문제가 있었어. 그게 생각보다 어려운 거야."

"어라, 왜요?"

"목재나 고무, 사탕수수 같은 천연자원을 그대로 채취해서 파는 것 정도로는 별 이득이 없어. 큰돈을 벌려면 이런 자원을 잘 가공해서 가구나 타이어, 설탕을 만들어 팔아야 했지. 그런데 가공 기술을 아는 기술자는 대개 유럽 사람이었는데, 독립과 함께 본국으로 돌아가고 없잖니? 그러니 자원을 채취해서 헐값에 유럽 시장에 내다 파는 것 말고는 할 수 있는 일이 별로 없었던 거야."

↑ 합성 고무를 생산하는 사람들
합성 고무는 값도 저렴할뿐더러, 열과 기름에 강해 널리 쓰여.

"남겨 놓은 시설이 경제 발전에 큰 도움이 되지 않았다는 거네요."

"그렇지. 게다가 미국과 유럽의 화학자들은 연구를 통해 각종 천연 자원보다 훨씬 값이 싸고 질도 우수한 대체품을 생산해 내기도 했단다. 천연고무를 대체할 합성 고무를 발명했고, 천연염료를 대체할 합성염료를 만들어 냈지. 이런 물건을 팔면 많은 돈을 벌 수 있었어. 한마디로 자원보다는 기술이 훨씬 더 중요했다, 이거야."

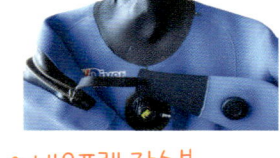
↑ 네오프렌 잠수복
미국과 유럽 기술자들은 제2차 세계 대전 때 부족한 천연고무를 대체하기 위해 합성 고무(네오프렌)를 개발했어.

"그럼 기술을 배워 오면 되잖아요?"

왕수재가 심드렁한 표정을 지었다.

"말이야 쉽지. 기술을 어디 공짜로 가르쳐 주니? 식민 지배를 받았던 나라는 대부분 교육 수준이 높지 않았어. 유럽식 학교에서 교육을 받거나 유학을 다녀온 사람도 극히 일부뿐이었지. 게다가 기술을 어찌어찌 배워 온다고 해도, 비싼 기계는 어떻게 구하고, 공장은 무슨

↑ 미얀마의 네 윈
독립운동가였지만, 1962년 쿠데타를 일으켜 권력을 잡았어.

돈으로 짓겠니?"

"쯥. 역시 경제 발전은 쉽지 않군요."

영심이가 고개를 절레절레 저었다.

"게다가 정치적인 문제는 더욱 심각했어. 새롭게 독립한 나라들은 대개 유럽을 따라 민주주의 제도를 택했지. 헌법과 의회도 만들고, 투표를 통해 나라의 지도자를 뽑으려 했어. 그런데 국민 대부분은 민주주의가 뭔지, 헌법은 뭐고 의회는 뭔지 아주 기초적인 지식조차 없는 경우가 많았어. 그래서 독재자가 등장해 권력을 마구잡이로 휘두르는 경우가 수두룩했단다."

"도대체 누가 권력을 잡았는데요?"

"대개 식민 지배를 받는 동안 민족 운동을 이끈 사람이었어. 이들은 독립한 뒤 국민의 인기를 바탕으로 권력을 움켜쥐고, 자신에게 반대하는 사람들을 모조리 제거했어. 그리고 법을 무시하고 독재를 했단다. 동남아시아의 독립국인 인도네시아, 필리핀, 미얀마 등 대부분의 나라에 이런 식으로 독재자가 등장했지. 마찬가지로 아프리카에서도 수많은 독재자가 권력을 잡고 국민의 자유를 심하게 탄압했어. 이 순간까지도 수십 년째 권력을 휘두르는 독재자들이 많단다."

"휴, 그런 문제가 있었군요."

"이런 독재자들은 나라를 제대로 다스리지도 못했어. 필리핀의 마르코스나 짐바브웨의 무가베처럼 온갖 부정부패를 저지르며 자기 배만 채우거나, 어설픈 경제 정책으로 그렇잖아도 어려운 경제를 완전히 수렁에 빠트리기도 했지."

"그럼 국민이 가만히 있지 않을 텐데요?"

🔺 **필리핀의 독재자 페르디난드 마르코스 대통령의 두 번째 취임식** 마르코스 대통령은 21년간 독재하며 부정부패를 저질러 필리핀을 가난한 나라로 만들었어.

🔺 **우간다의 독재자 - 이디 아민과 밀턴 오보테** 이디 아민과 밀턴 오보테는 쿠데타로 정권을 주거니 받거니 하며 10만 명이 넘는 민간인을 학살했어.

"당연히 국민은 정부에 저항하며 봉기를 일으켰어. 그러던 나라의 질서를 잡는다는 명분으로 군대가 불쑥 끼어들어 쿠데타를 일으켜서 더 큰 혼란을 가져왔지. 우간다의 경우 쿠데타가 연속으로 일어나 나라가 거의 무너질 지경이었어."

"나라가 엉망이 됐겠네요."

"특히 아프리카에서는 역사적으로 뿌리가 깊은 종족 간의 갈등, 종교적 갈등 같은 문제가 마구 뒤섞여서 수많은 나라가 내전으로 고통받았어. 르완다, 나이지리아, 수단, 앙골라……. 그중에는 오늘날까지도 내전이 한창인 나라도 있지. 심지어 소말리아는 부족 간의 내전, 이웃 나라와의 전쟁을 거친 끝에 정부군과 반군, 이슬람 극단주의 세력까지 한데 엉켜 싸우느라 아직까지 제대로 된 정부가 없는 형편이야."

"어휴, 아무리 갈등이 심해도 그렇지, 같은 나라 사람끼리 일단 힘을 합쳐야 하는 거 아닌가요?"

↑ 로버트 무가베 부부 무가베는 짐바브웨 독립 운동을 이끈 독립 운동가야. 하지만 대통령으로 당선된 뒤 독재자가 되어 사치와 부정부패를 일삼고 많은 사람을 탄압했어.

↑ 짐바브웨의 100조 달러 지폐 돈을 대책 없이 찍어 내다 보니 엄청난 인플레이션이 발생해 100조짜리 지폐까지 등장했어. 당시 이 돈의 실제 가치는 우리 돈으로 800원 정도였대.

"그것도 쉽지 않아. 사실 아프리카에서는 같은 나라에 있어도 서로를 '같은 나라 사람'이라고 생각하지 않는 경우가 많거든. 한마디로 '국민 의식'이 제대로 자리 잡지 못한 거야."

"그게 무슨 말씀이세요?"

"아프리카 사람들이 원하는 대로 나라를 세운 게 아니라, 유럽 사람들이 편의대로 국경을 긋고 독립을 시켰기 때문이야. 그건 지도만 봐도 알 수 있어. 아프리카 지도를 보면 국경선이 직선으로 죽죽 뻗어 있는 게 보이지?"

"네. 이상하게 직선이 많은 것 같긴 해요."

"보통 국경은 이렇지 않아. 큰 강이나 높은 산줄기를 따라 만들어진 구불구불한 자연적 경계가 곧 국경선이 되기 마련이지. 하지만 아프리카에서는 영국, 프랑스 같은 열강이 지도만 보고 자기들 편한 대로 죽죽 국경선을 그렸어. 그

↑ 아프리카의 인위적인 국경선

남아프리카공화국의 인종 차별 정책, 아파르트헤이트

46664, 그는 누구인가?

↑ **홈랜드** 남아프리카공화국의 흑인은 '홈랜드'라는 별도의 주거 지역에서 살았어. 이곳은 거의 황무지나 다름없었지.

↑ **남아프리카공화국의 신분증** 백인의 신분증에는 백인을 뜻하는 'White'가, 백인이 아닌 유색인의 신분증에는 유색인종을 뜻하는 'Colored'가 찍혔지.

아프리카 남부의 남아프리카공화국에는 백인이 꽤 많이 정착해 살았어. 유럽과 기후가 비슷해서 백인이 적응하기 좋았거든. 백인은 원주민인 흑인을 노예로 부리며 남아프리카를 지배했어. 노예 제도는 1800년대 들어 폐지됐지만, 그 후유증은 인종 차별 정책이란 모습으로 사회 깊숙이 뿌리를 내렸지. 남아프리카공화국이 독립한 이후 인종 차별은 아예 법으로 만들어져서 악명을 떨쳤단다. 남아프리카공화국의 인종 차별 정책을 '아파르트헤이트'라고 해.

아파르트헤이트는 '분리'라는 뜻을 가진 단어야. 말 그대로 피부색에 따라 백인과 흑인을 차별하는 정책이지. 아파르트헤이트에 따라 흑인은 법으로 대도시에서 살 수 없었어. 그 대신 황무지나 다름없는 '홈랜드'라고 하는 별도의 열악한 곳에서 살아야 했지. 신분증에는 인종이 표시됐고, 유색 인종이 백인 구역에 들어가려면 허가를 받아야 했단다. 1993년 선거 제도가 바뀌기 전까지 흑인은 투표권조차 없었어.

남아프리카공화국의 아파르트헤이트는 악명이 매우 높아서 전 세계의 많은 나라들이 아파르트헤이트 때문에 외교 관계를 단절할 정도였지. 하지만 남아프리카공화국은 오랫동안 인종 차별 정책을 고집했단다.

1994년, 남아프리카공화국 최초로 흑인 대통령인 넬슨 만델라가 취임하면서 아파르트헤이트는 폐지됐어. 그래서 많은 역사학자들은 1994년이야말로 남아프리카공화국이 독립을 이룬 해이며, 나아가 아프리카 대륙이 완전히 독립한 해라고 이야기하기도 해.

대통령이 된 만델라는 '용서하되 잊지는 않는다.'고 말했어. 그동안 백인들이 저지른 차별과 혐오 범죄를 낱낱이 밝혀내긴 했지만, 이들을 처벌하지 않고 남아프리카공화국의 국민으로서 기꺼이 끌어안겠다는 의미였지.

↑ **넬슨 만델라** (1918년~2013년) 남아프리카공화국 최초의 흑인 대통령이야. 인종 차별에 항의하다 체포돼 무려 27년 동안 감옥살이를 했고, 이 과정에서 흑인 인권 운동의 상징이 됐지.

↑ 군인들을 구경하는 소말리아 아이들 소말리아는 치열한 내전 끝에 1991년 정부가 무너지고 현재까지도 극심한 혼란을 겪고 있어.

러다 보니 서로 원수지간인 종족이 같은 나라에서 살게 되는가 하면, 같은 종족이 여러 나라로 뿔뿔이 흩어지기도 했지."

"그래서 서로 같은 나라 사람이라고 생각하지 않았군요?"

"맞아. 이렇게 국가를 이루는 과정이 엉망이다 보니 여러 종족이 하나의 국민 의식을 갖기가 어려웠던 거야. 더구나 유럽 열강이 식민 지배를 하는 과정에서 종족 간의 갈등을 일부러 부추기기까지 했어. 아프리카 사람끼리 싸우게 해야 지배하기 쉬우니까. 그러다가 아프리카가 독립할 때에는 나 몰라라 하고 떠나 버린 거지. 결국 오늘날 아프리카 국가들이 대부분 극심한 갈등에 시달리는 이유를 따져 보면 유럽 열강이 식민 지배 뒤처리를 엉망으로 해 놓은 탓이 크다고 할 수 있어. 결코 아프리카 사람이 어리석기 때문이 아니야."

"휴, 독립은 시작일 뿐이라는 말이 무슨 뜻인지 이제 알 것 같아요."

곽두기가 한숨을 내쉬었다.

"사실 이렇게 독립 과정에서 큰 혼란을 겪은 나라가 굉장히 많아. 대표적으로 인도는 꿈에 그리던 독립을 이루긴 했지만, 종교 갈등 끝에 나라가 아예 둘로 갈라져 버렸단다."

"헉, 인도가 둘로 갈라졌다고요?"

장하다가 깜짝 놀란 듯 눈을 동그랗게 떴다.

용선생의 핵심 정리

막 독립을 이룬 나라들은 기술 부족으로 천연자원 수출에 의존하며 경제 발전에 어려움을 겪음. 또, 정치적으로도 민주주의가 잘 자리 잡지 못하고 내전과 독재에 시달림.

인도가 종교 갈등 끝에 분열되다

"사실 제2차 세계 대전이 터지기 전에도 인도의 독립은 세계적인 관심사였어. 인도인의 독립 요구가 워낙 거셌고, 독립 운동을 이끈 간디가 세계적인 유명 인사가 되었거든. 이 와중에 제2차 세계 대전이 터졌지. 손이 아쉬운 영국은 '인도가 전쟁을 돕는다면 전쟁 이후 자치권을 주겠다.'며 인도인을 꼬드겼단다."

"그것참, 제1차 세계 대전 때도 똑같은 약속을 했잖아요?"

나선애가 어이없다는 듯 중얼거렸다.

"맞아. 한 번 속지, 두 번 속겠니? 인도 국민회의는 '먼저 인도에서 물러가라. 그럼 영국을 돕겠다.'면서 보다 강력하게 독립을 요구했어.

그런데 인도 내부에서 국민회의의 이런 태도를 비판한 사람들이 있었단다. 바로 이슬람교도였어."

"왜요? 이슬람교도는 영국의 말을 믿었나요?"

"그건 아니고, 아직 힌두교도와 이슬람교도 사이의 갈등이 해결되지 않은 상태였거든. 이대로 영국이 물러가고 인도가 독립하면, 힌두교도에 비해 소수인 이슬람교도가 사사건건 차별을 받을 게 불 보듯 뻔했어. 이슬람교도는 그럴 바에야 아예 인도와 따로 독립하는 게 낫다고 생각했단다."

▲ 인도 독립을 논의하는 영국 페틱로렌스 장관과 간디
전쟁이 끝난 후 영국은 대표단을 파견해 인도의 독립 방법을 논의하고 의회 선거와 내각 구성을 도왔어.

"어휴, 종교 때문에 인도가 쪼개질 판이군요."

나선애가 이맛살을 찌푸렸다.

"응. 이렇게 종교 갈등이 깊어지던 와중에 제2차 세계 대전은 막바지에 이르렀어. 인도인의 독립 요구도 점점 더 거세졌지. 영국 정부는 지방자치를 뼈대로 해서 인도의 중앙 정부를 구성하는 방안을 내놓았고, 이를 위해 1946년 5월에는 각 지역의 대표를 뽑는 선거를 치러 인도 의회까지 구성했단다."

"이번에는 영국이 인도를 정말 독립시킬 모양이네요."

"응. 이번엔 진짜였지. 근데 의회에서 힌두교도와 이슬람교도 간의 갈등이 다시 뜨겁게 달아올랐어. 전 인도 무슬림 연맹이 이슬람교도가 많이 사는 북동부와 북서부 지역끼리 따로 이슬람교도의 나라를

용선생의 세계사 돋보기

1945년 영국 총선거에서 노동당이 보수당에 승리하며 외교 정책이 바뀌었어. 보수당과 달리 노동당은 각 민족의 자결권을 주장하며 식민지 독립에 찬성했어.

▲ **진나와 만난 간디** 간디는 전 인도 무슬림 연맹의 지도자인 진나를 열네 번이나 만나면서 분리 독립을 막으려 했어. 하지만 끝내 실패했지.

용선생의 세계사 돋보기

파키스탄이라는 말은 이슬람교도가 많은 인도 북서부의 여러 지역 이름을 합쳐서 만들었어. 펀자브(Punjab), 아프간(Afghan), 카슈미르(Kashmir), 신드(Sind) 지역의 앞글자를 따고 발루치스탄(Baluchistan) 지역의 뒷글자를 따왔지.

용선생의 세계사 돋보기

파키스탄은 1956년 파키스탄 이슬람 공화국으로 독립했어. 이후 1971년 동파키스탄 지역은 방글라데시로 독립했지.

만들어 독립하기로 했거든. 그리고 이곳에 '파키스탄'이라는 이름을 붙였지."

"흠, 그래서 어떻게 됐어요?"

"인도 국민회의는 인도가 둘로 나뉘는 건 있을 수 없다며 크게 반발했어. 간디도 '인도는 하나'라면서 전 인도 무슬림 연맹을 이끄는 무함마드 진나를 열네 번이나 만나 설득했지만 소용이 없었어. 오히려 만나면 만날수록 서로 입장이 다르다는 것만 확인할 뿐이었지. 그러던 중 힌두교도와 이슬람교도가 서로 완전히 등을 돌리는 일이 벌어졌어."

"대체 어떤 일이 일어났기에요?"

영심이가 걱정스러운 표정을 지었다.

"1946년 8월 16일, 무슬림 연맹은 파키스탄 독립을 주장하기 위해 이슬람교도가 많이 사는 콜카타에서 총파업을 벌였어. 이 과정에서 이슬람교도와 힌두교도 사이에 무력 충돌이 벌어졌고, 서로 죽고 죽이는 대학살이 벌어졌지. 두 종교 간 충돌은 곧 이웃한 다른 지역으로 불길처럼 번져 갔단다."

"문제가 점점 꼬여 가네요……."

"결국 1947년 8월 14일 영국은 파키스탄에 자치권을 주고 사실상 인도에서 독립시켰어. 뒤이어 인도 역시 독립을 얻었지. 인도가 파키스탄, 인도 두 나라로 갈라진 거야. 곧이어 어마어마한 민족 대이동이 일어났어. 파키스탄에 사는 힌두교도는 인도로, 인도에 사는 이슬

람교도는 파키스탄으로 떠났지."

"아니, 사는 곳을 왜 떠나요?"

"두 종교 사이의 갈등이 워낙 심해서 서로 상대방 국가에서 계속 발을 붙이고 살기가 어려웠기 때문이야. 분리 독립이 이루어진 1947년에만 1500만 명 가까운 사람들이 고향을 등지고 먼 길을 떠났지. 도로나 철도가 없어서 수백 킬로미터나 되는 길을 걸어서 이동한 사람도 많았어."

"아이고, 다들 무슨 고생이람."

"더 큰 문제는 이 혼란 속에서 힌두교도와 이슬람교도 사이의 감정의 골이 더욱 깊어졌다는 거야. 이슬람교도와 힌두교도가 서로를 죽이고 강도질을 벌이거나, 심지어 서로의 집으로 쳐들어가서 사람을 내쫓고 집을 차지하는 일도 공공연하게 벌어졌지. 미처 이동하지 못한 사람들을 향한 폭력도 심했단다."

"으, 정말 끔찍하네요."

"인도의 독립은 이처럼 커다란 분쟁을 가져왔어. 간디는 인도가 독립하기 전부터 이런 일이 생길 거라 예상했고, 그래서 크게 실망한 나머지 독립 기념식에도 참석하지 않았지. 간디는 아예 국민회의를 당장 해체해야 한다고 이야기했어."

"간디가 국민회의의 지도자 아니었어요?"

▲ 파키스탄의 분리 독립

파키스탄은 인도에서도 특히 이슬람교도가 많이 사는 지역이었어.

▲ 콜카타 대학살 콜카타에서 이슬람교도와 힌두교도 사이에 무력 충돌이 벌어지면서 4,000명 이상이 죽었어.

▲ 임시 가마로 이동하는 사람들 아직 자동차나 기차 같은 이동 수단이 부족한 탓에 수백 킬로미터를 걸어 움직여야 하는 사람도 많았어. 노인들은 얼기설기 만든 가마를 타고 이동하기도 했지.

▲ 파키스탄으로 떠나는 이슬람교도 인도의 이슬람교도가 기차를 타고 파키스탄을 향해 이동하고 있어.

"그랬지. 국민회의의 목적은 인도의 평화로운 독립이었어. 간디는 국민회의가 독립이라는 목적을 달성했으니 해체하는 게 맞다고 생각한 거야. 독립 운동가들이 권력을 잡고 독재자가 되거나 국민들을 괴롭힐지도 모른다고 염려했거든."

"우아, 간디는 정말 생각하는 게 남들과 다른 사람 같아요."

곽두기가 감탄한 듯 연신 고개를 끄덕였다.

"간디는 우선 불필요한 종교 갈등부터 막아야 한다고 생각했어. 그래서 독립 이후에는 태도를 바꾸어 이슬람교도를 끌어안으려 노력했지. 파키스탄을 향해 축하 인사를 건넸고, 정부에는 파키스탄 경제를 돕기 위해 지원금을 보내라고 요구했어. 심지어 이슬람교도를 향한 폭력 행위를 멈추라며 단식에 들어가기도 했지."

"이야, 대단한 분인데요."

"문제는 간디의 이런 행동을 못마땅하게 여긴 사람이 많았다는 거

야. 간디가 힌두교도는 모른 체하고 지나치게 이슬람교도 편만 드는 것처럼 보인 거지. 결국 1948년 1월, 간디는 과격한 힌두교도가 쏜 총에 목숨을 잃고 말았단다. 그토록 바라던 인도의 독립을 이룬 지 고작 6개월 만이었지."

"간디가 암살당하다니……."

아이들의 눈이 휘둥그레졌다.

"간디의 최후는 인도의 종교 갈등이 얼마나 심각했는지 잘 보여 주는 사건이었어. 간디가 세상을 떠난 뒤에도 힌두교도와 이슬람교도의 갈등은 계속됐단다. 인도와 파키스탄 두 나라는 이후 세 차례에 걸쳐 큰 전쟁을 벌였고, 당연히 그만큼 많은 사람이 목숨을 잃었지. 아직까지도 인도 사회의 종교 갈등은 좀처럼 해결되지 않고 있어. 종교가 다르다는 이유로 결혼을 막거나, 때로는 서로의 마을을 약탈하고 불을 지르는 일이 공공연히 일어나고 있단다."

대대손손 정치가를 배출한 네루-간디 가문

오늘날 인도를 이끄는 최고의 정치가 집안은 '네루-간디 가문'이야. 이름만 들으면 간디의 후손 가문일 것 같지? 하지만 알고 보면 간디 가문은 인도의 국부 마하트마 간디와는 아무 관계도 없는 다른 집안이란다.

네루-간디 가문은 간디와 함께 인도 국민회의의 중요한 지도자로 활약한 자와할랄 네루의 후손이야. 자와할랄 네루는 인도 독립 이후 첫 총리를 지내며 오늘날 인도 공화국의 기반을 닦았지.

네루의 딸인 인디라 간디는 아버지를 도와 독립 운동을 하다가 인도 역사상 최초의 여성 총리 자리에 올랐어. 그리고 그 아들인 라지브 간디 역시 인도의 총리가 되었지. 아버지, 딸, 외손자가 차례로 총리를 지낸 거야. 흥미로운 것은 이 중 인도의 총리를 지낸 두 인물이 모두 암살당했다는 거야. 네루의 딸인 인디라 간디는 시크교 반란을 진압하던 중에, 아들인 라지브 간디는 스리랑카에서 일어난 내전에 휘말렸다가 암살당하고 말았지.

요즘은 라지브 간디의 아내인 소니아 간디, 아들인 라훌 간디도 인도 정치에 진출해 이름을 날리고 있어. 만일 라훌 간디가 인도의 총리가 된다면, 네루-간디 가문은 무려 4대에 걸쳐서 총리를 배출하는 대단한 가문이 되겠지?

↑ 간디의 장례식 많은 인도인의 존경을 받았던 인물답게 간디의 장례식에는 엄청난 인파가 몰려들었어.

"그래도 이제는 다 같은 인도 사람인데, 사이좋게 지낼 수는 없는 걸까요?"

용선생의 말에 아이들이 씁쓸한 표정을 지었다.

"그러게 말이다. 사실 역사적으로 보면 인도의 힌두교도와 이슬람교도 사이가 원래 이렇게 나빴던 건 아니야. 인도 종교 갈등은 영국의 식민 지배를 겪으며 본격화됐지. 결국 영국이 인도의 민족 운동을 방해하려고 힌두교도와 이슬람교도를 이간질한 탓에 좀처럼 해결하기 어려운 갈등이 생겨난 셈이야."

"어휴, 결국 또 유럽 사람들이 문제네요!"

"그래. 그래서 인도의 종교 갈등 역시 제국주의가 남긴 상처라고 볼 수 있어. 하지만 제국주의가 남긴 여러 문제 중에서도 단연코 가장 풀기 어려운 문제가 하나 더 있단다."

▲ **카슈미르 지방** 인도와 파키스탄은 1947년, 1965년, 1971년 총 세 차례 전쟁을 벌였어. 그중 첫 번째와 두 번째 전쟁은 카슈미르 지방을 놓고 벌였지. 이곳은 중국도 영유권을 주장하는 아시아의 주요 영토 분쟁 지역이야.

"앗, 그게 뭔데요?"

"바로 서아시아의 이스라엘과 팔레스타인 문제야."

용선생의 핵심 정리

인도는 독립을 얻는 과정에서 힌두교도와 이슬람교도의 갈등이 심해지고, 결국 파키스탄과 인도로 나뉘어서 독립함. 분리 독립 이후에도 종교 갈등은 점점 심해져서 많은 사람이 희생됐고, 종교 갈등을 막으려 노력하던 간디마저도 암살당함.

유대인의 나라 이스라엘이 탄생하다

"이스라엘과 팔레스타인요? 어디서 들어 본 거 같은데……."

장하다가 뒷머리를 긁적이며 말하자 용선생은 미소를 지었다.

"잠시 예전에 배웠던 걸 되짚어 보자. 제1차 세계 대전이 한창이었

을 때 영국은 서아시아의 아랍 가문들과 유럽의 유대인을 상대로 지키지도 못할 약속을 남발했어. 전쟁을 도와주는 대가로 이들에게 독립 국가를 세워 주기로 약속했지."

"기억나요. 하지만 영국의 속셈은 프랑스와 서아시아를 나누어 다스릴 생각이었잖아요?"

나선애가 손을 번쩍 들고 말했다.

↑ 초기의 텔아비브 텔아비브는 현재 이스라엘의 제1 도시야. 1900년대 초반까지만 해도 텔아비브는 황량한 모래 언덕에 불과했어. 하지만 유대인의 이주가 늘며 오늘날 같은 대도시로 성장했지.

"그래. 제1차 세계 대전이 끝난 이후 영국은 급한 김에 내뱉은 약속을 수습하느라 진땀을 뺐어. 영국은 이라크나 시리아 같은 나라를 세워서 아랍 가문들에게 나누어 주었지. 그리고 팔레스타인 지역은 영국이 특별 관리하면서 유대인의 독립 국가 건설을 준비하기르 했어."

"그럼 진짜로 유대인의 나라를 세우는 건가요?"

"일단 약속은 약속이니 지키는 흉내라도 내야지. 그런데 영국의 약속을 철석같이 믿은 유대인이 팔레스타인으로 하나둘씩 몰려들었어. 이들은 팔레스타인의 땅을 사들여 생활 기반을 마련하고 다른 유대인 이민자도 적극적으로 끌어들였지. 결국 영국이 팔레스타인을 다스린 지 10년 만에 유대인이 두 배 가까이 늘어났어. 영국이 유대인에게 한 약속을 모른 척하기는 점점 더 어려워졌지."

"그렇겠네요. 이미 유대인이 엄청 흘러들어 왔으니 다 돌아가라고 할 수도 없고……."

"하지만 원래 팔레스타인에 살던 아랍인에게는 마른하늘에 날벼락

용선생의 세계사 돋보기

1922년 국제 연맹은 영국이 팔레스타인 지역을 대신 다스리는 것을 승인하면서, 유대인의 권리를 보장해 유대인 국가 건설을 돕도록 결정했어.

독립은 찾아왔지만 시련은 깊어만 가고   261

↑ **아민 알 후세이니**
(1897년~1974년) 팔레스타인의 독립 운동가야. 팔레스타인 반란을 주도해 3년간 영국과 맞서 싸웠지만 결국 실패했지.

이었어. 팔레스타인에 정착한 유대인이 땅을 사들인 뒤, 같은 유대인에게만 농사를 짓도록 땅을 내어 주고 아랍인은 내쫓았거든. 팔레스타인의 수많은 아랍인이 졸지에 대대손손 살아온 삶의 터전을 잃고 쫓겨날 처지에 놓인 거야."

"헉, 그건 너무 치사한데요."

"당연히 아랍인은 거세게 반발했어. 시위는 물론이고 무장 폭동까지 일어났지. 1932년부터 1936년까지는 거의 한 해도 쉬지 않고 영국과 유대인에 맞서 폭동이 일어났어. 그러자 유대인도 질세라 민병대를 꾸리고 아랍인을 향해 총을 들이밀었단다. 양쪽의 충돌은 점점 더 거세졌고, 그럴수록 서로를 향한 감정은 더욱 험악해졌어."

"근데 선생님, 굴러온 돌인 유대인이 나가야 문제가 해결되는 거 아닌가요? 애초에 수천 년 전 자기들 나라가 이곳에 있었다고 돌

↑ **아랍인 폭동 진압에 나선 영국군** 영국군이 예루살렘 폭동에 참여한 팔레스타인 사람들을 체포하고 있어.

↑ **유대인 민병대** 아랍인의 반발이 거세지자 유대인은 스스로 무장을 갖추어 민병대를 만들었어. 불법 단체였지만, 팔레스타인을 다스리는 영국은 이를 모른 척했지.

아오는 게 말이 안 되잖아요."

곽두기가 뒷머리를 긁적이며 말했다.

"물론 제3자인 우리 입장에서는 그렇지만, 유대인 입장에서는 자기들 나름의 이유가 있었어. 유대인은 수천 년 동안 나라 없는 민족으로 온갖 설움을 받으면서도 언젠가 팔레스타인으로 돌아갈 것이라는 희망을 간직하고 살아왔거든. 게다가 유대인은 나라를 세우기 위해 그만큼 대가를 치렀다고 생각했어. 영국의 전쟁을 도왔을 뿐만 아니라 팔레스타인 지역의 땅도 강제로 빼앗은 게 아니라 엄연히 다 돈을 주고 산 거고, 열심히 땀을 흘려 농장을 만들고 마을과 도시를 건설한 것도 유대인이란 말이지."

"으흠, 그럼 아랍인이 양보해야 한다는 말인가요?"

"물론 그건 아니야. 팔레스타인에 누가 오래 살았는지 세월만 놓고 보면 유대인보다 아랍인이 훨씬 길었거든. 그러니 아랍인에게는 이제 와서 팔레스타인에 유대인의 나라를 건설하겠다는 게 설득력이

▲ 유대인의 이민 행렬 제2차 세계 대전이 터지고, 나치의 탄압을 피해 유대인이 대거 팔레스타인으로 들어왔어. 팔레스타인 문제는 더욱 크게 불거졌지.

있을 리가 없겠지."

"끙, 아랍인과 유대인 제각기 팔레스타인에서 물러설 수 없는 이유가 있네요. 아, 대체 누구 편을 들어야 하는 거야?"

용선생의 말에 장하다가 머리를 쥐어뜯었다.

"아랍인의 저항이 거세지자 영국은 일단 유대인의 팔레스타인 지역 이주를 막았어. 특히 제2차 세계 대전이 터지자, 영국은 아랍인의 협력을 얻어 내기 위해 유대인 이주를 철저하게 막았지. 그러자 이번에는 유대인이 크게 반발했어. 심지어 영국군을 상대로 테러를 벌일 정도였지. 그러다가 제2차 세계 대전이 끝나고, 나치 독일이 수백만의 유대인을 학살했다는 사실이 밝혀지자 이번에는 유대인에게 동정의 시선이 쏟아졌단다. 소련의 스탈린도 당시 유대인 중에 사회주의자가 많았다는 이유로 유대인을 지지했지."

"어휴, 영국은 이러지도 저러지도 못하게 됐네요."

"영국은 아랍인과 유대인 사이에서 마지막까지 타협안을 찾으려고 애를 썼어. 하지만 어느 한쪽도 양보하려 하지 않았어. 유대인은 이번 기회가 아니면 다시는 나라를 세우지 못할 거라고 생각했지. 결국 영국은 골머리를 앓다가 두 손 들고 말았단다. 팔레스타인 문제를 고스란히 국제 연합에다가 떠넘긴 거야."

"아니, 영국 때문에 그 난리가 났는데 그게 무슨 무책임한 짓이래요?"

나선애가 어처구니없다는 표정을 지었다.

"그래서 국제 연합이 팔레스타인 문제를 해결해 줬어요?"

"아니, 국제 연합도 뾰족한 수는 없었어. 그나마 팔레스타인에서 유대인이 많이 사는 지역만 분리해 나라를 세우는 방법이 가장 그럴싸해 보였지. 하지만 그렇게 하면 유대인에게 너무 유리해. 그사이 유대인은 팔레스타인에서 농업과 공업이 발달한 지역을 대부분 차지하고 있었거든. 아랍인은 죄다 쫓겨나서 주로 황량한 사막에 몰려 있었지. 그러니까 이 방법대로 한다면 유대인이 팔레스타인의 알짜배기 땅을 몽땅 가지고 독립하게 되는 거야."

"그건 아랍인이 도저히 못 받아들일 거 같은데요."

↑ 국제 연합의 팔레스타인 분할안

독립은 찾아왔지만 시련은 깊어만 가고 **265**

▲ 이스라엘 건국 선포 이스라엘의 첫 수상인 벤구리온이 건국 선언서를 낭독하고 있어.

유대인 독립 국가 건설을 처음 주장한 테오도르 헤르츨

용선생의 세계사 돋보기

그동안 이스라엘 건국에 반대해 온 이슬람 국가인 요르단, 이라크, 시리아, 레바논, 이집트가 쳐들어온 거야.

"맞아, 팔레스타인에 사는 아랍인뿐 아니라 주변의 아랍 국가 역시 거세게 반대했어. 하지만 세계 여론은 유대인 편이었단다. 국제 연합에서 투표에 부친 결과, 결국 팔레스타인에 유대인 국가가 탄생했어. 그 나라가 바로 '이스라엘'이야. 1948년 5월이었지."

"에휴. 그럼 아랍 사람들은 엄청 싫어했겠네요."

"그냥 싫어한 정도가 아니야. 이스라엘은 건국된 지 단 하루 만에 이웃한 다섯 나라의 침략을 받았어. 사우디아라비아와 예멘은 전쟁에 직접 뛰어들진 않았지만 자금을 지원했고. 그야말로 온 서아시아의 아랍인이 이스라엘을 짓밟아 버리려고 했지."

▲ 텔아비브 이스라엘 서부 지중해 연안의 도시야. 주요 관청과 세계 각국의 대사관이 있어서 사실상의 수도 역할을 하고 있어.

▲ **제1차 중동 전쟁과 제3차 중동 전쟁** 왼쪽 사진은 트럭을 타고 이동하는 이스라엘 군인들의 모습이고, 오른쪽 사진은 이스라엘의 공격으로 박살 난 이집트 공군기의 모습이야.

"으아, 그럼 진짜 건국되자마자 망하는 거 아닌가요?"

"그럴 것 같지? 놀랍게도 승리는 이스라엘이 차지했단다."

"헉, 정말요?"

아이들의 눈이 휘둥그레졌다.

"이스라엘이 승리를 거둔 데에는 여러 가지 이유가 있어. 여기서 지면 끝이라는 유대인의 절박함도 한몫했고, 아랍 연합군이 제대로 준비도 하지 않은 상태에서 섣불리 이스라엘을 공격한 것도 한 가지 이유였지. 어쨌든 전쟁에서 승리한 덕분에 이스라엘은 독립을 유지할 수 있었단다. 그리고 팔레스타인 사람들은 완전히 좌절할 수밖에 없었지."

"아이고, 너무 씁쓸하네요."

"이후 이스라엘과 아랍 국가들은 여러 이유로 세 차례나 전쟁을 더 벌였어. 이 네 차례의 전쟁을 한데 묶어 '중동 전쟁'이라고 부른단다. 놀랍게도 네 차례 전쟁에서 이스라엘이 모두 승리를 거두었어. 심지

나선애의 세계사 사전

중동 서아시아와 아프리카 북동부 지역, 아랍인과 이슬람 문화권이 자리한 곳을 한데 묶어 '중동'이라고 불러.

이스라엘은 아랍 국가와의 전쟁에서 계속 승리하며 서아시아에 확실히 자리 잡았어.

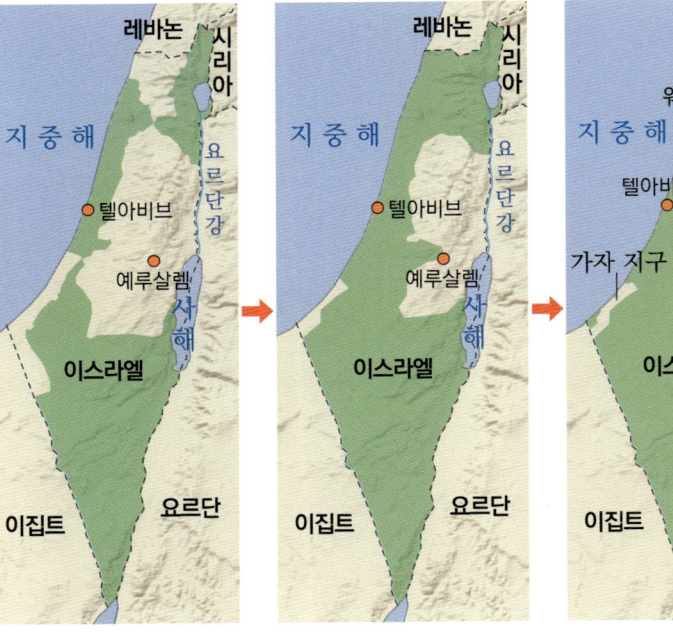

→ 이스라엘의 영토 확장

↑ 야세르 아라파트
(1929년~2004년) 팔레스타인 해방 기구(PLO)의 설립자로 팔레스타인 독립 운동을 이끈 사람이야.

어 제3차 중동 전쟁에서는 전쟁 시작 하루 만에 이집트와 시리아의 공군을 전멸시키고 단 6일 만에 압도적인 승리를 거두었지."

"어머, 정말요? 엄청나네요."

"그 덕에 이스라엘은 건국 초기보다 오히려 영토를 더 넓히며 서아시아에 완전히 뿌리를 내릴 수 있었단다. 반면 팔레스타인 사람들의 처지는 날이 갈수록 나빠졌고, 거주지도 점점 줄어들었어. 하지만 그럴수록 저항은 점점 격렬해졌지. 1964년에는 팔레스타인 독립을 이끄는 '팔레스타인 해방 기구'가 만들어졌고, 그 뒤 이스라엘을 향한 테러가 더욱 잦아졌어. 주요 시설을 폭탄으로 공격하거나, 민간인이 탄 비행기를 납치하기도 했지."

"아무리 그래도 민간인을 공격하다니, 너무해요!"

"그야 그렇지. 하지만 팔레스타인 사람들에게는 이런 과격한 공격 밖에 저항할 방법이 없었어. 이런 식으로 오랜 세월 투쟁을 계속한 끝에 1980년대에 이르러서 대화를 시작했고, 1994년에는 팔레스타인 자치 정부를 세우는 성과도 있었지. 하지만 팔레스타인을 비롯한 아랍 국가와 이스라엘의 갈등은 지금 이 순간에도 계속되고 있단다. 자잘한 무력 충돌까지 치면 사실상 매일 대결이 계속된다고 해도 과언이 아니야."

"그걸 견뎌 내다니 이스라엘도 대단해요."

"사실 덩치로만 보면 상대가 안 되는 싸움이야. 이스라엘은 한반도의 10분의 1밖에 안 될 정도로 작은 나라이고, 인구도 840만 명밖에 안 되거든. 그래서 이스라엘은 매년 엄청난 돈을 군사비에 쏟아부어

↑ **이스라엘 여군** 이스라엘은 인구가 매우 적어서 미혼 여성은 남성처럼 군 복무를 해야 해. 남성은 3년, 여성은 21개월 동안 군 생활을 하지.

국방을 튼튼히 한단다. 또 이스라엘 국민들은 남녀를 가리지 않고 군대에 간단다. 항상 전쟁 준비를 하는 셈이야."

"결국 온 국민이 나서서 싸운 덕에 독립을 유지하는 거네요."

"그런데 그게 전부가 아니야. 사실 이스라엘의 등 뒤를 지켜 주는 아주 든든한 형님이 있거든. 바로 미국이지."

용선생의 핵심 정리

제1차 세계 대전 이후 유대인이 팔레스타인에 정착해 유대인 국가를 건설하려 하자 이를 반대하는 아랍인과 충돌이 일어남. 제2차 세계 대전 이후 국제 연합의 결정으로 이스라엘이 탄생함. 이스라엘과 아랍 국가 간에 네 차례 전쟁이 벌어졌으나 이스라엘이 모두 승리함.

서아시아에 반미 감정이 뿌리를 내리다

▲ 이스라엘 공군 이스라엘 공군의 F-35I와 F-16I 전투기야. 둘 다 미국산 최신 전투기이지. 이스라엘은 미국의 지원으로 세계에서도 손꼽히는 공군력을 갖추고 있어.

"미국? 그럼 미국이 이스라엘을 도왔어요?"

"응. 미국은 철저하게 이스라엘 편이었어. 국제 연합에서 이스라엘의 독립 계획을 밀어붙인 것도 알고 보면 미국이었지. 미국은 이스라엘이 건국된 뒤로 줄곧 막대한 군사비를 지원했고, 최신 무기도 싼값에 팔았어. 인공위성과 정찰기를 띄워서 얻은 정보를 제공하기도 했지. 이런 식으로 미국은 오늘날까지도 이스라엘의 든든한 지원군 역할을 한단다."

"아니, 미국은 왜 이스라엘을 그렇게 열심히 돕는 건가요?"

"유대인이 가진 정치적인 힘이 가장 큰 이유야. 미국에서 손꼽히는 부자와 지식인 중에는 유대인이 상당히 많거든. 유대인한테 잘못 보였다가는 미국 대통령이 되는 건 꿈도 못 꾼다는 이야기가 있을 정도지. 그러니까 결국 유대인들이 미국의 정치에 영향력을 미쳐서 이스라엘을 돕도록 하는 거야."

▲ 유대인 명절 하누카 행사 오늘날 미국에는 약 500만에서 600만 정도의 유대인이 살고 있어. 미국 인구의 약 2퍼센트에 불과하지만, 이들은 미국 사회에 막대한 영향력을 끼치지.

"어쩌다가 유대인이 미국에서 그렇게 성공했는데요?"

"사실 유대인은 아메리카에 식민지가 막 건설될 무렵부터 꾸준히 미국으로 이주했어. 유럽에서 차별 대우가 너무 심하니까, 탄압에서 비교적 자유로운 미국에 삶의 터전을 마련하려 했던 거지. 유대인은 유럽에서도 상업과 금융업에서 나름 이름을 날렸잖니? 그래서 빠르게 경제 성장을 이루던 미국에서 큰 성공을 이루었지. 여기에 유대인 특유의 뜨거운 교육열 덕택에 미국에서 뛰어난 인재로 성장한 인물도 많았어."

"낯선 나라에서 크게 성공하다니, 유대인

▲ 미국 시민권을 받는 아인슈타인 천재 과학자로 유명한 아인슈타인도 유대인이야. 아인슈타인은 나치 독일을 피해 미국으로 도망 왔고, 미국의 환영을 받았지.

도 참 대단하네요."

"나치 독일의 유대인 탄압을 피해서 미국으로 이주해 온 유대인도 많았어. 그런데 생각해 보렴. 갑작스러운 탄압을 피해서 멀리 미국까지 도망 올 여력이 있는 유대인은 아무래도 돈이 많거나 사회적 지위가 있는 사람들이었겠지? 실제로 이때 미국으로 이주한 유대인 중에는 성공한 사업가나 뛰어난 과학자, 예술가가 상당히 많았다고 해. 유대인 출신 인재들은 제2차 세계 대전 이후 미국이 세계 최고 국가로 우뚝 서는 데 많은 도움이 되었지."

"그러니 미국이 이스라엘 편일 수밖에 없다, 이 말씀이시군요."

"흐흐. 이유야 어찌 됐건, 서아시아의 아랍인들은 사사건건 이스라엘 편을 드는 미국에 진절머리를 냈어. 그래서 이스라엘 건국을 계기

로 서아시아 세계에는 미국에 대한 적대감이 깊게 뿌리를 내렸단다. 요즘도 아랍인들은 이스라엘이 '미국의 식민지'나 다름없다며 노골적으로 비판하곤 하지. 그런데 이렇게 시작된 반미 감정을 더 심각하게 만든 문제가 있어. 바로 석유야."

"석유요?"

장하다가 고개를 갸웃거렸다.

"응. 1900년대 이후 서아시아에 엄청난 양의 석유가 매장돼 있다는 게 속속 밝혀졌어. 특히 페르시아만 인근에 어마어마한 양이 묻혀 있었지."

"아랍 사람들은 신났겠네요. 묻혀 있는 거 그냥 캐서 팔면 되니까……."

"그게 그렇지가 않아. 아랍인에게는 이 석유를 캐낼 수 있는 기술이 없었거든. 또 캐낸 석유를 공장으로 옮겨서 정제 과정을 거쳐야 하는데, 정제 공장을 세울 돈과 기술도 없었지. 결국 유럽이나 미국의 사업가들이 끼어들어야 석유를 개발할 수 있었어. 문제는 유럽과 미국의 사업가들이 석유를 개발해 가져가면서 아랍인에게는 돈을 터무니없이 적게 줬다는 거지. 석유 개발에 돈이 많이 들었다는 핑계를 대면서 말이야."

"우아. 그럼 진짜 미국을 싫어할 만한데요."

"아니, 서아시아는 식민지도 아니면서, 유럽 사업가들이 그렇게 자기 맘대로 구는 걸 그냥 보고만 있었어요?"

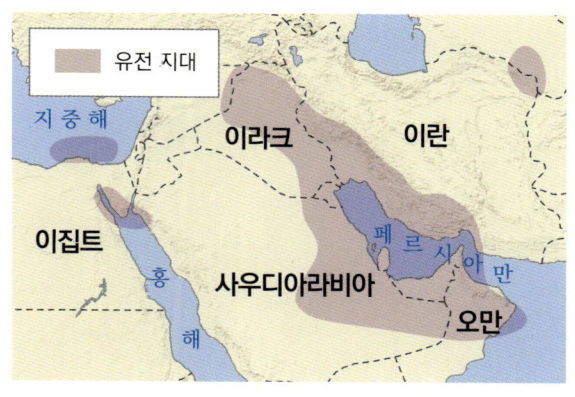

↑ 서아시아의 석유 매장 지역

페르시아만을 중심으로 석유와 천연가스가 상당히 많이 매장되어 있어.

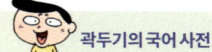

곽두기의 국어사전

정제 정할 정(精) 지을 제(製). 물질에 섞인 불순물을 없애고 순수한 물질만을 얻어 내는 과정을 말해.

▲ 아바단 정유 공장 페르시아만과 접해 있는 이란 최대의 정유 공장이야. 1909년 영국 석유 회사의 투자로 지었어. 건설 당시 세계 최대의 정유 공장이었고, 오늘날도 이란 최대의 정유 시설이야.

▲ 모하마드 모사데크 (1882년~1967년) 1951년부터 이란의 총리를 지내며 석유 산업 국유화를 추진한 인물이야. 그러나 미국이 꾸민 쿠데타로 정권을 잃고 말았지.

나선애가 이해할 수 없다는 듯 말했다.

"일반 국민이야 불만이 많을지 몰라도, 정치인이나 왕족 생각은 달랐어. 실제로 서아시아 각 나라의 왕족이나 정치인은 석유가 개발된 이후 이득을 독차지해 한층 호화로운 삶을 누렸기 때문에, 큰 불만이 없었단다. 하지만 국민의 눈에는 일부 정치인과 왕족이 석유를 헐값에 팔아서 자기들끼리만 잘 먹고 잘 사는 걸로 보였지."

"그럼 불만이 어마어마했겠네요."

"응. 결국 이란에서 문제가 터졌어. 당시 영국의 석유 회사는 이란의 석유를 독점 개발해 큰 이득을 챙겼어. 이란 정부는 사사건건 영국 편을 들며 국민의 불만을 외면했지. 이에 불만을 가진 이란 사람들 사이에서 정부와 영국을 몰아내야 한다는 주장이 본격적으로 힘을 얻었단다."

"그래서 어떻게 됐나요?"

"전국에서 시위가 일어났어. 결국 영국 편을 들던 총리는 암살당하고, 새로운 인물들이 권력을 잡았단다. 이란의 새 총리는 권력을 잡자마자 영국 석유 회사들을 내쫓았어. 그리고 앞으로 이란의 석유 산업은 모두 나라에서 독점 운영하겠다고 선언했지."

"흠, 하지만 영국이 그냥 물러날 것 같진 않은데요?"

"맞아. 아무리 힘이 빠졌다 한들, 이대로 물러날 영국이 아니지. 영국은 거세게 반발하며 해군을 동원해 이란의 석유 수출을 막으려 했단다. 그리고 유럽 국가들에 도움을 요청해 이란 석유 불매 운동을 벌였어. 만약 서아시아의 다른 나라가 이처럼 석유 국유화를 시도한다면 다른 유럽 국가도 곤란해질 테니까."

"어휴, 정말 다들 자기 이익만 생각하고, 너무해요."

영심이가 팔짱을 낀 채 씩씩거렸다.

인류의 삶을 바꿔 놓은 석유 화합물

석유는 이미 1900년대 초반부터 굉장히 중요한 자원으로 떠올랐어. 일단 자동차, 배, 항공기의 연료로 쓰이는 건 알고 있지? 또 발전소를 돌려 전기를 생산할 수도 있고, 추운 겨울을 날 연료로도 쓰이지. 그런데 여기서 끝이 아니야. 화학자들은 석유의 성분을 화학적으로 분해해서 자연에서는 구할 수 없는 온갖 신소재를 만들어 냈단다. 이런 물질들을 '석유 화합물'이라고 해. 대표적인 석유 화합물인 플라스틱은 인류의 삶을 송두리째 바꿔 놓았다고 해도 과언이 아니지. 플라스틱은 열에 강하고, 원하는 모습으로 쉽게 만들 수 있고, 색을 입히기도 쉬운 데다가, 가볍고 단단한데 가격까지 저렴하거든. 우리 주변을 조금만 둘러봐도 플라스틱을 이용한 물건은 쉽게 찾을 수 있어. 플라스틱 이외에도 석유 화합물은 셀 수 없이 많아. 물건을 포장할 때 사용하는 비닐도 석유 화합물이고, 천연고무를 대신하는 합성 고무도 석유 화합물이지. 도로를 포장할 때 쓰는 아스팔트, 옷을 빨거나 설거지할 때나 청소할 때 쓰는 각종 세제도 대부분 석유 화합물이야. 그뿐만 아니라 우리가 매일 입는 옷 중에도 나일론이나 폴리에스테르와 같은 석유 화합물 섬유로 만든 옷들이 많아. 우리는 매일같이 석유로 만들어 낸 물건을 쓰며 살고 있어. 하지만 석유 화합물은 잘 썩지 않아서 환경에 악영향을 끼치는 경우가 많아. 또 건강에도 좋지 않다는 인식이 퍼지면서 최근에는 사용을 피하려는 사람이 늘어나고 있단다.

▲ **베이클라이트로 만든 전화기와 헤어드라이어** 1907년에 발명된 베이클라이트는 최초의 플라스틱이야. 그 뒤 다양한 소재의 플라스틱이 개발되었고, 플라스틱은 인류의 삶을 통째로 바꿔 놓았지.

"머지않아 이란은 난감한 처지가 되었어. 석유 수출 길이 막혀서 경제가 완전히 무너질 지경이었거든. 게다가 유전을 운영하던 유럽 기술자까지 죄다 이란을 떠나 버리는 바람에 석유를 채취하는 것도 어려웠어. 궁지에 몰린 이란은 결국 소련과 손을 잡으려 했단다. 그러자 미국이 신경을 곤두세웠지. 석유도 석유지만, 서아시아에서 소련의 세력이 넓어지는 걸 두고 볼 수 없었으니까."

"그럼 어떡해요? 전쟁이라도 벌여요?"

"미국은 전쟁이나 다름없는 선택을 했어. 바로 이란 정부를 뒤집어엎는 거야. 미국은 일단 이란의 정치인과 기업가, 군인에게 접근해 자

▲ 1953년 이란 쿠데타 미국의 지원을 받은 군대와 군중들이 이란의 수도 테헤란으로 들어오고 있어. 이 사건을 통해 이란에는 친미 정부가 들어섰지.

▲ 미국과 이스라엘 국기를 불태우는 이란 사람들 1953년 쿠데타 이후 오늘날까지도 이란 사람들은 미국에 대한 감정이 좋지 않다.

신의 편으로 만들었어. 그리고 일부 이란 사람들에게 돈을 뿌려서 반정부 시위를 선동했지. 이 와중에 폭력 사태가 일어나자, 장군들이 질서를 바로잡는다는 구실로 쿠데타를 일으켜 정부를 뒤엎어 버렸단다. 정부가 들어선 지 2년 만의 일이었어. 새롭게 들어선 정부는 당연히 미국 말을 잘 듣는 정부였지."

"아니, 그럼 이란 사람들이 가만히 있지 않을 텐데요?"

곽두기의 두 눈이 휘둥그레졌다.

"물론이야. 이 사건 때문에 이란에는 미국에 대한 반감이 아주 깊숙이 뿌리를 내렸어. 서아시아의 다른 나라에서도 미국에 대한 시선이 곱지 않기는 마찬가지였지. 서아시아 사람들에게 미국은 사사건건 침략자인 유대인 편을 들며, 석유를 헐값으로 훔쳐 가고, 자기들 맘에 들지 않는다는 이유로 남의 나라 정부까지 뒤엎어 버리는 무법자로 보였어. 이런 반감은 요즘도 좀처럼 줄어들지 않고 있단다."

용선생의 세계사 돋보기
미국의 개입이 정확히 드러난 건 60년이 흐른 2013년의 일이야. 그 전에는 미국이 어느 정도 개입했을 거라 추측만 할 뿐이었지.

▲ **팔레비 2세**
(1919년~1980년)
미국이 계획한 쿠데타 이후 권력을 잡고 친미 정부를 이끌었어.

"휴, 독립은 했지만 그게 끝이 아니었군요."

아이들이 고개를 절레절레 저었다.

"흐흐. 하지만 정말 심각한 문제는 따로 있었어. 미국과 소련의 갈등이었어. 두 나라의 대립이 워낙 심해진 탓에, 세계인은 이러다가 정말 세계가 멸망할지도 모른다는 공포를 안고 살아야 했거든. 그 이야기는 다음 시간에 계속하도록 하자. 오늘도 고생 많았어!"

 **용선생의 핵심 정리**

미국은 유대인의 정치적인 힘 때문에 사사건건 이스라엘 편을 들며 아랍인의 반감을 삼. 또 서아시아에 진출한 석유 회사들의 횡포로 반감은 더욱 심해짐. 한편, 미국은 석유 산업 국유화를 선언한 이란 정부를 쿠데타를 도모해 뒤엎음.

나선애의 **정리노트**

1. 제2차 세계 대전 이후 신생 독립 국가들

- **대서양 헌장**과 **미국**, **소련**의 지원으로 전 세계 식민지가 독립함.
    - → **알제리**, **이집트**, **인도네시아**, **베트남**은 치열한 전쟁 끝에 독립을 이룸.
    - → **베트남**은 **사회주의 정부**가 들어선 북부와 미국의 지원을 받는 남부로 **분단**됨.
    - → **인도**는 **종교 갈등** 때문에 파키스탄과 인도로 나뉘어 독립함.
- 대부분의 신생 독립국은 경제적 어려움을 겪고, 내전과 독재에 시달림.
    - → 아프리카는 유럽이 멋대로 나눈 국경선 때문에 오늘날까지 심한 내분을 겪음.

2. 서아시아를 피로 물들인 이스라엘의 탄생

- 제1차 세계 대전 이후 **유대인**의 **팔레스타인** 정착이 본격화됨.
    - → 아랍인의 반발이 거셌으나 **국제 연합**의 결정으로 **이스라엘**이 건국됨.
- 건국을 반대하는 아랍국과 이스라엘이 네 차례나 **중동 전쟁**을 벌였으나, 네 차례 모두 이스라엘이 승리함.
    - → 아랍인은 **팔레스타인 자치 정부**를 만들어 독립 국가를 세우려고 노력 중임.

3. 서아시아에서 싹트는 반미 감정

- 미국은 유대인의 막강한 영향력 때문에 이스라엘을 강력히 지지함.
    - → 미국의 이스라엘 건국 지원을 계기로 서아시아에 **반미 감정**이 뿌리내림.
- 미국은 서아시아의 석유를 헐값에 가져가고, 이란의 쿠데타를 도모해 친미 정권을 세움.
    - → 서아시아의 반미 감정은 더욱 깊어지고, 이는 오늘날까지 이어짐.

세계사 퀴즈 달인을 찾아라!

1 다음 중 서로 관련 있는 것들을 바르게 연결해 보자.

① 베트남 •

② 알제리 •

③ 이집트 •

④ 인도네시아 •

• ㉠ 프랑스와 8년에 걸친 치열한 전쟁 끝에 1962년, 독립에 성공함.

• ㉡ 독립 운동 지도자인 호찌민이 하노이에서 독립을 선언함.

• ㉢ 수카르노가 독립을 선언하고 네덜란드와의 독립 전쟁을 진행함.

• ㉣ 나세르가 수에즈 운하 국유화를 선언하고 영국의 영향에서 벗어남.

2 동남아시아의 독립에 대해 바르게 설명한 친구는? (　　)

 ① 싱가포르는 미국으로부터 분리 독립한 나라야.

 ② 필리핀은 동남아시아 국가 중 가장 늦게 독립했어.

 ③ 모든 동남아시아 국가는 미국의 지배를 받고 있어 독립이 순조로웠어.

 ④ 베트남은 사회주의 정부가 세워진 북부와 미국의 지원을 받는 남부로 분단됐어.

3 빈칸에 알맞은 말을 써 보자.

남아프리카공화국은 '○○○○○○○'(이)라는 인종 차별법을 만들었던 나라야. 분리라는 뜻을 가진 이 법은 백인과 흑인을 구분해 흑인에게는 투표권도 주지 않았지. 1994년 넬슨 만델라가 남아프리카공화국 최초의 흑인 대통령으로 선출되며 이 법은 폐지됐어.

(   )

4 빈칸에 들어갈 알맞은 국가의 이름을 써 보자.

인도가 영국으로부터 독립할 때 힌두교도와 이슬람교도들 간의 갈등이 커졌다. 결국 인도는 두 갈래로 나뉘어 독립했는데, 이때 이슬람교도가 세운 나라가 바로 ○○○○이다.

(   )

5 이스라엘에 대한 설명으로 알맞은 것에 ○표, 알맞지 않은 것에 X표 해 보자.

○ 유대인은 팔레스타인 지역의 땅을 사들이며 아랍인을 몰아냈다. (   )

○ 이스라엘이 세워지자, 이웃한 아랍 국가들이 반발해 중동 전쟁이 벌어졌다. (   )

○ 서아시아에 반미 감정이 뿌리내린 이유는 미국이 팔레스타인 자치 정부를 강력하게 지지했기 때문이다. (   )

정답은 390쪽에서 확인하세요!

용선생 세계사 카페

인도 독립의 아버지 간디

인도 독립에 앞장선 모한다스 카람찬드 간디(1869년~1948년)는 오늘날 인도인뿐 아니라 세계 많은 사람들의 존경을 한 몸에 받아. 인도에서 존경받는 법률가를 꿈꿨던 영국 유학생 간디가 어떻게 나라의 독립 운동을 이끄는 지도자가 되었을까?

말썽꾸러기 간디, 법률가를 꿈꾸다

▲ 런던 법대 대학생 간디
1880년대 말 영국에서 법학을 공부하던 간디의 모습이야.

간디는 1869년 인도 구자라트의 작은 도시 포르반다르에서 태어났어. 당시 포르반다르는 작은 도시 국가였는데, 간디의 아버지는 포르반다르의 총리였지. 아버지가 높은 지위에 있는 사람이니만큼 간디 역시 풍족한 어린 시절을 보냈어. 어렸을 때는 하인의 돈을 몰래 훔치거나 꾸중을 들었다고 집을 나가는 등, 꽤나 말썽쟁이였다고 하는구나.
열여섯 살이 되던 해 아버지가 세상을 떠났어. 간디는 아버지의 죽음을 계기로 부쩍 철이 들었다고 해. 똑똑한 학생이었던 간디는 인도에서 대학 교육까지 받고, 이후 법률가가 되기 위해 영국 런던으로 유학을 떠나 변호사 자격을 얻었지. 간디는 영국의 식민지였던 남아프리카에서 변호사로 일하기 시작했어.

▲ 런던 대학교(UCL) 종교나 인종에 관계없이 학문을 배울 수 있었던 영국 최초의 대학이야. 간디도 이곳에서 법학을 공부했어.

기차에서 내쫓기다

하지만 간디는 뜻밖의 경험을 하게 돼. 어느 날, 1등석 기차표를 사서 기차에 탑승한 간디에게 표를 검사하는 직원이 다가왔지. 직원은 간디를 보더니 '1등석은 백인만 탈 수 있는 곳이다.'라며 간디에게 기차에서 내리라고 했어. 간디는 자신이 변호사라는 걸 내세우며 직원에게 항의했지만, 오히려 짐과 함께 기차 밖으로 내쫓겼단다.

▲ **아프리카 전쟁에 참여한 간디** 간디는 아프리카 전쟁에 참여해 맹활약했어. 공을 인정받아 영국 정부에서 주는 훈장까지 받았지.

이 사건으로 간디는 몹시 큰 충격을 받았어. 간디는 스스로를 영국인이라고 여겼고, 일류 지식인이라고 생각했거든. 실제로 그때까지 주변 사람들도 간디를 그렇게 대우했지. 그런데 단지 '인도인'이란 이유 하나만으로 차별 대우를 받았던 거야. 이 사건으로 간디는 인도인이 유럽인에게 불평등한 대우를 받는다는 사실을 알게 되었다고 해.

그런 일을 겪은 뒤부터 간디는 남아프리카의 인도인을 위해 일하는 인권 운동가로 활동하기 시작했어. 특히 부당한 대우를 받는 인도인 노동자에 대한 차별을 없애고 노동 환경을 개선하는 일에 앞장섰지. 간디는 이때부터 '비폭력 비협조'라는 독창적인 구호를 앞세워 세계적인 주목을 받았어.

간디는 남아프리카에서 남아프리카 전쟁이 터지자 영국군에 지원했고, 영국군과는 별도로 활동하는 부상자 수송대를 만들어서 생명 보호를 위한 활동에 앞장섰단다. 전쟁 이후 간디는 이 공으로 영국 정부에서 주는 훈장까지 받았지.

> 영국이 보어인을 공격해서 벌어진 전쟁을 말해.

영국의 배신에 저항 운동에 뛰어들다

간디는 제1차 세계 대전 때에도 영국군에서 활약했어. 이때 간디는 인도에서 영국군에 지원할 인도인을 모집하는 역할을 맡았지. 영국이 제

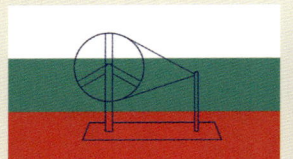

↑ **인도 국민회의가 사용한 깃발** 간디의 물레는 국민회의의 상징이 되었어.

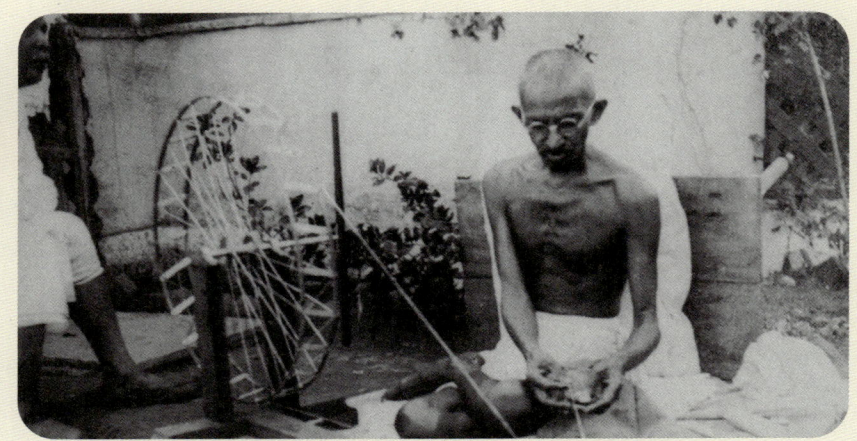

↑ **물레를 돌리는 간디** 간디는 '인도인이 만든 물건을 써야 한다.'며 스스로 물레를 돌려 실을 뽑았어. 이 모습은 간디의 비폭력 독립 운동을 상징하지.

1차 세계 대전 이후 인도에 자치권을 주겠다는 약속을 한 상태였거든. 간디도 그 약속을 믿었고, 성의껏 인도인을 모집해 유럽의 전쟁터로 보냈지. 남아프리카 전쟁으로 이름을 날린 간디의 말을 듣고 수많은 인도인이 제1차 세계 대전에 참가했어. 간디는 이 공으로 또 한 번 훈장을 받았단다.

하지만 전쟁 이후 영국은 태도를 바꾸었어. 자치권을 주겠다는 약속은 내팽개치고 온갖 핑계만 늘어놓았지. 영국을 향한 인도인의 불만은 불붙은 듯 활활 타올랐단다. 간디 역시 영국을 향한 희망을 버리고 독립 운동에 뛰어들었어. 이렇게 간디가 제3의 인생을 시작했을 때 그의 나이는 이미 50세였어.

인도를 넘어 세계의 성인이 되다

↑ **소금 행진을 떠난 간디** 간디는 영국의 소금법에 항의하며 380킬로미터나 되는 길을 맨발로 걸어 '소금 행진'을 벌였어. 소금 행진을 통해 간디는 세계적인 성인으로 떠올랐지.

독립 운동을 시작한 간디는 머지않아 인도 뿐 아니라 전 세계에서 화젯거리가 되었어. 무장 투쟁과 폭동, 끔찍한 전쟁으로 수백만이 넘는 목숨이 희생되던 그 시절, 간디는 '비폭력, 비협조'라는 표어를 앞세워 철저히 평화로운 방법으로 저항을 이끌었거든.

간디는 영국 정부가 시위대 해산을 요구하면 군말 없이 시위대를 해산해 집으로 돌아갔고, 체포되어 감옥에 갇히면 오히려 감옥 안에서 태연하게 물레를 돌리며 영국 상품을 쓰지 말고 인도인이 만든 물건을 써야 한다고 말했지. 늘 '평화'를 말하는 간디 앞에서 영국은 도저히 폭력적인 방법으로 인도의 저항을 짓누를 수 없었어.

그중에서도 영국의 소금법에 항의하는 뜻으로 시작한 소금 행진은 간디를 인도를 넘어 세계적인 성인 반열에 올려놓았어. 인도 사람들은 종교와 신분을 넘어 누구나 간디의 말을 귀담아듣고 간디를 민족적 지도자로 여겼지.

⬆ **인도의 지폐** 인도의 지폐에는 모두 간디의 얼굴이 새겨져 있어. 간디가 인도인에게 얼마나 대단한 의미를 갖는 사람인지 알게 해 주지.

비극적인 최후를 맞이하다

제2차 세계 대전 이후 독립을 눈앞에 둔 인도는 이슬람교도와 힌두교도 사이의 종교 갈등으로 몹시 혼란스러웠어. 간디는 종교 갈등을 해결하기 위해 몹시 노력했지만 역부족이었지. 간디는 오히려 '화해'와 '평화'를 이야기하는 그에게 불만을 품은 한 청년의 손에 그만 목숨을 잃고 말았단다. 인도인은 간디의 죽음에 큰 충격을 받았고, 이후 간디는 인도인에게 영원히 기억되는 위인이 되었지.

간디는 '마하트마'라는 존칭으로 불리기도 해. '위대한 영혼'이란 뜻을 가진 말인데, 인도의 대시인 타고르가 간디를 이렇게 부른 이후 간디의 또 다른 이름이 되었지. 늘 평화와 화해를 강조했던 간디의 사상은, 매일같이 갈등이 끊이지 않는 세계에 생각할 거리를 많이 남겨 주었단다.

⬆ **영국 랭커셔 섬유 공장 노동자의 환호를 받는 간디** 간디의 평화로운 운동 방식은 세계인의 마음을 울렸어. 영국인 중에도 간디를 존경하는 사람이 많았지.

용선생 세계사 카페

끝을 알 수 없는 팔레스타인과 이스라엘의 충돌

이스라엘 건국 이후 네 차례의 중동 전쟁에서 이스라엘이 승리하면서 팔레스타인 사람들의 설 자리는 점점 좁아졌어. 게다가 세계 최강대국 미국이 여전히 이스라엘 편을 들어서 문제 해결이 더 어렵단다. 그럼에도 팔레스타인 사람들은 70년 넘게 저항을 멈추지 않았어. 다만 시간이 갈수록 점점 과격한 방법으로 죄 없는 민간인을 향한 테러나 군사 행동도 서슴없이 벌이면서 세계인의 우려를 사고 있지.

세계인의 축제 올림픽을 물들인 참사

1972년, 독일의 뮌헨에서 세계인의 축제인 올림픽이 열렸어. 그런데 이곳에서 뜻밖의 사건이 터졌지. 팔레스타인 테러 단체인 '검은 9월단' 소속 테러범 8명이 올림픽 선수촌 담장을 넘어서 이스라엘 선수단 숙소에 침입한 거야. 이들은 이스라엘 선수단 11명을 인질로 붙잡고, 이스라엘 감옥에 갇혀 있는 팔레스타인 포로 234명을 석방하라고 요구했어.

테러범들은 이스라엘 정부가 요구를 들어주지 않자, 독일 정부에 자신

▼ 인질극이 일어났던 올림픽 선수촌 현재 뮌헨대학교 기숙사로 사용하고 있어.

들이 탈출할 수 있도록 비행기를 내놓으라고 요구했어. 독일 정부는 이 요구를 들어주는 척하면서 테러범들이 비행기에 타면 급습해 일망타진 하기로 했지. 하지만 이 작전은 테러범들이 계획을 눈치채는 바람에 실패로 돌아갔어. 치열한 총격전 끝에 테러범 8명 중 5명이 사망했고, 3명이 체포됐지. 그리고 진압 과정에서 인질로 잡힌 이스라엘 선수단 11명은 모두 목숨을 잃었단다.

뮌헨 올림픽 참사는 팔레스타인 문제를 전 세계적인 이슈로 만들었어. 세계인의 평화로운 축제인 올림픽이 진행되는 와중에 벌어진 사건이었고, 독일 경찰도 크게 당황한 탓에 언론을 제대로 통제하지 못했거든. 이 당시 독일 언론은 인질극이 벌어지는 현장을 텔레비전으로 생중계하고, 심지어 경찰의 구출 계획까지 실시간으로 모조리 보도해서 인질범이 작전을 눈치채게 만들었단다.

▲ **인질로 잡힌 이스라엘 선수** 창문에서 독일 경찰과 협상을 하는 모습이야. 이런 장면이 독일 텔레비전으로 생중계되었어.

이스라엘을 향한 민중의 반란

1987년에는 이스라엘의 팔레스타인 난민 지구에서 사고가 발생했어. 팔레스타인 사람들이 탑승한 차량이 이스라엘의 군용 트럭과 충돌해 4명이 목숨을 잃은 사고였지. 팔레스타인 사람들은 이 사고를 이스라엘군이 고의로 벌였다고 의심하며 시위를 벌였어. 그런데 이 시위에 이스라엘군이 강경 대응으로 맞서며 문제가 커졌지. 급기야 이스라엘 전역에서 팔레스타인 민중이 대대적인 반란을 일으켰단다. 이 사태를 '인티파다'라고 불러.

> 인티파다는 아랍어로 '봉기, 반란'을 뜻하는 단어야.

7년간 이어진 인티파다는 전쟁이나 다름없었어. 최소 백만 명이 넘는 팔레스타인 주민이 살해당했고, 수만 명이 넘는 부상자가 발생했거든. 미국의 지원을 받는 이스라엘은 우수한 무기로 팔레스타인을 짓밟았지만, 팔레스타인 사람들은 오히려 맨손으로 맞서며 세계의 주목을 받았단다. 그러면서 팔레스타인 문제가 다시 세계적인 이슈로 떠올랐지.

↑ **탱크를 향해 돌을 던지는 팔레스타인 소년**
팔레스타인은 미국의 지원을 받는 이스라엘에 비해 모든 것이 부족한 처지이지만, 이렇게 어린아이부터 노인에 이르기까지 남녀노소를 가리지 않고 저항에 나서고 있어.

↑ **오슬로 협정** 1993년, 이스라엘과 팔레스타인 지도자가 노르웨이의 오슬로에서 만났어. 두 민족은 잠깐의 평화를 누렸지만 이내 전쟁의 소용돌이로 휘말려 들었지.

1993년, 노르웨이의 오슬로에서 평화 회담이 열렸어. 이후 팔레스타인 자치 정부 수립이 결정되며 일단 제1차 인티파다는 막을 내렸단다. 두 손을 맞잡은 팔레스타인 해방 기구의 아라파트 의장과 이스라엘의 라빈 수상은 노벨 평화상까지 받았지.

하지만 이걸로 모든 일이 끝난 건 아니었어. 팔레스타인 자치 정부는 주권을 가진 국가로 인정받고 나아가 영토까지 인정받기 위해 평화 회담을 계속 해 나갔어.

그러던 도중 2000년에 회담이 결렬됐어. 얼마 안 가 평화 협정도 물거품이 되었고, 이스라엘은 팔레스타인의 자치권을 빼앗으려 들었지. 곧 제2차 인티파다가 시작됐어. 이스라엘이 강경 진압에 나섰기 때문에 이 과정에서도 수많은 민간인이 목숨을 잃었단다. 오늘날까지도 팔레스타인의 테러와 이스라엘의 반격은 계속되고 있어.

↓ **팔레스타인 분리 장벽** 이스라엘 정부가 팔레스타인의 테러를 막겠다며 팔레스타인 거주지와의 경계에 건설한 콘크리트 장벽이야. 이 장벽 때문에 팔레스타인 주민 수만 명은 옴짝달싹 못 하는 처지가 되었지.

하마스의 등장과 끊이지 않는 충돌

이렇게 양측의 충돌이 심각해지면서 팔레스타인에서는 과격한 정당이 시민들의 지지를 얻기 시작했어. 바로 1987년 제1차 인티파다 당시 탄생한 '하마스'라는 조직이지. 하마스는 이스라엘 민간인은 물론, 이스라엘을 찾은 외국인에게도 서슴지 않고 테러를 시도할 정도로 공격성이 강한 과격 단체였어. 당연히 처음에는 외면을 받았지만 이스라엘의 진압이 점점 강경해지면서 세력을 키우게 됐지. 오늘날 하마스는 '팔레스타인 해방 기구'를 뛰어넘어 팔레스타인 사람들의 폭넓은 지지를 얻는 조직이 되었어.

하지만 미국과 이스라엘은 하마스를 테러 단체로 규정하고, 하마스와의 협상 자체를 거부하는 중이야. 2012년에는 미사일을 발사해 하마스의 지도자를 사살하기도 했지. 2023년에는 하마스가 이스라엘 민간인 수백 명을 납치하자 이스라엘이 이에 대한 보복으로 가자 지구를 공습하여 수만 명이 사망하기도 했어.

하마스는 이집트와 이란 등 서아시아 각국에서 로켓과 박격포와 같은 무기를 들여와 사용하고, 최근에는 무인 항공기인 '드론'까지 이용해 폭탄 테러를 벌이기도 했단다. 또 이란과 이집트 등에서 전문 군사 훈련을 받은 군인들이 다수 활약하고 있어서 상대하기가 점점 더 어려워지고 있지.

과연 이스라엘과 팔레스타인 사이에는 언제쯤 평화가 찾아올까? 끝을 알 수 없는 대립이 끝나고 하루빨리 평화가 찾아오길 빌어 보자.

↑ **까삼 로켓** 하마스에서 사용하는 로켓이야. 재료는 동네 슈퍼마켓에서 구할 수 있을 만큼 단순하고 값도 싼데, 위력은 대단해서 이스라엘의 골칫거리가 되고 있지.

↑ **하마스의 군인들** 하마스의 군인들은 약 2만 명에 이른대. 이들은 이란과 시리아 등 외국에서 군사 훈련을 받고 돌아온 교관의 훈련을 받아 전투 능력도 뛰어나다는구나.

5교시

세계가 둘로 갈라져 냉전을 벌이다

제2차 세계 대전 이후 사회주의 세력은
급속도로 세력을 넓혀 갔어.
동유럽에 이어 중국, 한반도 북부와 베트남 북부에도
공산당 정부가 들어섰지.
미국은 사회주의의 확산을 막는 한편
자본주의 진영을 하나로 묶으려 안간힘을 썼고,
그럴수록 소련과의 관계는 점점 더 험악해졌단다.
오늘은 미국과 소련 사이의 치열한 대결,
냉전에 대해 알아보자.

1949년	1950년	1953년	1962년	1968년	1975년
중국에 사회주의 정부 수립	6·25 전쟁 발발	소련에서 흐루쇼프 집권	쿠바 미사일 위기	프라하의 봄	베트남 전쟁 종전

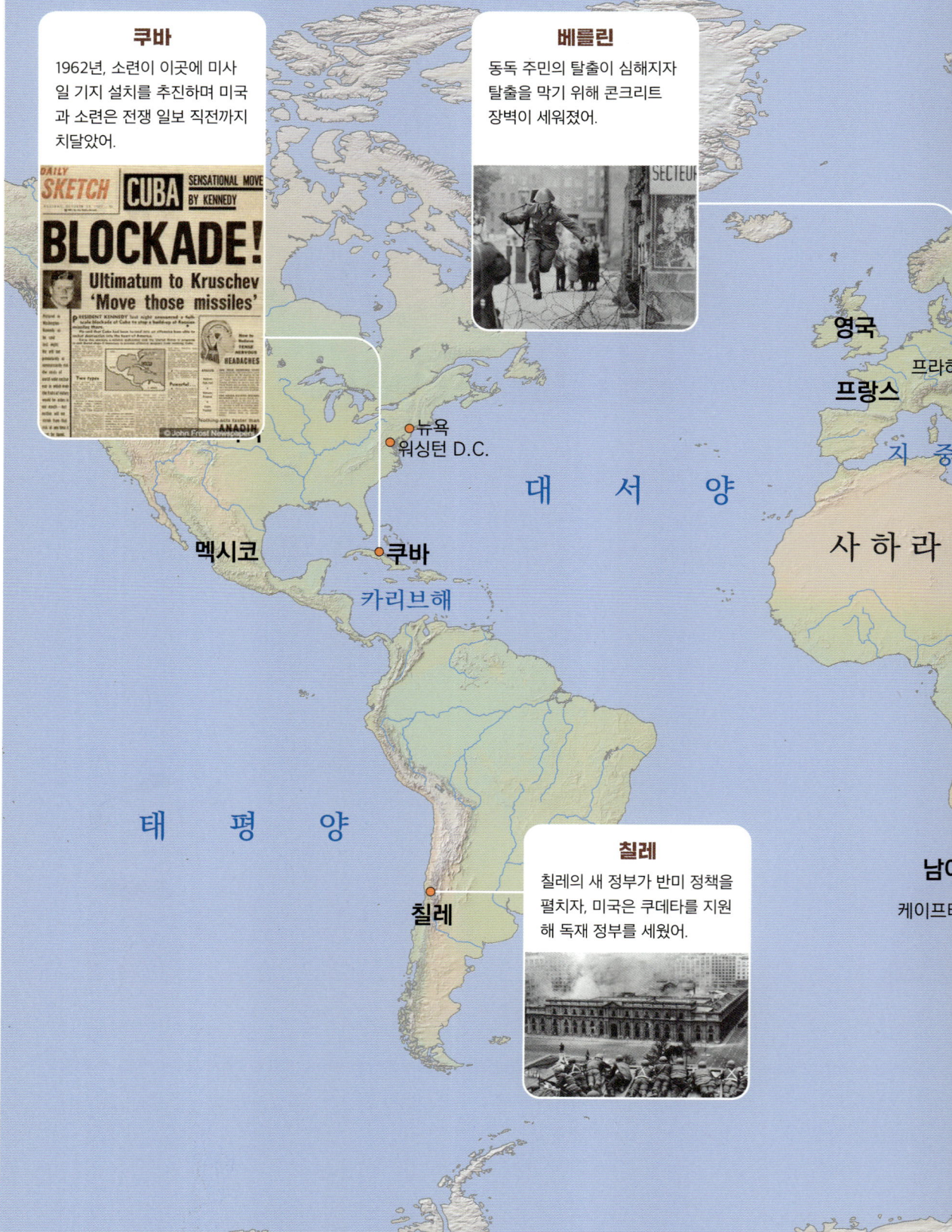

역사의 현장 지금은?

불굴의 역사를 자랑하는 베트남의 오늘날

베트남은 대륙부 동남아시아 동쪽 끝에 자리한 나라야. 면적은 한반도의 1.5배, 인구는 약 1억 명이야. 베트남은 프랑스 식민 지배를 받았고, 독립 과정에서 분단의 아픔을 겪었어. 그 후엔 미국에 맞서 베트남 전쟁을 치르며 온 나라가 쑥대밭이 되었지. 하지만 1980년대 시장 경제를 도입한 이후 발전을 거듭해 오늘날 성장 잠재력이 매우 높은 나라 중 하나가 됐단다.

쩐 흥 다오를 비롯해 베트남 역사의 영웅을 기리는 사당.

▲ 호안끼엠 호수 하노이 시민의 휴식처이자 유명 관광지야.

294

↑ **하노이** 베트남 북부에 자리한 수도 하노이는 오랜 옛날부터 베트남의 중심부지.

역사·정치의 중심지 하노이

하노이는 가까운 중국의 선진 문화를 맨 처음 받아들이던 도시였어. 식민지 시절에는 프랑스령 인도차이나의 수도여서 프랑스식 건물이 많았고, 한때 '아시아의 파리'라고도 불렸지.

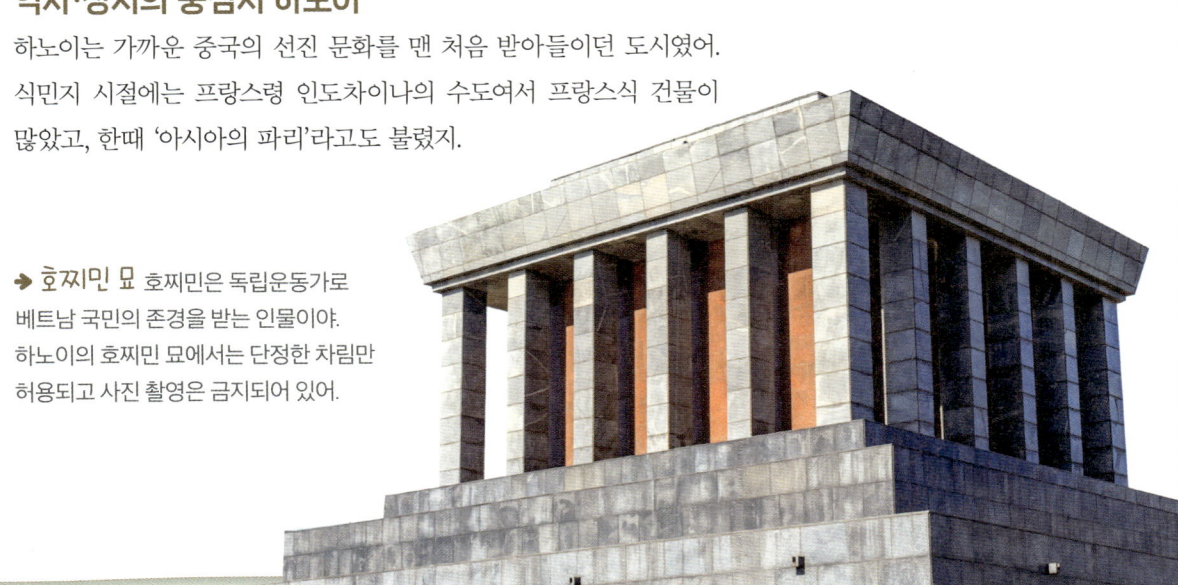

→ **호찌민 묘** 호찌민은 독립운동가로 베트남 국민의 존경을 받는 인물이야. 하노이의 호찌민 묘에서는 단정한 차림만 허용되고 사진 촬영은 금지되어 있어.

다양한 문화 유적을 간직한 베트남

베트남은 다른 동남아시아 국가와는 다르게 중국의 영향을 크게 받았어. 그래서 대승 불교를 믿는 사람이 많고, 유교 문화도 강해. 프랑스 식민지 시절의 영향도 많이 받았지. 오랜 세월 동안 여러 전쟁을 거쳤지만 여전히 베트남 곳곳에서 다양한 문화의 흔적을 그대로 찾아볼 수 있단다.

↑ **문묘** 1070년에 공자를 모시기 위해 지은 곳이야. 유학자를 양성했던 교육 기관이기도 했어.

↑ **못꽂 사원** 1049년에 지어진 불교 사원이야. 국가의 중요한 불교 행사가 열렸던 곳이지.

← **교통 표지판** 프랑스 식민 지배의 영향으로 알파벳을 본뜬 문자를 사용해.

↑ **하노이 성 요셉 대성당** 1800년대 베트남에 최초로 지어진 유럽풍 건물이야.

↑ **하노이 오페라 하우스** 프랑스에서 온 식민지 관리들이 공연을 관람하기 위해 건축했어.

우수한 인력이 풍부한 젊은 나라

베트남은 인구가 많아 내수 시장이 크고, 청년층 인구 비율이 높아 노동력도 풍부해. 게다가 교육열이 세계적인 수준이어서 우수한 노동력이 많지. 임금은 중국보다도 저렴하고 각종 규제도 적어서 전 세계 수많은 기업이 속속 진출하고 있어.

▶ **삼성전자 휴대 전화 공장의 노동자** 베트남은 인건비가 저렴해서 우리나라 기업들도 많이 진출했어.

▲ **호찌민 국립 대학교** 베트남은 우수 인재 육성을 위해 1993년 말부터 호찌민 국립 대학교 등 5개의 종합 대학을 설립했어.

▲ **사이공 하이테크 파크** 삼성전자 등 글로벌 기업의 공장이 들어선 산업 단지야.

◀ **호찌민의 출근길** 오토바이는 베트남의 주요 교통수단이야. 출근 시간이면 이렇게 오토바이를 탄 젊은이들이 길거리를 가득 채우지.

▲ **경제 중심지 호찌민** 호찌민은 베트남 최대 도시야. 세계적인 곡창 지대 메콩강 삼각주에 위치해 예로부터 풍요로운 도시였어. 분단 시절 남베트남의 수도로서 미국의 전폭적인 지원을 받았지. 그 덕에 베트남의 경제 중심지로 성장할 수 있었어.

나날이 발전하는 관광 산업

베트남의 관광 산업은 하루가 다르게 성장 중이야. 경제 개발이 더뎠던 덕분에 고유문화와 자연환경이 잘 보존됐고 물가도 저렴한 편이지. 식민지 시대에 건설된 건물도 잘 보존되어 있어서 많은 사람의 발길을 끌고 있어.

◀ **다낭의 바나힐** 식민지 시절 프랑스인이 바나산 정상부에 건설한 휴양지야. 프랑스식 별장과 와인 창고를 비롯해 볼거리가 풍성하지.

▲ **아오자이** 지금도 많은 여성들이 즐겨 입는 전통 의상이야. 머리에 쓴 모자는 '논'인데, 비가 자주 오고 더운 베트남에서 우산과 양산 역할을 해.

▼ **하롱베이** 베트남 북부 통킹만에 있는 곳이야. 3,000여 개의 아름다운 기암괴석과 섬들로 유명해. 유네스코 세계유산으로 지정됐지.

▲ **까이랑 수상 시장** 베트남에서 가장 규모가 큰 수상 시장이야. 메콩강 하류에 있어.

▲ **호이안 구시가지** 옛 모습을 잘 보존한 항구 도시야. 아름다운 야경으로 유명해. 유네스코 세계유산으로 지정됐어.

각종 쌀 요리의 천국

베트남은 비옥한 메콩강 삼각주에서 1년 내내 생산되는 쌀 덕분에 각종 쌀 요리가 발달했어. 쌀국수 종류만 해도 수십 가지가 넘지.

↑ 퍼 육수에 쌀국수, 고기를 넣고 라임, 느억맘 등 다양한 소스를 곁들이는 요리야. 우리나라에서는 보통 '베트남 쌀국수'라고 부르기도 하지.

↑ 고이 꾸온 채소 등 다양한 재료를 얇은 쌀 전병으로 감싸서 소스에 찍어 먹는 음식이야. 우리에겐 월남쌈으로 알려졌지.

↑ 반미 쌀로 만든 베트남식 바게트에 고기, 채소 등을 넣은 음식이야.

↑ 바인 쯩 찹쌀 안에 돼지고기와 녹두를 넣고 바나나 잎으로 감싸 쪄낸 음식이야. 주로 명절에 즐겨 먹는대.

냉전이 시작되다

"선생님, 냉전이 무슨 뜻이에요?"

장하다의 물음에 용선생이 싱긋 미소를 지었다.

"말 그대로 '차가운 전쟁'이라는 뜻이야. 실제로 무기를 들고 피를 흘리며 대대적으로 싸우진 않았지만, 소련과 미국이 세계 각지에서 날카롭게 대치하며 힘의 경쟁을 펼치는 모습이 전쟁이나 다를 바 없다고 해서 생긴 표현이지. 냉전은 제2차 세계 대전이 끝난 직후 시작됐고, 1960년 무렵이면 전 세계를 반으로 갈라놓았어. 미국과 소련이 전면전을 펼치지는 않았지만 세계 곳곳에서 분쟁이 일어났어. 냉전 시기에는 정말 차가운 분위기가 계속됐단다."

"선생님, 그냥 사회주의 하고 싶은 나라는 사회주의 하고, 하기 싫

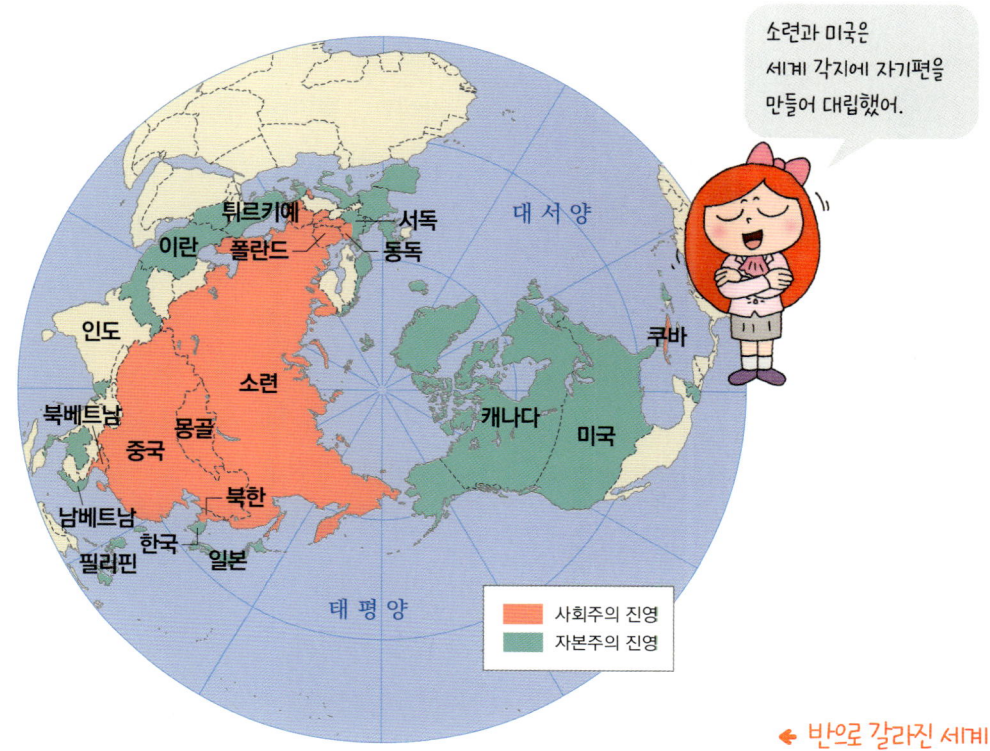

← 반으로 갈라진 세계

은 나라는 하기 싫은 대로 잘 지내면 되잖아요? 왜 꼭 그렇게 못 싸워서 안달이람."

나선애가 답답하다는 듯 말하자 용선생은 빙긋 웃었다.

"그러기엔 큰 문제가 있어. 두 진영을 대표하는 미국과 소련 사이에 신뢰가 전혀 없었으니까."

"그건 또 무슨 말씀이세요?"

"일단 소련 입장에서 생각해 볼까? 소련은 세계 최초 사회주의 국가라는 이유로 줄곧 공격을 받았어. 실제로 러시아 혁명 직후에는 유럽 국가들이 러시아 내전에 끼어들어 혁명 정부를 무너뜨리려 했지. 그러다가 러시아 내전이 끝난 이후에는 세계 대부분 국가와 교류가

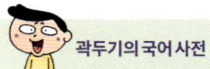

곽두기의 국어사전

신뢰 믿을 신(信) 의뢰할 뢰(賴). 굳게 믿고 의지함을 뜻해.

↑ 자본주의를 경계하자는 소련의 포스터 풍요로운 물자와 군대를 앞세운 미국에 맞서 사회주의 정신을 지켜야 한다는 의미가 담겨 있어.

끊긴 채 그야말로 외톨이 신세가 되어 버렸잖아? 그뿐만이 아니야. 제2차 세계 대전 당시 나치 독일도 '사회주의의 소굴인 소련을 박살 내겠다.'라며 소련에 쳐들어가서 민간인을 수천만 명 학살하기까지 했어."

"그러니 소련은 미국과 서유럽을 믿을 수 없었던 거군요?"

"맞아. 약점을 보이는 순간 소련을 무너트리려 들 거라며 경계했지. 그래서 소련은 세계 곳곳에 더 많은 사회주의 국가를 만들어 세력을 키우려 했어. 내 편이 많아야 공격을 받지 않을 테니까."

"소련은 이해됐어요. 근데 미국은 왜 소련을 그렇게 잡아먹지 못해 안달이 난 거죠?"

곽두기의 국어 사전

저력 바닥 저(底) 힘 력(力). 속에 간직하고 있는 든든한 힘을 가리켜.

"국가 중심으로 똘똘 뭉쳐 돌아가는 소련의 저력이 무서웠기 때문이야. 러시아 혁명 직후만 해도 소련은 내전으로 잿더미가 된 농업 국가였어. 근데 스탈린이 경제 개발에 성공한 결과 15년 만에 세계 2위의 경제 대국이 되었고, 제2차 세계 대전 때는 나치 독일과 싸워 승리를 거둘 정도의 국력을 갖추었지. 그래서 전쟁 이후 세계 곳곳에 소련의 영향을 받은 사회주의 국가가 우후죽순처럼 들어섰어. 미국은 이런 소련의 성장세가 무서웠던 거야."

"아하, 소련이 미국보다 강대국이 될까 봐 두려워 그랬던 거군요."

"더 큰 문제는 제2차 세계 대전 이후 유럽과 미국에서 사회주의 세력이 너무 급격히 성장했다는 거야."

↑ **프랑스 공산당 집회 현장** 2012년의 집회 사진이야. 프랑스나 영국, 이탈리아 등 서유럽 각국에서는 1980년대까지도 공산당의 활동이 매우 활발했지.

↑ **사회주의 확산을 경고하는 포스터** 사회주의가 퍼질 경우 수많은 사람이 죽고 자유를 잃게 될 거라는 의미가 담겨 있어.

"유럽과 미국에서요?"

"응. 전쟁과 경제적인 어려움 때문이었지. 특히 대다수 지식인들은 소수 정치인의 야망과 돈 많은 자본가의 욕심 때문에 끔찍한 전쟁이 계속된다고 생각했어. 그러니 '노동자와 농민을 위한 나라'를 만들겠다는 사회주의의 주장에 눈길이 갈 수밖에 없었지. 1940, 50년대 세계 각국의 지식인 상당수가 사회주의를 진지하게 연구했어. 그래서 영국이나 프랑스, 미국에서도 사회주의자의 활동이 활발했단다."

"그렇게 내부에서 사회주의 세력이 커지니, 소련을 더욱 경계했던 거군요."

"맞아. 사회주의가 퍼지는 속도가 워낙 빠르다 보니, 미국은 소련이 그 뒤에 있을 거라고 의심했어. 소련이 코민테른으로 각국의 사회주의 혁명을 부추겨서 전 세계를 사회주의로 물들이려 한다고 여긴 거야. 자칫하다가는 어~ 하는 사이에 미국이 외톨이가 될지도 모를

용선생의 세계사 돋보기

하지만 사회주의자라고 해서 무조건 소련을 긍정적으로 생각했던 건 아니야. 스탈린이 절대 권력을 휘두르는 소련은 사회주의 국가가 아니라 나치 독일과 다를 바 없는 전체주의 국가라 여기는 사람도 많았어.

일이었지. 그래서 지난 시간에 이야기했듯이 미국은 마셜 플랜 같은 경제 지원 정책도 짜고, 북대서양 조약 기구라는 군사 기구도 만들면서 소련을 압박했단다."

"소련은 미국이 쳐들어오는 게 걱정이고, 미국은 소련 때문에 사회주의 세력이 커지는 게 걱정이었다는 거네요."

"근데 미국이 괜한 걱정을 하는 거 같아요. 혁명이 어디 그렇게 쉽게 일어나나요?"

"미국도 처음에는 그렇게 생각했지만…… 1949년에는 실제로 정말

거대한 나라에서 혁명이 일어났어. 바로 중국이 사회주의 국가가 된 거야."

용선생의 핵심 정리

제2차 세계 대전 이후 미국의 침략을 걱정하는 소련과, 사회주의 세력 팽창을 걱정하는 미국 사이의 신뢰 부족으로 냉전이 시작됨.

중국이 사회주의 국가가 되다

"아, 지난 시간에 말씀하셨어요. 중국에서 국민당과 공산당이 다시 전쟁을 벌여서 공산당이 승리했다고."

왕수재의 말에 용선생은 고개를 끄덕였다.

"맞아. 사실 1930년대까지만 해도 중국 공산당은 장제스가 보낸 토벌군에 대패해서 거의 몰락한 상태였지. 죽어 가는 중국 공산당을 살려 낸 건 일본이었어. 1937년에 중일 전쟁이 터지는 바람에 장제스가 공산당 토벌을 포기하고 공산당과 손을 잡았으니까."

"일본 덕분에 살아나다니……."

"그러게 말이다. 기사회생한 중국 공산당은 중일 전쟁의 혼란 속에서 착실히 세력을 넓혔단다. 특히 국민당 정부가 일본에 패배를 거듭하면서 후퇴하자, 공산당 군대는 농촌에 남겨진 농민을 적극적으로 끌어모았지. 그리고 일본과 정면 대결 대신 게릴라전을 펼치면서 병력과 당원을 늘리는 데에 집중했어. 그 결과 중일 전쟁 8년 동안 중국 공산당 군대는 1만 명에서 100만 명으로 늘었어. 4만 명에 불과했

곽두기의 국어 사전

기사회생 일어날 기(起) 죽을 사(死) 돌 회(回) 날 생(生). 죽을 뻔하다가 다시 살아난다는 뜻이야.

용선생의 세계사 돋보기

중일 전쟁 중 공산당은 화베이와 만주에서 싸우던 팔로군, 창장강 지역에서 싸우던 신사군을 거느리고 있었어. 훗날 두 군대는 '인민해방군'으로 통합되었어.

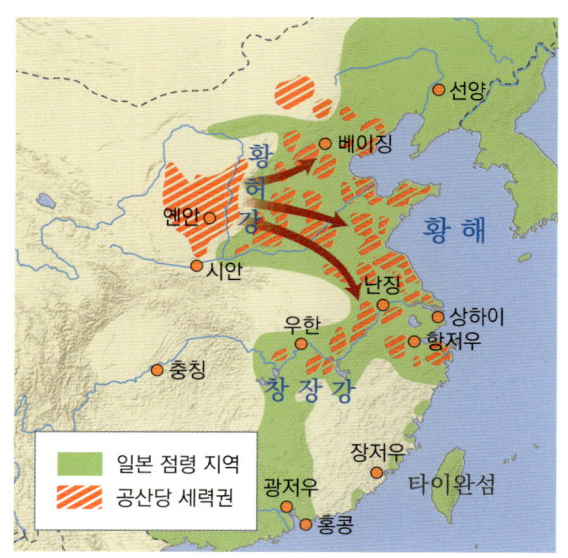
↑ 중일 전쟁 중 공산당의 세력 확장

던 당원도 120만 명까지 늘었단다. 또 중국 곳곳에 공산당이 지배하는 지역도 생겼지."

"우아, 공산당이 정말 세력을 많이도 불렸네요."

"그래. 이렇게 공산당의 세력이 강해지자 국민당과의 갈등이 다시 불거졌어. 중일 전쟁 내내 국민당과 공산당은 서로 으르렁댔지. 심지어 공산당 군대가 국민당 군대를 습격해 땅을 빼앗거나 전쟁 물자를 약탈하는 일도 종종 있었단다. 전쟁이 막바지로 접어들수록 둘 사이의 갈등은 점점 심해졌지."

"그러다가 결국엔 다시 전쟁을 벌인 거군요."

"맞아. 그런데 중일 전쟁이 끝난 뒤로는 국민당을 보는 농민들의 시선이 영 곱지 않았어. 사실 중일 전쟁 내내 농민들 곁을 지킨 건 국민당이 아니라 공산당이었거든. 그런데도 국민당 정부는 전후 복구에 필요하다는 이유로 농민을 쥐어짜서 세금을 걷으려 들었어. 이것만 해도 못마땅한데, 여기에 국민당 정부의 관리들이 부정부패에 찌들어서 자기 배를 채우는 데에만 급급하다는 소문이 돌았단다. 당장 장제스와 그 측근들이 국가 예산을 자기 돈처럼 꺼내 쓴다는 소문이 파다했지."

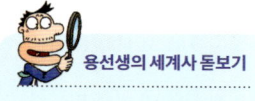
용선생의 세계사 돋보기

이런 소문은 어느 정도 사실이었지만, 공산당이 더 악질적으로 부풀려 퍼뜨렸어.

"어휴, 나라가 어려운데 그게 무슨 짓이람!"

영심이가 고개를 절레절레 저으며 혀를 쯧쯧 찼다.

"이때 소련이 끼어들었어. 소련은 태평양 전쟁 말기에 관동군을 공격해 만주와 한반도 북부를 점령한 상태였지. 소련은 만주를 중국에 돌려준다면서 중국 공산당 군대를 불러들여 만주 전체를 장악하도록 도와주었어. 그 덕분에 공산당은 관동군이 남겨 놓고 간 무기와 각종 물자를 고스란히 차지할 수 있었지."

"소련이 공산당을 제대로 도와주었네요."

"응. 이쯤 되자 장제스도 그냥 보고 있을 수만은 없었어. 그래서 공산당의 본거지가 된 만주를 향해 대대적인 공격을 개시했단다. 1946년, 중일 전쟁이 끝난 지 고작 1년 만이었어. 이때 공산당 군대는 세력이 많이 늘었다지만 모두 120만 정도였지. 반면 국민당 군대는 모두 400만이 넘었단다."

"국민당이 훨씬 유리했겠는데요?"

"문제는 400만 넘는 국민당 군대가 중국 전역에 흩어져 있었다는 거야. 반면 중국 공산당 군대는 대부분 만주를 비롯한 중국 북부에 집중돼 있었어. 게다가 국민당 군대는 머릿수만 많은 오합지졸이었지. 국민당 군대를 지휘하는 장군 중에는 군벌 출신이 많았는데, 이 중에는 국민당 정부를 여전히 못마땅하게 여기고 장제스를 몰아낼 궁리를 하는 인물도 많았거든."

↑ 만리장성에서 전투 준비를 하는 공산당 군대
공산당은 주로 중국의 농촌 지역과 험준한 산악 지대를 근거지로 삼아 일본군에 맞서 싸웠어. 하지만 되도록 정면 대결을 피하며 세력을 키우는 데에 힘을 썼지.

↑ 팔로군을 시찰하는 마오쩌둥 중일 전쟁이 끝난 이후 마오쩌둥이 공산당 탱크 부대를 시찰하는 모습이야. 팔로군은 관동군이 남기고 간 전쟁 물자를 차지하며 제대로 전력을 갖췄어.

↑ **만주 선양으로 진군하는 공산당 군대** 1947년 11월 중국 인민 해방군이 만주의 중심 도시 선양을 함락시키자, 곧바로 국민당 군대 11만 명이 항복했어. 이로써 공산당은 당시 만주를 완전히 지배하게 됐어.

↑ **베이징에 들어오는 공산당 군대** 1949년 1월 공산당 군대는 베이징을 점령했어. 중국 국민 대부분이 공산당 편이었기 때문에 공산당을 반겼지.

"쩝. 숫자만 많았지 모래알 같은 군대였군요."

"그래도 국민당군은 전쟁 초반에 공산당을 밀어 내며 승리를 거두었어. 국민당은 공산당의 근거지인 옌안까지 점령하며 공산당을 궁지에 몰아넣었지. 하지만 1947년부터 공산당의 반격이 시작됐단다. 국민당군은 만주 곳곳에서 조금씩 밀려나더니 순식간에 와르르 무너지고 말았어."

"와르르 무너지다니요?"

"그렇잖아도 말을 듣지 않던 장군들이 아예 국민당을 버리고 공산당 편으로 돌아선 거야. 공산당 병력은 점점 늘어나고, 국민당은 점점 쪼그라들었지. 1949년 초에는 베이징마저 공산당에 넘어갔어. 이때 베이징을 지키던 국민

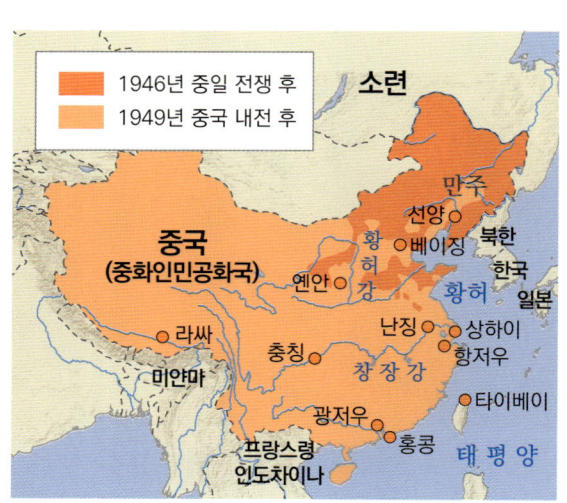

↑ **중국 전역을 점령한 공산당**

 ▲ 중화인민공화국을 선포하는 마오쩌둥 마오쩌둥이 베이징 자금성에서 중화인민공화국 설립을 선언하고 있어.

 ▲ 타이완의 총통으로 취임하는 장제스 장제스는 타이완에서 총통으로 취임해 중화민국의 명맥을 이었어.

당 장군은 공산당원인 딸의 설득으로 항복을 결정했대."

"너무 허무하네요."

"국민당의 패배가 확실해지자 장제스가 이끄는 국민당 정부는 마지막 남은 50만 병력과 함께 바다 건너 타이완섬으로 도망갔단다. 마오쩌둥은 중국 전역을 장악한 뒤 베이징을 수도로 삼고, 사회주의 국가인 '중화인민공화국' 수립을 선언했어. 이 나라가 바로 오늘날 중국이야. 반면 타이완의 국민당 정부는 타이완, 또는 대만이라 불리며 계속 명맥을 이어 가고 있지."

"선생님, 미국은 그럼 공산당이 중국을 몽땅 점령할 때까지 그냥 가만히 보고만 있었나요?"

왕수재가 이상하다는 듯 고개를 갸웃거렸다.

"미국은 끼어들어 봤자 소용이 없을 거라고 결론을 내렸어. 국민당이 이미 민심을 잃은 만큼, 억지로 국민당 정부를 지켜 낼 수는 없다고 생각했지. 하지만 막상 중국이 공산화되자 이내 그 생각은 후회로

 용선생의 세계사 돋보기

타이완의 공식 이름은 '중화민국'이야. 타이완은 쑨원이 세운 중국 최초의 공화국에 뿌리를 두고 있거든. 하지만 현실적으로는 정식 국가로 대접받지 못하고 타이완섬만을 지배하기 때문에 그냥 '타이완'이라고 부르는 경우가 많아.

수천 년 중국 문화의 진수가 담긴 국립고궁박물원

▲ 타이베이의 국립고궁박물원

중국의 찬란한 문화재를 가장 잘 구경할 수 있는 박물관은 어디에 있을까? 정답은 타이완이야. 국민당 정부가 공산당에 패배해 타이완으로 도망칠 때, 중국의 값진 문화재 수십만 점을 함께 챙겨 왔거든. 이 유물들은 대부분 타이베이의 '국립고궁박물원'이라는 박물관에 보존되어 있지.

국립고궁박물원에 보존된 유물은 거의 70만 점에 이른대. 어찌나 많은지 한 번에 전시할 수가 없어서 3개월에 한 번씩 전시품을 바꾸는데도 수십 년째 전시 목록이 겹치지 않을 정도래. 최근에는 타이완 남부에 분관을 건설하기까지 했어. 국립고궁박물원의 유물을 일일이 다 둘러보려면 8년은 걸린다고 하는구나. 중국사를 연구하는 사람이라면 반드시 한 번은 찾아야 하는 곳으로 유명하지.

◀ 취옥백채 꼭 배추처럼 보이는 이 조각은 천연 옥을 깎아서 만든 조각이야. 육형석과 더불어 최고의 유물로 손꼽혀. 자손 번성을 상징한대.

◀ 여요연화식온완(연꽃 모양의 도자기) 은은한 푸른빛을 띤 연꽃 모양의 술잔이야. 송나라의 유명한 도자기 생산지인 '여요'에서 만들었지. 여요에서 만든 도자기는 엄청나게 희귀해서, 전 세계적으로 30점밖에 없대.

◀ 육형석 국립고궁박물원 최고의 유물로 꼽히는 조각품이야. 질감은 꼭 고기처럼 보이지만 놀랍게도 돌로 만든 조각이지.

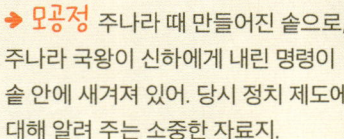

▶ 모공정 주나라 때 만들어진 솥으로, 주나라 국왕이 신하에게 내린 명령이 솥 안에 새겨져 있어. 당시 정치 제도에 대해 알려 주는 소중한 자료지.

바뀌었단다. 중국 공산화의 영향이 단순히 중국에서 끝나지 않는다는 걸 알게 됐거든."

"중국에서 끝나지 않는다니요?"

"중국과 이웃한 다른 나라에서도 덩달아 공산당의 활동이 활발해졌다는 뜻이야. 지난 시간에도 배웠듯이 이 무렵 베트남에서는 북베트남과 프랑스의 전쟁이 한창이었는데, 사회주의 국가가 된 중국은 북베트남의 공산당 정부를 지원했어. 결국 프랑스는 머지않아 베트남을 포기할 수밖에 없었지."

"그때 미국은 남베트남을 지원해 사회주의가 더 퍼지는 걸 막으려 했다고 하셨어요."

중국과 타이완은 어떤 관계인가요?

↑ 타이베이 타이완 북부의 타이베이는 일본의 지배를 받을 당시 총통부가 위치한 도시였고, 장제스의 국민당 정부가 옮겨 오면서 타이완의 수도가 되었어. 오늘날 타이베이와 근처 도시에 타이완 인구의 3분의 1이 몰려 살지.

나선애가 기억을 더듬었다.

"맞아. 중국처럼 베트남도 내버려 둘 수는 없었지. 그런데 미국의 대응이 단순한 지원이 아니라 훨씬 더 적극적으로 바뀌게 된 결정적인 사건이 있단다. 바로 한반도에서 일어난 6·25 전쟁이야."

용선생의 핵심 정리

제2차 세계 대전 이후 중국 공산당과 국민당의 내전이 벌어지고, 중국 공산당은 중국 국민의 지지를 바탕으로 국민당과의 전쟁에서 승리해 1949년에 중국 전역을 점령함. 중국의 공산화는 이웃 나라에 영향을 미침.

6·25 전쟁으로 냉전이 급격히 달아오르다

"6·25 전쟁이라고요? 6·25 전쟁이 세계사에서도 그렇게 중요한 전쟁인가요?"

장하다가 고개를 갸웃거리며 물었다.

"물론이지. 사실 6·25 전쟁이 일어나게 된 데에는 중국의 공산화가 큰 영향을 미쳤어. 북한의 김일성은 중국에서 공산당이 전쟁 초반의 열세를 뒤집고 중국을 휘어잡는 과정을 지켜봤거든. 그래서 자기도 소련의 도움만 있으면 충분히 한반도를 집어삼킬 수 있다고 생각했지."

"흥, 미국이 우리를 도와줄 줄 몰랐나 봐."

영심이가 팔짱을 낀 채 콧방귀를 뀌었다.

"하하, 맞아. 중국 공산당과 국민당의 싸움은 중국 내부의 문제이지만, 한반도의 전쟁에는 미국이 직접 끼어들 가능성이 충분했어. 태평양 전쟁 이후 미국은 한반도를 3년 동안이나 직접 다스렸으니까. 그래서 스탈린은 김일성의 요청을 무려 48번이나 거절했대. 하지만 중국 공산당이 중국을 장악하는 내내 미국이 별다른 행동에 나서지 않는 걸 보고는 스탈린의 생각도 바뀌었지."

"어떻게요?"

"김일성의 요구를 승낙하고 탱크를 비롯한 전쟁 물자를 지원하기로 했어. 미국이 한반도의 전쟁에 직접 뛰어들 가능성이 작다고 본 거야. 게다가 김일성은 단 일주일이면 전쟁을 끝낼 수 있다고 큰소리를 쳤어. 스탈린은 남한을 빠르게 공격해서 점령한다면 미국이 결정을 내리기도 전에 전쟁을 쉽게 마무리할 수도 있다고 판단했지. 결국 김일성은 소련을 등에 업고 남한을 기습 공격해 전쟁을 벌였단다."

"그런데 결국엔 그 판단이 틀린 거네요? 미국을 비롯해 많은 나라가 우릴 도왔잖아요."

지도에 표시된 국가 이외에도 세계 40여 국에서 우리나라에 전쟁 물자를 지원했어.

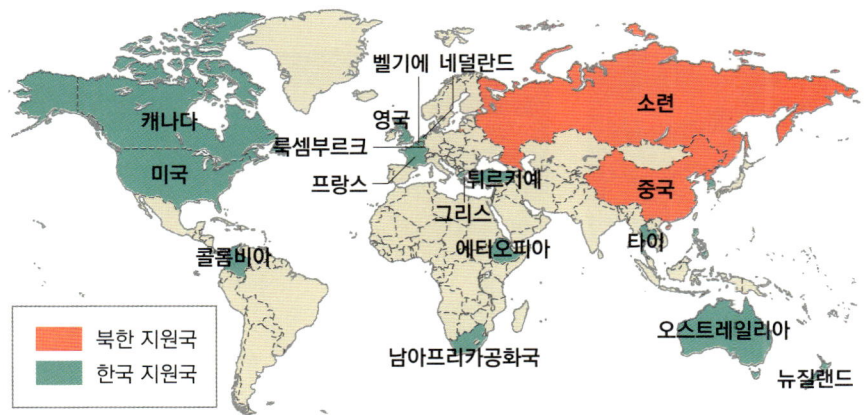

▲ 6·25 전쟁 참전국

▲ 서울을 점령한 북한군 북한군은 전쟁 시작 3일 만에 서울을 점령하며 승승장구했어. 소련이 지원한 탱크가 앞장섰지.

"그렇지. 미국은 중국의 공산화를 내버려 둔 바람에 6·25 전쟁이 터진 셈이니, 이대로 한반도까지 넘어간다면 그다음엔 아시아가 몽땅 넘어가는 건 시간문제라고 생각했어. 그래서 국제 연합을 통해 북한의 침략 행위를 맹비난했고, 뒤이어 미국을 중심으로 국제 연합의 연합군이 6·25 전쟁에 뛰어들었단다. 동시에 타이완 앞바다에도 미국의 해군이 출동해서 중국을 압박했고, 프랑스가 전쟁을 벌이던 베트남에도 지원을 강화했지."

"소련이 당황했겠네요."

"그런 셈이지. 제2차 세계 대전이 끝난 지 고작 5년밖에 지나지 않았는데, 미국이 이렇게 전면적으로 끼어들 줄은 몰랐거든. 미국이 적극적으로 참전하는 바람에 북한은 압록강까지 밀려나면서 패배할 위

▲ 인천을 탈환한 연합군 1950년 9월, 맥아더 사령관이 이끄는 연합군은 인천 상륙 작전을 성공시킨 뒤 중국군을 중국과 국경인 압록강까지 밀어붙이며 궁지로 몰아넣었어.

기에 몰렸단다. 그러자 이번에는 중국이 군대를 보내 북한을 도왔어. 만일 이대로 북한이 무너지고 한반도에서 사회주의 세력이 사라지게 되면 중국이 위태로울 수 있었거든."

"끙. 서로서로 한반도가 상대편에 넘어갈까 걱정했던 거군요."

나선애가 고개를 내저었다.

"중국까지 끼어들면서 6·25 전쟁은 훨씬 규모가 커졌어. 중국에 비해 병력이 적은 미국은 우수한 공군을 앞세워 한반도에 무차별 폭격을 퍼부었단다. 폭격이 집중된 북한은 그야말로 쑥대밭이 됐어. 6·25 전쟁 3년 동안 한반도에 쏟아진 폭탄이 태평양 전쟁 내내 미국이 썼던 폭탄을 모두 합친 것보다 많을 정도야."

"우아, 6·25 전쟁이 그렇게 무서운 전

용선생의 세계사 돋보기

6·25 전쟁에 참여한 미군은 총 48만 명이었고, 중국군은 135만 명이었어. 미국은 제2차 세계 대전이 끝난 이후 군대 규모와 군사비 지출을 줄였기 때문에 병력 수가 예전보다 훨씬 줄어든 상태였지.

▲ 압록강을 건너는 중국군 중국군은 1950년 11월 압록강을 건너 6·25 전쟁에 참전했어.

세계가 둘로 갈라져 냉전을 벌이다

▲ 폭격을 실시하는 미군 폭격기 미군은 우수한 공군을 앞세워 북한군을 제압했어.

쟁이었는지 몰랐어요."

"6·25 전쟁 막바지에 미군의 맥아더 사령관은 정말 과격한 의견도 꺼냈어. 만주에 원자 폭탄을 터뜨리고, 뒤이어 타이완군을 중국에 상륙시켜서 중국의 공산당 정부를 무너뜨리자는 거였지. 만약 이 계획이 그대로 실행됐다면 제3차 세계 대전이 시작될 수도 있었을 거야."

"어휴, 그렇게까지 전쟁이 번지지 않아서 다행이네요."

"그래. 미국도, 소련도 전쟁이 그렇게까지 커지는 건 바라지 않았지. 당시 미국의 목표는 사회주의 세력이 더 이상 커지지 못하도록 막는 것이었어. 그래서 휴전 협정을 맺고 6·25 전쟁을 마무리한 거란다."

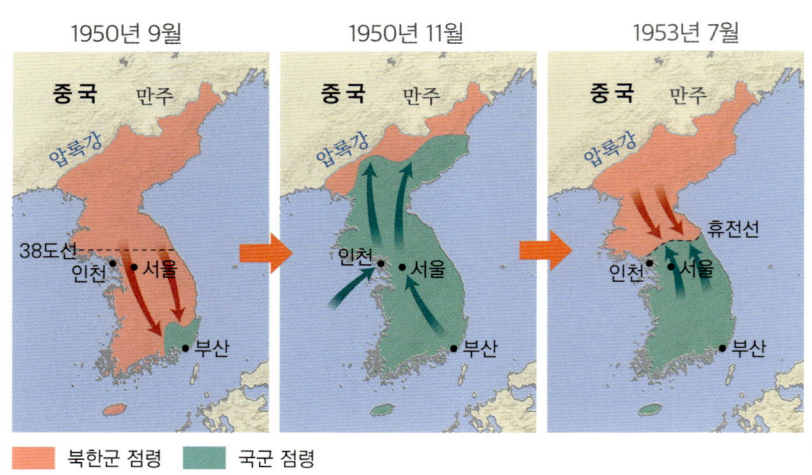

▲ 6·25 전쟁의 전개 과정

↑ 휴전 협정 체결 1953년 7월 유엔군 사령관과 북한 측 대표가 휴전 협정을 체결했어.

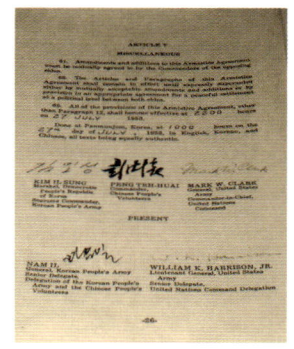
↑ 휴전 협정문

"그래서 휴전선이 생긴 거죠? 우리나라는 완전히 둘로 나뉘었고요."
왕수재가 아는 척을 하고 나섰다.

"맞아. 그런데 6·25 전쟁의 영향은 여기서 그치지 않았단다. 이제 미국은 남베트남에 적극적으로 군사적, 경제적 지원을 해서 북베트남의 세력 확장을 막으려 했어. 또 전후 처리를 서둘러 일본을 사회주의 확장을 막기 위한 방패로 삼으려 했지."

"이제 보니 6·25 전쟁이 대단한 사건이었네요."

"그런 셈이지. 6·25 전쟁 이후 미국은 지구 상에 사회주의 국가를 더 늘리지는 않겠다는 각오로 세계 각국을 감시하며 온갖 간섭을 일삼았어. 심지어 미국에서도 미국 사회 안에 있는 사회주의자를 색출하겠다며 수많은 사람을 소련의 간첩으로 몰아 내쫓는 일까지 벌였단다."

"분위기가 정말 살벌했겠어요."

"소련도 위기감을 느꼈어. 경쟁 상대인 미국이 경제, 군사 면에서

곽두기의 국어 사전

색출 찾을 색(索) 날 출(出). 샅샅이 뒤져서 찾아낸다는 뜻이야.

▲ 최초의 수소 폭탄 실험 1951년 미국에서 최초로 개발된 수소 폭탄 실험 장면이야. 수소 폭탄은 히로시마에서 폭발한 핵폭탄의 700배에 이르는 위력을 갖고 있었지.

압도적으로 앞섰거든. 특히 심각하게 차이가 나는 건 핵무기였지. 세계 최초로 원자 폭탄을 발명한 미국은 1950년대에 이미 수천 발에 이르는 최신형 핵무기를 보유하고 있었어. 그중에는 히로시마에서 폭발한 원자 폭탄의 수백 배 위력을 갖춘 수소 폭탄도 있었지."

"그럼 소련에는 핵무기가 없었어요?"

 미국 사회를 발칵 뒤집어 놓은 매카시즘

1949년, 중국이 공산화되자 미국 정치계는 크게 들썩였어. 사회주의 세력의 확산을 이대로 두고 볼 수 없다는 목소리가 커졌지. 이때 미국 상원 의원이었던 조지프 매카시는 미국이 중국의 공산화를 모른 척한 건 미국 안에서 몰래 활동하는 사회주의자들 때문이라고 말했어. 뒤이어 "내가 미국에서 활동하는 사회주의자 명단을 가지고 있다."고 주장해 파장을 일으켰단다.

매카시의 주장에는 아무런 근거가 없었어. 단지 자신의 맘에 들지 않는 이들을 싸잡아 간첩으로 모는 것에 가까웠지. 하지만 1950년 6·25 전쟁이 터지자 사회주의자를 향한 적대감은 더욱 커졌고, 미국에는 '사회주의자 잡아내기' 광풍이 불어닥쳤단다. 이 현상을 '매카시즘'이라고 불러.

매카시즘은 6·25 전쟁이 마무리되는 1954년까지 미국 사회를 혼란에 빠트렸어. 정치인뿐 아니라 학자와 예술가, 연예인도 사회주의자로 몰려 감시와 차별을 받았고, 그 때문에 미국을 떠나는 일이 종종 발생했지. 유명한 코미디언 찰리 채플린도 이때 사회주의자로 몰려서 크게 고생했단다.

▲ 조지프 매카시
(1908년~1957년)

◀ 블랙리스트에 오른 영화인의 항의 시위 매카시즘이 한창일 때, 정부에 협조하지 않은 영화인을 사회주의자로 몰아 영화를 만들거나 출연하지 못하게 했어.

"소련도 뒤늦게 핵무기를 개발하긴 했어. 하지만 1950년대 소련이 가지고 있던 핵무기 양은 미국의 17분의 1에도 미치지 못했다고 해. 그나마 사정거리가 짧아서 바다 건너 멀리 있는 미국 본토를 겨냥하지도 못했지. 미국은 유럽에 미사일 기지를 설치하고 러시아의 심장인 모스크바까지 미사일로 겨누고 있었는데 말이야."

"어라, 그럼 미국이 훨씬 유리한 거네요."

"응. 그런데 잇따라 신무기가 개발되면서 이런 차이가 점점 무의미해졌어. 소련은 1957년에 대륙간탄도미사일을 개발했거든."

"대륙간…… 뭐요? 그게 뭔데요?"

장하다가 머리를 긁적였다.

"말 그대로 이 대륙에서 저 대륙까지 쏘아 보낼 수 있을 정도로 사정거리가 긴 미사일을 말해. 즉, 모스크바에서 핵미사일을 쏘아서 워싱턴 D.C.에 떨어트릴 수 있게 되었다는 말이야. 이제 핵무기가 한 발이든 천 발이든 큰 차이가 없어졌어. 미국 주요 대도시에 언제라도 핵폭탄이 떨어질 수 있게 된 거니까."

"휴, 말만 들어도 무시무시하네요."

"그리고 또 다른 신무기도 등장했단다. 바로 핵추진 잠수함이야."

"그건 또 뭔데요?"

"원자력 발전기를 장착한 잠수함을 말해. 기존의 잠수함

용선생의 세계사 돋보기

다만 정확한 핵무기의 개수는 비밀 중의 비밀이라 미국도 이 사실을 정확히 알지 못했어. 미국은 막연히 소련도 핵무기 수천 발을 갖고 있을 거라고 생각했지.

허영심의 상식 사전

사정거리 활이나 총, 미사일 등 각종 무기가 표적을 맞히고 일정한 피해를 입힐 수 있는 거리를 말해.

대륙간탄도미사일 한 대륙에서 다른 대륙까지 공격이 가능한 미사일. 고도의 기술력이 필요한 최첨단 무기야. 영어로 줄여서 ICBM이라고도 해.

▶ **대륙간탄도미사일 발사 장면** 대륙간탄도미사일은 대기권을 넘어 우주 공간까지 올라간 뒤 목적지로 낙하해. 그래서 겉모습은 이렇게 우주선과 다를 바 없지.

↑ **노틸러스호** 미국에서 1958년 발명된 세계 최초의 핵추진 잠수함이야. 1870년에 나온 SF 소설 《해저 2만 리》에 등장하는 신비한 잠수함에서 이름을 따왔지.

은 경유를 연료로 쓰기 때문에 그리 오래 잠수할 수가 없어. 길어야 몇 달 정도면 물 위로 떠올라서 연료를 넣어야 하지. 그런데 원자력 발전기의 수명은 30년이 넘거든. 그러니까 핵추진 잠수함은 이론적으로 30년 동안 잠수하는 것도 가능하지. 식량만 충분하다면 말이야."

"그렇게 오래 잠수하면 뭐가 좋은데요?"

"소련과 미국은 핵추진 잠수함에 미사일 발사 장치를 장착했어. 세계 어디로든 핵미사일을 날릴 수 있는 이동식 미사일 기지가 탄생한 거야. 적의 미사일 기지가 어디 있는지 알면 미리 공격해서 파괴할 수라도 있는데, 핵추진 잠수함은 몇 달씩 바닷속에 숨어 있다가 불쑥 나타나기 때문에 도저히 대비를 할 수 없게 된 거지."

"와…… 점점 상상을 초월하는 무기가 등장하네요."

"그렇지? 대륙간탄도미사일과 핵추진 잠수함이 등장하면서 미국이든 소련이든 섣불리 전쟁을 벌이기는 더욱 어려워졌어. 전쟁이 터진다면 상대방의 주요 대도시를 향해 곧장 핵미사일이 날아갈 테고, 그럼 이긴 쪽이든 진 쪽이든 막대한 피해를 볼 게 분명했거든. 자칫하면 인류가 멸망하게 될지도 모르니 사람들은 핵전쟁의 공포에 시달렸단다."

"그래도 결국엔 핵전쟁이 터지진 않은 거죠? 정말 다행이에요."

영심이가 가슴을 쓸어내리자 용선생은 빙긋 웃음을 지었다.

"그래. 하지만 그 직전까지 갔던 위기는 몇 번 있었지. 그중에서도 1962년 쿠바에서 벌어진 위기는 정말 심각했단다."

용선생의 핵심 정리

미국은 사회주의 세력의 확장을 막기 위해 6·25 전쟁에 적극적으로 참전함. 6·25 전쟁 이후 소련과 미국의 대립은 더욱 심해졌으나, 대륙간탄도미사일과 핵추진 잠수함 등 신무기가 개발되며 섣불리 전쟁을 벌이기가 어려워짐.

전쟁 일보 직전까지 치달은 쿠바 미사일 위기

"쿠바라면 카리브해에 있는 섬나라 아니에요? 에스파냐 식민지였다고 배웠는데요. 거기서 무슨 일이 벌어졌어요?"

나선애가 노트를 뒤적이며 질문을 던졌다.

"맞아. 미국 가까이 있는 섬나라지. 쿠바는 1902년에 독립했지만 줄곧 미국의 영향력 아래 놓여 있었단다. 미국은 쿠바에 독재 정권이 들어서도록 지원했고, 미국의 부자들은 쿠바의 공장과 농장을 사들여 모든 이익을 독점했어. 심지어 아름다운 해변의 땅까지 죄다 사들여서 별장을 지은 뒤 쿠바 국민은 얼씬도 못 하게 했지. 쿠바 사람들은 제대로 된 집도, 직업도 없었고 교육조차 받을 수가 없었어."

"사실상 미국의 지배를 받은 셈이네요."

"그래. 참다못한 쿠바 국민은 무기를 들고 정부에 저

↑ **1950년대 쿠바의 주택가** 허름한 주택가 뒤로 미국인이 즐기던 카지노 광고판이 보여.

▶ **피델 카스트로**
(1926년~2016년) 쿠바의 혁명가. 1959년 혁명으로 쿠바의 친미 정권을 몰아낸 뒤 2008년까지 쿠바를 통치했어. 쿠바의 아버지라는 평가와 독재자라는 평가가 엇갈리는 인물이야.

▲ **아바나로 진군하는 쿠바 혁명가들** 혁명가들은 6년간 무장 투쟁을 벌인 끝에 1959년 친미 정권을 몰아내고 사회주의 정부를 수립했어.

장하다의 인물 사전

에르네스토 게바라
(1928년~1967년) 카스트로와 함께 쿠바 혁명을 이끈 인물이야. 본명보다 애칭인 '체 게바라'로 잘 알려져 있지. 혁명 이후 소련을 비판하다 쿠바를 떠났어.

용선생의 세계사 돋보기

1961년 미국 첩보 기관인 중앙 정보국(CIA)은 쿠바 망명자 1,500여 명을 훈련시킨 뒤 쿠바 남부를 공격하려다 실패했어. 1962년 4월에도 미국 군부는 미국인에 대한 자작극 테러를 벌인 뒤 그 책임을 쿠바에 뒤집어씌우고 쿠바를 직접 침공할 계획까지 세웠지만 대통령의 반대로 중단됐지.

항했지. 이때 피델 카스트로와 에르네스토 게바라라는 혁명가가 등장해서 1959년에 사회주의 혁명을 일으켰단다. 혁명에 성공해 정권을 잡은 카스트로는 미국 사업가들이 가지고 있던 모든 토지와 재산을 몰수해 국가 소유로 삼았어."

"미국 코앞에서 사회주의 국가가 탄생한 거네요. 와, 그럼 미국이 놀랄 만도 하네요."

"그래. 미국은 비밀리에 특수 부대를 만들어 카스트로 정부를 뒤엎으려고 했어. 심지어 직접 쿠바에 쳐들어갈 계획까지 세우기도 했지. 이 사실을 알게 된 카스트로는 즉각 소련에 군사적 지원을 요청했단다. 소련은 버선발로 뛰쳐나와 카스트로를 환영했어. 미국의 옆구리를 곧장 찌를 수 있는 곳에 소련의 전진 기지를 만들 수 있게 됐으니까."

"미국한테 골칫거리가 생긴 거군요."

"맞아. 머지않아 더 큰일이 터졌지. 미국은 1962년 10월, 소련이 비

▲ **미국 정찰기가 촬영한 쿠바 미사일 기지 사진** 비밀리에 건설을 진행했지만, 미국 정찰기에 들통 나고 말았어. 이 사진이 공개되면서 미국은 발칵 뒤집혔지.

밀리에 쿠바에 미사일 기지를 짓고 있다는 정보를 입수했거든."

"미사일 기지를 건설한다고요?"

아이들이 눈을 동그랗게 뜨자 용선생은 고개를 끄덕였다.

"응. 사실 대륙간탄도미사일은 만들고 발사하는 데 막대한 비용이 들어. 하지만 그보다 저렴한 중거리 미사일을 대량으로 만들어 쿠바에 배치하면 굳이 비싼 대륙간탄도미사일 없이도 미국을 꼼짝 못 하게 만들 수 있지."

"아하, 그렇겠네요!"

"이로써 소련은 그동안 미국에 뒤처진 상황을 뒤엎을 수 있게 됐어. 미국이 소련에 뒷덜미를 꽉 잡히는 셈이지. 나중에 쿠바에 단순한 미사일이 아니라 핵무기가 배치됐다는 사실까지 알려지자 미국은 그야말로 발칵 뒤집혔단다."

"미국 코앞에 사회주의 국가가 들어선 것도 모자라서 소련 핵미사일 기지라니⋯⋯ 그럴 만도 하네요."

용선생의 세계사 돋보기

사정거리가 3,000~5,000 킬로미터 정도에 이르는 미사일을 말해. 태평양 절반 정도를 가로지를 수 있는 거리야.

▲ 쿠바 미사일의 사정거리

▲ 소련 화물선을 감시하는 미 해군 항공기
쿠바의 소련 미사일 기지를 놓고 두 나라 군대는 카리브해에서 충돌 일보 직전까지 치달았어.

▲ 쿠바 미사일 위기를 알리는 당시 신문
케네디 대통령이 쿠바를 봉쇄하고 소련에 최후통첩을 보냈다는 소식이 실려 있어.

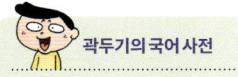

곽두기의 국어사전

격침 부딪칠 격(擊) 가라앉을 침(沈). 배를 공격해서 가라앉히는 것을 말해.

"미국 군부는 당장 쿠바를 폭격해서 미사일 기지를 모조리 파괴해야 한다고 주장했어. 하지만 그러자니 부담이 컸지. 실제로 폭격으로 쿠바의 모든 미사일 기지를 다 파괴할 수 있을지도 의문이었고, 만일 소련이 보복 공격에 나선다면 오히려 미국 본토가 핵 공격을 받을 수도 있으니까. 미국은 일단 언론을 통해 이 사실을 세계에 알리고 소련을 비난했어. 그리고 국제 연합을 통해 미사일 기지 철거를 요구했지. 한편으로는 항공 모함을 포함한 해군을 총동원해서 쿠바로 향하는 모든 바닷길을 꽁꽁 봉쇄하고 지나가는 모든 선박을 검문했단다. 만일 소련의 배가 검문을 거부하고 지난다면 당장 격침시키라는 명령까지 내렸지."

"미국이 강하게 나갔네요. 소련이 미국의 요구를 들어줬나요?"

"아니. 소련은 오히려 더 강하게 나갔어. 강하게 나가면 미국이 핵전쟁의 공포 때문에 고개를 숙일 거라고 생각했거든. 그래서 쿠바 미사일 기지는 어디까지나 미국의 침략을 막기 위해 방어 목적으로 건설하는 것이고, 독립국인 쿠바로 향하는 바닷길을 막는 건 '해적이나 다를 바 없는 행동'이라며 미국을 맹비난했지. 그리고 미사일을 실은 배를 쿠바로 보냈단다."

"어휴, 그야말로 이판사판이네요!"

"전 세계의 시선이 쿠바에 집중됐어. 만약 미 해군이 명령대로 소련의 배를 공격한다면 소련은 곧바로 반격에 나설 테고, 이번에야말로 전쟁이 터질 수 있었지. 전쟁을 염려한 미국 사람들은 쿠바 위기를 평화롭게 해결하라고 시위까지 벌였어."

"양쪽 다 양보할 생각이 없어 보이는데 그럼 전쟁이 일어났나요?"

"다행히 충돌하기 일보 직전에 소련이 합의안을 냈어. 미국이 쿠바의 안전을 보장하고, 또 튀르키예에 설치된 미군 미사일 기지를 철수한다면 쿠바에 미사일 기지를 설치하지 않겠다고 선언했지. 미국은 이 요구를 모두 들어주었어. 전쟁을 막기 위해서 두 나라 모두 한 발씩 양보한 거야."

"다행이다! 정말 전쟁이 무섭긴 무서웠나 봐요."

"하지만 이런 결정이 내려지기까지 정말 많은 위기가 있었단다. 양측 군대는 이미 전쟁이 벌어질 거라 생각하고 전쟁 준비에 들어갔어. 미국 정찰기가 격추당하기도 했고,

↑ 뉴욕의 반전 평화 시위 1962년 10월 23일, 뉴욕에서 800여 명의 여성들이 거리로 나와 쿠바 미사일 위기를 평화롭게 해결하라고 시위를 벌였어.

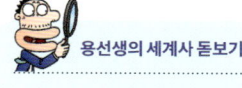

용선생의 세계사 돋보기

튀르키예는 북대서양 조약 기구에 가입했고, 미군은 튀르키예에 미사일 기지를 설치했어. 튀르키예의 미군 미사일은 모스크바를 곧장 겨냥했지.

↑ 튀르키예 인시를릭 공군 기지 1954년 이후 지금까지 미국 공군이 이용하고 있어.

▲ 케네디 대통령의 기자 회견을 지켜보는 미국인들 쿠바 위기 당시 미국과 소련 사이에는 메시지를 주고받을 방법이 적었고, 그래서 이렇게 방송을 통해 합의안을 전달했어. 당연히 온 국민이 위기의 진행 상황을 지켜볼 수 있었지.

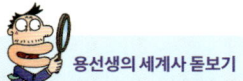

용선생의 세계사 돋보기

전화를 걸거나 전보를 보내면 되지만, 위조나 도청의 염려가 있어서 암호화해야 했어. 암호를 만들고 푸는 데에만 적어도 하루는 걸렸지.

'소련이 미사일을 발사했다.'는 헛소문이 퍼지는 사태도 있었지. 만일 누구 하나라도 결정적인 오해를 했다면, 진짜로 핵전쟁이 터졌을지도 몰라."

"작은 실수로 엄청난 전쟁이 터질 수도 있었겠군요."

"그래. 위기가 마무리된 이후 미국과 소련은 혹시나 모를 실수나 오해로 전쟁이 터지는 것만은 막아야 한다고 생각했어. 그래서 두 나라 지도자 사이에 직접 의사소통을 할 방법부터 마련하기로 했지. 그전에는 방법이 없어서 라디오 방송을 통해 서로 메시지를 주고받는 정도였거든."

"아하, 지도자끼리 탁 터놓고 이야기를 하면 오해할 일도 없겠네요!"

"응. 그래서 미국과 소련 사이에는 앞으로 이런 위기가 다시 터지지 않도록 언제라도 최고 지도자끼리 직접 대화를 나눌 수 있는 직통 전화망인 '핫라인'이 설치됐단다."

▲ 직통 전화(모형) 쿠바 위기 이후 워싱턴과 모스크바 사이에 놓인 직통 전화야. '빨간 전화'라는 애칭으로 불렸대.

"휴, 그럼 이제 세계가 좀 안전해지겠네요."

"적어도 쿠바 미사일 위기처럼 위험한 사태는 다시 벌어지지 않았어. 하지만 그렇다고 해서 두 나라의 대결이 끝난 건 아니야. 소련은 미국에 비해 군사력이 부족하다는 걸 느끼고는 1980년대까지 각종 무기 생산에 더욱 집중했어. 물론 미국도 질세라 핵무기를 생산했지. 그 결과 미국과 소련은 제각기 수만 발에 이르는 핵무기를 생산하기에 이른단다. 지구를 몇 번은 멸망시킬 수 있는 무기가 두 나라의 창고에 차곡차곡 쌓인 셈이지."

"정말 바보 같아요. 그럴 돈을 사람들이 더 잘 살게 하는 데 썼으면 얼마나 좋아요."

미국과 소련은 서로 경쟁적으로 수만 발의 핵무기를 생산했어.

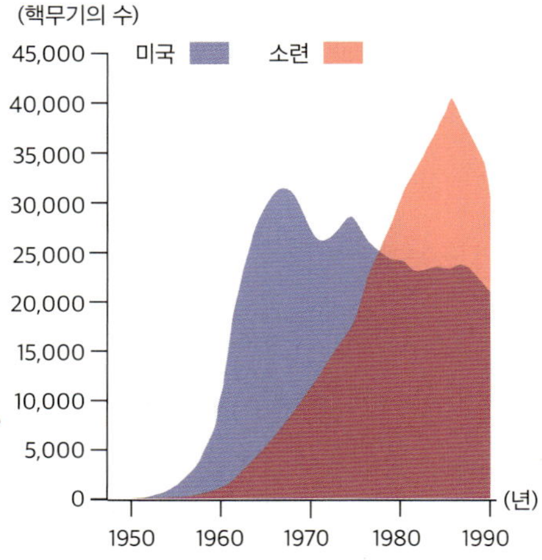

↑ 핵무기 보유 경쟁

영심이가 입을 비죽 내밀었다.

"영심이가 중요한 이야기를 했어. 소련은 이렇게 군사력으로는 미국과 경쟁을 이어 나갔지만, 경제력에서는 점점 격차가 벌어졌지. 소련 사람들의 생활은 점점 더 어려워졌어. 결국 냉전의 승패도 두 나라의 군사력이 아니라 경제력에 따라 결정이 났단다."

> **용선생의 핵심 정리**
>
> 쿠바에는 1959년 혁명으로 사회주의 정부가 들어서고, 소련은 쿠바에 미사일 기지를 설치하려 함. 미국이 이에 반발하며 두 나라는 전쟁 일보 직전까지 감. 쿠바 위기 이후 두 나라는 직통 전화망을 설치하는 등 위기를 막기 위한 조치를 취함.

경제 기적을 일군 유럽을 보며 소련이 변화를 꾀하다

"경제력에서요?"

"소련은 세계 경제의 중심이 된 미국을 도저히 따라잡을 수가 없었어. 여기에 서유럽 각국도 1950년대부터 무서운 속도로 전쟁의 상처를 씻고 경제 성장을 이루어 나갔지. 특히 서독의 성장은 기적과 같았단다."

"서독요? 독일은 제2차 세계 대전 막바지에 연합국의 집중 폭격을 받고 모든 게 폐허가 되어 버렸잖아요?"

"그랬지. 하지만 서독은 불과 10여 년 만에 이 상처를 깨끗이 씻어 내고 다시 유럽에서 제일가는 산업 국가로 성장했어. 거의 무에서 유를 만들어 낸 '경제 기적'이지."

"정말요? 어떻게 그 짧은 시간에 그게 가능해요?"

"우선은 마셜 플랜을 비롯해 미국의 막대한 지원이 있었던 게 중요하지. 하지만 그에 못지않게 중요한 게 있어. 바로 독일 국민의 힘이야. 전쟁으로 폐허가 되었다고는 하지만 어쨌든 독일에는 우수한 기술을 가진 노동력이 엄청나게 풍부했어. 전쟁에서 졌다고 해서 인재까지 어디로 사라진 건 아니었거든."

"원래 강한 나라를 만들 수 있는 저력이 있었다는 거군요."

"응. 그리고 또 주목할 만한 부분은, 유럽 각국 정부가 직접 나서 경제 발전 계획을 세우며 이전보다 훨씬 적극적으로 경제에 개입하기 시작했다는 점이란다."

"정부가 이전보다 열심히 나섰다고요?"

"정부가 나서서 경제 발전에 꼭 필요한 각종 산업을 우선적으로 살려 놓지 않으면 경제가 빠르게 활기를 띠기 어렵다고 판단한 거야. 특히 영국이 이런 흐름에 앞장섰지."

"그런 산업이 뭔데요?"

"예컨대 석탄이나 철강 산업이 있어. 예전에 산업 혁명에 대해 배울 때 이야기했지만, 우선

용선생의 세계사 돋보기

1960년대 우리나라 경제 개발 시절 서독의 경제 기적을 '라인강의 기적'이라고 부르며 우리도 '한강의 기적'을 이루려고 노력했어.

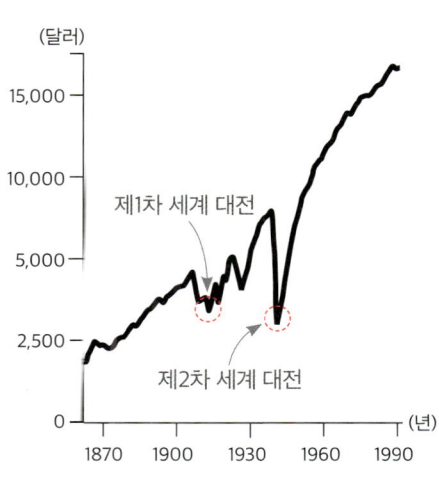

↑ 서독의 1인당 국민 총생산(GDP) 변화

석탄과 철강 생산이 활발해야 다른 산업이 발전하는 데 도움이 되거든. 영국은 이런 산업을 아예 국가에서 독점 운영하기 시작했단다. 다른 나라들도 라디오나 텔레비전, 자동차 산업처럼 중요한 수출 산업을 국가에서 운영했어. 서독도 자동차 산업을 한동안 국가가 운영했지."

"근데 선생님, 국가가 그렇게 경제 계획을 세우고 직접 공장을 운영하는 건 소련에서 하는 거 아닌가요?"

나선애가 손을 들고 질문하자 용선생은 고개를 끄덕였다.

"맞아. 경제 발전을 위해서 사회주의 국가처럼 계획 경제를 일부 도입했던 거란다. 그뿐만 아니라, 유럽 각국은 국민들이 최소한의 인간다운 삶을 누릴 수 있도록 각종 복지 제도를 대폭 확대했어. 영국에서는 모든 국민을 대상으로 의료 보험을 실시했고, 실업자에게 실

용선생의 세계사 돋보기

전쟁의 영향도 있어. 제2차 세계 대전 동안 유럽 각국은 국가가 모든 산업을 통제하는 긴급 경제 체제를 유지했거든. 이게 전쟁이 끝난 후에도 유지된 거지.

↓ **100만 번째 생산된 폭스바겐 '비틀'**(1955년) 미국에서 선풍적인 인기를 끌었어. 딱정벌레를 닮았다고 '비틀(Beetle)'이라고 불러.

↑ **서독의 폭스바겐 공장** 독일의 대표 자동차 브랜드인 폭스바겐 생산 모습이야. 제2차 세계 대전 동안 폭스바겐은 전쟁 중 군용 지프 등 군수 물자를 생산했지만, 전쟁 이후에는 서독의 경제 성장을 이끌었지.

업 수당을 지급했지. 이때부터 유럽에서는 '복지 국가'라는 말이 유행하기 시작했단다. 국민들이 갑작스레 사고를 당하거나, 실업자가 되거나, 병에 걸리더라도 안심하고 살 수 있도록 국가가 보장한다는 거야."

"우아, 그건 좋은데요."

"너무나 끔찍한 전쟁이 낳은 생각의 변화라고 할 수 있겠지. 복지 제도가 도입되면서 유럽 국민은 한층 안정된 삶을 꾸릴 수 있었고, 결과적으로는 경제 발전에도 큰 도움이 됐어."

"경제 발전이 그냥 막 이루어진 게 아니었군요."

아이들이 고개를 끄덕였다.

"그래. 그런데 서유럽에 비하면 소련을 비롯한 동유럽 국가의 경제 발전은 영 지지부진했어. 특히 소련을 비롯한 사회주의 국가의 고질적인 문제는 옷이나 신발, 세제처럼 생활에 꼭 필요한 물자 생산이 늘 부족했다는 거야. 게다가 라디오나 냉장고와 같은 가전제품 생산도 미국이나 서유럽보다 10년 가까이 뒤처졌지."

"왜 그런 건가요?"

"예전에 스탈린의 경제 개발 계획에 대해 설명할 때도 이야기했을 거야. 사회주의 국가에서는 국가가 모든 산업의 생산 계획을 결정하는데, 보통 철강, 석유, 기계 산업 같은 중공업 발전에만 집중했어. 그러다 보니 신발 같은 생필품 생산에는 소홀했지. 물건이 부족하면 수입이라도 해야 하는데, 냉전 때문에 자본주의 진영과의 교류가 막혀

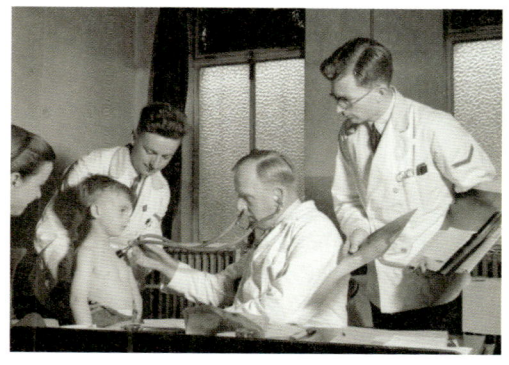

↑ **영국의 병원** 의료 보험 제도를 잘 갖춘 영국에서는 모든 치료비가 무료야. 의사는 공무원처럼 나라에서 월급을 받지.

↑ **클레멘트 애틀리** (1883년~1967년) 영국 노동당의 당수. 제2차 세계 대전 말부터 영국의 총리를 맡아 각종 복지 정책을 실시했어.

세계가 둘로 갈라져 냉전을 벌이다 **331**

↑ VEF 스피돌라 라디오
1962년 소련에서 최초로 대량 생산한 소형 라디오야. 서유럽에서는 이미 1950년대 중반부터 대중화되었어.

서 그것도 불가능했지."

"그러고 보니 그때도 소련에서는 똑같은 신발만 계속 만들어 냈다고 하신 적이 있어요."

"그래. 또 한 가지 문제는 사람들이 열심히 일을 하지 않는다는 거야. 사회주의 국가에서는 모든 재산을 국가가 소유하기 때문에 누군가 열심히 일을 한다고 해서 돈을 많이 버는 게 아니거든. 설령 돈을 많이 번다고 해 봐야 공장을 세우거나 땅을 살 수도 없지. 그러니 아무래도 일할 맛이 나지 않겠지?"

"다들 서유럽을 부러워했겠네요, 그럼?"

"아무래도 그랬지. 하지만 사회주의 국가는 시민의 불만을 억지로 짓눌렀어. 언론과 출판, 집회의 자유를 주지 않았고, 투표권도 형식적으로만 주었지. 그리고 혹시나 정부에 비판적인 목소리를 내는 사람은 없는지 감시했단다. 더구나 스탈린 같은 독재자가 통치할 때에는 훨씬 심각했지. 그야말로 말 한 번 잘못했다가 쥐도 새도 모르게 목숨을 잃을 수 있으니까."

"어휴, 숨 막혀. 그런 세상에서 어떻게 산담."

"그나마 1953년, 스탈린이 세상을 떠나자 약간 숨통이 트였지. 소련의 새 지도자가 된 흐루쇼프는 1956년 소련 공산당 내부 보고에서 스탈린을 노골적으로 비판했어. 스탈린이 죄 없는 사람들을 죽였고, 용서받을 수 없는 악당이자 독재자라고 공개적으로 이야기했지."

"살아 있을 때 비판을 해야지, 죽고 나서 그게 무슨 소용이람."

영심이가 입을 비죽 내밀며 말했다.

"흐흐. 어쨌든 흐루쇼프는 스탈린 비판을 시작으로 소련의 변화를

↑ 니키타 흐루쇼프
(1894년~1971년) 스탈린의 뒤를 이은 지도자. 스탈린을 비판하고 소련의 변화를 꾀했지만 안팎으로 많은 비판을 받았지.

↑ 무상 임대 주택 '흐루숍카' 흐루쇼프 집권 시절 소련의 주거 문제를 해결하기 위해 건축한 아파트야. 집이 없는 사람에게 무료로 나눠 주었지.

↑ 미국 농가를 방문한 흐루쇼프 1959년 흐루쇼프는 미국을 방문하는 등 자본주의 진영과 교류를 차츰 늘렸어.

꾀하기 시작했어. 스탈린과 달리 자신에게 반대하는 인물을 닥치는 대로 죽이지도 않았고, 미국이나 서유럽과도 교류를 늘리려고 했지. 그리고 중공업 발전에만 집중하던 경제 정책도 바꾸었어. 그 덕분에 생필품 생산이 많이 늘어났고, 집이 없는 서민을 위해서 소형 아파트를 대량으로 지어서 무료로 나눠 주기도 했단다. 이런 변화가 차곡차곡 쌓이면서 소련도 이전보다는 훨씬 살 만한 나라가 되었어."

"우아, 소련에도 드디어 괜찮은 지도자가 나온 거네요."

"하지만 흐루쇼프의 정책이 모두 성공적이었던 건 아니란다. 예컨대 흐루쇼프는 황무지를 개간해 농업 생산량에서 미국을 따라잡겠다는 계획을 세웠어. 하지만 처참하게 실패하는 바람에 오히려 개간 사업에 동원된 농민 수십만 명이 굶어 죽을 위기에 놓이기도 했지. 게다가 야심차게 진행한 경제 개혁도 놀랍게 성장하는 서유럽에 비하면 생각만큼 성과가 크진 않았어. 역시 사회주의 자체의 한계를 극복하지 못한 거지."

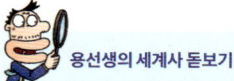
용선생의 세계사 돋보기
미국을 방문한 뒤 흐루쇼프는 추운 시베리아 지역에 어울리지 않는 옥수수를 대량으로 재배하는 등 잘못된 농업 정책을 펼쳤어.

▲ 황무지 개간 사업 25주년 기념우표 흐루쇼프 집권 당시 황무지 개간 정책에 따라 30만 명 넘는 농민이 각종 개간 사업에 동원됐어. 하지만 개간은 처참한 실패로 끝나고 말았지.

 곽두기의 국어 사전

이념 다스릴 이(理) 생각할 념(念). 한 사회나 개인이 이상적으로 여기는 근본적 사상을 말해.

"쩝. 그렇군요."

"그리고 결정적인 게 미국과의 관계였어. 사실 아까 이야기한 쿠바 미사일 위기는 흐루쇼프가 집권했을 때 있었던 일이었어. 가까스로 전쟁은 피했지만, 흐루쇼프는 이 사건 이후 '미국에 질질 끌려다닌다.'면서 호되게 비난을 당했지."

"아니, 전쟁을 막았는데 칭찬이 아니라 비난을 당해요?"

"묘하지? 냉전은 이미 몇몇 지도자가 마음을 달리 먹는다고 해결할 수 있는 문제가 아니었어. 사회주의와 자본주의라는 이념과도 큰 관계는 없었지. 그보다는 이미 둘로 갈라져 버린 세계인의 맞대결로 발전해 있었거든. 그러니까 소련 국민의 눈에 흐루쇼프는 기세등등하게 싸우러 나가더니 꼬리를 내리고 도망 온 걸로 보였던 거야."

"에휴, 정말 쉬운 문제가 아니었군요."

"그리고 흐루쇼프가 스탈린을 비판한 것도 마냥 지지를 받았던 건 아니야. 스탈린이 무자비한 독재자인 건 사실이지만, 제2차 세계 대전을 승리로 이끌고 나름 경제를 발전시킨 영웅이라고 생각하는 사람도 많았거든. 그래서 소련 내부에서도 흐루쇼프에 반대하는 사람이 적잖았고, 세계 곳곳의 공산당에서도 의견이 분분했지. 여기에 경제 개혁의 실패가 겹치면서 비난이 점점 거세지자 흐루쇼프는 결국 몇 년 뒤에 권력을 내놓고 말았어."

"쩝, 스탈린을 영웅으로 생각하다니 정말 의외네요."

"특히 중국이 흐루쇼프를 못마땅하게 생각했어. 그래서 흐루쇼프가 집권한 이후 소련과 중국의 관계는 조금씩 흔들리기 시작했단다."

 **용선생의 핵심 정리**

전쟁 후 서유럽은 국가 주도 아래 놀라운 속도로 경제 성장을 이루고, 복지 국가의 기틀을 닦아 나감. 한편 스탈린이 죽은 뒤 소련에서는 흐루쇼프가 스탈린을 비판하고, 서유럽과 교류를 확대하며, 경제 개혁에 앞장서는 등 변화를 꾀함.

대실패로 끝난 중국의 대약진 운동

"중국이 흐루쇼프를 싫어할 이유가 있나요?"

"중국 공산당이 중국을 장악하게 된 데에는 아무래도 소련의 지원

▲ 스탈린과 마오쩌둥 1949년 스탈린의 70세 생일잔치에 참석한 마오쩌둥의 모습이야. 스탈린은 중국 공산당을 적극적으로 지원했고, 공산당이 중국을 장악한 이후로도 경제 원조를 아끼지 않았지.

이 컸어. 그래서 마오쩌둥도 스탈린을 사회주의 세력의 지도자로 인정하고 존중했지. 스탈린은 중국에 지원금을 주고 기술자를 파견해서 경제 개발을 도왔단다."

"중국은 소련이랑 사이가 좋았군요."

"하지만 스탈린이 세상을 떠나고 흐루쇼프가 변화를 꾀하면서 상황이 바뀌었지. 마오쩌둥과 중국 공산당은 흐루쇼프가 미국, 유럽과 교류를 확대하는 걸 보고 자본주의에 굴복한 나약한 인물이라며 거세게 비난했어. 소련과 중국 관계는 고작 몇 년 사이에 급격히 악화됐단다."

"그러다가 소련이 앞으로 중국을 도와주지 않으면 어떻게 해요?"

곽두기가 고개를 갸웃댔다.

"흐흐, 마오쩌둥은 나름 야심찬 계획이 있었어. 너희도 알다시피 중국은 엄청 큰 나라잖니? 더구나 역사적으로 동아시아의 중심 국가로서 자존심도 강했지. 그러니 언제까지나 소련 말을 잘 듣는 착한 나라가 될 생각은 없었던 거야. 마오쩌둥은 이참에 중국만의 방식으로 경제 성장을 이뤄서 소련을 제치고 사회주의 세력의 우두머리로 나서기로 했단다."

"에이, 갑자기 그게 가능할까요?"

"중국이 얼마나 땅이 넓고 사람이 많은데. 중국이라면 가능하지 않을까?"

중국만의 '특별한' 사회주의가 있다고?

▲ 마오쩌둥 탄생 120주년 기념행사
마오쩌둥은 단순한 국가 지도자를 넘어서 '사상가'로서 중국에서 깊은 존경을 받고 있어.

사회주의 사상의 기원은 마르크스야. 레닌은 마르크스의 사상에 따라 세계 최초로 사회주의 혁명을 성공시키고 사회주의 국가의 모델을 만들었지. 그런데 유럽에서 다져진 마르크스와 레닌의 사상은 중국에 그대로 적용하기가 어려웠어. 이미 1800년대부터 산업화를 거친 유럽은 도시 노동자의 수가 상당히 많았고, 마르크스와 레닌은 모두 도시 노동자 편에서 노동자를 위한 나라를 만드는 걸 목표로 삼았거든. 하지만 중국은 인구의 절대 다수가 농사를 짓는 농민이었지.

그래서 마오쩌둥은 농민을 중심으로 삼는 중국만의 사회주의, 즉 '중국 특색 사회주의'를 주장했어. 노동자가 아니라 농업과 농민을 사회의 중심으로 삼고 농업을 발전시켜 국가를 일으켜야 한다고 생각했지. 마오쩌둥의 이론은 '마오주의'로 불리며 널리 퍼져 나갔단다. 쿠바나 베트남 등 새롭게 사회주의 혁명을 좇은 나라들은 대부분 중국과 마찬가지로 산업화를 이루지 못한 처지였기 때문에 마오주의를 적극적으로 받아들이기도 했지.

용선생의 말에 아이들이 저마다 의견을 꺼냈다.

"말처럼 쉬운 일은 아니었단다. 중국은 국민의 절대 다수가 농사를 짓는 농업 국가였어. 소련과 달리 산업화가 거의 이루어지지 않아서, 제대로 된 산업 기반 하나 없었지. 그래서 소련과도 등을 돌린다면 스스로 경제 성장과 산업화를 이루어야 했어."

"생각처럼 간단치 않네요."

↑ 대약진 운동 포스터
농업을 상징하는 볏단을 묶어 하늘로 날리고 있어. 농업을 발전시켜 중국을 강력한 나라로 만들겠다는 포부가 담긴 포스터야.

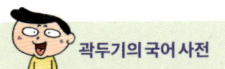

곽두기의 국어 사전

약진 뛸 약(躍) 나아갈 진(進). 힘차게 앞으로 뛰어나가 발전을 이룩한다는 뜻이야.

"하지만 마오쩌둥은 모든 중국 사람이 똘똘 뭉치면 충분히 중국을 세계 일류 국가로 만들 수 있다고 큰소리를 떵떵 쳤단다. 심지어 7년 안에 영국을, 15년 뒤에는 미국을 따라잡겠다는 엄청난 포부를 밝히기도 했지."

"15년 만에 미국을 따라잡아요? 도대체 무슨 근거로 그런 거죠?"

나선애가 못 믿겠다는 표정을 지었다.

"지금도 1, 2위를 다투지만, 이 당시도 중국은 세계에서 인구가 가장 많은 나라였어. 마오쩌둥은 중국 사람들이 자기 명령에 따라 일사불란하게 움직여 준다면 경제 성장이 얼마든지 가능하다고 생각했지. 그리하여 1958년부터 중국 전역에서 마오쩌둥이 주도하는 경제 발전 운동이 시작됐단다. 이걸 '대약진 운동'이라고 해."

"마오쩌둥은 어떻게 경제를 발전시키려 했는데요?"

"대약진 운동은 크게 농업과 철강 산업, 두 방향으로 나뉘어 진행됐단다. 우선 공산당은 농업 생산량을 늘리기 위해 농촌의 수천 가구를 한데 묶어 '인민공사'라는 집단 농장을 만들었어. 그리고 인민공사를 통해 생산 명령을 내렸지. 예를 들어 쌀 생산량을 두 배로 늘려라, 하면 그렇게 해야 하는 거야."

"어머, 모두가 마오쩌둥이 하라는 대로 했어요?"

영심이가 눈을 가늘게 뜨며 말하자 용선생은 고개를 끄덕였다.

"선택의 여지가 없었어. 마오쩌둥은 중국을 장악한 이후 몇 년 동안 공산당에 반대하는 사람을 모조리 잡아들였거든. 그래서 마오쩌둥과 중국 공산당은 스탈린 못지않게 강력한 권력을 휘두를 수 있었단다. 그 덕분에 명령 하나로 중국 사람들을 제 마음대로 휘두를 수

↑ **공동 식당** 대약진 운동 당시 중국 전역에는 100만 개가 넘는 공동 식당이 설치됐고, 중국 국민은 무료로 식사를 할 수 있었어.

↑ **마을에 설치된 용광로** 인민공사에 소속된 농민들은 마을에 설치된 용광로에서 철강을 생산했어.

있었지."

"생각해 보니 예전에 스탈린도 그렇게 했던 거 같은데요."

"마오쩌둥은 스탈린과 비슷하지만 조금 달라. 중공업보다는 농업을 더욱 중요하게 생각했거든. 그래서 인민공사에 소속된 농민들에 대한 대우는 몹시 좋았어. 인민공사 안에서는 모든 일상생활이 가능했지. 가장 환영받은 건 공동 식당이었단다. 공동 식당의 식사는 몇 번을 먹고 언제 먹든 완전히 무료였어. 밥 먹을 걱정은 말고 오로지 생산량 증가를 위해 열심히 일하라는 뜻이었지. 오랜 전쟁과 혼란으로 굶주렸던 중국 농민들은 그야말로 환호했단다."

"우아, 통 한 번 큰걸요? 그럼 철강 생산은 어떻게 했어요?"

"철강 생산은 조금 골치 아팠어. 중국에는 미국이나 유럽처럼 큰 제철소가 없었고, 그런 제철소를 건설할 돈이나 기술도 없었지. 그래서 공산당은 각 가정마다 뒤뜰에 작은 용광로를 지어 농민들에게 직접 철을 만들게 했어. 인구가 엄청나게 많으니까, 이런 식으로 집집마다 철을 만들면 거대한 제철소를 짓는 것 못지않게 많은 양의 철을 생산할 수 있을 거라 생각했지. 그리고 마찬가지로 집집마다 생산 명령을 내려 보냈어. 명령이 떨어지면, 해야 하는 거야. 못 하면 잡혀가는 거고."

"그런 막무가내식이 설마 또 통할까요?"

"놀랍게도 성과가 나타나는 것 같았어. 집집마다 모두 할당받은 생산량을 뛰어넘었다는 보고를 올려 보냈거든. 하지만 머지않아 이게 전부 다 새빨간 거짓말이라는 게 드러났지. 생산량을 채우지 못하면 처벌을 받을까 두려워 모두들 거짓 보고를 했던 거야."

"윽. 그러면 실패한 거잖아요."

참새는 해로운 새다?

▲ 참새 잡기 운동 포스터
포스터 아래 문장은 '다 같이 참새를 때려잡자'는 뜻이래.

대약진 운동이 한창이던 1958년, 농촌을 시찰하던 마오쩌둥은 지나가던 참새를 가리키며 '참새는 인민의 곡식을 도둑질하는 해로운 새'이니 모조리 없애라고 명령했어. 마오쩌둥은 참새 이외에도 사람들에게 병을 옮기는 모기와 파리, 생쥐도 없애라고 지시했지.

마오쩌둥의 명령에 따라 중국 전역에서 이들 해로운 동물 네 가지를 없애는 작업이 이뤄졌단다. 가장 집중적으로 퇴치된 건 참새였어. 사실 중국에서는 추수기마다 참새 떼들이 곡식 낟알을 엄청나게 먹어 치우는 바람에 큰 피해를 입었거든.

중국 사람들은 1958년 한 해에만 2억 마리나 되는 참새를 잡아들였어. 중국의 참새는 삽시간에 멸종 위기에 몰렸지. 그러자 다른 문제가 터졌어. 참새가 잡아먹는 파리와 메뚜기 같은 해충이 마구 날뛰기 시작한 거야. 수많은 메뚜기 떼가 논밭을 습격했고, 집집마다 파리와 모기가 들끓었지. 대약진 운동 실패에 메뚜기 떼의 습격까지 겹친 탓에 중국에는 사상 유래 없는 흉년이 닥쳤단다. 그 결과는 2천만 명 이상이 굶어 죽는 사태였지. 조금 어처구니없지? 이 사건은 정부가 정책을 잘못 세우면 얼마나 무서운 결과를 낳을 수 있는지 잘 보여 주는 사례라고 할 수 있어.

▲ 잡은 참새를 매다는 사람들
농민들이 잡은 참새를 줄에 하나씩 매달고 있어.

"대실패야. 실패도 이런 실패가 없었지. 물론 농민들이 철강을 꽤 많이 생산하긴 했지만 품질이 형편없었어. 불순물이 많아 쉽게 바스러지는 탓에 아무짝에도 쓸 수 없는 쓰레기였지. 애초에 기술도 부족하고 시설도 엉터리인데, 제대로 된 철을 생산하리라고 기대한 게 잘못된 거야."

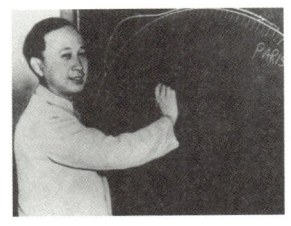

↑ 첸쉐썬
(1911년~2009년) 중국 과학 발전에 크게 이바지한 우주 과학자. 하지만 본인의 전문 분야도 아닌 농업에 자문을 맡아서 대약진 운동 실패에 큰 원인을 제공했어.

곽두기의 국어 사전

자문 물을 자(諮) 물을 문(問). 어떤 일을 좀 잘 처리하려고 전문가에게 의견을 묻는 것을 가리켜.

용선생의 세계사 돋보기

많게는 5천만 명 이상이 굶어 죽었다는 학자도 있어. 반면 중국 정부는 굶어 죽은 사람은 2백만 명도 되지 않는다고 이야기한단다.

장하다의 인물 사전

류사오치 (1898년~1969년) 중국 공산당의 지도자야. 마오쩌둥이 물러난 뒤 중국의 제2대 주석이 되어 권력을 잡았지만 9년 만에 물러났지.

"어쩐지, 너무 쉽게 명령을 내린다 싶었어요."

"게다가 농민들은 집집마다 할당된 생산량을 채우려고 주방의 무쇠솥, 숟가락 같은 각종 도구까지 녹여서 철을 만들었어. 어차피 공동 식당에서 밥을 먹으면 되니 전혀 필요 없는 도구였거든. 거기에 용광로의 연료로 쓸 땔감을 얻겠답시고 온 산의 나무를 마구잡이로 베어 내는 바람에 산은 금세 민둥산이 되어 버렸단다. 이렇게 되니 더 큰 문제가 닥쳤지. 전국적으로 홍수나 산사태가 일어나기 시작한 거야."

"아이고, 한숨이 나오네요."

"잇따르는 자연재해로 농지는 황폐해졌어. 설상가상으로 중국 정부는 농업 전문가도 아닌 과학자의 자문을 들어 엉터리 농사법을 퍼뜨리기까지 했지. 머지않아 중국에는 어마어마한 흉년이 닥쳤단다. 공동 식당은 문을 닫았고, 이미 집집마다 솥단지며 숟가락까지 없애 버린 중국 국민들은 속절없이 굶어 죽었어. 대약진 운동 실패로 중국에서는 최소 2천만 명 넘는 사람이 굶어 죽었다고 하는구나. 중일 전쟁 당시 죽은 것보다 훨씬 많은 사람이 굶어 죽은 거야."

"맙소사, 어떻게 그런 일이……."

아이들이 입을 떡 벌렸다.

"결국 마오쩌둥과 공산당이 주도한 대약진 운동은 재앙으로 막을 내리고 말았어. 마오쩌둥은 대약진 운동의 실패에 책임을 지고 자리에서 물러났지."

"이제 중국은 어떻게 되나요?"

"새로 권력을 잡은 류사오치와 덩샤오핑은 흐루쇼프를 마냥 비난

342

하던 마오쩌둥과는 사뭇 달랐어. 소련처럼 더 이상 국가가 모든 경제 정책을 통제하는 사회주의를 고집하지 않고, 자본주의 경제 방식을 적극적으로 받아들여 중국을 개혁하기 시작했거든. 시장도 만들고, 성과가 좋은 사람에게는 월급을 올려 주기도 했지."

"그래도 큰 실패를 겪은 덕에 깨달은 게 있나 봐요."

"그래. 이 무렵에 중국 말고도 사회주의 체제의 한계를 느낀 나라가 하나둘씩 나타나기 시작했단다. 사회주의 세계 전체에 변화의 바람이 살며시 불어온 거야."

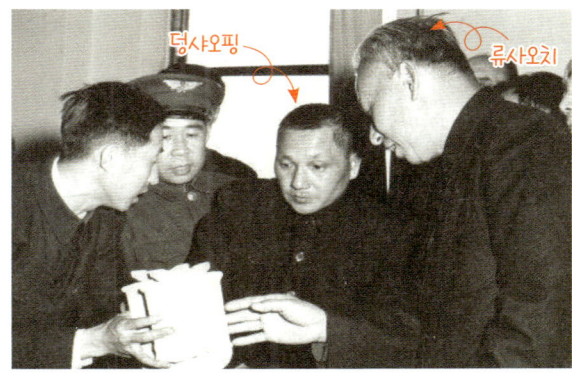

↑ **덩샤오핑과 류샤오치** 두 사람은 마오쩌둥이 물러난 이후 권력을 장악했어. 그리고 무너진 중국 경제를 일으키기 위해 자본주의 요소를 일부 도입했지.

용선생의 핵심 정리

중국은 흐루쇼프의 집권 이후 소련과 사이가 나빠지고, 마오쩌둥은 '대약진 운동'을 통해 경제 개발을 시도함. 그러나 잘못된 계획 탓에 거대한 실패를 맞봄.

소련이 동유럽의 변화를 가로막다

"그럼 사회주의 나라들이 사회주의를 버리기 시작한 건가요?"

"그건 아냐. 중국처럼 '우리식 사회주의'를 해 보자는 생각을 했던 것에 가까워. 특히 스탈린이 세상을 떠나자마자 동유럽에서는 소련의 영향에서 벗어나 개혁 개방 정책을 펼치려는 나라가 하나들씩 나타났어."

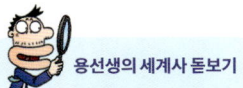

용선생의 세계사 돋보기

노동자들이 정부의 계획 경제 정책에 불만을 품고 파업을 벌였어. 이 시위는 곧 자유를 요구하고 소련 간섭을 반대하는 대규모 시위로 바뀌었지만, 정부의 강력한 진압에 실패했어.

장하다의 인물 사전

라코시 마차시 (1892년 ~1971년) 헝가리의 사회주의 정치인. 7,000명이 넘는 당원을 숙청하며 '스탈린의 제자'란 별명을 얻었어.

↓ **부다페스트의 1956년 혁명 기념비** 헝가리 사람들은 1956년 혁명을 독립 전쟁으로 여기고 당시 죽은 희생자들을 무명용사로 기리고 있어.

"어느 나라에서요?"

"폴란드에서도 소련 간섭에 반대하는 대규모 시위가 있었고, 헝가리에서는 아예 혁명이 일어났어. 1956년에 헝가리 시민들이 정부를 뒤엎고 새 정부를 수립했지."

"어쩌다 혁명까지 일어나게 된 거죠?"

"헝가리 공산당의 서기장인 라코시 마차시가 스탈린을 등에 업고 강압적으로 헝가리를 통치했거든. 스탈린이 죽고 소련도 변화의 움직임을 보이자, 헝가리 사람들도 개혁과 자유를 요구하며 정부에 반기를 들었지. 새 정부는 앞으로 헝가리는 미국, 소련 어느 쪽에도 붙지 않겠다며 중립 선언을 하고 바르샤바 조약 기구에서도 탈퇴해 버렸어."

"그럼 소련이 당황했겠네요."

"그렇지. 사회주의 국가의 대장 격인 소련은 펄펄 날뛰었어. 당장 대규모 탱크 부대를 헝가리에 파견해 혁명을 진압했지. 헝가리 시민들은 수만 명이 목숨을 잃으면서까지 소련에 거세게 저항했지만, 결국엔 실패로 돌아가고 말았어."

"어휴, 탱크로 사람을 짓밟다니!"

영심이가 어이가 없다는 표정으로 큰 소리를 냈다.

"냉전이 한창이었으니, 소련 입장에선 사회주의 진영이 흔들리는 걸 가만둘 수 없었던 거야. 심지어 동독에서는 서베를린 전체를 콘크리트 장벽으로 막아

↑ **1956년 헝가리 혁명** 목이 잘린 스탈린의 동상이 거리에 나뒹굴고 있어.

버리기까지 했단다."

"아니, 왜요?"

"독일의 수도였던 베를린은 냉전이 시작되며 자본주의 진영의 서베를린, 사회주의 진영의 동베를린으로 갈라져 있었어. 하지만 1950년대 초만 해도 허가만 받으면 동베를린과 서베를린 사이를 오가는 건 어렵지 않았지. 서베를린과 동베를린 경계에도 간단한 검문소 정도만 설치돼 있었고. 근데 서독이 잘 살다 보니, 동독 주민들이 서베를린으로 자꾸 넘어가는 거야. 탈출자의 수가 350만 명에 달하자 소련과 동독 정부는 가만히 있을 수가 없었어. 민심이 흔들리는 것도 문제지만 나중엔 노동력도 부족하게 됐거든. 그래서 서베를린을 빙 둘러서 베를린 장벽을 쌓았단다."

↑ 동유럽의 사회주의 국가

용선생의 세계사 돋보기

소련과 동독 정부는 베를린 장벽을 자본주의 국가에 물들지 않도록 동독 주민을 지키는 '반파시스트 보호벽'이라고 대대적으로 선전했어.

↑ 통행증을 확인하는 동독 경찰 1950년대 초에는 통행 허가증만 있으면 동베를린과 서베를린을 오가는 게 어렵지 않았어.

↑ 동베를린을 탈출하는 동독 병사 동베를린을 탈출하는 사람들이 점점 늘어나자 경계에 철조망을 설치했어. 하지만 여전히 목숨 걸고 탈출하는 사람들이 있었지.

세계가 둘로 갈라져 냉전을 벌이다 **345**

"그렇다고 장벽을 쌓다니!"

"처음에는 나지막한 담장을 쌓았어. 하지만 사람들이 경비병 몰래 자꾸 담장을 넘어가자 높이를 점점 높이고 차단 벽도 겹겹이 만들었지. 그 결과 나중에는 총 길이 155킬로미터, 평균 높이 3.6미터에 이르는 거대한 장벽이 서베를린을 둘러싸게 되었어. 장벽 위에는 아예 철침을 박아서 사람들이 올라갈 엄두조차 내지 못하도록 했단다."

"근데 선생님, 그렇게 어마어마한 장벽이 세워지는 걸 미국이나 서독은 지켜만 보고 있었어요?"

"미국을 비롯한 연합국은 1948년 소련의 베를린 봉쇄를 경험한 적이 있었기 때문에 깜짝 놀랐어. 소련이 이번에도 서베를린을 봉쇄하는 줄 알았거든. 그래서 서베를린과 동베를린이 맞닿은 경계선에서 미군과 소련군 탱크 수십 대가 대치하는 일이 벌어지기도 했지."

↑ 베를린 장벽 건설 처음에는 벽돌로 쌓은 담장이었지만, 나중에는 콘크리트 벽으로 보강됐고 장벽 꼭대기에는 철침까지 박아 두었지.

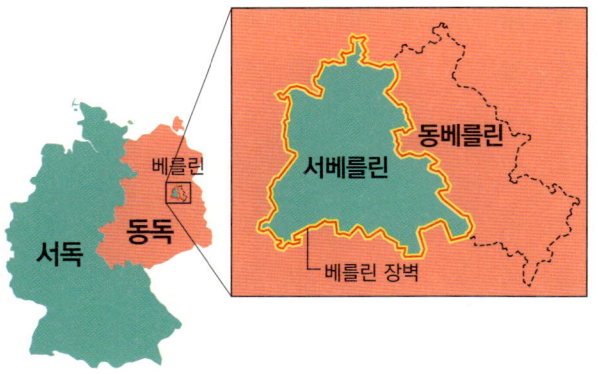

↑ 서베를린을 둘러싼 장벽

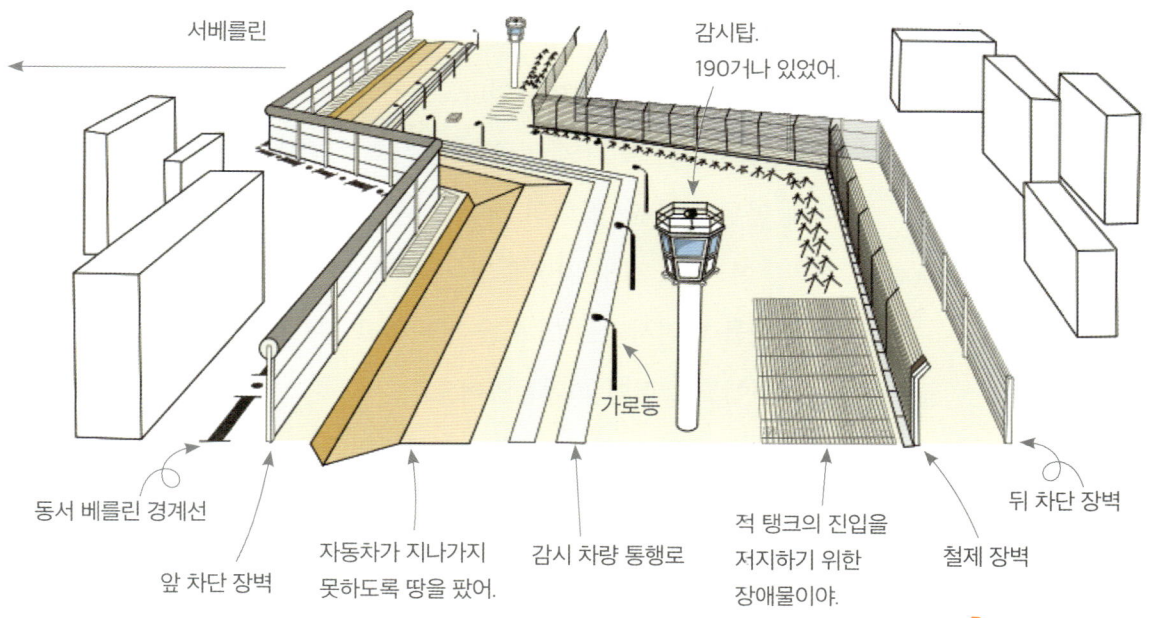

↑ 베를린 장벽 구조

"하지만 이번엔 봉쇄가 아니라 장벽을 세워 검문을 더 철저히 한 거잖아요."

"맞아. 장벽은 동베를린 영역에 세워졌고, 동독 정부가 서베를린을 봉쇄한 것도 아니라서 이 정도 일로 전쟁을 벌일 수는 없었어. 결국 베를린 장벽은 그대로 남아 냉전의 상징이 되었단다."

"그러니까 소련이 동유럽의 변화를 꽉 틀어막았군요."

"하지만 변화를 꾀하려는 동유럽의 움직임을 소련이 전부 막을 수는 없었어. 1968년에는 체코슬로바키아 공산당 서기장

↑ 베를린 장벽을 방문한 미국 케네디 대통령
1963년, 케네디 대통령은 서베를린을 방문해 미국이 언제든지 서베를린 시민을 지켜 줄 것이라고 약속했어.

세계가 둘로 갈라져 냉전을 벌이다 **347**

장하다의 인물 사전

알렉산드르 둡체크 (1921년 ~1992년) 1968년 체코슬로바키아의 지도자가 되어 민주화 운동을 추진한 사람이야. 그러나 소련군의 침략으로 권력을 잃고 추방당했지.

인 둡체크가 서유럽의 장점을 받아들여 사회를 개혁하려고 했지."

"서유럽의 장점을 받아들인다고요?"

"응. 둡체크는 '인간의 얼굴을 한 사회주의'를 실천하겠다며 시민들에게 언론과 출판, 집회의 자유를 좀 더 보장하는 개혁을 펼쳤단다. 시민들이 어느 정도 자유롭게 사회 활동을 할 수 있도록 도와주는 게 경제를 발전시키는 데 도움이 된다고 생각한 거야."

"이번에도 소련이 끼어들었어요?"

"처음에는 경고만 했어. 괜히 끼어들었다가 일이 커질까 봐 우려했거든. 그 대신 바르샤바 조약 기구에 속한 각 나라 대표들을 한데 불러 모아, '사회주의 국가를 자본주의 국가로 바꾸려는 시도를 하면 가만 안 두겠다'고 으름장을 놓았지. 하지만 체코슬로바키아 정부가

↑ **프라하에 들어온 소련군 탱크를 에워싼 시민들** 1968년, 체코슬로바키아의 수도 프라하에 들어온 소련군 탱크의 모습이야. 프라하 시민들이 탱크 위에 올라가 항의 시위를 벌이고 있어.

소련의 경고에도 계속 개혁을 진행하자, 50만에 이르는 대군을 체코에 보내서 체코슬로바키아 정부를 뒤엎어 버렸단다. 결국 체코슬로바키아의 개혁은 1968년 1월부터 8월까지만 유지됐어. 이 시기를 '프라하의 봄'이라고 해."

"소련이 그렇게 마구잡이로 동유럽에 쳐들어가도 미국이나 국제 연합은 그냥 보고만 있었어요?"

"모두들 소련의 체코슬로바키아 침공을 거세게 비난하긴 했어. 심지어 루마니아와 알바니아 등 다른 바르샤바 조약 기구 국가들도 소련의 침공을 비난하며 동요했지. 하지만 어느 나라도 적극적으로 나서지 않았단다."

"아니, 왜 그런 건가요?"

"나중에 이야기하겠지만 이때 미국은 베트남 전쟁에 반대하는 반

↑ 레오니트 브레즈네프
(1906년~1982년) 소련 공산당 서기장으로 바르샤바 조약 기구의 나라들을 브라티슬라바에 모아 놓고 개혁을 시도하지 못하도록 경고했어.

↑ **루마니아 정부의 소련 항의 집회** 루마니아의 공산당 지도자 니콜라에 차우셰스쿠는 대중 연설에서 소련의 체코슬로바키아 침공을 거세게 비난했어.

전 시위 때문에 정신이 없었거든. 게다가 사실 소련도 중국과의 국경 분쟁이 심각해서 체코슬로바키아에 오래 신경 쓸 처지가 아니었지. 그래서 민간인을 학살하거나 시위를 강경 진압하는 대신 체코슬로바키아 정부만 후딱 갈아치우고, 일을 더 크게 벌이지 않았어. 그러니 다른 나라들이 적극적으로 나서기도 애매했지."

"어휴, 동유럽 사람들은 뭘 제대로 해 볼 수가 없네요. 매번 소련의 반대에 부딪히기만 하고……."

영심이가 답답한 듯 가슴을 쳤다.

> **용선생의 핵심 정리**
>
> 냉전 시기 동안 동유럽을 중심으로 소련의 영향력에서 벗어나 변화를 꾀하려는 시도가 이어졌으나 소련의 강경 진압으로 모두 실패함. 한편 소련은 베를린 장벽을 쌓아 동베를린 주민의 탈출을 막음.

라틴아메리카에 독재자를 탄생시킨 미국

▲ **살바도르 아옌데**
(1908년~1973년) 소아과 의사 출신으로 굶주린 아이들을 위해 복지 정책을 우선시했어. 하지만 칠레의 기득권 세력과 미국을 비롯한 외국 기업의 방해로 실패하고 말았어.

세계의 변화를 틀어막는 건 미국도 마찬가지였어. 미국에 반대하는 정부나, 조금이라도 소련과 가까운 정부가 들어선다는 소문만 들리면 득달같이 쫓아가 방해하기 일쑤였지. 특히 라틴아메리카에는 미국의 후원을 받은 독재 정권이 속속 들어서서 국민들을 억압했단다.

1970년 칠레에서 살바도르 아옌데라는 사회주의 정치인이 대통령으로 당선됐어. 라틴아메리카에서 최초로 사회주의자가 민주 선거를 통해 대통령이 된 거지. 미국에는 비상이 걸렸어. 아옌데는 소련을 지지하지는 않았지만, 라틴아메리카에서 대장 노릇을 하려는 미국의 태도에는 큰 반감을 가지고 있었거든.

미국은 어떻게든 아옌데를 몰아내려고 온갖 술수를 부렸어. 아옌데의 인기를 떨어뜨리기 위해 칠레에 외국 기업의 투자를 막았고, 무역을 방해했어. 결국 칠레는 극심한 인플레이션에 시달렸고, 아옌데도 경제 정책의 실패로 궁지에 몰렸지. 그래도 아옌데가 물러날 기미를 보이지 않자 미국은 칠레 군대를 조종해 쿠데타를 일으켜 아옌데 정부를 뒤엎었어. 아옌데는 라디오 연설을 통해 '칠레 만세, 노동자 만세!'라는 말을 남긴 채 자살로 생을 마감했지.

쿠데타로 칠레의 새 대통령이 된 피노체트는 미국을 등에 업고 권력을 마구잡이로 휘둘렀어. 피노체트에게 반대하는 사람들은 불법으로 감옥에 갇히거나 모진 고문을 당했지. 쥐도 새도 모르게 목숨을 잃은 사람도 많았고. 피노체트는 1990년까지 20년 동안 권력을 유지하며 수만 명 넘는 시민을 죽였어. 그뿐만 아니라 수백억 원이 넘는 나랏돈을 빼돌려 자기 배를 채우기까지 했지.

하지만 피노체트는 대통령 자리에서 물러나서도 그 어떤 처벌도 받지 않았어. 오히려 피노체트 시절 칠레가 높은 경제 성장을 이루었기 때문에, 피노체트 시절을 그리워하는 칠레 사람도 있대.

▲ **아우구스토 피노체트**
(1915년~2006년) 미국의 후원을 받아 쿠데타를 일으킨 뒤, 20년 가까이 칠레를 지배한 독재자야.

▲ **대통령궁을 포위한 쿠데타군** 피노체트의 쿠데타군은 대통령궁을 무력 점령했어. 아옌데 대통령은 저항 끝에 라디오 연설을 하고 자살을 택했지.

중국이 문화 대혁명으로 뒷걸음치다

"그나마 중국은 다행이네요. 소련에서 벗어났으니 마음껏 개혁을 할 수 있잖아요?"

아이들이 서로를 바라보며 말하자 용선생은 고개를 절레절레 저었다.

"중국에서도 변화는 오래가지 못했어. 곧 엄청난 사건이 벌어졌거든. 마오쩌둥이 자신의 지지자를 내세워서 또다시 권력을 잡고 개혁파들을 몰아낸 거야."

"아니, 대약진 운동이 그렇게 크게 실패했는데도 마오쩌둥을 지지하는 사람들이 있었단 말이에요?"

"대약진 운동이 크게 실패한 건 사실이지. 하지만 그게 전부 마오쩌둥의 책임이라고 생각한 사람은 생각보다 많지 않았어. 그보다는 부패하고 무능한 관리들이 자기 욕심만 챙기다가 실패했다고 여긴 사람이 더 많았단다. 주로 정의감에 불타는 젊은 학생들이 이런 생각을 가지고 마오쩌둥의 편을 들었어. 이들을 '홍위병'이라고 해."

"끙, 그래서 마오쩌둥이 다시 전면에 나서게 된 거군요."

"맞아. 마오쩌둥은 중국에 자본주의 경제를 도입한 류사오치나 덩샤오핑의 정책을 마음에 들어하지 않았어. 그래서 류사오치나 덩샤오핑을 '자본주의의 길을 걷는 변질된 사회주의자'라며 거세게 비판했지. 동시에 불량한 지식인과 예술가, 낡은 관습에 사로잡힌 사람을 중국에서 모두 내쫓아야만 농민이 주인인 '중국 특색 사회주의'가 성공한다며 홍위병을 부추겼어. 그 결과 수백만 명에 이르는 홍위병이

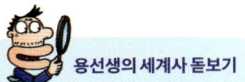

용선생의 세계사 돋보기

마오쩌둥은 1963년부터 학생을 대상으로 사회주의 교육 운동을 펼쳤어. 마오쩌둥 자신이 생각하는 '올바른 사회주의'를 주입시키기 위한 조치였지. 문화 대혁명 때 홍위병이 된 이들은 대부분 이때 교육을 받은 학생들이란다.

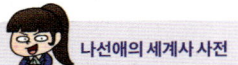

나선애의 세계사 사전

홍위병 문화 대혁명 당시 마오쩌둥의 뜻을 철저히 따르기 위해 만들어진 폭력 조직. 사회주의의 상징인 '붉은색'을 지킨다는 의미를 가지고 있어.

전국적으로 커다란 혼란을 일으켰단다. 이 사건을 '문화 대혁명'이라고 불러."

"혼란을 일으킨 건데 왜 하필 문화 대혁명이라고 불러요?"

"문화 대혁명은 단순히 마오쩌둥이 자기가 원하는 사회주의 정책을 펼치기 위해 반대자를 내쫓는 운동이 아니었어. 수천 년 역사를 가진 중국 문화를 뿌리째 바꾸겠다는 목표를 가지고 있었지. 그래서 홍위병들은 그동안 중국 문화를 대표하던 지식인과 예술가를 공격했단다. 이들은 사회주의 혁명 정신을 좀먹는 '혁명의 적'으로 지목되어 모욕당하거나, 심지어 몽둥이에 맞아 죽기도 했지. 마오쩌둥이 이런 일을 부추긴 탓에 문화 대혁명의 열기는 점점 중국 전역을 뒤덮었고, 무려 10년 동안이나 계속됐어."

"그런 혼란이 10년 동안이나 계속됐다고요?"

"응. 문화 대혁명 기간 동안 마오쩌둥을 조금이라도 비판하거나 마오쩌둥의 주장에 반발하는 목소리를 내는 사람은 여지없이 붙잡혀서 폭행을 당했어. 어제까지 마을에서 존경받던 할아버지가 '혁명의 적'이란 낙인이 찍힌 채 광장에 묶여서 두들겨 맞기도 했어. 또 학생이 교사를 신고하고, 부모가 자식을 신고하는 일도 일어났지."

"맙소사. 별일이 다 일어났군요."

▲ **톈안먼 광장에 모인 홍위병** 손에 들고 있는 것은 마오쩌둥의 어록이 담긴 책자야. 이들은 마오쩌둥의 뜻을 절대적으로 따르며 반대하는 자들을 '혁명의 적'으로 낙인찍어 폭력을 휘둘렀지.

▲ **홍위병에 붙들린 펑더화이**
펑더화이는 중일 전쟁과 6.25 전쟁에서 인민 해방군을 지휘했던 장군이야. 하지만 문화 대혁명 당시 혁명의 적으로 낙인찍혀서 홍위병에게 붙잡혀 두들겨 맞았지.

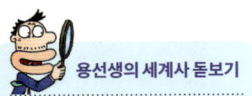

용선생의 세계사 돋보기

문화 대혁명 때 소설, 만화, 음악, 미술, 영화 등 거의 모든 분야에서 대대적 숙청이 일어나 인재가 고갈되고 문화가 단절되었어. 그래서 중국 문화 산업 발전에 커다란 걸림돌이 되었단다.

"여기서 그친 게 아니야. 홍위병들은 중국의 수천 년 역사가 담긴 문화유산도 모두 썩은 전통의 흔적일 뿐이라며 닥치는 대로 파괴했어. 중국의 문화유산은 이때 워낙 많이 파괴되고 손상된 탓에 오늘날까지 남아 있는 게 거의 없을 정도야. 게다가 지식인과 예술가가 워낙 많은 피해를 입은 탓에 중국의 기술력과 교육 수준, 예술은 한참 뒷걸음질치고 말았지."

"그 사이 경제는 어떻게 됐는데요?"

"사회가 그렇게 혼란에 빠졌으니 경제가 잘 돌아갔을 리 없지. 문화 대혁명은 조금씩 살아나던 중국의 경제를 다시 고꾸라지게 했어. 그제야 마오쩌둥은 사태의 심각성을 알아차리고 홍위병을 해체해 모두 농촌으로 내려보냈단다."

"어휴, 동유럽도 그렇고, 중국도 그렇고 다들 몸살을 앓았군요. 그러고 보면 미국만 별 문제 없이 잘나갔네요."

문화 대혁명 시기 중국 경제는 완전히 뒷걸음질 쳤어.

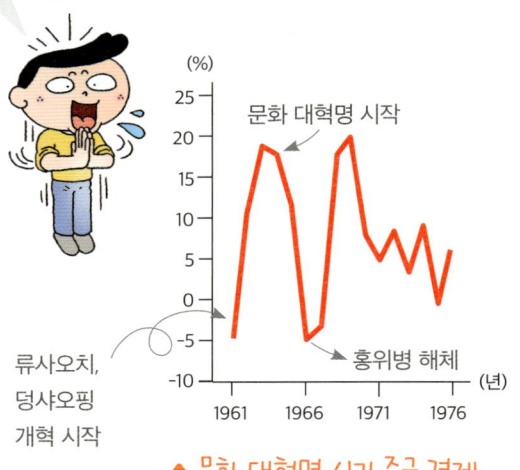

↑ 문화 대혁명 시기 중국 경제 성장률

↑ **공자 사당을 부수는 홍위병들** 공자의 사당과 묘를 비롯해 수천 년 중국 전통 역사를 간직한 유물들도 홍위병의 공격에 모두 파괴됐어.

"근데 말이지, 미국도 예전 같지가 않았단다. 미국이 제아무리 강대국이라고 해도 전 세계의 사회주의 확산을 모두 틀어막기가 쉬운 건 아니었거든. 더구나 세계를 자기 맘대로 쥐락펴락하려는 미국에 반대하는 움직임도 점점 심해졌지. 결국 미국은 베트남에서 커다란 실패를 맛보게 돼."

용선생의 핵심 정리

마오쩌둥이 문화 대혁명을 일으켜 중국 사회가 혼란에 빠지고 경제가 크게 뒷걸음침.

미국이 베트남에서 큰 실패를 맛보다

"베트남요? 베트남에서 무슨 일이 있었는데요?"

"지난 시간에 미국이 사회주의의 팽창을 막겠다고 남베트남을 지원했다고 했지? 그런데 미국이 지원하는 남베트남 정부는 몹시 문제가 많았어. 무능한 데다가 부정부패에 찌들어 있었거든. 정부의 주요 인물들은 미국이 비료를 사라며 준 지원금을 양담배나 술과 같은 사치품을 수입하는 데 쓰기도 했지. 설상가상으로 비밀경찰을 동원해 굶주림에 지친 국민들을 탄압하기까지 했단다."

"어휴, 그런 정부면 인기가 하나도 없겠어요."

"바로 이 틈을 북베트남이 파고들었어. 북베트남은 남베트남에 공작원을 파견해 반정부 활동을 지원했지. 남베트남의 공산당 세력은 급속도로 세력을 불려 나가더니 1960년부터 '남베트남 민족해방전

허영심의 상식 사전

공작원 다른 나라에 파견돼 정보를 수집하거나 사건을 꾸미는 특수 요원을 가리키는 말이야.

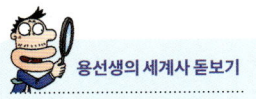

용선생의 세계사 돋보기

이들을 '베트남 공산주의자'란 뜻으로 '베트콩'이라고 부르기도 해.

선'을 만들어 남베트남 정부를 뒤엎겠다며 게릴라전을 시작했단다. 남베트남 정부는 공산당의 공격에 쩔쩔맬 뿐, 아무것도 하지 못했어. 그저 미국의 도움만 기다릴 뿐이었지."

"그래서 미국이 도와줬어요?"

"도와주고 싶었지만, 당장 북베트남과 전쟁을 할 수는 없었어."

"아니, 왜요? 6·25 전쟁 때 우리를 도와준 것처럼 도와주면 안 돼요?"

곽두기가 눈동자를 굴리며 물었다.

"글쎄, 베트남 문제는 우리나라와 많이 달라. 기본적으로 북베트남이 쳐들어온 것이 아니라, 남베트남 내부에서 일어난 반란이었거든. 근데 1964년 8월에 베트남 앞바다의 통킹만에 있던 미군 군함을 북베트남 해군이 어뢰로 공격하는 일이 벌어졌어. 그것도 두 번씩이나! 미국은 북베트남이 가만있는 미군 군함을 공격했다며 펄펄 뛰었지. 그래서 북베트남의 군사 기지나 주요 시설을 폭격하는 걸로 보복했

↑ **남베트남 민족해방전선군(베트콩)** 베트공이 총을 든 채 강을 건너는 모습이야. 이들은 평상시 농민들 사이에 섞여서 생활하다 미군과 남베트남군을 공격했지. 그래서 민간인과 구분하기가 몹시 어려웠어.

↑ **매독스함** 통킹만에서 북베트남의 공격을 받아 미군이 베트남 전쟁을 벌이는 원인을 제공한 해군 함선이야.

단다."

"그러게 가만있는 미국을 왜 건드렸을까요?"

"나중에 밝혀졌지만, 사실 이건 미군이 비밀리에 남베트남군을 돕다가 벌어진 일이었어. 북베트남군이 아무런 이유 없이 미군을 공격한 건 아니었지. 더구나 북베트남의 두 번째 공격은 있지도 않았단다."

"그럼, 미국이 베트남에 끼어들려고 거짓말을 한 거예요?"

용선생은 어깨를 으쓱하는 걸로 대답을 대신했다.

"뭐, 그런 셈이지. 아무튼 남베트남의 공산당 게릴라도 미국 폭격에 맞서 미군 기지를 공격했어. 보복이 되풀이된 거야. 1965년 봄에는 사이공의 미국 대사관에서 공산당 게릴라의 폭탄 공격으로 218명의 사상자가 발생하는 일이 벌어졌단다. 이 사건을 계기로 미국은 당장 베트남에 대규모 군대를 보냈어."

용선생이 베트남 지도를 펼치며 설명을 이어 나갔다.

"미군은 남베트남의 공산당 세력과 치열하게 싸웠어. 하지만 공산당의 저항은 만만찮았단다. 북베트남의 호찌민이 라오스나 캄보디아를 통해 전쟁 물자와 병력을 보내며 공산당 세력을 계속 지원했거든. 게다가 남베트남 주민도 대부분 공산당원이거나 공산당에 지지

▲ 베트남 전쟁

세계가 둘로 갈라져 냉전을 벌이다 **357**

▲ **남베트남에서 작전을 수행하는 미군** 1965년 3월 8일 미국 해병대 3,500명이 베트남에 파병됐어. 파병 인원은 그해 12월에 20만 명으로 늘었지.

를 보냈지. 당시 남베트남 정부는 미국만 믿고 나라를 제대로 돌보지 않았거든."

"그럼 미국이 남베트남에서 공산당 세력이랑 싸우기보다, 아예 북베트남으로 쳐들어가면 안 되나요? 그럼 전쟁이 금방 끝날 것 같은데요."

▲ **포로가 된 베트콩** 미군은 남베트남의 공산당 세력을 소탕하는 데 주력했어.

장하다가 머리를 긁적이며 물었다.

"그건 불가능해. 아까도 말했지만 이건 남베트남에서 베트콩이 일으킨 반란이었거든. 소련과 중국은 행여나 미국이 북베트남에 군대를 보내면 자신들도 베트남에 군대를 보내겠다며 으름장을 놓았지. 그러니 미국으로서는 남베트남 공산당 세력을 모조리 잡아들이는 수밖에 다른 방법이 없었어."

"어휴, 그거 참 골치 아프네요."

미국의 거짓말을 낱낱이 밝힌 펜타곤 보고서

미국은 태평양 전쟁이 끝난 직후부터 줄곧 베트남에 관여해 왔어. 프랑스의 전쟁을 지원하기도 했고, 프랑스가 물러난 이후에는 남베트남을 지원하며 북베트남에 공작원을 파견하기도 했지. 그러나 이 모든 사실을 철저히 비밀에 부쳤어. 베트남 전쟁의 계기가 된 1964년의 통킹만 사건 역시 미 해군이 아무런 이유도 없이 공격받은 사건으로 알려졌지.

30년 가까이 지켜졌던 비밀은 1971년 <뉴욕타임스>와 <워싱턴포스트> 지가 기밀 보고서를 입수한 뒤 특종으로 보도하며 세상에 낱낱이 밝혀졌단다. 이 보고서를 미국 국방부 '펜타곤'에서 작성했기 때문에 '펜타곤 보고서'라고 불러. 미국 정부는 '국가 안보에 피해가 된다'며 보도 금지 명령을 내리는 등 사실을 감추려 안간힘을 썼지만, 두 언론사는 진실을 알리는 것이 우선이라며 보도를 이어 나갔단다.

펜타곤 보고서는 많은 미국인에게 충격을 안겼어. 미국 내에선 베트남 전쟁을 반대하는 반전 운동이 거세게 일어났지. 결국 펜타곤 보고서는 1973년 베트남 전쟁을 포기하는 데 중대한 원인을 제공했단다.

◀ 펜타곤 보고서를 공개한 대니얼 엘스버그
펜타곤 보고서 작성에 관여했던 군사 분석 전문가야. 이 인물은 베트남 전쟁의 진실을 알리기 위해 <뉴욕타임스> 기자에게 자료를 건넸대.

"미국은 골머리를 앓은 끝에 세계 각지의 동맹국에 전투병을 파병해 달라고 요청했어. 거기에 우리나라도 포함되어 있었지."

"아하, 그래서 우리 국군이 베트남까지 가서 싸운 거군요."

곽두기가 고개를 끄덕였다.

"이렇게 시간이 흐를수록 베트남 전쟁은 더욱 복잡하고 치열해졌어. 소련과 중국도 북베트남에 다양한 군사 무기를 보내고, 미군

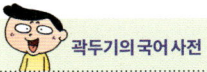

곽두기의 국어 사전

파병 파견할 파(派) 병사 병(兵). 군대를 파견하는 것을 말해.

의 예상 이동 경로 정보도 제공하며 베트남전에 끼어들었거든. 미국도 베트남 전쟁에 엄청난 돈을 쏟아부으며 어떻게든 이기려고 했어. 하지만 밀림에 숨어 언제 어디서 튀어나올지 모르는 적과 계속 싸우다 보니 미군은 나날이 지쳐 갔어. 때로는 숨어 있는 공산당 세력을 잡겠다고 거리낌 없이 민간인을 학살하기도 했지. 이대로 베트남을 포기한다면 뒤이어 동남아시아 각국이 차례로 공산화될지 모른다는 위기감에 그만 이성을 잃고 만 거야."

"아니, 그런 식으로 공산화를 막아 봤자 베트남에 무슨 도움이 된담."

▲ 죽기 직전의 미라이 희생자들
베트남의 미라이 마을에서 500명이나 되는 사람들이 미군에 학살당했어. 그중 대부분은 여성과 어린이였지.

▲ 미국 대사관으로 탈출하는 사람들
남베트남의 수도였던 사이공이 함락되기 직전, 미국 대사관 모습이야. 수많은 베트남 사람이 미군 헬기로 사이공을 탈출하려고 했어.

영심이가 답답하다는 표정을 지었다.

"아무리 많은 사람이 죽어도 전쟁이 끝날 기미는 좀처럼 보이지 않았어. 그러자 미국 국내에서 전쟁에 반대하는 목소리가 하나둘씩 나오기 시작했어. 남의 나라 전쟁에 돈과 귀중한 생명을 버릴 게 뭐냐는 거였지. 특히 민간인 학살 사건이 알려지자 전쟁을 그만두라는 비판 여론이 더욱 거세졌지. 결국 1973년, 미국은 베트남에서 철수했어."

"그럼 베트남은 어떻게 되었어요?"

"미군이 떠난 남베트남은 오래 버티지 못했어. 곧 북베트남 군대가 손쉽게 남베트남을 집어삼켰지. 이로써 베트남 전체는 사회주의 국

▲ 킬링필드 위령탑 캄보디아 공산당 정부는 캄보디아를 '순수한 사회주의 국가'로 만들겠다며 사람들을 마구잡이로 죽였어. 이 사건을 '킬링필드'라고 하는데, 이 탑의 내부는 희생자들의 유골로 가득 채워져 있대.

가가 됐어. 뒤이어 베트남과 이웃한 라오스, 캄보디아에 곧바로 사회주의 정부가 들어섰단다."

"결국 베트남이 미국에 승리한 거네요."

"베트남 전쟁은 냉전이 시작된 이후 미국이 처음으로 맛본 패배였어. 그냥 패배한 것도 아니고 세계적으로 비난까지 받았지. 늘 '사회주의에 맞서 자유를 지키는 영웅'을 자처했던 미국은 베트남 전쟁을 계기로 체면을 많이 구겼단다. 그리고 베트남 전쟁에 돈을 워낙 많이 쓴 탓에 미국 경제도 잠시 삐걱거렸어."

"소련은 변화를 막느라 정신이 없고, 중국은 대혼란이고, 미국도 흔들리는 거네요."

나선애의 정리에 용선생은 고개를 끄덕였다.

"그래. 이쯤 되자 그동안 세계를 둘로 갈라놓았던 냉전도 자연스럽게 금이 가기 시작했단다. 그 이야기는 다음 시간에 계속해 보자꾸나. 오늘은 여기까지!"

 **용선생의 핵심 정리**

미국은 베트남의 공산화를 막기 위해 베트남 전쟁을 벌였지만 결국 실패함.
베트남 전쟁을 계기로 미국이 흔들리며 냉전에도 금이 가기 시작함.

나선애의 **정리노트**

1. 냉전에 휩싸인 세계
- 제2차 세계 대전 이후 소련과 미국이 대립하며 냉전이 시작됨.
  - → 미국과 소련은 세계 각국을 자기편으로 만들려는 노력을 펼침.

2. 점차 치열해지는 냉전
- 중국은 공산당이 내전에서 승리하며 사회주의 국가인 중화인민공화국이 됨.
  - → 패배한 국민당은 타이완으로 근거지를 옮기고 중화민국을 이어 감.
- 미국은 6·25 전쟁에 적극 개입하여 사회주의의 확산을 막음.
  - → 남베트남에 군사적, 경제적 지원을 제공하고, 일본의 전후 처리를 서두름.

3. 신무기 개발과 군사력 경쟁
- 미국과 소련은 대륙간탄도미사일 등 다양한 신무기를 개발함.
  - → 강력한 무기 때문에 핵전쟁의 공포가 점점 커짐.
- 소련이 사회주의 국가가 된 쿠바에 미사일 기지를 세우자, 미국이 반발함.
  - → 양국의 원만한 합의로 전쟁은 피했으나, 군사력 경쟁은 계속됨.

4. 주요 국가들의 위기와 흔들리는 냉전
- 소련의 흐루쇼프는 여러 경제 개혁을 실시했으나 한계에 부딪힘.
  - → 동유럽 국가들의 개혁 시도를 강경 진압하고, 베를린 장벽을 세움.
- 중국의 마오쩌둥은 대약진 운동을 벌였으나 대실패를 겪음.
  - → 문화 대혁명을 일으켜 중국을 모든 면에서 후퇴시킴.
- 베트남 전쟁을 계기로 미국 경제도 흔들리기 시작함.

세계사 퀴즈 달인을 찾아라!

1 빈칸에 들어갈 알맞은 말을 써 보자.

> 제2차 세계 대전 이후 미국과 소련이 세계 각지에서 날카롭게 대립하며 힘의 경쟁을 펼쳤던 상황을 가리키는 말. '차가운 전쟁'이 란 뜻으로 '○○'(이)라고 불러.

(   )

2 흐루쇼프의 개혁에 대한 설명으로 옳지 않은 것은? (   )

① 스탈린을 비판하고 서유럽과 교류를 확대했다.
② 흐루쇼프의 개혁 정책을 '대약진 운동'이라고 한다.
③ 경제 개혁에 앞장섰으나 농업 정책 부분에서 크게 실패했다.
④ 개혁 이후 오히려 중국과의 관계가 조금씩 흔들리기 시작했다.

3 6·25 전쟁이 세계 각국에 미친 영향으로 옳지 않은 것은? (   )

① 소련과 미국 사이의 대립이 더욱 심해졌다.
② 소련과 미국 사이에 직통 전화망이 설치되었다.
③ 소련과 미국의 신무기 개발 경쟁이 더욱 심화되었다.
④ 사회주의 확장을 막기 위한 방패로 일본이 활용되었다.

4 중국의 공산화 과정에 대한 설명으로 알맞은 것에 ○표, 알맞지 않은 것에 X표 해 보자.

○ 6·25 전쟁의 영향으로 중국이 공산화되었다. (   )

○ 중국 내전에서 공산당이 승리하여 중국은 사회주의 국가가 되었다. (   )

○ 패배한 공산당은 타이완으로 근거지를 옮기고 중화민국을 이어갔다. (   )

5 빈칸에 알맞은 말을 써 보자.

'○○ ○○○'은/는 마오쩌둥이 1960년대에 일으킨 사건이야. 중국에서 사회주의가 성공하려면 중국 문화의 잘못된 뿌리부터 뽑아야 한다며 지식인과 예술가를 혁명의 적으로 지목해 모욕하고 죽였어.

(   )

7 다음 전쟁에 대한 설명으로 옳은 것은? (   )

6 냉전 시기 동유럽 사회의 변화에 대해 <u>잘못</u> 설명한 친구는? (   )

 ① 소련은 동유럽 국가들의 개혁 시도를 강경하게 진압했다.

 ② 헝가리는 바르샤바 조약 기구를 탈퇴하고 중립을 선언했다.

 ③ 미국은 서독의 탈출자를 막기 위해 베를린 장벽을 설치했다.

 ④ 당시 체코슬로바키아에서 일어난 개혁을 '프라하의 봄'이라고 부른다.

① 미국의 요청으로 우리나라가 군대를 파견했어.
② 남베트남이 북베트남을 침공하며 벌어진 전쟁이야.
③ 미국이 승리해 베트남의 공산화를 막을 수 있었어.
④ 이 전쟁은 끝까지 미국 국민들의 지지를 받았어.

정답은 390쪽에서 확인하세요!

용선생 세계사 카페

소련과 미국의 우주 전쟁 '스타워즈'

자본주의와 사회주의가 날카롭게 대립하던 냉전 시기, 미국과 소련의 경쟁은 지구 밖에서도 이어졌어. 두 나라는 인력과 자본을 아낌없이 쏟아부어 더 우수한 우주선을 쏘아 올리려 치열한 다툼을 벌였지. 자, 두 나라의 경쟁은 어떤 모습으로 펼쳐졌을까?

우주 전쟁의 시작 - 소련의 선제공격

냉전이 막 시작됐을 무렵, 소련은 경제력이나 군사력이나 미국에 비해 한 수 아래였지. 그래서 소련은 우수한 과학자를 총동원해 미국을 견제할 강력한 무기를 만들어 내려 했어. 특히 바다 건너 미국을 당장 노릴 수 있는 대륙간탄도미사일 개발에 열을 올렸지.

대륙간탄도미사일을 만드는 과정에서 소련은 인공위성을 개발했어. 대륙간탄도미사일은 대기권을 넘어 우주 공간으로 올라간 뒤 지상의 목적지를 향해 낙하하는 미사일이기 때문에, 기술적으로 인공위성과 차이가 크지 않거든. 소련은 인공위성을 발사해 소련이 과학 기술에서 미국보다 한참 앞서 있다는 걸 전 세계에 똑똑히 보여 주는 한편, 미국에 자신들이 대륙간탄도미사일 개발을 눈앞에 두고 있음을 자랑하려 했지. 그리하여 1957년 10월, 소련이 개발한 인공위성이 인류 최초로 지구 궤도에 올랐어.

'스푸트니크'란 이름이 붙은 이 인공위성은 궤도를 잡고 "삐-삐-삐" 하는 신호를 지구에 보냈어. 그리고 약 90일 동안 궤도를 돌았지. 스푸트니크 1호의 발사는 앞으로 있을 우주 전쟁의 서막을 화려하게 올렸단다.

↑ 스푸트니크 1호 발사를 보도한 〈뉴욕타임스〉

↑ 스푸트니크 1호(모형) 스푸트니크 1호는 인류 최초로 발사에 성공한 인공위성이야. 발사 이후 소련과 미국은 우주 개발을 둘러싸고 피 튀기는 경쟁을 벌였지.

미국이 반격을 시작하다

스푸트니크 1호가 성공적으로 발사됐다는 소식에 미국은 큰 충격을 받았어. 이제 소련이 대륙간탄도미사일 개발의 성공을 눈앞에 두고 있다는 게 입증됐거든. 소련은 인공위성 발사를 대대적으로 홍보하며 사회주의의 우월함을 알리려고 했어. 이에 미국은 즉각 미국항공우주국(NASA)을 세우고 우주 개발에서 소련을 따라잡겠다고 선언했단다. 미국이 무제한으로 예산과 인력을 우주 개발에 쏟아붓자, 소련 역시 질세라 우주 개발에 막대한 예산을 투자했지. 전 세계를 무대로 벌어진 두 나라의 경쟁이 마침내 지구를 넘어 미지의 공간 우주로 확대된 거야.

우주로 나간 떠돌이 개 라이카

스푸트니크 1호가 성공적으로 발사된 뒤, 소련은 우주선에 사람을 태워 우주로 보낼 계획을 세웠어. 하지만 우주로 사람을 보내기에는 위험 요소가 너무 많았지. 우주는 환경이 지구와 너무 달라서 우주선 안에서 무슨 일이 벌어질지 장담할 수 없었거든.

과학자들은 인간을 태워 보내기 전에 동물을 우주로 쏘아 보내 어떤 일이 일어나는지 관찰하기로 했어. 그때 선택된 게 바로 인간에게 가장 친숙한 동물인 '개'였어. 모스크바의 떠돌이 개 '라이카'가 그 주인공이었지. 라이카는 몇 개월간 훈련을 받으며 우주 비행을 준비했어. 붙임성이 좋은 데다가 돌발 상황이 발생해도 침착하고 온순했기 때문에 계획은 착착 진행됐지. 1957년 11월 3일 라이카는 우주선 스푸트니크 2호에 탑승했단다. 하지만 이때만 하더라도 기술의 한계로 우주선은 지구로 돌아올 수 없었어. 라이카는 잔인하게도 일주일간 우주를 누비다가 자동으로 독약 주사를 맞고 죽음을 맞이할 운명이었지. 스푸트니크 2호는 성공적으로 발사됐고, 소련 과학자들은 라이카가 중요한 임무를 수행하고 목숨을 다했다고 발표했단다.

공식 발표와는 달리, 라이카는 우주선이 내뿜는 뜨거운 열과 스트레스 때문에 몇 시간 만에 고통스럽게 목숨을 잃었어. 이 사실은 약 40년 동안 숨겨져 있다가, 소련이 해체된 지 얼마 되지 않아 밝혀졌지. 그리고 실험을 주도했던 옛 소련 과학자들에게는 우주 개발 때문에 동물을 학대했다는 비판이 쏟아졌단다.

← 비행 훈련을 받는 라이카(모형)와 기념우표

▲ 유리 가가린 기념주화
유리 가가린의 우주 비행 40주년을 축하하며 발행된 주화야. 인류 최초의 우주인 유리 가가린은 소련의 영웅으로 대접받았지.

'지구는 푸르다' - 최초의 인간 우주 비행

하지만 미국의 출발은 순조롭지 못했어. 야심차게 제작한 첫 인공위성 '뱅가드'는 발사되기도 전에 폭발하면서 처참하게 실패했거든. 미국은 소련보다 먼저 인간을 우주에 내보내는 걸 목표로 연구와 실험을 거듭했지. 소련 역시 미국을 따돌리기 위해 연구에 박차를 가했어. 그렇지만 이때까지 우주가 정확히 어떤 곳인지 알 수 없었기에, 두 나라는 인간이 어떻게 우주에서 적응하고 생존해야 하는지 알아보기 위해 숱한 실험과 시행착오를 거쳤단다.

결국 이번에도 소련이 미국을 한발 앞질러 인간을 우주로 보냈어. 유리 가가린이란 우주 비행사가 소련 우주선 보스토크 1호를 타고 약 1시간 40분 동안 지구를 한 바퀴 돌았지. 가가린은 무사히 임무를 끝마치고 기자 회견에서 이런 말을 남겼대. "지구는 파란 베일로 감싼 신부 같았습니다." 미국도 약 23일 후 우주 비행사를 우주로 내보내는 데 성공했지만, 채 20분도 되지 않는 짤막한 비행이었단다.

▲ 보스토크 1호
소련의 우주 비행사 유리 가가린은 보스토크 1호를 타고 최초로 우주를 탐사하는 데 성공했어.

소련의 승리로 기우는 듯했던 우주 전쟁

인간을 우주에 보내는 건 물론 우주 유영도 소련이 한발 앞섰어. 그러자 미국은 대통령이 직접 나서서 10년 안에 인류를 달에 보내겠다고 큰 소리를 쳤단다. 하지만 달에 도달할 로켓을 제작하는 건 쉽지 않았어. 이전보다 더 먼 거리를 여행해야 했기 때문에 더 크고, 추진력이 강력한 로켓을 만들어야 했거든.

하지만 미국은 '아폴로 계획'이라는 이름으로 달 착륙을 위한 계획을 세우고, 소련이 자랑하던 성과들을 몇 개월에 걸쳐 차근히 따라잡았어. 소련 역시 달 착륙을 목표로 삼고 달에 우주선을 쏘아 올리는 실험을 거듭했지. 하지만 소련의 총책임자인 코롤료프의 죽음으로 멈칫하며 시행착오를 겪을 때, 드디어 미국이 소련을 따라잡았어.

닐 암스트롱이 달에 발자국을 남기다

미국은 1967년 무인 우주선을 발사한 데 이어, 1년 뒤에는 세 명의 승무원이 탑승한 우주선을 달로 보냈어. 이 우주선은 달 궤도를 돈 뒤 지구로 무사히 돌아왔단다. 이전에는 사람이 탄 우주선은 기껏해야 지구 궤도를 도는 게 전부였지. 하지만 이제는 달까지 충분히 여행할 수 있다는 게 증명된 거야. 남은 건 달에 착륙해 첫 발자국을 남기는 것뿐이었어.

1969년 7월 16일, 미국은 우주선 아폴로 11호를 실은 로켓을 발사했어. 아폴로 11호에는 세 명의 승무원이 탑승했지. 이들은 우주선에서 내려 직접 달을 탐사하는 임무를 받았단다. 작전은 순조롭게 진행됐고, 달에 도착한 지 몇 시간 뒤 두 명의 승무원이 우주복을 입고 우주선 바깥으로 발을 내디뎠어. 최초로 달을 밟은 우주 비행사 닐 암스트롱은 '이건 한 명의 인간에게는 작은 발걸음이지만, 인류에게는 커다란 도약'이라는 말을 남겼어. 승무원들은 준비해 간 성조기를 달에 꽂고 여러 가지 실험을 끝낸 뒤 무사히 지구로 돌아왔지. 아폴로 11호의 대성공으로 우주 전쟁은 결국 미국의 승리로 막을 내렸단다.

↑ 달에 꽂힌 성조기

↑ 퍼레이드를 벌이는 아폴로 11호 승무원
인류 최초로 달 착륙에 성공한 세 사람은 귀환 후 많은 사람들로부터 영웅 대접을 받았어.

→ 아폴로 8호에서 촬영한 지구
아폴로 8호는 최초로 달 궤도에 도달한 유인 우주선이야. 기술의 한계로 직접 달에 착륙하지는 못했지만, 뒤이은 달 착륙 성공을 예고하는 성과였지.

달 탐사 음모론? 진실 혹은 거짓!

| 용선생 세계사 카페 |

베트남 전쟁이 남긴 것들

미국은 베트남의 공산화를 막기 위해 1964년부터 엄청난 돈과 병력을 쏟아부어 북베트남과 전쟁을 벌였어. 하지만 북베트남의 끈질긴 저항과 전쟁을 둘러싼 국제적인 비난을 극복하지 못하고 철수해야만 했지. 베트남 전쟁은 미국 역사상 최악의 굴욕으로 불리며 미국은 물론 전쟁터가 된 베트남에 씻지 못할 상처를 남겼단다.

잔인한 민간인 학살

▲ 미라이 마을을 불태우는 미군
미군은 베트콩을 잡겠다는 빌미로 민간인을 죽이고 마을을 불태웠어.

베트남 전쟁은 대략 10년 정도 지속됐어. 그동안 적과 싸우다 목숨을 잃은 병사들도 많았지만, 미군이나 베트콩이 일방적으로 저지른 학살로도 수많은 민간인이 목숨을 잃었지. 특히 미군은 1968년부터 1971년까지 약 2만 6천 명이 넘는 남베트남 사람들을 붙잡아 2만 명을 처형했단다. 이유는 단 하나, 남베트남 사람들이 북베트남 편에 붙어 스파이 노릇을 한다는 거였지.

베트남 남부의 작은 마을 미라이에서는 임산부와 어린이를 포함해 500여 명의 주민이 목숨을 잃었어. 실제로 이들 중 베트콩과 손을 잡은 주민은 단 한 명도 없었는데 말이야. 미라이에서 일어난 학살이 언론으로 새어 나가자, 미국은 장교 한 명이 독단적으로 저지른 일이었다며 변명하기에 급급했어. 물론 처벌도 제대로 이뤄지지 않았지.

베트콩도 자국민을 무참히 살해하는 건 매한가지였어. 베트콩은 포로로 잡은 사람들을 고문하며 가혹하게 대했고, 미군처럼 서로를 첩자로 의심하며 죽이기도 했지. 또 미국의 요청으로 베트남전에 뛰어든 우리나라 군대도 베트남 민간인을 학살한 적이 있어. 우리나라 법원에서도 대한민국 정부가 민간인 학살에 책임이 있다는 판결을 내렸고, 민간 차원에서도 피해자 지원을 위한 여러 노력을 하고 있단다.

▼ 미라이 학살 위령비

고엽제 문제로 사람들이 큰 고통을 겪다

고엽제는 잡초 같은 풀과 잎사귀를 말라 죽게 만드는 제초제야. 주로 잡초를 제거할 때 쓰는데, 억지로 식물을 죽이는 만큼 독성이 매우 강력하지.

고엽제는 식물뿐 아니라 동물에도 치명적이야. 잘못 노출되면 피부병을 일으키고, 임산부는 기형아를 출산하게 만드는 엄청난 부작용이 있거든. 근데 이렇게 무시무시한 고엽제가 베트남 전쟁 때는 마구잡이로 쓰였단다.

고엽제가 쓰인 이유는 베트콩의 게릴라 전술 때문이야. 베트콩은 정글에 매복해 있다가 갑자기 나타나 미군을 공격한 뒤 다시 정글로 사라지기 일쑤였거든. 미군은 베트콩의 공격을 차단하기 위해 이들이 숨을 만한 곳을 모두 없애기로 했어. 그래서 커다란 드럼통에 담긴 고엽제를 비행기에 실어 나무와 풀이 우거진 정글에 집중적으로 뿌렸지.

고엽제가 뿌려지자, 정글은 곧 비틀어진 나뭇가지만 남은 폐허로 변했어. 미군이 기대한 대로 베트콩이 매복할 곳도 사라지기는 했지. 하지만 고엽제가 무차별적으로 뿌려진 탓에 논밭의 농작물도 큰 피해를 받았어. 그뿐만 아니라 근처의 주민도 막대한 고통을 겪었지. 고엽제가

▲ 고엽제가 대량 살포된 남베트남 지역

▲ 밀림에 고엽제를 살포하는 미군 비행기 미군은 베트남의 모기 떼를 퇴치한다는 구실로 고엽제를 뿌렸어. 하지만 실제로는 베트콩이 매복할 정글을 없애는 것이 목적이었지.

▲ 해변에 쌓여 있는 고엽제 드럼통
미군은 베트남에 4,500만 리터의 고엽제를 살포해 국제적으로 비난을 받았어.

↑ 고엽제 살포로 말라 죽은 밀림

강물에 흘러들어 이를 식수로 쓴 주민들의 건강이 크게 나빠졌거든. 고엽제가 중점적으로 뿌려진 지역에서는 기형아 출산이 급증했고, 실제로 오늘날까지도 이 문제가 계속되고 있대.

베트남 전쟁에 참전한 한국 군인들도 이때 고엽제에 노출되어 육체적, 정신적 고통을 겪었어. 우리나라 정부는 1990년대 이후 고엽제 피해자를 위한 손해 배상과 의료 지원을 하고 있지만, 아직까지도 큰 후유증을 호소하는 사람이 많단다.

전쟁 반대를 외친 사람들

펜타곤 보고서로도 밝혀졌듯이, 베트남 전쟁은 정당한 명분 없이 이뤄진 전쟁이었어. 거기에다가 미군이 저지른 민간인 학살 사건과 고엽제 살포 등 다양한 사건이 속속 밝혀지며 베트남 전쟁을 향한 비판이 빗발쳤지. 하지만 미국 정부와 군대는 거센 비난에도 불구하고 꿋꿋하게 전쟁을 밀어붙였어. 그러자 사람들은 너 나 할 거 없이 들고일어나 전쟁을 반대하는 시위를 벌였지.

많은 유명인이 베트남 전쟁 반대에 힘을 보탰어. 20세기를 대표하는 지성인인 영국 철학자 버트런드 러셀은 미국 정부를 비판하고, 지원군 파병을 결정한 영국 노동당의 당원증을 찢으며 분노했어. 밥 딜런, 롤링스톤즈와 같은 세계적인 가수들도 베트남 전쟁을 반대하는 노래를 발표해 많은 사람들에게 전쟁의 부당함을 호소했지. 이렇게 전 세계의 많은 사람들이 전쟁을 반대하니 미국 정부도 더는 고집을 피우기가 힘들어졌단다. 1970년대에 접어들며 미군의 패색이 짙어진 데다, 전쟁

> 밥 딜런의 "바람에 흩날리며 (Blowin' in the Wind)"는 60년대 베트남 전쟁과 흑인 인권 운동을 소재로 만든 노래야.

이 길어지면서 막대한 군사비를 지출한 탓에 미국 경제도 휘청거릴 지경이었거든. 결국 1973년, 미국은 베트남에서 손을 떼기로 결정하고 즉각 철수했어.

미디어에 등장한 베트남 전쟁

전쟁이 끝난 뒤 베트남 전쟁은 영화와 드라마의 단골 소재가 됐어. 특히 미국에서 베트남 전쟁은 1960년대와 70년대의 대표적인 사건이기 때문에 이 시기를 배경으로 하는 작품에는 단골로 등장해. 이 중에는 영화 <람보>처럼 정글을 종횡무진하는 군인이 베트콩을 소탕하는 작품도 있지만, 대부분은 전쟁의 잔인함과 인간성의 몰락, 고통과 허무를 다루고 있단다. 대표적으로 전쟁에 참전했다 장애를 얻어 돌아온 실제 군인의 삶을 다룬 <7월 4일생>, 전쟁의 참혹함을 적나라하게 드러낸 <플래툰>, 전쟁에서 살아남았지만 공포와 트라우마로 사회 적응에 실패한 군인들의 비참한 삶을 묘사한 <디어헌터>가 있어.

↑ 1968년 시카고에서 열린 전쟁 반대 시위

> 생명을 위협할 정도의 극심한 스트레스를 겪고 나서 생기는 심리적 반응을 가리켜.

↑ <람보 2>(1985년) 한 장면 베트남 전쟁에서 살아 돌아온 존 람보의 이야기로 4편까지 만들어졌어.

◀ 론 코빅
영화 <7월 4일생>의 실제 주인공이야. 각종 반전 운동에 앞장서며 활발한 활동을 펼쳤어.

373

한눈에 보는 세계사-한국사 연표

세계사

1935년 3월	독일 베르사유 조약 파기, 재무장 선언
1934년 10월	중국 공산당, 대장정 시작
1937년 7월	중일 전쟁 발발 / 제2차 국공합작
1939년 9월	나치 독일, 폴란드 침공(제2차 세계 대전 발발)
1940년 5월	나치 독일, 프랑스 침공
1941년 6월	나치 독일, 소련 침공
1941년 8월	영국과 미국, 대서양 헌장 발표
1941년 12월	일본, 진주만 공습(태평양 전쟁 발발)
1942년 6월	미드웨이 해전
1943년 2월	소련, 스탈린그라드 전투 승리
1943년	카이로 회담 / 테헤란 회담
1944년 6월	연합군, 노르망디 상륙 성공
1945년 2월	얄타 회담
1945년 5월	소련, 베를린 점령. 독일 항복
1945년 8월	일본 항복 / 인도네시아 독립 전쟁 발발
1945년 11월	독일, 전범 재판 시작
1946년 5월	일본, 전범 재판 시작
1946년 12월	제1차 인도차이나(베트남) 전쟁 발발
1947년 6월	마셜 플랜 발표
1947년 8월	인도, 파키스탄 분리 독립
1948년 5월	이스라엘 건국 / 제1차 중동 전쟁 발발
1949년 4월	북대서양 조약 기구 결성
1949년 10월	중국에 사회주의 정부 수립
1950년 6월	6·25 전쟁 발발
1951년 4월	유럽 석탄 철강 공동체(ECSC) 탄생
1951년 11월	샌프란시스코 강화 조약(일본 주권 회복)
1953년 8월	이란에서 미국의 지원으로 쿠데타 발생
1953년 9월	소련에서 흐루쇼프 집권
1954년 11월	알제리 독립 전쟁 발발
1955년 4월	반둥 회의 개최
1955년 5월	바르샤바 조약 기구 결성
1956년 7월	이집트, 수에즈 운하 국유화
1957년 10월	소련, 세계 최초의 인공위성 발사
1958년	중국, 대약진 운동 시작
1960년	아프리카 17개국 독립(아프리카 독립의 해)
1962년 10월	쿠바 미사일 위기
1964년 8월	미국, 베트남 전쟁에 본격 참전
1966년 5월	중국, 문화 대혁명 시작
1967년 7월	유럽 공동체(EC) 탄생
1968년	68운동
1968년 1월	체코슬로바키아 민주화 운동(프라하의 봄)
1969년 7월	아폴로 11호, 달 착륙 성공

제2차 세계 대전

태평양 전쟁

중국 공산화

알제리 독립 전쟁

쿠바 미사일 위기

한국사

1935년 7월	항일 독립 운동 정당인 민족 혁명당 결성
1936년 8월	손기정, 베를린 올림픽 마라톤 경기에서 우승
1937년 10월	총독부, 황국 신민 서사 암송 강요
1938년 4월	국가 총동원법 발표
1938년 10월	김원봉, 조선 의용대 창설
1939년 10월	국민 징용령 실시
1940년 2월	일본식의 성과 이름 강요(창씨개명)
1940년 9월	대한민국 임시 정부, 한국광복군 조직
1941년 11월	대한민국 건국 강령 발표
1942년 5월	조선 의용대, 한국광복군에 합류
1942년 10월	총독부, 조선어 학회 강제 해산
1943년 3월	제4차 조선 교육령으로 조선어 과목 폐지
1943년 8월	징병제 실시
1944년 8월	여운형 등이 비밀리에 조선 건국 동맹 조직
1945년 8월	일본의 항복으로 해방을 맞이함
1946년 3월	제1차 미소 공동 위원회 개최
1946년 7월	좌우 합작 위원회 설립
1948년 5월	5.10 총선거
1948년 8월	대한민국 정부 수립
1948년 9월	북한에 조선 민주주의 인민 공화국 수립
1949년 1월	반민족 행위 특별 조사 위원회 활동
1950년 6월	6·25 전쟁 발발
1952년 7월	발췌 개헌
1953년 7월	휴전 협정 체결
1954년 11월	사사오입 개헌
1960년 3월	대통령 선거에서 많은 부정이 일어남(3.15 부정 선거)
1960년 4월	이승만 정부의 독재를 반대하는 시위 발생(4.19 혁명)
1961년 5월	박정희를 중심으로 한 군인들이 정변을 일으킴(5.16 군사 정변)
1962년 1월	제1차 경제 개발 5개년 계획 발표
1964년 6월	한일 협정에 반대하는 6.3 시위
1964년 9월	베트남전 파병
1965년 6월	한일 협정 체결
1970년 7월	경부 고속 도로 개통

조선총독부 청사

5. 10 총선거

5. 16 군사 정변

찾아보기

ㄱ
가말 압델 나세르 216, 234~235
가미카제 132
간디(모한다스 카람찬드 간디) 252~259, 282~285
간토 대지진 98
강제 수용소(멸절 수용소) 13, 16, 56~57, 59~61, 76, 209
게토 59, 81
겨울 전쟁(핀란드) 34
경제상호원조회의(코메콘) 194
과달카날섬 129
관세무역일반협정 203
국가총동원법 111~112, 130
국제 연합(UN) 150, 154, 196~198, 237, 265, 270, 293, 314, 324, 349
국제통화기금(IMF) 202~203
그단스크(단치히) 13, 19, 30

ㄴ
난징 대학살 111, 113, 146, 182
남만주철도주식회사 100~101
남베트남 민족해방전선 356
남아프리카공화국 216, 218~223, 227, 249
냉전 15, 18, 300, 328, 331, 334, 344~345, 347, 362, 366
노르망디 12, 63~65, 80, 151, 163

ㄷ
뉘른베르크 전범 재판 150, 172~173, 182, 208
뉴펀들랜드섬 150, 159
니키타 흐루쇼프 292, 332~335, 342

ㄷ
다이쇼 데모크라시 96
대서양 헌장 159~161
대약진 운동 338~339, 341~342, 352
대장정 84, 104
더글라스 맥아더 136, 177~180, 315~316
덩샤오핑 342~343
도조 히데키 182~183
도쿄 전범 재판 182~183
독소 불가침 조약 31
드와이트 아이젠하워 66, 241

ㄹ
라인란트 12, 22
레닌그라드 48~49
레오니트 브레즈네프 349
레지스탕스 38~39, 212
루거우차오 85, 108~109

ㅁ
마닐라 84, 132, 146~147
마셜 플랜 189~191, 194, 202, 237, 304, 329
마오쩌둥 104, 124, 307, 309, 336~339, 341~343, 352~354
마지노선 21~22, 36
만주국 황제 푸이 105

만주 사변 84, 100, 103, 106, 108, 116, 182
맨해튼 계획 140~143
매카시즘 318
모하메드 모사데크 274
무함마드 진나 254
문화 대혁명 352~354
뮌헨 협정 27~28
미드웨이 해전 85, 125, 128~130, 161

ㅂ
바르샤바 봉기 67
바르샤바 조약 기구 151, 196, 344, 348~349
버나드 로 몽고메리 62
베를린 봉쇄 192~193, 346
베를린 장벽 345~347
베트남 114~115, 184, 217, 238~241, 243, 293~299, 311~312, 314, 317, 337, 356~362, 370~373
베트남 전쟁 294, 349, 357, 359~360, 362, 370~373
북대서양 조약 기구(NATO) 150, 194, 304, 325
브레턴우즈 회의 200
비시 프랑스 38~40
빌리 브란트 208

ㅅ
살바도르 아옌데 351
38도선 151, 184
샌프란시스코 강화 조약 185~186
샤를 드골 39, 171

쇼와 천황 117, 179~181
수에즈 운하 216, 233~235
스위스 152~157
스탈린그라드 13, 49, 51~53, 77, 161
스푸트니크 1호 366~367
시몬 드 보부아르 213
실존주의 210~211
싱가포르 242

ㅇ
아돌프 아이히만 60, 176
아르덴 숲 12, 37
아서 네일 체임벌린 27
아우구스토 피노체트 351
아우슈비츠 13, 16, 57~58, 60, 81, 209
아파르트헤이트 216, 223, 249
아프리카 통일 기구 216, 225
아프리카 독립의 해 225
안네 프랑크 61
알베르 카뮈 212~213, 232
알제리민족해방전선 230~231
앙리 필리프 페탱 40
얄타 회담 151, 164~165, 167~168
에르빈 로멜 44, 54, 62, 77
영국 연방 86, 88, 227, 229
오스트레일리아 86~91, 227
윈스턴 처칠 40~41, 79, 159, 162~163, 167, 169, 188
이스라엘 217, 233~234, 260~261, 263, 266~272,

277, 286~289

ㅈ
장 폴 사르트르 211~213
장제스 102~104, 108, 110, 162~163, 184, 305~307, 309, 311
제2차 세계 대전 108, 114, 126, 128, 136, 141, 150, 152, 164, 169~170, 176~177, 183, 185, 189, 195, 199, 203, 209~210, 212, 217, 224, 227, 229~230, 237, 239~240, 242, 245, 252~253, 264, 272, 285, 300, 302~305, 329~331
주데텐란트 25~26
줄리어스 로버트 오펜하이머 141~143
중동 전쟁 233, 267~268, 286
중일 전쟁 46, 85, 108~110, 113~114, 124, 136, 146, 162, 305~308, 353
진주만 85, 119~122, 125

ㅊ
창춘 100
추축 동맹 23, 46, 63
치안유지법 97, 178

ㅋ
카를 되니츠 168
카를 레너 195
카이로 회담 150, 162~164
쿠바 미사일 위기 324~325, 334
클레멘트 애틀리 331

ㅌ
태평양 전쟁 85, 121~129, 134, 144~147, 177, 183~184, 236, 238, 306, 315, 359
테헤란 회담 151, 163~164
텔아비브 261, 266

ㅍ
팔레스타인 260~269, 286~289
평화 헌법 181, 183, 186
포츠담 회담 166~167
폴란드 13~19, 22, 26, 29~35, 57, 59, 66~67, 69~70
프라하의 봄 349
프란츠 카프카 210~211
프랭클린 루스벨트 120~121, 159, 162~163, 166
피델 카스트로 322

ㅎ
하르키 232
하마스 289
하얼빈 102, 144
6.25 전쟁 185, 198, 240, 293, 312~318, 353, 356
해리 트루먼 167, 189
헝가리 혁명 344
홍위병 352~354
히로시마 85, 135, 140, 142~143, 212, 318

참고문헌

국내 도서

2022 개정 교육과정에 따른 중학교, 고등학교 사회교과군 교과서.
21세기연구회 저/전경아 역, 《지도로 보는 세계민족의 역사》, 이다미디어, 2012.
E.H. 곰브리치 저/백승길, 이종숭 역, 《서양미술사》, 2012.
R.K. 나라얀 편저/김석희 역, 《라마야나》, 아시아, 2012.
R.K. 나라얀 편저/김석희 역, 《마하바라타》, 아시아, 2014.
가와카쓰 요시오 저/임대희 역, 《중국의 역사》, 혜안, 2004.
강선주 등저, 《마주보는 세계사 교실》, 1~8권, 웅진주니어, 2011.
강희숙, 공수진, 박미선, 이동규, 정기문 저, 《세계사 뛰어넘기 1》, 열다, 2012.
강창훈, 남종국, 윤은주, 이옥순, 이은정, 최재인 저, 《세계사 뛰어넘기 2》, 열다, 2012.
거지엔숭 편/정근희 외역, 《천추흥망》1~8권, 따뜻한손, 2010.
고려대 중국학연구소 저, 《중국지리의 즐거움》, 차이나하우스, 2012.
고처, 캔디스&월튼, 린다 저/황보영조 역, 《세계사 특강》, 삼천리, 2010.
교육공동체 나다 저, 《피터 히스토리아》1~2권, 북인더갭, 2011.
권동희 저, 《지리이야기》, 한울, 2005.
금현진 등저, 《용선생의 시끌벅적 한국사》1~10권, 사회평론, 2016.
기노 쓰라유키 외 편/구정호 역, 《고킨와카슈(상/하)》, 소명출판, 2010.
기노 쓰라유키 외 편/최충희 역, 《고금와카집》, 지만지, 2011.
기쿠치 요시오 저/이경덕 역, 《결코 사라지지 않는 로마, 신성 로마 제국》, 다른세상, 2010.
김경묵 저, 《이야기 러시아사》, 청아, 2012.
김기협 저, 《냉전 이후》, 서해문집, 2016.
김대륜, 김윤태, 안효상, 이은정, 최재인 글, 《세계사 뛰어넘기 3》, 열다, 2013.
김대호 저, 《장건, 실크로드를 개척하다》, 아카넷주니어, 2012.
김덕진 저, 《세상을 바꾼 기후》, 다른, 2013.
김명호 저, 《중국인 이야기 1~5권》, 한길사, 2016.
김상훈 저, 《통세계사 1, 2》, 다산에듀, 2015.
김성환 저, 《교실 밖 세계사여행》, 사계절, 2010.
김수행 저, 《세계대공황》, 돌베개, 2011.
김영한, 임지현 편저, 《서양의 지적 운동》, 1-2권, 지식산업사, 1994/1998.
김영호 저, 《세계사 연표사전》, 문예마당, 2012.
김원중 저, 《대항해 시대의 마지막 승자는 누구인가?》, 민음인, 2011.
김종현 저, 《영국 산업혁명의 재조명》, 서울대학교출판문화원, 2013.
김진섭 편, 《한 권으로 읽는 인도사》, 지경사, 2007.
김진호 저, 《근대 유럽의 역사: 종교개혁부터 신자유주의까지》, 한양대학교출판부, 2016.
김창성 저, 《세계사 산책》, 솔, 2003
김태권 저, 《르네상스 미술이야기》, 한겨레출판, 2012.

김현수 저, 《이야기 영국사》, 청아출판사, 2006.
김형진 저, 《이야기 인도사》, 청아출판사, 2013.
김호동 역, 《마르코 폴로의 동방견문록》, 사계절, 2005.
김호동 저, 《아틀라스 중앙유라시아사》, 사계절, 2016.
김호동 저, 《황하에서 천산까지》, 사계절, 2011.
남경태 저, 《종횡무진 동양사》, 그린비, 2013.
남경태 저, 《종횡무진 서양사(상/하)》, 그린비, 2013.
남문희 저, 《전쟁의 역사 1, 2, 3》, 휴머니스트, 2011.
남종국 저, 《지중해 교역은 유럽을 어떻게 바꾸었을까?》, 민음인, 2011.
노명식 저, 《프랑스 혁명에서 파리 코뮌까지 1789~1871》, 책과함께, 2011.
누노메 조후 등저/임대희 역, 《중국의 역사: 수당오대》, 혜안, 2001.
닐 포크너 저/이윤정 역, 《좌파 세계사》, 엑스오북스, 2016.
데라다 다카노부 저/서인범, 송정수 공역, 《중국의 역사: 대명제국》, 혜안, 2006.
데이비드 O. 모건 저/권용철 역, 《몽골족의 역사》, 모노그래프, 2012.
데이비드 아불라피아 저/이순호 역, 《위대한 바다: 지중해 2만년의 문명사》, 책과함께, 2013.
데이비드 프리스틀랜드 저, 이유영 역, 《왜 상인이 지배하는가》, 원더박스, 2016.
도널드 쿼터트 저/이은정 역, 《오스만 제국사》, 사계절, 2008.
두보, 이백 등저/최병국 편, 《두보와 이백 시선》, 한솜미디어, 2015.
라시드 앗 딘 저/김호동 역, 《부족지: 몽골 제국이 남긴 최초의 세계사》, 사계절, 2002,
라시드 앗 딘 저/김호동 역, 《칭기스칸기》, 사계절, 2003.
라시드 앗 딘 저/김호동 역, 《칸의 후예들》, 사계절, 2005.
라이프사이언스 저, 노경아 역, 《지도로 읽는다 세계5대 종교 역사도감》, 이다미디어, 2016.
라인하르트 쉬메켈 저/한국 게르만어 학회 역, 《인도유럽인, 세상을 바꾼 쿠르간 유목민》, 푸른역사 2013.
러셀 쇼토 저, 허형은 역, 《세상에서 가장 자유로운 도시, 암스테르담》, 책세상, 2016.
러셀 프리드먼 저/강미경 역, 《1차 세계대전: 모든 전쟁을 끝내기 위한 전쟁》, 두레아이들, 2013.
로버트 M. 카멕 편저/강정원 역, 《메소아메리카의 유산》, 그린비, 2014.
로버트 템플 저/과학세대 역, 《그림으로 보는 중국의 과학과 문명》, 까치, 2009.
로스 킹 저/신영화 역, 《미켈란젤로와 교황의 천장》, 다다북스, 2007.
로스 킹 저/이희재 역, 《브루넬레스키의 돔》, 세미콜론, 2007.
로저 크롤리 저/이순호 역, 《바다의 제국들》, 책과함께, 2010.
루츠 판다이크 저/안인희 역, 《처음 읽는 아프리카의 역사》, 웅진씽크빅, 2014.
류시화, 《백만 광년의 고독 속에서 한 줄의 시를 읽다》, 연금술사, 2014.

르네 그루세 저/김호동, 유원수, 정재훈 공역, 《유라시아 유목제국사》, 사계절, 1998.
르몽드 디플로마티크 기획/권지현 등 역, 《르몽드 세계사 1, 2, 3》, 휴머니스트 2008/2010/2013.
리처드 번스타인 저/정동현 역, 《뉴욕타임스 기자의 대당서역기》, 꿈꾸는돌, 2003.
린 화이트 주니어 저/강일휴 역, 《중세의 기술과 사회변화: 등자와 쟁기가 바꾼 유럽 역사》, 지식의 풍경, 2005.
마르크 블로크 저/한정숙 역, 《봉건사회 1, 2》, 한길사, 1986.
마리우스 B. 잰슨 저/김우영 등역, 《현대일본을 찾아서》, 이산, 2010.
마이클 우드 저/김승욱 역, 《인도 이야기》, 웅진지식하우스, 2009.
마이클 파이 저/김지선 역, 《북유럽세계사 1, 2》, 소와당, 2016.
마크 마조워 저/이순호 역, 《발칸의 역사》, 을유문화사, 2014.
마틴 버낼 저/오흥식 역, 《블랙 아테나 1》, 소나무, 2006.
마틴 자크 저/안세민 역, 《중국이 세계를 지배하면》, 부키, 2010.
마틴 키친 편저/유정희 역, 《사진과 그림으로 보는 케임브리지 독일사》, 시공아크로총서, 2001.
매리 하이듀즈 저/박장식, 김동역 역, 《동남아의 역사와 문화》, 솔과학, 2012.
모방푸 저, 전경아 역, 《지도로 읽는다! 중국도감》, 이다미디어, 2016.
문수인, 《아세안 영웅들 – 우리가 몰랐던 세계사 속 작은 거인》, 매일경제신문사, 2015.
문을식 저, 《인도의 사상과 문화》, 도서출판 여래, 2007.
미르치아 엘리아데 저/이용주 등 역, 《세계종교사상사 1, 2, 3》, 이학사, 2005.
미셀 파루티 저/권은미 역, 《모차르트: 신의 사랑을 받은 악동》, 시공디스커버리총서 011, 시공사, 1999.
미야자키 마사카쓰 저/노은주 역, 《지도로 보는 세계사》, 이다미디어, 2005.
미야자키 이치사다 저, 조병한 역, 《중국통사》, 서커스, 2016.
미조구치 유조 저/정태섭, 김용천 역, 《중국의 공과 사》, 신서원, 2006.
박금표 저, 《인도사 108장면》, 민족사, 2007.
박노자 저, 《거꾸로 보는 고대사》, 한겨레, 2010.
박노자 저, 《러시아는 우리에게 무엇인가》, 신인문사, 2011.
박래식 저, 《이야기 독일사》, 청아출판사, 2006.
박노자 저, 《러시아 혁명사 강의》, 나무연필, 2017.
박수철 저, 《오다 도요토미 정권의 사사지배와 천황》, 서울대학교출판문화원, 2012.
박용진 저, 《중세 유럽은 암흑시대였는가?》, 민음인, 2011.
박윤덕 등저, 《서양사강좌》, 아카넷, 2016.
박종현 저, 《희랍사상의 이해》, 종로서적, 1990.
박지향 저, 《클래식영국사》, 김영사, 2012.
박찬영, 엄정훈 등저, 《세계지리를 보다 1, 2, 3》, 리베르스쿨, 2012.

박한제, 김형종, 김경준, 이근명, 이준갑 공저, 《아틀라스 중국사》, 사계절, 2015.
배병우 등저, 《신들의 정원, 앙코르와트》, 글씨미디어, 2004.
배영수 편, 《서양사 강의》, 한울아카데미, 2000.
배재호 저, 《세계의 석굴》, 사회평론, 2015.
버나드 루이스 편/김호동 역, 《이슬람 1400년》, 까치, 2001.
베른트 슈퇴버 저/최승완 역, 《냉전이란 무엇인가》, 역사비평사, 2008.
베빈 알렉산더 저/김형배 역, 《위대한 장군들은 어떻게 승리하였는가》, 홍익출판사, 2000.
벤자민 킹, 키스 헤이즈 공저/김원중, 이성훈 공역, 《라틴아메리카의 역사 상/하》, 그린비, 2014.
볼프람 폰 에센바흐 저/허창운 역, 《파르치팔》, 한길사, 2009.
브라이언 타이어니, 시드니 페인터 공저/이연규 역, 《서양 중세사》, 집문당, 2012.
브라이언 페이건 저/이희준 역, 《세계 선사 문화의 이해》, 사회평론아카데미, 2015.
브라이언 페이건 저/최파일 역, 《인류의 대항해》, 미지북스, 2012.
브라이언 페이건, 크리스토퍼 스카레 등저/이청규 역, 《고대 문명의 이해》, 사회평론아카데미, 2015.
비토리오 주디치 저/남경태 역, 《20세기 세계 역사》, 사계절, 2005.
사마천 저/김원중 역 《사기 본기》, 민음사, 2015.
사마천 저/김원중 역 《사기 서》, 민음사, 2015.
사마천 저/김원중 역 《사기 세가》, 민음사, 2015.
사마천 저/김원중 역 《사기 열전 1, 2》, 민음사, 2015.
사와다 아시오 저/김숙경 역, 《흉노: 지금은 사라진 고대 유목국가 이야기》, 아이필드, 2007.
새뮤얼 노아 크레이거 저/박성식 역, 《역사는 수메르에서 시작되었다》, 가람기획, 2000.
새뮤얼 헌팅턴 저/강문구, 이재영 역, 《제3의 물결: 20세기 후반의 민주화》, 인간사랑, 2011.
서영교 저, 《고대 동아시아 세계대전》, 글항아리, 2015.
서울대학교 독일학연구소 저, 《독일이야기 1, 2》, 거름, 2003.
서진영 저, 《21세기 중국정치》, 폴리테이아, 2008.
서희석, 호세 안토니오 팔마 공저, 《유럽의 첫 번째 태양, 스페인》, 을유문화사, 2015.
설혜심 저, 《소비의 역사 : 지금껏 아무도 주목하지 않은 '소비하는 인간'의 역사》, 휴머니스트, 2017.
송영배 저, 《동서 철학의 교섭과 동서양 사유 방식의 차이》, 논형, 2004.
수잔 와이즈 바우어 저/꼬마이실 역, 《교양 있는 우리 아이를 위한 세계역사이야기》, 1-5권, 꼬마이실, 2005.
스테파니아 스타푸티, 페데리카 로마놀리 등저/박혜원 역, 《고대 문명의 역사와 보물: 그리스/로마/아스텍/이슬람/이집트/인도/켈트/크메르/페르시아》, 생각의나무, 2008.

시바료타로 저/양억관 역, 《항우와 유방 1, 2, 3》, 달궁, 2003.
시오노 나나미 저/김석희 역, 《로마 멸망 이후의 지중해 세계(상/하)》, 한길사, 2009.
시오노 나나미 저/김석희 역, 《로마인 이야기》, 1~15권, 한길사 2007.
신성곤, 윤혜영 저, 《한국인을 위한 중국사》, 서해문집, 2013.
신승하 저, 《중국사(상/하)》, 미래엔, 2005.
신준형 저, 《뒤러와 미켈란젤로》, 사회평론, 2013.
아사다 미노루 저/이하준 역, 《동인도회사》, 피피에, 2004.
아사오 나오히로 편저/이계황, 서각수, 연민수, 임성모 역, 《새로 쓴 일본사》, 창비, 2013.
아서 코트렐 저/까치 편집부역, 《그림으로 보는 세계신화사전》, 까치, 1997.
아일린 파워 저/이종인 역, 《중세의 사람들》, 즐거운상상, 2010.
안 베르텔로트 저/체계병 역, 《아서왕》, 시공사, 2003.
안병철 저, 《이스라엘 역사》, 기쁜소식, 2012.
안효상 저, 《미국은 어떻게 만들어졌을까》, 민음인, 2013.
알렉산드라 미네르비 저/조행복 역, 《사진으로 읽는 세계사 2: 나치즘》, 플래닛, 2008.
알렉산드라 미지엘린스카 외 저, 《MAPS 색칠하고 그리며 지구촌 여행하기》, 그린북, 2017.
알렉산드라 미지엘린스카 외 저, 이지원 역, 《MAPS》, 그린북, 2017.
앙투안 갈랑/임호경 역, 《천일야화 1~6》, 열린책들, 2010.
애덤 하트 데이비스 편/윤은주, 정범진, 최재인 역, 《히스토리》, 북하우스, 2009.
양은영 저, 《빅히스토리: 제국은 어떻게 나타나고 사라지는가?》, 와이스쿨 2015.
양정무 저, 《난생 처음 한번 공부하는 미술 이야기 1~4》, 사회평론, 2016.
양정무 저, 《상인과 미술》, 사회평론, 2011.
에드워드 기번 저/윤수인, 김희용 공역, 《로마제국 쇠망사 1~6》, 민음사, 2008.
에르빈 파노프스키 저/김율 역, 《고딕건축과 스콜라철학》, 한길사, 2015.
에릭 홉스봄 저/김동택 역, 《제국의 시대》, 한길사, 1998.
에릭 홉스봄 저/정도역, 차명수 공역, 《혁명의 시대》, 한길사, 1998.
에릭 홉스봄 저/정도영 역, 《자본의 시대》, 한길사, 1998.
에이브러험 애서 저/김하은, 신상돈 역, 《처음 읽는 러시아 역사》, 아이비북스, 2013.
엔리케 두셀 저/박병규 역, 《1492년, 타자의 은폐》, 그린비, 2011.
역사미스터리클럽 저, 안혜은 역, 《한눈에 꿰뚫는 세계사 명장면》, 이다미디어, 2017.
오토 단 저/오인석 역, 《독일 국민과 민족주의의 역사》, 한울아카데미, 1996.
윌리엄 로 저, 기세찬 역, 《하버드 중국사 청 : 중국 최후의 제국》, 너머북스, 2014.
웨난 저/이익희 역, 《마왕퇴의 귀부인 1, 2》, 일빛, 2005.
유랴쿠 천황 외 저/고용환, 강용자 역, 《만엽집》, 지만지, 2009.
유세희 편, 《현대중국정치론》, 박영사, 2009.
유용태, 박진우, 박태균 공저, 《함께 읽는 동아시아 근현대사 1, 2》, 창비, 2011.
유인선 등저, 《사료로 보는 아시아사》, 종이비행기, 2014.
이강무 저, 《청소년을 위한 세계사. 서양편》, 두리미디어, 2009.
이경덕 저, 《함께 사는 세상을 보여주는 일본 신화》, 현문미디어, 2005.
이기영 저, 《고대에서 봉건사회로의 이행》, 사회평론, 2017.
이노우에 고이치 저/이경덕 역, 《살아남은 로마, 비잔틴 제국》, 다른세상, 2010.
이명현 저, 《빅히스토리: 세상은 어떻게 시작되었을까?》, 와이스쿨, 2013.
이병욱 저, 《한권으로 만나는 인도》, 너울북, 2013.
이영림, 주경철, 최갑수 공저, 《근대 유럽의 형성: 16~18세기》, 까치글방, 2011.
이영목 등저, 《검은, 그러나 어둡지 않은 아프리카》, 사회평론, 2014.
이옥순 등저, 《세계사 교과서 바로잡기》, 삼인, 2011.
이익선 저, 《만화 로마사 1, 2》, 알프레드, 2017.
이희수 저, 《이슬람의 모든 것》, 주니어김영사, 2009.
일본사학회 저, 《아틀라스 일본사》, 사계절, 2011.
임태승 저, 《중국 서예의 역사》, 미술문화, 2006.
임승휘 저, 《유럽의 절대 군주는 어떻게 살았을까?》, 민음인, 2011.
임한순, 최윤영, 김길웅 공저, 《에다. 북유럽신화》, 서울대학교출판문화원, 2015.
임홍배, 송태수, 장병기 등저, 《독일 통일 20년》, 서울대학교출판문화원, 2011.
자닉 뒤랑 저/조성애 역, 《중세미술》, 생각의 나무, 2004.
장문석 저, 《근대정신은 어떻게 탄생했을까?》, 민음인, 2011.
장 콩비 저/노성기 외 역, 《세계교회사여행: 고대·중세 편》, 가톨릭출판사, 2013.
장진퀘이 저/남은숙 역, 《흉노제국 이야기》, 아이필드, 2010.
장 카르팡티에, 프랑수아 르브룅 편저/강민정, 나선희 공역, 《지중해의 역사》, 한길사, 2009.
재레드 다이아몬드 저/김진준 역, 《총, 균, 쇠》, 문학사상, 2013.
전국역사교사모임 저, 《살아있는 세계사 교과서 1, 2》, 휴머니스트, 2013.
전국역사교사모임 저, 《처음 읽는 미국사》, 휴머니스트, 2013.
전국역사교사모임 저, 《처음 읽는 인도사》, 휴머니스트, 2013.
전국역사교사모임 저, 《처음 읽는 일본사》, 휴머니스트, 2013.
전국역사교사모임 저, 《처음 읽는 중국사》, 휴머니스트, 2013.
전국역사교사모임 저, 《처음 읽는 터키사》, 휴머니스트, 2013.

전국지리교사모임 저, 《지리쌤과 함께하는 80일간의 세계여행 : 아시아·유럽 편》, 폭스코너, 2017.
전종한 등저, 《세계지리: 경계에서 권역을 보다》, 사회평론아카데미, 2017.
정기문 저, 《그리스도교의 탄생: 역사학의 눈으로 본 원시 그리스도교의 역사》, 길, 2016.
정기문 저, 《역사보다 재미있는 것은 없다》, 신서원, 2004.
정수일 편저, 《해상 실크로드 사전》, 창비, 2014.
정재서 저, 《이야기 동양신화 중국편》, 김영사, 2010.
정재훈 저, 《돌궐 유목제국사 552~745》, 사계절, 2016.
제니퍼 올드스톤무어 저/이연승 역, 《처음 만나는 도쿄》, SBI, 2009.
제임스 포사이스 저/정재겸 역, 《시베리아 원주민의 역사》, 솔, 2009
조관희, 《중국사 강의》, 궁리, 2011.
조길태 저, 《인도사》, 민음사, 2012.
조르주 루 저/김유기 역, 《메소포타미아의 역사 1, 2》, 한국문화사, 2013.
조성권 저, 《마약의 역사》, 인간사랑, 2012.
조성일 저, 《미국학교에서 가르치는 미국역사》, 소이연, 2014.
조셉 린치 저/심창섭 등역, 《중세교회사》, 솔로몬, 2005.
조셉 폰타나 저/김원중 역, 《거울에 비친 유럽》, 새물결, 2005.
조지무쇼 저, 안정미 역, 《지도로 읽는다 한눈에 꿰뚫는 전쟁사도감》, 이다미디어, 2017.
조지 바이런 저, 윤명옥 역, 《바이런 시선》, 지만지, 2015.
조지프 니덤 저/김주식 역, 《조지프 니덤의 동양항해선박사》, 문현, 2016.
조지형 등저, 《지구화 시대의 새로운 세계사》, 혜안, 2008.
조지형 저, 《빅히스토리: 세계는 어떻게 연결되었을까?》, 와이스쿨, 2013.
조흥국 등저, 《제3세계의 역사와 문화》, 한국방송통신대학교출판부, 2012.
존 루이스 개디스 저/박건영 역, 《새로 쓰는 냉전의 역사》, 사회평론, 2003.
존 리더 저/남경태 역, 《아프리카 대륙의 일대기》, 휴머니스트, 2013.
존 맥닐, 윌리엄 맥닐 공저/ 유정희, 김우역 역, 《휴먼 웹. 세계화의 세계사》, 이산, 2010.
존 줄리어스 노리치 편/남경태 역, 《위대한 역사도시70》, 위즈덤하우스, 2010.
존 후퍼 저, 노시내 역, 《이탈리아 사람들이라서 : 지나치게 매력적이고 엄청나게 혼란스러운》, 마티, 2017.
주경철 저, 《대항해시대: 해상 팽창과 근대 세계의 형성》, 서울대학교출판부, 2008.
주경철 저, 《히스토리아》, 산처럼, 2012.
주디스 코핀, 로버트 스테이시 등저/박상익 역, 《새로운 서양 문명의 역사. 상》, 소나무, 2014.
주디스 코핀, 로버트 스테이시 등저/손세호 역, 《새로운 서양 문명의 역사. 하》, 소나무, 2014.
중앙일보 중국연구소 외, 《공자는 귀신을 말하지 않았다》, 중앙북스, 2010.
지리교육연구회 지평 저, 《지리 교사들, 남미와 만나다》, 푸른길, 2011.
지오프리 파커 편/김성환 역, 《아틀라스 세계사》, 사계절, 2009.
찰스 다윈 저, 장순근 역, 《찰스 다윈의 비글호 항해기》, 리젬, 2013.
찰스 스콰이어 저/나영균, 전수용 공역, 《켈트 신화와 전설》, 황소자리, 2009.
최병욱 저, 《동남아시아사 –민족주의 시대》, 산인, 2016.
최병욱 저, 《동남아시아사 –전통시대》, 산인, 2015.
최재호 등저, 《한국이 보이는 세계사》, 창비, 2011.
최충희 등역, 《햐쿠닌잇슈의 작품세계》, 제이앤씨, 2011.
카렌 암스트롱 저/잗병옥 역, 《이슬람》, 을유문화사, 2012.
콘수엘로 바렐라, 로베르토 마자라 등저/신윤경 역, 《크리스토퍼 콜럼버스》, 21세기북스, 2010.
콘스탄스 브리텐 부셔 저/강일휴 역, 《중세 프랑스의 귀족과 기사도》, 신서원, 2005.
크리스 브래지어 저/추선영 역, 《세계사, 누구를 위한 기록인가?》, 이후, 2007.
클린 존스 저/방문숙, 이호영 공역, 《사진과 그림으로 보는 케임브리지 프랑스사》, 시공아크로총서, 2001.
타밈 안사리 저/류한월 역, 《이슬람의 눈으로 본 세계사》, 뿌리와이파리, 2011.
타키투스 저/천병희 역, 《게르마니아》, 숲, 2012.
토마스 말로리 저/이현주 역, 《아서왕의 죽음 1, 2》, 나남, 2009.
파멜라 카일 크로슬리 저/강선주 역, 《글로벌 히스토리란 무엇인가》, 휴머니스트, 2010.
패트리샤 버클리 에브리 저 /이동진, 윤미경 공역, 《사진과 그림으로 보는 케임브리 중국사》, ㅅ 공아크로총서 2010.
퍼트리샤 리프 애너월트 저/한국복식학회 역, 《세계 복식 문화사》, 예담, 2009.
페리클레스, 뤼시아스, 이소크라테스, 데모스테네스 저/김헌, 장시은, 김기훈 역, 《그리스의 위대한 연설》, 민음사, 2012.
페르낭 브로델 저/강주헌 역, 《지중해의 기억》, 한길사, 2012.
페르낭 브로델 저/김홍식 역, 《물질문명과 자본주의 읽기》, 갈라파고스, 2014.
페르디난트 자입트 저/차용구 역, 《중세의 빛과 그림자》, 까치글방, 2002.
폴 콜리어 등저/강민수 역, 《제2차 세계대전》, 플래닛미디어, 2008.
프레드 차라 저/강경이 역, 《향신료의 지구사》, 휴머니스트, 2014.
플라노 드 카르피니, 윌리엄 루부룩 등저/김호동 역, 《몽골 제국 기행:

마르코 폴로의 선구자들》, 까치, 2015.
피터 심킨스 등저/강민수 역, 《제1차 세계대전》, 플래닛미디어 2008.
피터 안드레아스 저/정태영 역, 《밀수꾼의 나라 미국》, 글항아리, 2013.
피터 홉커크 저/정영목 역, 《그레이트 게임: 중앙아시아를 둘러싼 숨겨진 전쟁》, 사계절, 2014.
필립 M.H. 벨 저/황의방 역, 《12전환점으로 읽는 제2차 세계대전》, 까치, 2012.
하네다 마사시 저/이수열, 구지영 역, 《동인도회사와 아시아의 바다》, 선인, 2012.
하름 데 블레이 저/유나영 역, 《왜 지금 지리학인가》, 사회평론, 2015.
하야미 이타루 저/양승영 역, 《진화 고생물학》, 서울대학교출판문화원, 2012.
하우마즈 데쓰오 저/김성동 역, 《대영제국은 인도를 어떻게 통치하였는가》, 심산, 2004.
하인리히 뵐플린 저/안인희 역, 《르네상스의 미술》, 휴머니스트, 2002.
하타케야마 소 저, 김경원 역, 《대논쟁! 철학배틀》, 다산초당, 2017.
한국교부학연구회 저, 《교부학 인명·지명 용례집》, 분도출판사, 2008.
한종수 저, 굽시니스트 그림, 《2차 대전의 마이너리그》, 길찾기, 2015.
해양문화연구원 편집위원회 저, 《해양문화 02. 바다와 제국》, 해양문화, 2015.
허청웨이 편/남광철 등역, 《중국을 말한다》 1~9권, 신원문화사, 2008.
헤수스 알바레스 고메스 저/강운자 편역, 《수도생활: 역사 II》, 성바오로, 2002.
호르스트 푸어만 저/안인희 역, 《중세로의 초대》, 이마고, 2005.
홍익희 저, 《세 종교 이야기》, 행성B잎새, 2014.
황대현 저, 《서양 기독교 세계는 왜 분열되었을까?》, 민음인, 2011.
황패강 저, 《일본신화의 연구》, 지식산업사, 1996.
후지이 조지 등저/박진한, 이계황, 박수철 공역, 《쇼군 천황 국민》, 서해문집, 2012.

외국 도서

クリステル・ヨルゲンセン 等著/竹内喜, 德永優子 譯, 《戦闘技術の歴史 3: 近世編》, 創元社, 2012.
サイモン・アングリム 等著/天野淑子 譯, 《戦闘技術の歴史 1: 古代編》, 創元社, 2011.
ジェフリー・リ・ガン, 《ウィジュアル版〈決戦〉の世界史》, 原書房, 2008.
ブライアン・レイヴァリ, 《航海の歴史》, 創元社, 2015.
マーティン・J・ドアティ, 《図説 中世ヨーロッパ 武器・防具・戦術百科》, 原書房, 2013.
マシュー・ベネット 等著/野下祥子 譯, 《戦闘技術の歴史 2: 中世編》, 創元社, 2014.
リュシアン・ルスロ 等著/辻元よしふみ, 辻元玲子 譯, 《華麗なるナポレオン軍の軍服》, マール社, 2014.
ロバート・B・ブルース 等著/野下祥子 譯, 《戦闘技術の歴史 4: ナポレオンの時代編》, 創元社, 2013.
菊地陽太, 《知識ゼロからの世界史入門 1部 近現代史》, 幻冬舎, 2010.
気賀澤保規, 《絢爛たる世界帝国 隋唐時代》, 講談社, 2005.
金七紀男, 《図説 ブラジルの-歴史》, 河出書房新社, 2014.
木下康彦, 木村靖二, 吉田寅 編, 《詳説世界史研究 改訂版》, 山川出版社, 2013.
山内昌之, 《世界の歴史 20 : 近代イスラームの挑戦》, 中央公論社, 1996.
山川ビジュアル版日本史図録編集委員会, 《山川 ビジュアル版日本史図録》, 山川出版社, 2014.
西ヶ谷恭弘 監修, 《衣食住になる日本人の歴史 1》, あすなろ書房, 2005.
西ヶ谷恭弘 監修, 《衣食住になる日本人の歴史 2》, あすなろ書房, 2007.
小池徹朗 編, 《新・歴史群像シリーズ 15: 大清帝國》, 学習研究社, 2008.
水野大樹, 《図解 古代兵器》, 新紀元社, 2012.
神野正史, 《世界史劇場イスラーム三国志》, ベレ出版, 2014.
神野正史, 《世界史劇場イスラーム世界の起源》, ベレ出版, 2013.
五十嵐武士, 福井憲彦, 《世界の歴史 21: アメリカとフランスの革命》, 中央公論社, 1998.
宇山卓栄, 《世界一おもしろい 世界史の授業》, KADOKAWA, 2014.
伊藤賀一, 《世界一おもしろい 日本史の授業》, 中経出版, 2012.
日下部公昭 等編, 《山川 詳説世界史図録》, 山川出版社, 2014.
井野瀬久美恵, 《興亡の世界史 16: 大英帝国という経験》, 講談社, 2007.
佐藤信 等編, 《詳説日本史研究 改訂版》, 山川出版社, 2013.
池上良太, 《図解 装飾品》, 新紀元社, 2012.
後藤武士, 《読むだけですっきりわかる世界史 近代編》, 玉島社, 2011.
後藤武士, 《読むだけですっきりわかる現代編》, 玉島社, 2013.
後河大貴 外, 《戦国海賊伝》, 笠倉出版社, 2015.
Acquaro, Enrico: 《The Phoenicians: History and Treasures of An Ancient Civilization》, White Star, 2010.
Albert, Mechthild: 《Das französische Mittelalter》, Klett, 2005.
Bagley, Robert: 《Ancient Sichuan: Treasures from a Lost Civilization》, Princeton University Press, 2001.
Beck, B. Roger&Black, Linda: 《World History: Patterns of Interaction》, Holt McDougal, 2010.
Beck, Rainer(hrsg.): 《Das Mittelalter》, C.H.Beck, 1997.
Bernlochner, Ludwig(hrsg.): 《Geschichten und Geschehen》, Bd. 1-6. Klett, 2004.
Bonavia, Judy: 《The Silk Road》, Odyssey, 2008.
Borst, Otto: 《Alltagsleben im Mittelalter》, Insel, 1983.
Bosl, Karl: 《Bayerische Geschichte》, Ludwig, 1990.
Brown, Peter: 《Die Entstehung des christlichen Europa》,

C.H.Beck, 1999.
Bumke, Joachim: 《Höfische Kultur》, Bd. 1-2. Dtv, 1986.
Celli, Nicoletta: 《Ancient Thailand: History and Treasures of An Ancient Civilization》, White Star, 2010.
Cornell, Jim&Tim: 《Atlas of the Roman World》, Checkmark Books, 1982.
Davidson, James West&Stoff, Michael B.: 《America: History of Our Nation》, Pearson Prentice Hall, 2006.
de Vries, Jan: 《Die Geistige Welt der Germanen》, WBG, 1964.
Dinzelbach, P. (hrsg.): 《Sachwörterbuch der Mediävistik》, Kröner, 1992.
Dominici, David: 《The Maya: History and Treasures of An Ancient Civilization》, VMB Publishers, 2010.
Duby, Georges: 《The Chivalrous Society》, translated by Cynthia Postan, University of California Press, 1980.
Eco, Umberto: 《Kunst und Schönheit im Mittelalter》, Dtv, 2000.
Ellis, G. Elisabeth&Esler, Anthony: 《World History Survey》, Prentice Hall, 2007.
Fromm, Hermann: 《Basiswissen Schule: Geschichte》, Duden, 2011.
Funcken, Liliane&Fred: 《Rüstungen und Kriegsgerät im Mittelalter》, Mosaik 1979.
Gibbon, Eduard: 《Die Germanen im Römischen Weltreich,》, Phaidon, 2002.
Goody, Jack: 《The development of the family and marriage in Europe》, Cambridge University Press, 1988.
Grant, Michael: 《Ancient History Atlas》, Macmillan, 1972.
Großbongardt, Anette&Klußmann, Uwe, 《Spiegel Geschichte 5/2013: Der Erste Weltkrieg》, Spiegel, 2013.
Heiber, Beatrice(hrsg.): 《Erlebte Antike》, Dtv 1996.
Hinckeldey, Ch.(hrsg.): 《Justiz in alter Zeit》, Mittelalterliches Kriminalmuseum, 1989
Holt McDougal: 《World History》, Holt McDougal, 2010.
Horst, Fuhrmann: 《Überall ist Mittelalter》, C.H.Beck, 2003.
Horst, Uwe(hrsg.): 《Lernbuch Geschichte: Mittelalter》 , Klett, 2010.
Huschenbett, Dietrich&Margetts, John(hrsg.): 《Reisen und Welterfahrung in der deutschen Literatur des Mittelalters》, Würzburger Beiträge zur deutschen Philologie. Bd. VII, Königshausen&Neumann, 1991.
Karpeil, Frank&Krull, Kathleen: 《My World History》, Pearson Education, 2012.
Kircher, Bertram(hrsg.): 《König Aruts und die Tafelrunde》,

Albatros, 2007.
Klußmann, Uwe&Mohr, Joachim: 《Spiegel Geschichte 5/2014: Die Weimarer Republik》, Spiegel 2014.
Klußmann, Uwe: 《Spiegel Geschichte 6/2016: Russland》, Spiegel 2016.
Kölzer, Theo&Scheffer, Rudolf(hrsg.): 《Von der Spätantike zum frühen Mittelalter: Kontinuitäten und Brüche, Konzeptionen und Befunde》, Jan Thorbecke, 2009.
Langosch, Karl: 《Profile des lateinischen Mittelalters》, WBG, 1965.
Lesky, Albin: 《Vom Eros der Hellenen》, Vandenhoeck&Ruprecht, 1976.
Levi, Peter: 《Atlas of the Greek World》, Checkmark Books, 1983.
Märtle, Claudia: 《Die 101 wichtigsten Fragen: Mittelalter》 C.H.Beck, 2013.
McGraw-Hill Education: 《World History: Journey Across Time》, McGraw-Hill Education, 2006.
Mohr, Joachim&Pieper, Dietmar: 《Spiegel Geschichte 6/2010: Die Wikinger》, Spiegel, 2010.
Murphey, Rhoads: 《Ottoman warfare, 1500-1700》, Rutgers University Press, 2001
Orsini, Carolina: 《The Incas: History and Treasures of An Ancient Civilization》, White Star, 2010.
Pieper, Dietmar&Mohr, Joachim: 《Spiegel Geschichte 3/2013: Das deutsche Kaiserreich》, Spiegel 2013.
Pieper, Dietmar&Saltzwedel, Johannes: 《Spiegel Geschichte 4/2011: Der Dreißigjährige Krieg》, Spiegel 2011.
Pieper, Dietmar&Saltzwedel, Johannes: 《Spiegel Geschichte 6/2012: Karl der Große》, Spiegel 2012.
Pötzl, Nobert F.&Traub, Rainer: 《Spiegel Geschichte 1/2013: Das Britische Empire》, Spiegel, 2013.
Pötzl, Nobert F.&Saltzwedel: 《Spiegel Geschichte 4/2012: Die Päpste》, Spiegel, 2012.
Prentice Hall: 《History of Our World》, Pearson/Prentice Hall, 2006.
Rizza, Alfredo: 《The Assyrians and the Babylonians: History and Treasures of An Ancient Civilization》White Star, 2007.
Rösener, Werner: 《Die Bauern in der europäischen Geschichte》, C.H.Beck, 1993.
Schmidt-Wiegand: 《Deutsche Rechtsregeln und Rechtssprichwörter》, C.H.Beck, 2002.
Seibt, Ferdinand: 《Die Begründung Europas》, Fischer, 2004.
Seibt, Ferdinand: 《Glanz und Elend des Mittelalters》, Siedler,

1992.
Simek, Rudolf: 《Erde und Kosmos im Mittelalter》, Bechtermünz, 2000.
Speivogel, J. Jackson: 《Glecoe World History》, McGraw-Hill Education, 2004.
Talbert, Richard: 《Atlas of Classical History》, Routledge, 2002.
Tarling, Nicholas(ed.): 《The Cambridge of History of Southeast Asia》, Vol. 1-4. Cambridge University Press 1999.
Todd, Malcolm: 《Die Germanen》Theiss, 2003.
van Royen, René&van der Vegt, Sunnyva: 《Asterix – Die ganze Wahrheit》, übersetzt von Gudrun Penndorf, C.H.Beck, 2004.
Wehrli, Max: 《Geschichte der deutschen Literatur im Mittelalter》, Reclam, 1997.
Zimmermann, Martin: 《Allgemeine Bildung: Große Persönlichkeiten》, Arena, 2004.

논문

기민석, 〈고대 '의회'와 셈어 mlk〉, 《구약논단》 17, 한국구약학회, 2005, 140-160쪽.
김병준, 〈진한제국의 이민족 지배: 부도위 및 속국도위에 대한 재검토〉, 역사학보 제217집, 2013, 107-153쪽.
김인화, 〈아케메네스조 다리우스 1세의 왕권 이념 형성과 그 표상에 대한 분석〉, 서양고대사연구 38, 2014, 37-72쪽
남종국, 〈12~3세기 이자 대부를 둘러싼 논쟁: 자본주의의 서막인가?〉, 서양사연구 제52집, 2015, 5-38쪽.
박병규, 〈스페인어권 카리브 해의 인종 혼종성과 인종민주주의〉, 이베로아메리카 제8권, 제1호. 93-114쪽.
박병규, 〈카리브 해 지역의 문화담론과 문화모델에 관한 연구〉, 스페인어문학 제42호, 2007, 261-278쪽.
박수철, 〈직전정권의 '무가신격화'와 천황〉, 역사교육 제121집, 2012. 221-252쪽.
손태창, 〈신 아시리아 제국 후기에 있어 대 바빌로니아 정책과 그 문제점: 기원전 745-627〉, 서양고대사연구 38, 2014, 7-35
우석균, 《《포폴 부》와 옥수수〉, 이베로아메리카연구 제8권, 1997, 65-89쪽.
유성환, 〈아마르나 시대 예술에 투영된 시간관〉, 인문과학논총, 제73권 4호, 2016, 403-472쪽.
유성환, 〈외국인에 대한 이집트인들의 두 시선: 고왕국 시대에서 신왕국 시대까지 창작된 이집트 문학작품 속의 외국과 외국인에 대한 묘사를 중심으로〉, 서양고대사연구 제34집, 2013, 33-77쪽.
윤은주, 〈18세기 초 프랑스의 재정위기와 로 체제〉, 프랑스사연구 제16호, 2007, 5-41쪽.
이근명, 〈왕안석 신법의 시행과 대간관〉, 중앙사론 제40집, 2014, 75-103쪽.
이삼현, 〈하무라비法典 小考〉, 《법학논총》 2, 국민대학교 법학연구소, 1990, 5-49쪽.
이은정, 〈'다종교, 다민족, 다문화'적인 오스만제국의 통치 전략〉, 역사학보 제217집, 2013, 155-184쪽.
이은정, 〈오스만제국 근대 개혁기 군주의 역할: 셀림3세에서 압뒬하미드 2세에 이르기까지〉, 역사학보 제 208집, 2010, 103-133쪽.
이종근, 〈고대 메소포타미아의 수메르 우르-남무 법의 도덕성에 관한 연구〉, 《법학연구》 32, 한국법학회, 2008, 1-21쪽.
이종근, 〈메소포타미아 법사상 연구: 받는 소(Goring Ox)를 중심으로〉, 《신학지평》 16, 안양대학교 신학연구소, 2003, 297-314쪽.
이종근, 〈생명 존중을 위한 메소포타미아 법들이 정의: 우르 남무와 리피트이쉬타르 법들을 중심으로〉, 《구약논단》 15, 한국구약학회, 2003, 261-297쪽.
이종득, 〈멕시코-테노츠티틀란의 성장 과정과 한계: 삼각동맹〉, 라틴아메리카연구 제23권, 3호. 111-160쪽.
이지은, 〈"인도 센서스"와 식민 지식의 구축: 19세기 인도 사회와 정립되지 않은 카스트〉, 역사문화연구 제59집, 2016, 165-196쪽.
정기문, 〈로마 제국 초기 디아스포라 유대인의 팽창원인〉, 전북사학 제48호, 2016, 279-302쪽.
정기문, 〈음식 문화를 통해서 본 세계사〉, 역사교육 제138집, 2016, 225-250쪽.
정재훈, 〈북아시아 유목 군주권의 이념적 기초: 건국 신화의 계통적 분석을 중심으로〉, 동양사학연구 제122집, 2013, 87-133쪽.
정재훈, 〈북아시아 유목민족의 이동과 정착〉, 동양사학연구 제103집, 2008, 87-116쪽.
정혜주, 〈태초에 빛이 있었다: 마야의 천지 창조 신화〉, 이베로아메리카 제7권 2호, 2005, 31-62쪽.
조주연, 〈미학과 역사가 미술사를 만났을 때〉, 《미학》 52, 한국미학회, 2007. 373-425쪽.
최재인, 〈미국 역사교육의 쟁점과 전망: 아프리카계 미국인 역사교육을 중심으로〉, 역사비평 제110호, 2015, 232-257쪽.

인터넷 사이트

네이버 지식백과: terms.naver.com
미국 자율학습 사이트: www.khanacademy.org
미국 필라델피아 독립기념관 역사교육 사이트: www.ushistory.org
영국 브리태니커 백과사전: www.britannica.com
영국 대영도서관 아시아, 아프리카 연구 사이트: britishlibrary.typepad.co.uk/asian-and-african
영국 BBC방송 청소년 역사교육 사이트: www.bbc.co.ukschools/primaryhistory

독일 브록하우스 백과사전: www.brockhaus.de
독일 WDR방송 청소년 지식교양 사이트: www.planet-wissen.de
독일 역사박물관 www.dhm.de
독일 청소년 역사교육 사이트: www.kinderzeitmschine.de
독일 연방기록원 www.bundesarchiv.de
위키피디아: www.wikipedia.org

사진 제공

수록된 사진 중 일부는 노력에도 불구하고 저작권자를 확인하지 못하고 출간하였습니다. 확인되는 대로 최선을 다해 협의하겠습니다. 퍼블릭 도메인은 따로 표기하지 않았습니다.

표지
1944년 8월 미국 폭격기의 프랑스 그랑베 섬 폭격 장면 Wikipedia

1교시
러시아 볼고그라드 승전 기념상 Getty Images/게티이미지코리아
라인란트로 진군하는 군인들 Deutsches Historisches Museum
아르덴 숲을 지나는 독일군 Bundesarchiv, Bild 101I-382-0248-33A / Böcker
그단스크 Shutterstock
어머니 조국상 Shutterstock
아우슈비츠 Shutterstock
바르샤바 Shutterstock
바르샤바 왕궁 Dennis Jarvis from Halifax, Canada
바르샤바 신시가지 Shutterstock
바벨성 Shutterstock
중앙 시장 광장 Shutterstock
아우슈비츠 Shutterstock
비엘리치카 소금 광산 Shutterstock
쇼팽 국제 피아노 콩쿠르 연합뉴스
마리 퀴리 Tekniska museet
퀴리 박물관 내부 Adrian Grycuk
야기엘론스키 대학교 Lestat (Jan Mehlich)
베우하투프 화력 발전소 Shutterstock
마누팍토라 Shutterstock
피아트 공장 Marek Kocjan
폴란드 남부 곡창 지대 Shutterstock
그르자네 피보 Shutterstock
피에로기 Shutterstock
골롱카 Shutterstock
카르프 Shutterstock
레흐 바웬사 MEDEF
독립 기념일에 모인 폴란드 극우 단체 연합뉴스
연대 박물관 Shutterstock
마지노선 방어 기지 지하 통로 Thomas Bresson
마지노선 구조도 Private Collection/Archives Charmet/Bridgeman Images
히틀러와 무솔리니 Bundesarchiv, Bild 183-H12940
아서 네일 체임벌린 Bundesarchiv, Bild 183-H12967
뮌헨 협정 체결 직후 각국 정상의 모습 Bundesarchiv, Bild 183-R69173
폴란드로 진군하는 독일군을 보는 히틀러 Bundesarchiv, Bild 183-S55480
아르덴 지방의 뫼즈강 Donar Reiskoffer
체포된 레지스탕스 Bundesarchiv, Bild 146-1989-107-24 / Koll
히틀러와 만나는 페탱 Bundesarchiv, Bild 183-H25217
에르빈 로멜 Bundesarchiv, Bild 101I-785-0287-08
북아프리카에 파견된 독일 탱크 Bundesarchiv, Bild 101I-783-0110-12 / Dörner
독일 잠수함 Bundesarchiv, Bild 146-1975-014-33 / Adrian
소련으로 진군하는 독일군 Bundesarchiv, Bild 101I-208-0027-04A / Nägele
레닌그라드의 시민들 RIA Novosti archive, image #907 / Boris Kudoyarov
스탈린그라드 시내 풍경 Kremlin.ru
진흙탕을 헤쳐 나가는 독일군 Bundesarchiv, Bild 146-1981-149-34A
미국이 지원한 식단 DK
아우슈비츠 멸절 수용소 입구 Morneomorneo
강제 노동에 시달리는 유대인 Bundesarchiv, Bild 183-81950-0001
다윗의 별 Daniel Ullrich, Threedots
가스실로 가는 유대인들 Bundesarchiv, Bild 183-N0827-318
아우슈비츠 멸절 수용소 화장 시설 Shutterstock
아돌프 아이히만 Sargoth
안네 프랑크 기념관 Dietmar Rabich / Bungle
독일 특수 부대의 도움을 받아 탈출한 무솔리니 Bundesarchiv, Bild 101I-567-1503C-14 / Toni Schneiders
노르망디 해안의 독일군 해안 방어 기지 Shutterstock
노르망디 해안에 상륙한 연합군 Shutterstock
연합군의 폭격에 폐허가 된 드레스덴 전경 Bundesarchiv, Bild 146-1994-041-07 / Unknown
바르샤바 봉기 기념비 DavidConFran
베를린을 점령한 소련군 Mil.ru
쿠르트 후버 Bundesarchiv, Bild 146II-744
뮌헨대학교 숄 남매 광장 Wikiolo
본관 앞마당의 기념물 Adam Jones, Ph.D.
마르틴 니묄러 목사 J.D. Noske / Anefo
디트리히 본회퍼 목사 Bundesarchiv, Bild 146-1987-074-16
고백교회의 청년회 기념물 OTFW, Berlin
폭탄이 터진 직후의 회의실 Bundesarchiv, Bild 146-1972-025-12
영화 이미테이션 게임 Alamy
영화 다키스트 아워 Alamy
영화 덩케르크 Alamy
덩케르크 촬영에 사용된 전투기 Alamy
영화 캡틴 아메리카 Alamy

라이언 일병 구하기에 등장한 노르망디 상륙 작전 Alamy
영화 작전명 발키리 Alamy
영화 피아니스트 Focus Features
영화 인생은 아름다워 Alamy

2교시
하와이 진주만 미 해군 기지 Shutterstock
루거우차오 Shutterstock
난징 학살 기념관 史氏
시드니 Shutterstock
더 록스 Shutterstock
캔버라 국회 의사당 Shutterstock
멜버른 Shutterstock
플린더스 기차역 Shutterstock
멜버른 주 의회 의사당 Shutterstock
크리켓 Haley Jackson
럭비 reepy_au
오스트레일리아 5달러 지폐 Shutterstock
세계적인 밀 수출국 Shutterstock
오스트레일리아 석탄 광산 Shutterstock
대규모 양 목장 Shutterstock
그레이트배리어리프 Shutterstock
뭄바 페스티벌 Chris Phutully from Australia
캥거루 아일랜드 Shutterstock
부메랑을 배우는 관광객 Shutterstock
울루루 Shutterstock
골드코스트 Shutterstock
누사 서핑 페스티벌 CSIRO
캥거루 스테이크 Shutterstock
바로사 밸리 Shutterstock
쉬라즈 와인 Eva Rinaldi
베지마이트 Tristanb
미트파이 Shutterstock
댐퍼 Shutterstock
원주민 아이들에게 사과하는 총리 Flickr user 'virginiam'
인종 차별 반대 시위 연합뉴스
보통 선거를 요구하는 시위대 《週刊朝日百科 日本の歴史》114권, 101쪽
오늘날 창춘 Broboman
하얼빈 성 소피아 성당 Shutterstock
만주로 향하는 병사들을 환송하는 일본인들 Getty Images/게티이미지코리아
난징 대학살 기념관 Jakub Hałun

일본 대사관에 걸린 추축국 국기 Bundesarchiv, Bild 183-L09218
욱일기 David Newton, uploader was Denelson83
오늘날의 히로시마 Shutterstock
하얼빈에 있는 731 쿠대 기념관 松岡明芳
하시마섬 Flickr user: kntrty
위안부 문제 해결을 촉구하는 수요 집회 연합뉴스
무릎을 꿇은 하토야마 유키오 전 일본 총리 뉴시스

3교시
국제 연합 총회 Basil D Soufi
베를린 시내에 주둔한 소련군 Getty Images/게티이미지코리아
바르샤바 조약 기구 Fenn-O-maniC
베른 Shutterstock
각 주를 상징하는 깃발 Shutterstock
여러 언어로 된 교통 표지판 Andrew Bossi
국민 투표 Ludovic Péron
국제 축구 연맹 MCaviglia www.mcaviglia.ch
국제 연합 유럽 본부 Shutterstock
스위스 군대 Bundesheer Fotos from Österreich
제네바 Shutterstock
취리히 Shutterstock
스위스 연방 은행 User:Parpan05
스위스 시계 장인 Shutterstock
바젤 월드 Wladyslaw Sojka
라쇼드퐁 Shutterstock
스위스 유명 시계 브랜드 Wikipedia
체르마트 Shutterstock
융프라우 산악 열차 Shutterstock
루체른 호수 Shutterstock
그로뮌스터 대성당 Shutterstock
스위스 요들 페스티벌 연합뉴스
알펜호른 Frank C. Müller
밀크초콜릿 Shutterstock
에멘탈 Shutterstock
테트 드 무안 Shutterstock
라클렛 Shutterstock
퐁듀 Shutterstock
리다비아 궁전 Derevyagin Igor
체칠리아궁 Shutterstock
카를 되니츠 Bundesarchiv, Bild 146-1976-127-06A
독일 베를린 법원 Ansgar Koreng
나치 협력자로 처벌받은 여성들 Bundesarchiv, Bild 146-1971-041-10

뉘른베르크 전범 재판 모습 Bundesarchiv, Bild 183-H27798 / sconosciuto
전범 재판이 열렸던 600호 법정 Adam Jones, Ph.D.
예루살렘의 아이히만 Jiyoon Jung
나치의 책임 사면 증명서 Germany
DN21 타워 Rs1421
일본 자위대 창립 기념 행사 Rikujojieitai Boueisho
미국 점령 지역의 경계선 Bundesarchiv, Bild 183-N0415-363 / Otto Donath
동독의 정유 공장 단지 Bundesarchiv, Bild 183-F1228-0014-001 / Koch, Heinz
오스트리아 빈의 소련군 www.rusemb.at
유엔 평화 유지군 동명 부대 대한민국 국군 Republic of Korea Armed Forces
환율 상황판 Heejin Kim
마운트 워싱턴 호텔 rickpilot_2000 from Hooksett, USA
국제 통화 기금 회의 연합뉴스
독일 뮌헨의 나치 기록 센터 Guido Radig
무릎을 꿇은 빌리 브란트 총리 Alamy
모스크바 무명 용사의 묘에 꽃을 바치는 메르켈 총리 연합뉴스
나치 전범 재판 연합뉴스
나치에 협력한 독일의 주요 기업 Wikipedia
장 폴 사르트르 T1980
실존주의는 휴머니즘이다 Wikipedia
시몬 드 보부아르 Moshe Milner/Government Press Office
보부아르와 사르트르가 함께 묻힌 무덤 Schwalbe

4교시

팔레스타인 가자 지구 연합뉴스
가나의 독립 기념문 Shutterstock
홈랜드 ISeeAfrica
아프리카 통일 기구 창설 Getty Images/게티이미지코리아
방글라데시 순교자 기념비 Nasir Khan Saikat
케이프타운 Shutterstock
유니온 빌딩 Haruba-bad
희망봉 Sidheeq
요하네스버그 Shutterstock
폴크스바겐 남아공 공장 연합뉴스
다이아몬드 공장 Getty Images/게티이미지코리아
크루거 국립 공원 Shutterstock
아프리카 펭귄 Shutterstock
블루 트레인 Shine 2010 auf flickr.com
케이프타운 민스트럴 카니발 Olga Ernst

보캅 SkyPixels
부부띠 Shutterstock
포이키코스 Shutterstock
빌통 Shutterstock
루이보스 Shutterstock
부르보르스 Shutterstock
케이프타운 포도밭 Shutterstock
피노타주 SigmaSixSigma
넬슨 만델라 South Africa The Good News / www.sagoodnews.co.za
인종 차별 반대 시위 Reuters
타운십 Matt-80
남아프리카공화국을 방문한 엘리자베스 2세 Getty Images/게티이미지코리아
알제리 오랑 Shutterstock
폭격으로 무너진 알제리의 건물 Saber68
하르키 Poussin jean
지네딘 지단 Christophe95
수에즈 운하를 지키는 영국군 Getty Images/게티이미지코리아
인도네시아에 도착한 네덜란드군 Tropenmuseum, part of the National Museum of World Cultures
오늘날의 하이퐁 Shutterstock
싱가포르 센토사섬 dronepicr
이디 아민 Archives New Zealand
밀턴 오보테 Bundesarchiv, Bild 183-76054-0003
로버트 무가베 부부 DandjkRoberts
라지브 간디 Santosh Kumar Shukla
라훌 간디 Prakash pandey07
카슈미르 지방 Shahnoor1
텔아비브 Shutterstock
제3차 중동 전쟁 יחזקאל רחמים
야세르 아라파트 World Economic Forum
이스라엘 여군 Israel Defense Forces
이스라엘 공군 Major Ofer, Israeli Air Force
유대인 명절 하누카 행사 연합뉴스
베이클라이트로 만든 전화기와 헤어드라이어 Holger.Ellgaard 08:21, 15 October 2007 (UTC) / Till Niermann
미국과 이스라엘 국기를 불태우는 이란 사람들 Tasnim News Agency
런던 대학교 UCL Steve Cadman from London, U.K.
인도의 지폐 https://paisaboltahai.rbi.org.in
인질로 잡힌 이스라엘 선수들 One Day in September
인질극이 일어났던 올림픽 선수촌 Maximilian Dörrbecker (Chumwa)
탱크를 향해 돌을 던지는 팔레스타인 소년 AP Images
팔레스타인 분리 장벽 Raffaele Esposito

까삼 로켓 Israel Defense Forces
하마스의 군인들 연합뉴스

5교시
판문점 Alamy
니키타 흐루쇼프 Bundesarchiv, Bild 183-B0628-0015-035 / Heinz Junge
프라하에 들어온 소련군 탱크를 에워싼 시민들 Getty Images/게티이미지코리아
중화인민공화국을 선포하는 마오쩌둥 Orihara1
하노이 Shutterstock
호찌민 묘 Shutterstock
호안끼엠 호수 Shutterstock
문묘 Shutterstock
못꼿 사원 Shutterstock
성 요셉 대성당 Shutterstock
교통 표지판 Shutterstock
하노이 오페라 하우스 Shutterstock
삼성전자 휴대 전화 공장의 노동자 연합뉴스
호찌민의 출근길 Boris Laporte
호찌민 Shutterstock
아오자이 Shutterstock
다낭의 바나힐 Shutterstock
하롱베이 Shutterstock
까이랑 수상 시장 Shutterstock
호이안 구시가지 Shutterstock
고이 꾸온 Shutterstock
퍼 Shutterstock
반미 Shutterstock
바인 쯩 Shutterstock
프랑스 공산당 집회 현장 Chmee2
타이베이의 국립고궁박물원 Peellden
육형석 Photo by Asiir
취옥백채 peellden
모공정 Jason22
타이베이 Chensiyuan, edit by DXR
폭격을 실시하는 미군 폭격기 대한민국 국군 Republic of Korea Armed Forces
직통 전화 Piotrus
케네디 대통령의 기자 회견을 지켜보는 미국인들 Getty Images/게티이미지코리아
서독의 폴크스바겐 공장 AP Images
VEF 스피돌라 라디오 Pudelek (Marcin Szala)

무상 임대 주택 흐루숍카 Francesco Piraneo G.
마오쩌둥 탄생 120주년 기념행사 Getty Images/게티이미지코리아
1956년 헝가리 혁명 Gabor B. Racz
부다페스트의 1956년 혁명 기념비 Stephan Tournay
통행증을 확인하는 동독 경찰 Bundesarchiv, Bild 183-85417-0003 / Hesse, Rudolf
베를린 장벽 건설 Bundesarchiv, Bild 183-88574-0004 / Stöhr
레오니트 브레즈네프 Kohls, Ulrich, extracted by Fredy.00
루마니아 정부의 소련 향의 집회 Romanian National Archives
살바도르 아옌데 David Berkowitz from New York, NY, USA
아우구스토 피노체트 Ministerio de Relaciones Exteriores de Chile.
톈안먼 광장에 모인 홍위병 Getty Images/게티이미지코리아
펜타곤 보고서를 공개한 대니얼 엘스버그 Everett Collection/Bridgeman Images
미국 대사관으로 탈출하는 사람들 연합뉴스
스푸트니크 1호 발사를 보도한 뉴욕타임스 Alamy
스푸트니크 1호 Tim Evanson from Cleveland Heights, Ohio, USA
보스토크 1호 de:Benutzer:HPH
미라이 학살 위령비 -JvL- from Netherlands
1968년 시카고에서 열린 전쟁 반대 시위 David Wilson
람보2 한 장면 Alamy
론 코빅 Damon D'Amato from North Hollywood, Calfornia

퀴즈 정답

1교시

1. ③, ④
2. ②
3. ①
4. ②
5. ㉢-㉡-㉠-㉣
6. ①

2교시

1. ③
2. 만주
3. ④
4. ④
5. ㉠-㉢-㉡-㉣
6. 원자

3교시

1. ②
2. ③
3. X, X, O
4. ③
5. ②
6. 국제 연합

4교시

1. ①-㉡, ②-㉠, ③-㉣, ④-㉢
2. ④
3. 아파르트헤이트
4. 파키스탄
5. O, O, X

5교시

1. 냉전
2. ②
3. ②
4. X, O, X
5. 문화 대혁명
6. ③
7. ①

일러두기

- 맞춤법과 띄어쓰기는 국립국어원에서 펴낸 《표준국어대사전》을 따랐습니다.
- 역사 용어와 띄어쓰기는 《교과서 편수자료》의 표기 원칙을 따랐습니다.
  단, 학계의 일반적인 표기와 다른 경우 감수자의 자문을 거쳐 학계의 표기를 따랐습니다.
- 중국의 지명은 현재까지 남아 있는 지명은 중국어 발음, 남아 있지 않은 지명은 한자음을 따랐습니다.
- 중국의 인명은 변법자강 운동을 기준으로 그 이전은 한자음, 그 이후는 중국어 발음을 따라하는 것을 원칙으로 했습니다.
- 일본의 지명과 인명은 일본어 발음을 따랐습니다.

- 이 책에 실린 사진은 북앤포토를 통해 저작권자로부터 사용허가를 받았습니다.
- 일부 사진은 wikipedia commons public domain에 게재되어 있습니다.
- 저작권자와 접촉이 되지 않는 등 불가피한 사정으로 사용 허가를 받지 못한 사진에 대해서는
  저작권자의 허락을 구하는 대로 게재 허락을 받고 사용료를 지불하겠습니다.
- 이 책에 실려 있는 지도와 그림의 저작권은 별도의 표기가 없는 한 (주)사회평론에 있습니다.

교양으로 읽는 용선생 세계사 ⑭ 제2차 세계 대전과 냉전의 시작 ―제2차 세계 대전과 태평양 전쟁, 전후 처리, 냉전

전면개정판 1쇄 발행   2025년 7월 23일

글	차윤석, 김선빈, 박병익, 김선혜
그림	이우일, 박기종
지도	김경진
구성	장유영, 정지윤
자문 및 감수	강영순, 김광수, 박병규, 박상수, 박수철, 이은정, 이지은, 최재인
교과 과정 감수	박혜정, 한유라, 원지혜
어린이사업본부	이승필
편집	송용운, 김언진, 윤선아
마케팅	윤영채, 정하연, 안은지, 박찬수, 염승연
경영지원	나연희, 주광근, 오민정, 정민희, 김수아, 김승현
디자인	이수경
본문디자인	박효영, 최한나
사진	북앤포토
영상 제작	(주)트립클립
펴낸이	윤철호
펴낸곳	(주)사회평론
전화	02-326-1182
팩스	02-326-1626
주소	03993 서울시 마포구 월드컵북로6길 56 사평빌딩
용선생 클래스	yongclass.com
출판등록	1993년 10월 6일 제 10-876호

ⓒ사회평론, 2018

ISBN 979-11-6273-373-8 73900

- 이 책 내용의 일부나 전부를 다시 사용하려면 저작권자와 사회평론의 동의를 받아야 합니다.
- 잘못 만들어진 책은 구입하신 곳에서 바꾸어 드립니다.

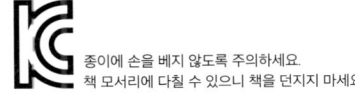

이 책을 만드는 데 강의, 자문, 감수하신 분

강영순(한국외국어대학교 강사)
아세아연합신학대학교 아세아학과를 졸업하고 한국외국어대학교 대학원 아시아학과에서 석사 학위를, 국립 인도네시아대학교에서 박사 학위를 받았습니다. 현재 한국외국어대학교 말레이·인도네시아어통번역 학과에서 강의를 하고 있습니다. 〈인도네시아 환경정치에 대한 연구: 열대림을 중심으로〉, 〈수까르노와 이승만: 제2차 세계 대전 후 건국 지도자 비교〉, 〈인도네시아 서 파푸아 특별자치제에 관한 연구〉 등의 논문을 지었습니다.

김광수(한국외국어대학교 HK교수)
한국외국어대학교를 졸업하고 남아프리카 공화국 노스-웨스트대학교 역사학과에서 석사·박사 학위를 받았습니다. 현재 한국외국어대학교 아프리카연구소 HK교수로 재직 중입니다. 지은 책으로 《스와힐리어 연구》, 《에티오피아 악숨 문명》 등이 있고, 함께 지은 책으로 《7인 7색 아프리카》, 《남아프리카사》 등이 있으며 《현대 아프리카의 이해》를 우리말로 옮겼습니다.

김병준(서울대학교 교수)
서울대학교 동양사학과를 졸업하고 같은 학교 대학원에서 석사·박사 학위를 받았습니다. 현재 서울대학교 역사학부 교수로 재직 중입니다. 《순간과 영원: 중국고대의 미술과 건축》, 《고사변 자서》 등을 우리말로 옮겼고, 《중국고대 지역문화와 군현지배》 등을 지었습니다. 함께 지은 책으로 《사료로 보는 아시아사》, 《역사학의 성과와 역사교육의 방향》, 《동아시아의 문화교류와 소통》 등이 있습니다.

남종국(이화여자대학교 교수)
서울대학교 서양사학과를 졸업하고 같은 학교 대학원에서 석사 학위를, 프랑스 파리1대학에서 박사 학위를 받았습니다. 현재 이화여대 사학과 교수로 재직하고 있습니다. 지은 책으로 《이탈리아 상인의 위대한 도전》, 《지중해 교역은 유럽을 어떻게 바꾸었을까?》, 《세계사 뛰어넘기》 등이 있으며 《프라토의 중세 상인》을 우리말로 옮겼습니다.

박병규(서울대학교 HK교수)
고려대학교 서어서문학과를 졸업하고 멕시코 국립대학(UNAM)에서 문학 박사 학위를 받았습니다. 현재는 서울대 라틴아메리카연구소 HK교수로 재직 중입니다. 《불의 기억》, 《파블로 네루다 자서전 - 사랑하고 노래하고 투쟁하다》, 《1492년, 타자의 은폐》 등을 우리 말로 옮겼습니다.

박상수(고려대학교 교수)
고려대학교 사학과를 졸업하고 같은 학교 대학원에서 석사학위와 박사과정 수료를, 프랑스 국립 사회과학고등연구원에서 박사 학위를 받았습니다. 현재 고려대학교 사학과 교수로 재직하고 있습니다. 지은 책으로 《중국혁명과 비밀결사》 등이 있고, 함께 지은 책으로는 《동아시아, 인식과 역사적 실재: 전시기(戰時期)에 대한 조명》 등이 있습니다. 《중국현대사 - 공산당, 국가, 사회의 격동》을 우리 말로 옮겼습니다.

박수철(서울대학교 교수)
서울대학교 역사교육과를 졸업하고 같은 대학 대학원 동양사학과에서 석사를, 일본 교토대에서 박사 학위를 받았습니다. 현재는 서울대학교 역사학부 교수로 재직 중입니다. 지은 책으로는 《오다·도요토미 정권의 사사지배와 천황》이 있으며, 함께 지은 책으로는 《아틀라스 일본사》, 《사료로 보는 아시아사》, 《일본사의 변혁기를 본다》 등이 있습니다.

성춘택(경희대학교 교수)
서울대학교 고고미술사학과와 대학원에서 고고학을 전공했으며, 워싱턴 대학교 인류학과에서 고고학으로 석사와 박사 학위를 받았습니다. 현재 경희대학교 사학과 교수로 재직 중입니다. 《석기고고학》이란 책을 쓰고, 《고고학》, 《다윈 진화고고학》, 《인류학과 고고학》 등을 우리말로 옮겼습니다.

유성환(서울대학교 강사)
부산대학교 영문학과를 졸업하고 미국 브라운대학교에서 박사 학위를 받았습니다. 현재 서울대 아시아언어문명학부에서 강의를 하고 있습니다. 〈이히, 시스트럼 연주자 - 이히를 통해 본 어린이 신 패턴〉과 〈외국인에 대한 이집트인들의 두 시선〉 등의 논문을 지었습니다.

윤은주(국민대학교 강의 전담 교수)
서울대학교 서양사학과를 졸업하고 프랑스 사회과학고등연구원에서 박사 학위를 받았습니다. 현재 국민대학교 교양대학 강의 전담 교원으로 일하고 있습니다. 《넬슨 만델라 평전》을 우리말로 옮겼으며 《히스토리》의 4-5장과 유럽 국가들의 연표를 우리말로 옮겼습니다.

이근명(한국외국어대학교 교수)
서울대학교 동양사학과를 졸업하고 같은 학교 대학원에서 석사·박사 학위를 받았습니다. 현재 한국외국어대학교 사학과 교수로 재직하고 있습니다. 지은 책으로는 《남송 시대 복건 사회의 변화와 식량 수급》, 《아틀라스 중국사(공저)》, 《동북아 중세의 한족과 북방민족》 등이 있고, 《중국역사》, 《중국의 시험지옥 - 과거》, 《송사 외국전 역주》 등을 우리말로 옮겼습니다.

이은정(서울대학교 강사)
한국외국어대학교 터키어과를 졸업하고 터키 국립 앙카라 대학교 역사학과에서 석사 학위를, 서울대학교 서양사학과에서 박사 학위를 받았습니다. 현재는 서울대학교 등에서 강의를 하고 있습니다. 〈16-17세기 오스만 황실 여성의 사회적 위상과 공적 역할 - 오스만 황태후의 역할을 중심으로〉와 〈'다종교·다민족·다문화'적인 오스만 제국의 통치전략〉 등의 논문을 지었습니다.

이지은(한국외국어대학교 전임연구원)
이화여대 사학과를 졸업하고 한국외국어대학교와 인도 델리대학교, 네루대학교에서 석사·박사 학위를 받았습니다. 현재 한국외국어대학교 인도연구소 전임연구원으로 일하고 있습니다. 함께 지은 책으로는 《탈서구중심주의는 가능한가》가 있으며 〈인도 식민지 시기와 국가형성기 하층카스트 엘리트의 저항 담론 형성과 역사인식〉, 〈반서구중심주의에서 원리주의까지〉 등의 논문을 지었습니다.

정기문(군산대학교 교수)
서울대학교 역사교육과를 졸업하고 같은 학교 대학원에서 석사·박사 학위를 받았습니다. 현재 군산대학교 사학과 교수로 재직하고 있습니다. 지은 책으로는 《한국인을 위한 서양사》, 《내 딸을 위한 여성사》, 《역사란 무엇인가》 등이 있고, 《역사, 시민이 묻고 역사가가 답하다 저널리스트가 논하다》, 《고대 로마인의 생각과 힘》, 《지식의 재발견》 등을 우리말로 옮겼습니다.

정재훈(경상대학교 교수)
서울대학교 동양사학과를 졸업하고 같은 학교 대학원에서 석사·박사 학위를 받았습니다. 현재 경상대학교 사학과 교수로 재직 중입니다. 지은 책으로는 《돌궐 유목제국사》, 《위구르 유목 제국사(744-840)》 등이 있고 《유라시아 유목제국사》, 《사료로 보는 아시아사》 등을 우리말로 옮겼습니다.

최재인(서울대학교 강사)
서울대학교 서양사학과를 졸업하고 같은 학교 대학원에서 석사·박사 학위를 받았습니다. 현재 서울대학교 강사로 일하고 있습니다. 함께 지은 책으로 《서양여성들 근대를 달리다》, 《여성의 삶과 문화》, 《다민족 다인종 국가의 역사인식》, 《동서양 역사 속의 다문화적 전개양상》 등이 있고, 《가부장제와 자본주의》, 《유럽의 자본주의》, 《세계사 공부의 기초》 등을 우리말로 옮겼습니다.